Better French
Achieving fluency with everyday speech

Studymates

British History 1870–1918: The Emergence of a Nation
Warfare: How War Became Global
Hitler and Nazi Germany: The Seduction of a Nation (3rd ed)
The English Reformation: The Effect on a Nation
European History 1870–1918: The Rise of Nationalism
Lenin, Stalin and Communist Russia: The Myth and Reality of
    Communism
Genetics: The Science of Genetics Revealed (2nd ed)
Organic Chemistry: How Organic Chemistry Works (2nd ed)
Chemistry: A's Chemistry Explained
Chemistry: Chemistry Calculations Explained
The New Science Teacher's Handbook
Calculus: How Calculus Works
Algebra: Basic Algebra Explained
Plant Physiology: The Structure of Plants Explained
Poems to Live By
Shakespeare: The Barriers Removed
Poetry: The Secret Gems of Poetry Revealed
Better English: Handle Everyday Situations with Confidence
Better French: Become Fluent with Everyday Speech
Social Anthropology: Investigating Human Social Life
Statistics for Social Science: Data Handling Explained
Study Skills: Maximise Your Time to Pass Exams
Practical Drama and Theatre Arts: Practical Theatre Skills
    Explained
The War Poets 1914–18: The Secrets of Poems from the Great
    War
The Academic Essay: How to Plan, Draft, Write and Revise
Your Masters Thesis: How to Plan, Draft, Write and Revise
Your PhD Thesis: How to Plan, Draft, Write, Revise and Edit
    Your Thesis

Many other titles in preparation

Studymates

Helping You to Achieve

Better French

Achieving fluency with everyday speech

4th edition

Monique Jackman

www.studymates.co.uk

ISBN 978-1-84285-145-6

© 2005 Monique Jackman
The rights of the author have been asserted by her as
defined by the Copyright, Designs and Patents Act 1988

© 2005 Studymates Limited for Additional Material and
Design. The rights of Studymates Limited have been
asserted by the company as defined by the Copyright,
Designs and Patents Act 1988

First published 2000
Reprinted 2001 (Twice)
Second edition 2004
Third edition 2005
Fourth edition 2009

This edition published by Studymates Limited, Studymates
House, Abergele, Conwy-County LL22 8DD,
United Kingdom.

Typeset by PDQ Typesetting, Newcastle-under-Lyme
Printed and Bound in Europe

Contents

Preface

After five years of learning French at school – or about three in adult education, and especially when studying French for A level and at university – adults and teenagers who want to become fluent in French seem to stumble on certain everyday words, phrases and expressions. In the case of certain words, they also stumble on the different pronunciations that they can have.

For example, what's the difference between *se promener* and *marcher*? Which should you use: *connaître* or *savoir*, *partir* or *quitter*, *en avance* or *tôt*? Are *donc* and *alors* interchangeable? What about *grand* and *gros*? Is there a difference between *conduire* and *rouler*? Why can't *prendre* translate *to take* someone somewhere? When do you use *c'est* and *il est*? Can you explain *s'agir*? What is the French for *to enjoy*? There are several ways to say *don't mention it.* Which is the best one? When do you pronounce the final 's' in *plus*?

These are a few of the common questions which always seem to cause students trouble and worry when a certain level is reached. Dictionaries seem to be either too big and detailed, or too small with just basic or general definitions: what is needed is a class-room explanation, and lots of examples to illustrate differences.

This Studymate is a book of classroom explanations for such questions. It is something between a textbook and a dictionary, an effective short cut to fluency in French. It also shows that the difficulties encountered are *not* endless, as many students fear. You will soon see how 'full pictures' emerge.

With this book, you will quickly learn the right way to use 'problem words'. In the examples, both vocabulary and grammar have been deliberately kept simple, so you can concentrate on spotting the differences between sets of words, and study concise explanations until your understanding is complete. Fluency is within your grasp!

Monique Jackman

mjackman@studymates.co.uk

Choosing the Correct Verb

One-minute overview

Choosing the correct verb is a big step towards fluency. For example, *to leave* is *partir* when it can be translated with *to leave* as in to go. It is *quitter* when *leaving* someone or something, and it is *laisser* when *leaving* someone or something somewhere. *Prendre* is *to take* but is not much use for translating *to take* things or people from A to B. For example, *emmener* is the right verb when taking someone somewhere, *emporter* or *prendre* when taking something with you, *porter* when you take, as in carry, something somewhere, or to someone, and *conduire* when taking somebody, as in show somebody the way. A number of other verbs need careful explanations. This chapter will show you:

- the correct verb for *to walk*
- the correct verb for *to start*
- the correct verb for *to drive*
- the correct verb for *to know*
- the correct verb for *to decide to*
- the correct verb for *to take*
- the correct verb for *to cook*
- the correct verb for *to look after*
- the correct verb for *to enjoy*
- the correct verb for *to leave*
- the correct verb for *to think*
- the correct verb for *to take time*

Aller/rentrer/venir à pied, marcher, se promener/faire une promenade, faire de la marche – *to walk*

Aller/rentrer/venir à pied

Le lundi, je *vais* à l'école *à pied*. On Mondays, I *walk* to school.

Je *suis venu à pied* aujourd'hui. I *walked* (here) today.

Demain j'*irai* à la bibliothèque *à pied*. I'll *walk* to the library tomorrow.

Vous pourriez *venir à pied*, ce n'est pas loin. You could *walk* (here) it's not far.

Est-ce qu'elle *va* au travail *à pied*. Does she *walk* to work?

Je *suis rentré à pied* parce que je n'avais pas d'argent pour le bus. I *walked* home because I didn't have any money for the bus.

- Use *aller à pied*, *rentrer à pied* or *venir à pied* to say two things in one go: to go somewhere, and how (means of transport), in this case, *walking*.

Marcher

Il a commencé à *marcher* à un an. He started *to walk* when he was one.

Il faut *marcher* plus vite. You must *walk* faster.

On *a marché* pendant vingt minutes avant de trouver l'hôtel. We *walked* for twenty minutes before finding the hotel.

Pourquoi *marchez*-vous si lentement? Why *are* you *walking* so slowly?

Après son accident, il lui a fallu réapprendre à *marcher*. After his/her accident, he/she had to learn (how) *to walk* again.

J'ai si mal aux jambes aujourd'hui que je ne peux pas *marcher*. My legs ache so much today, that I cannot *walk*.

● *Marcher* is used to talk about the action of walking.

Se promener/faire une promenade

J'aime *me promener* tous les dimanches. I like *going for a walk* every Sunday.

S'il ne pleuvait pas nous pourrions *faire une promenade* dans le bois. If it wasn't raining, we could *go for a walk* in the woods.

Ils *se sont promenés* toute la matinée. They walked (*went for a walk* for) the whole morning.

Où peut-on *se promener*, près d'ici? Where can one *go for a walk* near here?

Nous *nous promènerons* ensemble. We'*ll go for a walk* together.

On *fait une promenade*? Shall we *go for a walk*?

● *Se promener* and *faire une promenade* are interchangeable. They both mean *to go for a walk* or *to go for a stroll*. They both imply walking leisurely, possibly as an occasional pastime.

Faire de la marche

Nous *faisons de la marche* tous les week-ends. We *walk*/go walking every weekend.

Faire de la marche est excellent pour la santé. *Walking* is excellent for health.

J'aimerais *faire de la marche*, mais je n'ai jamais le temps. I'd love *to go walking*/take up walking, but I never have the time.

En vacances, je *fais* beaucoup *de marche*. I *walk*/do a lot of walking when I am on holiday.

Depuis quand *faites*-vous de la *marche*? How long *have* you *been walking* for (as a hobby)?

Vous n'avez pas besoin d'argent pour *faire de la marche*. You don't need money *to go walking*/to take up walking.

● *Faire de la marche* means *to walk, to go walking* as a sport, implying a regular hobby.

Also useful to know

1. The noun, **une promenade** is 'a walk'. To 'walk the dog'
    is **promener** (not reflexive) le chien. When asking for
    directions, instead of saying 'vous continuez jusqu'aux
    feux' (you carry on until you reach the traffic lights) it is
    possible that a French person might say: vous **marchez**
    jusqu'aux feux (whether you're on foot or in a car!)

2. If mechanical things (camera, television, washing
    machine or even the car) do not 'work', the verb you
    need is **marcher**: 'La télévision ne marche pas.' (The
    television does not work.)

3. **Ça marche**?, or, comment ça marche? are familiar ways
    of saying ça va?/Comment ça va?/Comment allez-vous?
    (how is it going?). Similarly **tout marche bien** means
    'all is well/all is going well.'

4. **Faire marcher quelqu'un**, means, 'to pull someone's
    leg': 'Est-ce que vous me faites marcher?' (Are you
    pulling my leg?)

5. **Faire un tour** and **se balader** can also mean 'to go for
    a walk/stroll' so they can be used instead of 'se
    promener' and of 'faire une promenade'.

Commencer, se mettre à – to start

Commencer/commencer à

Il n'*a* pas encore *commencé*. He *has*n't *started* yet.

On *a commencé à* écrire les cartes postales. We'*ve started*
    writing the postcards.

Elles ne peuvent pas commencer avant mardi. They can't
    start before Tuesday.

Quand *a*-t-elle *commencé à* marcher? When *did* she start to
    walk?

Je *commencerai à* lire le livre ce soir. I'*ll start* reading the
    book tonight.

Ma soeur a décidé de *commencer* son ménage de printemps

ce week-end. My sister has decided *to start* her spring cleaning this weekend.

On ne *commence à* vendre des glaces qu'à partir de juin là-bas. They only *start* selling ice creams from June over there.

Quel jour *commencerez*-vous? What/which day *will* you *start?*

Ils *ont commencé* le puzzle. They *have started* the puzzle.

- *To start* something, or to start doing something is *commencer*.

Se mettre à

Le four *s'est mis à* fumer. The oven *started* to smoke.

Je ne sais pas pourquoi elle *s'est mise à* rougir. I don't know why she *started* blushing.

Michel *s'est mis à* crier sans raison. Michel *started* to scream for no reason.

Dès qu'il les a vus, ils *se sont mis à* courir. As soon as he saw them, they *started* running.

Ce n'est pas la peine de *te mettre à* pleurer. It's no use you *starting* to cry.

Tout à coup elle *s'est mise à* chanter à tue-tête. She suddenly *started* to sing at the top of her voice.

Il faut que tu *te mettes à* étudier. You must *start* studying.

Je *me mettrai au* travail après mon émission préférée. I'*ll start* work after (I've watched) my favourite programme.

Quand Stéphanie a eu treize ans, elle *s'est mise à* faire du patinage. When Stephanie turned thirteen, she *started* going ice-skating.

- *Se mettre à* + infinitive can mean *to start*, and could be replaced with *commencer à*. The slight difference is that *se mettre à* often implies that an action was started as a consequence of something else, or unexpectedly.

Also useful to know

1. **Se mettre à** can also mean 'to set about' doing

something, or 'to get on with' something. It can also be used to translate 'to take up' something.

2. The phrases **s'y mettre** or **y mettre du sien** mean 'to make a good effort', 'to pull one's weight.'

Conduire, aller/venir en voiture, rouler, prendre la voiture – *to drive*

Conduire

Votre fils *conduit* depuis combien de temps? How long *has* your son *been driving* for?

Je ne saurai jamais *conduire*. I shall never be able *to drive*.

Mon mari n'aime pas *conduire* la nuit. My husband doesn't like *driving* at night.

Mais tu *conduis* beaucoup trop vite, enfin! You *drive* much too fast!

On *a conduit* pendant trois heures sans s'arrêter. We *drove* for three hours without stopping.

Je déteste *conduire* sur l'autoroute. I hate *driving* on the motorway.

Qui *conduira* demain? Who *is going to drive* tomorrow?

Quand je l'ai vue, elle *conduisait* vers le port. She *was driving* towards the harbour when I saw her.

- With *conduire* the emphasis is on the actual skill, or the actual activity.

Conduire (+ someone somewhere)

Le voisin l'*a* tout de suite *conduit* à l'hôpital. The neighbour immediately *drove* him to the hospital.

Mon beau-frère pourra nous *conduire* sur la côte pour nos vacances en juin. My brother-in-law will be able *to drive* us to the coast for our holiday in June.

Qui les *conduit* à l'école tous les jours? Who *drives* them to school every day?

Elle voudrait que je la *conduise*. She'd like me *to drive* her.

Il faudrait que quelqu'un me *conduise*. I would need
   someone *to drive* me.
Mes amis nous *conduiront*. My friends *will drive* us.

* *Conduire* can also be used to translate *to drive someone*/to
   give someone a lift (as in English, location of course, can
   be only implied).

Aller/venir en voiture, prendre la voiture

Je n'aime pas *aller* au travail *en voiture*
   = Je n'aime pas *venir* au travail *en voiture*
   = je n'aime pas *prendre la voiture* pour aller/venir au
      travail (je prends le car).
I don't like *driving* to work (I come by coach).

Finalement, nous avons décidé d'*aller* à Grenoble *en voiture*
   = Finalement, nous avons décidé de *venir* à Grenoble *en
      voiture*
   = finalement nous avons décidé de *prendre la voiture*
      pour aller/venir à Grenoble.
In the end we decided *to drive* to Grenoble.

Est-ce que Martin y *est allé en voiture?*
   = Est-ce que Martin *est venu en voiture?*
   = Est-ce que Martin *a pris la voiture?*
Did Martin *drive* (there/here)?

Mes parents ne *vont* jamais au centre-ville *en voiture*
   = Mes parents ne *viennent* jamais au centre-ville *en
      voiture*
   = Mes parents ne *prennent* jamais *la voiture* pour aller/
      venir au centre-ville.
My parents never *drive* to the town-centre.

Elle *ira* chez ses amis en Normandie *en voiture*
   = Elle *viendra* chez ses amis en Normandie *en voiture*
   = Elle *prendra la voiture* pour aller/venir chez ses amis.

She *will drive* to her friends' place in Normandy.

Y *êtes*-vous *allé en voiture?*
   = *Êtes*-vous *venu en voiture?*
   = *Avez*-vous *pris la voiture* pour y aller/pour venir?
   Did you *drive* (there/here)?

Il vaudra mieux y *aller en voiture*
   = Il vaudra mieux *venir en voiture*
   = Il vaudra mieux *prendre la voiture.*
   It will be better *to drive.*

- When the emphasis is on the means of transport *conduire* can be used, but a native would probably use *aller/venir en voiture* or *prendre la voiture.*

Rouler

Vous ne savez pas qu'il faut *rouler* à droite ici! Don't you know that you have *to drive* on the right here!

Après avoir *roulé* pendant deux heures, nous nous sommes arrêtés dans un joli petit village. After *driving* for two hours, we stopped in a lovely little village.

Tu peux *rouler* un peu moins vite, j'ai peur moi. Can you *drive* a bit slower, I'm scared.

Je *roulais* tranquillement sur le Grand Boulevard quand la voiture devant moi s'est mise à klaxonner bruyamment. I *was driving* on the Grand Boulevard, minding my own business, when the car in front of me suddenly started to blow its horn like mad.

On *roulera* toute la nuit. We'*ll drive* the whole night.

Je viens de la voir *rouler* vers la cathédrale. I've just seen her *driving* towards the cathedral.

Ils n'ont pu *rouler* que très très lentement à cause du brouillard. They could only *drive* very very slowly because of the fog.

- *Rouler* is a bit complicated. *Rouler* is an alternative to *conduire* only when the emphasis is on the actual activity (in other words to say what you are doing, or how) and can also be used to say where you are, but not where you are going!

Also useful to know

1. It is also helpful to explain when **rouler** can never be used:
    -   To talk about the actual skill (Je vais apprendre à conduire l'année prochaine. I'm going to learn to drive next year).
    -   When the destination is mentioned, note that 'towards', however, counts as 'where you are' as opposed to the destination (On est allé à Lyon en voiture parce que les trains étaient en grève. We drove to Lyon because the trains were on strike).
    -   To talk about the means of transport (j'irai au collège en voiture demain. I'll drive to college tomorrow).

2. **Se promener/faire une promenade/faire un tour en voiture**
    These all mean 'to go for a (car) ride'.

Connaître, savoir – *to know*

Connaître + people, or connaître + a place

Est-ce que vous *connaissez* Sylvie. Do you *know* Sylvie?
Ils ne nous *connaissent* pas. They don't *know* us.
Nous *connaissons* son fils depuis trois ans. We've *known* his/ her son for three years.
Elle *connaît* bien l'Allemagne. She *knows* Germany very well.
Je regrette, je ne *connais* pas le Restaurant de l'Ile. I'm sorry I do not *know* the Restaurant de l'Ile.
Elles *connaissent* tous mes cousins. They *know* all my cousins.

-   *Connaître* is the correct verb to say you *know* people or places.

Connaître + other nouns

Vous *connaissez* bien la Bouillabaisse? You do *know* what
Bouillabaisse is, don't you?

Je ne *connais* pas cette chanson. I don't *know* this song.

Mon amie *connaît* mes goûts. My friend *knows* my taste.

Nous *avons connu* le désespoir. We *have known*
(experienced) despair.

Comment! Il ne *connaît* pas la pétanque! What! He doesn't
know what pétanque is!

Il n'*avait* jamais *connu* tant de succès. He *had* never *known*
so much success.

Nous *connaissons* un bon bar près d'ici. We *know* a good
bar near here.

* *Connaître* is also the right choice to translate *to know* + any
  other nouns.

Savoir

Nous ne *savons* pas de quel quai le train pour Lille part. We
don't *know* which platform the train to Lille is leaving
from.

Savez-vous combien de jours il restera chez vous? Do you
know how many days he will stay at your house?

Il ne *sait* pas où il a laissé ses lunettes. He doesn't *know*
where he has left his glasses.

Je *sais* qu'il est retraité. I *know* that he is retired.

On ne *sait* pas quand ils partiront. We don't *know* when
they will leave.

Je ne *sais* pas ce que je vais faire. I don't *know* what I am
going to do.

Ils *savent* que je suis mariée. They *know* that I am married.

Elle ne *savait* pas que je n'aime pas la cuisine chinoise. She
didn't *know* that I don't like Chinese cooking.

* For *to know* a fact, a piece of information, *savoir* is used.

Connaître = savoir

Je connais son âge = Je sais quel âge il/elle a.

I know how old he/she is.

Elle ne connaît pas son adresse = Elle ne sait pas où il/elle habite.
She doesn't know her address/where he/she lives.

On connaît le cassoulet = On sait ce que c'est le cassoulet.
We know what cassoulet is.

Je connais Jacques = Je sais qui est Jacques.
I know Jacques (I know who Jacques is).

- It is possible to use either *connaître* or *savoir* to say the same thing, slightly differently.

Connaître + noun = savoir + (what is) noun

Je connais les règles du jeu. = Je sais (quelles sont) les règles du jeu. I know the rules of the game.

Il connaît son adresse. = Il sait (quelle est) son adresse.
He knows his/her address.

Je connais votre numéro de téléphone. = Je sais (quel est) votre numéro de téléphone. I know your telephone number.

Connaissez-vous la date de naissance du bébé de Diane? = Savez-vous (quelle est) la date de naissance du bébé de Diane?
Do you know the date of birth of Diane's baby?

- It is also possible to leave out 'what is/are' in sentences with *savoir*. In this instance the shortened sentence will be the same as for *connaître*.

Also useful to know

1. 'Je ne **sais** pas' (where the station is – at what time the film starts – who she is – when the plane goes – if they like snails, etc) is the French sentence all students quickly learn, to say 'I do not **know**'. French people

also use three other sentences which could be surprising in view of their literal translations: **Je suis incapable de vous le dire** 'I couldn't tell you' (because I don't know), **je l'ignore** 'I don't know' (although, **ignorer** can also mean 'to ignore') and **c'est pas évident** 'I don't know/you never know'. Examples:

- A quelle heure le magasin ouvre? Ah, ça, je suis incapable de vous le dire. What time does the shop open? (I am afraid) I couldn't tell you (because I don't know).
- Qu'est-ce qu'ils ont répondu? Je l'ignore! I don't know what they replied.
- Oh pardon Monsieur, c'est votre place? C'était pas évident. I'm sorry, is that your seat sir? I didn't know.

2. **Savoir + a verb**

Savoir + a verb, on the other hand, is used to say that you can or can't do a skill. For example:

- Elle sait parler italien. She can (knows how to) speak Italian.
- Sa fille savait lire à trois ans. His/her daughter could (knew how to) read when she was three.
- Savez-vous nager? Can you (do you know how to) swim?
- Qu'est-ce qu'ils savent faire? What can they do?
- J'aimerais savoir conduire. I wish I could drive.

Décider (de), se décider (à) – *to decide (to)*

Décider, décider de

Qui *a décidé de* partir le huit? Who *decided* to leave on the eighth?

Ma soeur *a décidé d'*aller en Espagne cette année. My sister *has decided* to go to Spain this year.

J'ai *décidé de* prendre ma retraite. I've *decided* to retire.

Ils *ont décidé de* vendre leur maison et de s'installer sur la côte. They*'ve decided* to sell their house and move to the coast.

Elle n'*a* rien *décidé*. She *has*n't *decided* anything.

Qu'est-ce que ses beaux-parents *ont décidé*? What *did* his/her in-laws *decide*?

Céline vient de *décider d'*acheter un vélo avec l'argent qu'elle a gagné. Céline *has* just *decided* to buy a bike with the money she has won/earned.

Comment! Vous *aviez décidé d'*y retourner! What! You *had decided* to go back there!

Il *avait* déjà *décidé de* lui écrire. He *had* already *decided* to write to him/her.

Elle a dit qu'elle *décidera* demain. She said that she *will decide* tomorrow.

- Usage of *décider (de)* is straightforward.

Se décider, se décider à

Vers neuf heures, je *me suis décidé à* téléphoner à Pierre. At about nine, *I decided*/I made up my mind/I took the decision to phone Pierre.

Quand s'*est-elle décidée à* leur parler? When *did* she *decide*/make up her mind/take the decision to speak to them?

Il faut *vous décider* tout de suite. You must *decide*/make up your mind/take a decision straight away.

Elles ne peuvent pas *se décider*. They cannot *decide*/make up their minds/take a decision.

Son frère *s'est décidé à* apprendre à conduire à trente ans. His/her brother *decided*/made up his mind/took the decision to learn to drive when he was thirty years old.

Nous *nous déciderons* mercredi prochain. We *shall decide*/make up our minds/take a decision next Wednesday.

Ils aimeraient que vous *vous décidiez* avant juin. They'd rather you *decided*/made up your mind/took a decision before June.

- *Se décider (à)*, can also mean 'to take a decision' or 'to make up one's mind'. Note that it would be possible to replace *se décider (à)* with *décider (de)* in all the examples above.

Also useful to know

Prendre une décision is the other way of saying 'to make/take/come to, a decision'.

Emmener, emporter/prendre, porter, conduire – *to take someone or something, somewhere*

Emmener

Tous les lundis j'*emmène* ma fille à la piscine. Every Monday, I *take* my daughter to the swimming pool.

Il va l'*emmener* au cinéma. He is going *to take* him/her to the pictures.

J'*ai emmené* Clémentine chez Jean-Luc. I *took* Clementine to Jean-Luc's (house).

Où vous *ont*-ils *emmené* pour votre anniversaire. Where *did* they *take* you for your birthday?

Est-ce que je peux *emmener* un ami au mariage? Can I *take* a friend to the wedding?

Ils *emmènent* toujours leurs deux chiens en vacances. They always *take* their two dogs on holiday (with them).

- *Emmener* is *to take* someone (or animals) somewhere.

Emporter/prendre

Il faut *emporter/prendre* votre parapluie. You must *take* your umbrella.

On *emportera/prendra* un gros pique-nique. We'*ll take* a huge picnic.

Vous pouvez *emporter/prendre* ce magazine. You can *take* this magazine.

Je vais *emporter/prendre* mes jumelles. I am going *to take* my binoculars.

Il *a* tout *emporté/pris*. He *took* everything.

N'oubliez pas d'*emporter*/de *prendre* votre permis de
conduire. Don't forget *to take* your driving licence (with
you).

- *Emporter* or *prendre* is *to take* something (with you, as
opposed to the alternative, leaving something behind,
implying a choice).

Porter

Je dois *porter* l'ordonnance chez le pharmacien tout de suite.
I must *take* the prescription to the chemist's (shop)
straight away.

Il *a porté* son appareil au magasin parce qu'il ne marche
plus. He *has taken* his camera to the shop because it
doesn't work any more.

Quand *porterez*-vous les robes au pressing? When *will* you
take the dresses to the drycleaners?

Vous pourriez *porter* ça à Clementine? Could you *take* that
to Clementine?

In faut *porter* ces livres au professeur. You must *take* these
books to the teacher.

J'*ai* déjà *porté* les lettres à la boîte à lettres. I *have* already
taken the letters to the letter box.

Vous voulez que je *porte* le plateau dans votre chambre?
Would you like me *to take* the tray to your room?

Elle *portera* la pellicule au magasin demain. She *will take* the
film to the shop tomorrow.

- *Porter* is *to take* something (that you can carry) to
someone, or somewhere for someone.

Conduire

Il va vous *conduire* au bureau de M. Bertrand dans cinq
minutes. He is going *to take* you to Mr Bertrand's office
in five minutes.

Je l'*ai conduit* à la chambre d'amis. I *have taken* him/her to
the spare room.

- *To take* someone somewhere because he/she doesn't know the way, to show the way is *conduire*.

Also useful to know

1. **Porter** also means 'to carry' or 'to wear'.

2. **Conduire**, of course, is also 'to drive'. 'To give (someone) a lift' is **conduire, emmener** or **déposer en voiture** ('déposer en voiture' unlike 'conduire' and 'emmener en voiture', only means to drop someone off somewhere).

3. 'To take' the car to the garage however, is **mener** la voiture au garage.

Faire la cuisine, cuisiner, cuire, faire cuire – *to cook*

Faire la cuisine/cuisiner

Son mari *fait la cuisine/cuisine* tous les dimanches. Her husband *does the cooking/cooks* every Sunday.

Elle n'aime plus *faire la cuisine/cuisiner*. She doesn't enjoy *cooking* anymore.

J'étais en train de *faire la cuisine/cuisiner* quand ils sont arrivés. I was in the middle of *doing the cooking/cooking* when they arrived.

Savez-vous *faire la cuisine/cuisiner*? Can you *cook*?

Elles ne *font* jamais *la cuisine*/elles ne *cuisinent* jamais en vacances. They never *do any cooking*/they never *cook* when (they are) on holiday.

Qui va *faire la cuisine/cuisiner* pour mon anniversaire? Who is going *to do the cooking/to cook* for my birthday?

J'*ai fait la cuisine/cuisiné* toute la journée. I *have been cooking* all day.

- With *faire la cuisine* the emphasis is on the activity of cooking, not on what is being cooked. It is also possible to use *cuisiner*.

Cuisiner (+ a meal/a dish)

Je *cuisinerai* votre plat préféré. *I'll cook* your favourite dish.

Savez-vous *cuisiner* un magret de canard? Can you *cook*
(have you ever cooked) a duck steaklet?

Elle leur *a cuisiné* un bon repas. She *cooked* them a lovely
meal.

Je vais *cuisiner* une omelette espagnole. I am going *to cook* a
Spanish omelette.

Elle *avait cuisiné* le dîner pour huit heures. She *had cooked*
the evening meal for eight o'clock.

On *cuisinera* un repas special. We *shall cook* a special meal.

C'est ma mère qui *a cuisiné* ce plat algérien. It's my mother
who *has cooked* this Algerian dish.

- *Cuisiner* can be used to talk about *cooking* a particular meal
  or a particular dish.

People + cuire/faire cuire + food(s)

Vous *cuisez/faites cuire* le poisson pendant au moins une
heure. You *cook* the fish for at least one hour.

J'ai déjà *cuit/fait cuire* les pâtes. I*'ve* already *cooked* the pasta.

C'est un plat que l'on *cuit/fait cuire* au four. It's a dish
which is *cooked* in the oven.

Nous devrons *cuire/faire cuire* beaucoup de saucisses. We
shall have *to cook* a lot of sausages.

Il avait oublié de *cuire/faire cuire* les haricots verts. He'd
forgotten *to cook* the green beans.

Vous n'*avez* pas assez *cuit/fait cuire* ce bifteck. You *have*
under*cooked* this steak.

Je *cuirai/ferai cuire* le riz à l'avance. I*'ll cook* the rice
beforehand.

Il y a eu une panne d'électricité avant que je ne puisse *cuire*
le poulet. There was a power cut before I could *cook*
the chicken.

- Never leave out the dish or food(s) in this key structure.

Food(s) + cuire

Le gigot ne *cuit* que depuis une demi-heure. The joint *has* only *been cooking* for half an hour.

Ça sent bon! Qu'est-ce qui *cuit*? Lovely smell! what's *cooking*?

Cela doit *cuire* très très lentement. That has *to cook* very very slowly.

Pendant que les pommes de terre *cuisent*, je mets la table. I'm laying the table whilst the potatoes *are cooking*.

Tout *cuit* tranquillement, ce sera prêt dans dix minutes. Everything *is cooking* nicely, it will be ready in ten minutes.

• Meals, dishes or food can also be the subject of the verb *cuire*.

Also useful to know

1. Both **préparer** or plain **faire** can be used instead of **cuisiner**: 'Je cuisinerai/préparerai/ferai un potage maison.' (I will cook/prepare/make a home-made soup).

2. **Faire des gâteaux**, or, **faire de la pâtisserie** mean **to bake** (cakes).

Garder, s'occuper de – *to look after*

Garder

Je veux bien vous *garder* les enfants cet après-midi. I don't mind *looking after*/keeping an eye on/watching over/ minding the children for you this afternoon.

Elle *garde* Charlie quand elle peut. She *looks after*/keeps an eye on/watch over/minds Charlie when she can.

Il lui *a gardé* le chien pendant qu'elle est entrée dans la boulangerie pour prendre le pain. He *looked after*/kept an eye on/watched over/minded the dog for her whilst she went in the bakery to get the bread.

Quand on est en vacances, nos voisins *gardent* notre

maison. Our neighbours *look after*/keep an eye on our house when we are away on holiday.

Je lui *ai gardé* le magasin ce matin. I *looked after*/minded the shop for him/her this morning.

Vous pourriez *garder* mon sac quelques minutes? Could you *look after*/keep an eye on/watch my bag for a few minutes?

Qui *gardera* les billets? Who *will look after* (have/keep) the tickets?

- *Garder* means *to look after* as in to watch over, to mind, to keep an eye on or to be in charge of people, animals or things, particularly when there is no work involved.

S'occuper de + noun

Ma gentille voisine *s'occupera de* mes filles jeudi matin. My nice neighbour *will look after* my daughters on Thursday morning.

Elle *s'occupe* bien *de* ses vieux parents. She really *looks after* her old parents well.

Je peux *m'occuper de* ce client tout de suite, si vous voulez. I can *look after*/attend to this customer straight away, if you like.

C'est notre cousin qui *s'occupera de* notre chien lorsque nous serons en Europe. Our cousin *will look after* our dog when we are in Europe.

Vous devez *vous occuper de* madame Blanc. You must *look after* Mrs Blanc.

Martin *s'est occupé du* jardin. Martin *looked after* the garden.

Qui *s'occupe de* ce dossier? Who *is looking after* this file?

Elle a décidé de ne plus travailler, et de *s'occuper de* la maison. She has decided to stop working and *to look after* the house.

Demain il faut absolument que je *m'occupe de* tout ça. I really must *take care of* all that tomorrow.

- *To look after*, to attend to, to deal with, to take care of, to be in charge of people, animals or things (involving some work) is *s'occuper de*.

S'occuper de + verb

Je *m'occupe de* lui téléphoner après le déjeuner. *I'll see about* phoning him/her after lunch.

Vous pourriez *vous occuper d'*acheter tout ça? Could you *see about* buying all that?

Il *s'est* enfin *occupé de* faire réparer le toit. At last he *has seen about* getting the roof repaired.

Qui *s'occupera* d'écrire cette lettre? Who *will see about* writing this letter?

* *S'occuper de* + verb means *to see to something*, to undertake/attend to/take care of a task.

Also useful to know

1. **Garder** also means 'to keep': 'Elle aimerait garder le magazine' (She would like to keep the magazine.)

2. **S'occuper** on its own means 'to occupy oneself' or 'to busy oneself': 'Ils ne savent pas comment s'occuper pendant leur temps libre.' (They don't know how to occupy themselves in their spare time.)

3. **Occuper** is 'to occupy': 'Je les occupe jusqu'à l'heure du souper' (I keep them occupied/busy until the evening meal.)

4. **Être occupé** means 'to be busy' or 'to be engaged': 'Il est occupé en ce moment, je regrette' (I am afraid he is busy at the moment.)

5. **S'occuper de ses affaires** can be the expression for 'to mind one's own business'.

Jouir de, aimer/plaire à, profiter de, apprécier, savourer, déguster, s'amuser – *to enjoy*

Jouir de

Je *jouis d'*une excellente santé malgré mon âge. Despite my age I (do) *enjoy* excellent health.

L'hôtel *jouit d'*une vue imprenable. Panoramic views can be *enjoyed* from the hotel.

Dans notre village nous *jouissions d'*une vie simple et tranquille. We *used to enjoy* a simple and quiet life in our village.

Le pays *jouira* ainsi *d'*une certaine prosperité économique. The country *will* then *enjoy* a degree of prosperity.

Ici, on *jouit d'*un climat doux toute l'année. Here, we *enjoy* a mild climate all the year round.

Vous devez *jouir des* beautés de la Nature. You must (should) *enjoy* the beauty of Mother Nature.

Notre médecin *a jouit d'*une excellente réputation pendant toute sa vie. Our doctor *enjoyed* an excellent reputation throughout his life.

Il ne *jouissait d'*aucun droit, et pourtant il a vendu la propriété de son grand-père. Although he (had no rights) didn't *have the benefit of* any rights whatsoever, he did sell his grandfather's property.

Dans ce camping, tout le monde pourra *jouir* de tout ce qui leur est offert, sans supplément. In this campsite, everyone will be able *to enjoy* everything that is available at no extra charge.

Ce château *jouit d'*une collection de grands tableaux. This castle *boasts* a collection of great paintings.

- *Jouir de* + noun means *to enjoy* as in to have the benefit of, or to benefit from something. Note that all the various things enjoyed when *jouir de* is used are things which are either due to nature or luck, a reward (probably earned), or a legal right.

Aimer/plaire (à)

On *a* bien *aimé* la promenade en voiture. We *did enjoy* the car ride a lot.

Avant, j'*aimais* lire les romans policiers. I *used to enjoy* detective novels once upon a time.

Qu'est-ce qu'elles *ont* le plus *aimé* dimanche dernier? What *did* they *enjoy* the most last Sunday?

Ce film lui *a* beaucoup *plu.* He/she *enjoyed* this film very much.

Jouer au tennis leur *plaît* assez. They quite *enjoy* playing tennis.

Je pense que cela *aurait plu à* tes cousins. I think your cousins *would have enjoyed* that.

Cela me *plaisait* beaucoup. I *used to enjoy* that a lot.

- *Aimer* or *plaire (à)*, to like or to love, are two verbs which can double for *to enjoy.*

Profiter de

Ils *ont* bien *profité de* leur escapade à Paris. They *did enjoy* their mini break in Paris.

Quand il fait beau, il faut *profiter de* son jardin. You must *enjoy*/make the most of your garden, when the weather is nice.

Mes petits-enfants *ont* bien *profité de* la piscine de l'hôtel. My grandchildren *did enjoy*/made the most of the hotel's swimming pool.

Cette femme sait vraiment *profiter de* la vie. This woman really knows how *to enjoy*/make the most of life.

- *Profiter (de)*, to take advantage (of) or to make the most (of) can double for *to enjoy.*

Apprécier

Mes deux soeurs *apprécient* la cuisine italienne. My two sisters *enjoy*/appreciate Italian cooking.

Elle m'a dit qu'elle *avait* toujours *apprécié* sa compagnie. She told me that she *had* always *enjoyed*/appreciated his/her company.

On *a* beaucoup *apprécié* notre voyage en Europe. We *did enjoy*/appreciate our trip to Europe.

Est-ce que vous *avez apprécié* le concert de Noël? *Did* you *enjoy*/appreciate the Christmas concert?

Il n'*apprécie* pas du tout le jazz. He doesn't *enjoy* jazz at all.

- *Apprécier*, to appreciate, can double for *to enjoy*.

Savourer

Nous venons de *savourer* une vraie bouillabaisse. We've just *enjoyed* a real bouillabaisse.

C'est un excellent livre, franchement, je l'*ai savouré* du début à la fin. It's an excellent book, honestly, I *enjoyed* every page.

Maintenant, il va enfin pouvoir *savourer* son succès. At long last, he can now *enjoy* the fruits of his success.

Tous les matins, pour le petit-déjeuner, ils *savourent* de délicieux croissants au beurre. Every morning, for breakfast, they *enjoy* delicious croissants made with butter.

- *Savourer*, to savour, can be one other way to say *to enjoy*.

Déguster

Nous *dégusterons* cette bouteille de champagne pour mon anniversaire. We *shall enjoy* this bottle of champagne for my birthday.

J'ai *dégusté* cette grande nouvelle! I really *did enjoy* this piece of (important) news!

Ils étaient en train de *déguster* les fraises du jardin. They were (in the middle of) *enjoying* the home-grown strawberries.

Vanessa adore ce chanteur, elle *a dégusté* son spectacle. Vanessa loves this singer, she couldn't *have enjoyed* his show more.

- *Déguster*, to savour, to taste, is also another verb which can be used to say *to enjoy*.

S'amuser

J'espère que vous *vous amuserez* bien demain. I hope you
enjoy yourselves tomorrow.

Elles *s'amusent* comme ça chaque fois qu'elles viennent.
They *enjoy themselves* like this each time they come.

Tu *t'es* bien *amusé* à la boum samedi? *Did* you *enjoy* the
party on Saturday?

Ces enfants ne savent pas comment *s'amuser*. These children
don't know how *to enjoy themselves*.

Mes nièces *s'amusent* dans la piscine avec leurs copines. My
nieces *are enjoying themselves* in the swimming pool
with their friends.

Qu'est-ce qu'on *s'est amusé* chez toi hier soir! *Did* we *enjoy
ourselves* at your house last night or what!

Regarde les chiens *s'amuser* sur la plage! Look at the dogs
enjoying themselves on the beach!

Je ne *me suis* pas *amusée* dans cette boîte. I *did*n't *enjoy*
myself in that night club.

- *S'amuser* means *to enjoy oneself* but more as in to have a
good time, to have fun to have a good laugh.

Also useful to know

1. **Savourer** and **déguster** are used to translate 'to enjoy'
    mainly when talking about food or drink. With other
    things, like a book or a show, the intention is to put
    maximum stress on the verb 'to enjoy'.

2. **S'amuser** can also mean 'to amuse oneself' and **amuser**
    someone is 'to amuse' or to 'entertain' people.

3. **Trouver agréable** is one more way to translate 'to
    enjoy'.

4. **Se régaler** is a more colloquial way to say 'to enjoy (a
    lot)' food, drink, time or an activity (it can replace.
    aimer, plaire, profiter, apprécier, savourer, déguster and
    s'amuser).

5. **Bon**, which probably doesn't sound strong enough in
    English to convey 'enjoyment', is also frequently used in
    parting pleasantries (enjoy + time, that is, what you are
    about to do next):
    - Bonne promenade. Enjoy your walk/have a nice
      walk.
    - Bon séjour à Dieppe. Enjoy your stay in Dieppe.
    - Bonnes vacances. Enjoy your holiday/have a nice
      holiday.
    - Bonne soirée. Enjoy your evening/have a nice
      evening.
    - Bon appétit. Enjoy your meal/have a nice meal.

6. There is one more way to say you enjoy an activity; For
    example, one other way to translate 'he enjoys opera' is
    c'est un amateur d'opéra. However, reverse the word
    order, noun+amateur (instead of amateur+noun) and
    the translation is quite different: 'un jardinier amateur'
    (an amateur gardener).

7. **C'est un bonheur** is another simple way to say 'to
    enjoy', for example:
    - C'est un bonheur d'habiter ici. I/we enjoy living
      here.
    - C'était un bonheur. I enjoyed it.
    - Pour lui le cricket c'est un bonheur. He enjoys
      cricket.
    - Ce sera un grand bonheur. It will be very
      enjoyable.

Partir, quitter, laisser — *to leave*

Partir

Demain, je *pars* de bonne heure. Tomorrow I *am leaving* in
    good time.
On *partira* mardi prochain, d'accord? We'll *leave* next
    Tuesday, all right?
Il faut que vous *partiez* tout de suite. You must *leave*

straight away.

Quand *sont*-ils *partis*? When *did* they *leave*?

Les cars *partent* de la Place du Théâtre. The coaches *leave* (go) from the Place du Théâtre.

Tu *pars* déjà? *Are* you *leaving* already?

Gregory *sera parti*. Gregory *will have left*.

Le train *était* déjà *parti*. The train *had* already *left*.

- *Partir* is *to leave* as in 'to go', 'to depart'.

Quitter

Le matin je *quitte* la maison avant mon mari. In the morning I *leave* home before my husband does.

Ils *ont quitté* la ville il y a au moins trois ans. They *left* the town at least three years ago.

Elle pourra *quitter* l'hôpital après-demain. She will be able *to leave* the hospital the day after tomorrow.

Je veux *quitter* cette compagnie. I want *to leave* this company.

Nous *avons quitté* notre amie devant le cinéma. We *left* our friend outside the cinema.

Il *a quitté* sa femme. He *has left* his wife.

Je l'*ai quitté* vers neuf heures. I *left* him at about nine o' clock.

Tout à coup elle *a quitté* le magasin. She suddenly *left* the shop.

- *Quitter* is *to leave* someone, or a place.

Laisser

Ce soir, je vais *laisser* les enfants chez ma voisine. I am going *to leave* the children at my neighbour's this evening.

Je crois qu'il lui *a laissé* la clé. I believe he *left* him/her the key.

Est-ce qu'on peut *laisser* nos valises ici? Can we *leave* our suitcases here?

Qu'est-ce que vous comptez emporter, et qu'est-ce que vous

voulez *laisser*? What do you intend to take with you,
and what do you want *to leave* (behind)?

Il m'*a laissé* son journal. He *left* his newspaper for me.

Où *a*-t-elle *laissé* son sac? Where *did* she *leave* her bag?

Je *laisse* ça sur la table? Shall I *leave* that on the table?

Je regrette, vous ne pouvez pas *laisser* ça là. You can't *leave*
that there, I am afraid/sorry.

Tu peux *laisser* ton sac ici. You can leave your bag here.

- *Laisser* is *to leave* someone, or to leave something
  somewhere.

je vous *laisse* ma place. I *let* you *have* my seat.

Elle nous *a laissé* sa montre. She *let* us *have* her watch.

On te *laissera* les journaux si tu veux. We'*ll let* you *have* the
newspapers if you wish.

- *Laisser* can also mean *to let* (someone) *have* (something).

Also useful to know

1. **A partir de** means 'starting from' (a time, a date, a
    price or a location).

2. **Le laisser-aller** is 'carelessness', 'slovenliness'.

Penser, croire, réfléchir, songer (à) – *to think*

Penser

On *pense* qu'il est fort sympathique. We *think* that he is
immensely nice.

Pensez-vous qu'elles ont tort? Do you *think* that they are
wrong?

Je *pense* que cette voiture est plus confortable que l'autre. I
think that this car is more comfortable than the other
one.

Nous *avons pensé* que c'était trop cher. We *thought* that it
was too expensive.

Qu'est-ce que tu *penses* du film? What do you *think* of the
film?
Elle *pense* que ce serait mieux. She *thinks* that it would be
better.

● *Penser* is usually *to think* as in 'to have an opinion'.

Croire

Je *crois* qu'il va venir le onze. I *think* that he is coming on
the eleventh.
On *a cru* que c'était elle. We *thought* (assumed) that it was
her.
Vous *croyez* que c'est l'église de la Sainte-Mère? Do you
think that this is the Sainte Mère church?
La pharmacie la plus proche? Dans la rue Leblanc, je *crois*. I
think (I believe) that the nearest chemist's shop is in the
rue Leblanc.
Je *crois* qu'il sait parler l'anglais et l'allemand. I *think* (I
believe) that he can speak English and German.
Il *croit* que la banque ferme à cinq heures. He *thinks* that
the bank closes at five.

● *Croire* is *to think* as in 'to believe', 'to assume'.

Réfléchir

Vous n'*aviez* pas assez *réfléchi*, hein! You *had*n't *thought*
about it long enough, had you!
Il va *réfléchir*. He is going *to think about* it.
It faut toujours *réfléchir* avant d'agir. You must *think* before
you act.
J'ai *réfléchi*, et j'ai décidé de porter la robe bleue. I *thought*
about it, and I decided to wear the blue dress.
En *réfléchissant*, je comprends maintenant. Now that I *think*
about it, I do understand.
Main non, voyons, *réfléchissez* un peu! Oh come off it, *think*
about it!

● *Réfléchir* is to think about something, as in 'to have a good
think', 'to think hard', 'to think (something) over'.

Songer (à)

Songez à vos enfants! *Think about* your children!

Il n'avait pas *songé aux conséquences.* He *had* not *thought about* the consequences.

Il faudrait *songer à* partir. We should *think about* leaving.

Ils *songent à* déménager depuis un an. They *have been thinking about* moving for one year.

Songe un peu *à* tous ceux qui ont moins de chance que toi! You *think about* all those who are not as lucky as you are!

J'ai *songé* longtemps *à* ça. I did *think about* that for a long time.

* *Songer à* means *to think about* as in 'to take into account/ consideration' (particularly when we mean 'don't forget...'), 'to consider', 'to muse over/upon', 'to reflect'.

Also useful to know

1. In many cases, **penser** and **croire** are interchangeable.

2. Another way to say **to think** as in **to have an opinion** is to use **se dire**, for example:
    - J'ai pensé que ce serait dangereux = Je me suis dit que ce serait dangereux. I thought that it would be dangerous.
    - Elle pensait qu'il devait y avoir un malentendu = Elle s'était dit qu'il devait y avoir un malentendu. She thought that there must be a misunderstanding.
    - C'est ce qu'ils ont pensé tout de suite = c'est ce qu'ils se sont dit tout de suite. That's what they thought straight away.

3. 'To think' about someone or about something is also **penser à**: 'J'ai pensé à vous.' (I thought about you.)

4. **Penser à** things or people can also translate to **remember** something or someone or **to cross one's mind,** for example:
    - Vous croyez qu'il pensera à acheter le journal? Do you think that he will remember to buy the newspaper?

- Tu as pensé au pain? Did you remember (to get) the bread?
- Elle n'avait pas pensé à nous. She forgot about (taking) us (into account).
- On n'avait pas pensé à ça. That hadn't crossed our minds.
- J'ai pensé que ça pourrait être lui. It did cross my mind that it could be him.

5. **Réfléchir** also means 'to reflect', or 'to give some thoughts to.'

6. The ironic exclamation in English 'I don't think (so)!' is **cela/ça m'étonnerait!**

Prendre + temps, mettre + temps – *to take time*

Prendre son temps

Moi le dimanche, j'aime *prendre mon temps*. I like *to take my time* on Sundays.

Prenez votre temps, je vous en prie. Do *take your time*.

Il *a pris* tout *son temps* pour le faire. He *took* all *his time* to do it.

C'est loin mais on pourra *prendre notre temps*. It's far, but we will be able *to take our time*.

Vous *prenez* toujours *votre temps* pour répondre? Do you always *take your time* before answering?

- *Prendre son temps* means *to take one's time*.

Prendre le temps

Je vais enfin pouvoir *prendre le temps* de lire ce gros livre. At last, I am going to be able *to take* (have/find) *the time* to read this extremely long book.

Elle *a* toujours *pris le temps* de s'occuper de sa vieille tante. She *has* always *taken* (had/found) *the time* to look after her old aunt.

Quand on est retraité on peut *prendre le temps* de prendre

son temps. When you're retired you can *take* (have/find) *the time* to take your time.

Tu pourrais *prendre le temps* de le faire lundi prochain?
Could you *take* (find) *the time* to do it next Monday?

Il faut qu'il *prenne le temps* de tout lire. He must *take* (find) *the time* to read all of it.

Nos amis avaient gentiment *pris le temps* de nous écrire. Our friends *had* kindly *taken* (found) *the time* to write to us.

- *To take time* as in 'to have/to find the time' is *prendre le temps*.

Things + prendre, things + prendre + people

Ce type de projet *prendra* plusieurs années. This type of project *will take* several years.

C'est un travail qui *prend* beaucoup trop de temps. It's a job which *takes* much too much time.

Normalement ce voyage *prend* combien de temps? How long does this journey usually *take*?

Cela ne *prend* jamais plus de vingt minutes. It never *takes* more than twenty minutes.

Cela *prendra* environ une heure, à mon avis. That *will take* about one hour in my opinion.

Ça *a pris* trois jours. It *took* three days.

Cela vous *prendra* seulement une demi-heure. It *will* only *take* you half an hour.

Malheureusement, ça lui *a pris* tout un jour. Unfortunately, it *took* him/her a whole day.

Cela nous *prendrait* moins de temps si nous passions par Rouen. It *would take* us less time if we went via Rouen.

- With these two key structures the length of time has to be mentioned, and the task has to be the subject of *prendre*.

Mettre

Le train ne *met* qu'un quart d'heure. It only *takes* a quarter of an hour by train.

Je pense que ça ne *mettra* qu'une demi-heure. I think that it *will* only *take* half an hour.

Cela *a mis* des mois. It *took* months.

Ça va *mettre* trop long, non? It's going *to take* too long, isn't it?

Normalement ça *met* plusieurs semaines. It usually *takes* several weeks.

Cela *mettrait* des heures et des heures. That *would take* hours and hours.

Ils *ont mis* longtemps. They *took* a long time.

J'ai *mis* deux mois pour/à faire cette robe. It *took* me two months to make this dress.

Charlotte *mettra* moins de temps que lui. It *will take* Charlotte less time than him.

Combien de temps *avez*-vous *mis* pour/à laver la voiture de votre père? How long *did* it *take* you to wash your dad's car?

En voiture on *met* dix minutes environ. It *takes* us about ten minutes by car.

J'ai *mis* des semaines à me décider. It *took* me weeks to make up my mind.

Cela va me *mettre* combien de temps, à peu près? How long is it going *to take* me, approximately?

Ça nous *avait mis* plusieurs heures. It *had taken* us several hours.

Ceci leur *mettrait* des années. This *would take* them years.

Et ça vous *met* combien de temps en moyenne? And how long does it *take* you on average?

- *Mettre* is another choice to say *to take* time. People as well as tasks can be the subject of *mettre*.

Il y en a pour, en avoir pour

Est-ce *qu'il y en a pour* longtemps/est-ce que j'*en ai pour longtemps*? Will it *take* long/will it *take* me a long time?

Il y en a pour/j'*en ai pour* trois ou quatre heures. It is going *to take* me three or four hours.

Il y en avait eu/nous *en avions eu* pour des heures. It *had taken*/us hours.

- The two key structures above are also alternatives to

Helping you learn

Progress questions

1 Looking at the English examples only, translate a whole section of one item into French and check your answers.

2 Try to listen to some French (real life conversation, course cassette, radio or television) until you spot one of the problem words/phrases/key structures.

3 Write down explanations for differences between one set of verbs available in French to translate one verb in English and check your answers.

Discussion points

1 Find out if your fellow students have difficulties with the same words/phrases/key structures.

2 Never miss an opportunity to ask a native of France to explain differences you have digested, and give them the explanations!

6 Do you agree that you never question oddity found in your mother tongue?

Practical assignment

Discuss (and bemoan) problem words/phrases/key structures with fellow students.

Study tips

1 Don't wait until you can say everything in perfect French. Start using the language straight away, 'mixing' it with English if necessary.

3 Speak in French to all willing family members and friends, yourself and your pets, and to all French people in France or in England (or other countries) at every opportunity.

2

Choosing the Right Word – 1

One-minute overview

Some English adverbs, adjectives and nouns have several possibilities in French. For example, *à peu près* and *environ* both mean *about* at all times. In addition some numbers can have a suffix to achieve the same result, for example *à peu près vingt*, *environ vingt* and *une vingtaine* all mean the same, *about twenty*. *Vers* normally means *towards*, but it can also be used as an alternative when talking about time, for example *vers huit heures* is the same as *à huit heures à peu près*. This chapter will show you:

- the right word for *then*
- the right word for *about*
- the right word for *half*
- the right word for *early*
- the right word for *big*
- the right word for *year, day, morning* and *evening*

Alors, donc, puis – *then*

Alors = à ce moment-là

Ils habitaient *alors* en Bretagne. They were *then* living in Brittany.

Elle n'avait *alors* que vingt ans. She was *then* only twenty.

Je serai *alors* toujours à Lyon. I shall still be in Lyon *then*.

Nous avions *alors* l'intention de déménager. We were *then* thinking about moving house.

C'est *alors* qu'il a tout compris. *Then* he understood everything.

Travailliez-vous *alors* pour Renault? Were you working for Renault *then*?

- *Alors* can mean *then* as in *at that time* (but, in this instance, 'then,' unlike in English, cannot be the first word of a sentence.)

Alors = pour cette raison

Vous avez des enfants ? *Alors* vous me comprenez bien. You have children, *then* you do know what I mean.

J'y vais justement, *alors* je peux vous déposer devant la banque. I am going there, as a matter of fact, I can drop you off outside the bank, *then*.

Elle doit garder ses nièces, *alors* elle ne pourra pas venir. She has to look after her nieces, she won't be able to come *then*.

Pourquoi n'a-t-il pas téléphoné, *alors*? Why didn't he phone, *then*?

Alors il a fallu tout lui dire. *Then* we had to tell him/her everything.

Je dois passer devant le garage, *alors* je peux prendre de l'essence. I have to go past the garage. I can get some petrol *then*.

Ne me dites rien *alors*! Don't tell me anything *then*!

- *Alors* can also mean *then* as in *in that case* or *so, therefore, consequently*.

Donc

Il pleut *donc* je reste ici. It's raining, I'll stay here *then*.

Donc, s'il n'a plus d'argent, il ne peut pas payer. He can't pay *then*, if he hasn't got any money left.

Elle n'a rien fait *donc*. She didn't do anything *then*.

Vous avez *donc* envoyé la lettre hier. You sent the letter yesterday, *then*.

Tu as oublié d'acheter le pain *donc*. You've forgotten to buy the bread *then*.

Ils n'ont pas vu Jean-Luc *donc*. They didn't see Jean-Luc *then*.

- *Donc*, just as one meaning of *alors* means *in that case, therefore, so, or, consequently*.

Puis

Ils ont passé une semaine en Italie, *puis* une semaine en Suisse. They spent one week in Italy, *then* one week in Switzerland.

J'ai téléphone à Kevin, *puis* je suis sorti. I phoned Kevin, (and) *then* I went out.

Vous continuez jusqu'aux feux rouges, *puis* vous tournez à droite. You carry on until you get to the traffic lights, *then* your turn right.

Il faut laisser cuire pendant cinq minutes, *puis* il faut ajouter une cuillerée de moutarde. You have to let it cook for five minutes, *then* you (need to) add one tablespoon of mustard.

Elle a fait ses devoirs *puis* elle m'a aidé. She finished her homework (and) *then* she helped me.

J'ai dû montrer mon passeport, *puis* remplir et signer un papier. I had to show my passport, (and) *then* fill in and sign a form.

- *Then* as in *next/after that/afterwards* is *puis.*

Also useful to know

1. **Donc** or **alors** are also frequently used at the beginning or at the end of a sentence, for stress:

    – Vous n'avez pas d'enfants alors/donc. So, you haven't got a family? You haven't got a family, then?

    – Donc/alors, elle parle l'allemand couramment? So, she speaks German fluently? She speaks German fluently, then?

    – Entrez-donc! Do come in!

    – Reprenez-donc du poulet! Do have some more chicken!

2. The word **puis** can also mean 'furthermore' or 'besides'. 'Tu n'as pas le temps, puis il ne faut pas que tu négliges tes études.' (You haven't got the time, furthermore/besides, you must not neglect your studies.)

3. **Puis** can also be used instead of **aussi**. 'Deux bières, puis une glace au chocolat, s'il vous plaît monsieur.' (Two beers and/and also one chocolate ice cream, please.)

4. The expressions **et alors?** and **et puis après?** both mean 'so what?'

A peu près, environ, vers, – aine (*and* approximative-ment) – *about*

A peu près, environ, (approximative-ment)

La pharmacie est à *environ/à peu près* cinq cents mètres de la gare. The chemist shop is *about* five hundred metres away from the station.

Elles travaillaient *environ/à peu près* quatre heures par jour puis elles se reposaient. They used to work *about* four hours a day, then they used to rest.

Notre maison a *environ/à peu près* vingt ans. Our house is *about* twenty years old.

Ça coûte combien *environ/à peu près*? How much is that, *approximately*?

Il a *environ/à peu près* cinquante cassettes. He has *about* fifty cassettes.

Il y avait *environ/à peu près* trente personnes derrière le cinéma. There were *about* thirty people behind the cinema.

Nous avons mis *environ/à peu près* trente minutes. It took us *about* thirty minutes.

Il/c'est *environ/à peu près* cinq heures. It's *about* five.

Quand nous arriverons, il sera *environ/à peu près* huit heures du soir. It will be *about* eight in the evening when we arrive.

Il était *environ/à peu près* neuf heures lorsque je l'ai vue. It was *about* nine when I saw her.

Il devait être *environ/à peu près* minuit. It must have been *about* midnight.

Ils terminent à *environ/à peu près* six heures. They finish at *about* six.

A quelle heure *environ/à peu près* pourrez-vous venir demain? You will be able to come at *about* what time tomorrow?

- *A peu près, environ* (and *approximativement*) are interchangeable.

Vers

J'ai terminé le travail à environ/à peu près sept heures = J'ai terminé le travail *vers* sept heures. I finished work at *about* seven.

A quelle heure est-elle arrivée environ/à peu près? = *Vers* quelle heure est-elle arrivée? She arrived at *about* what time?

On partira à environ/à peu près midi = On partira *vers* midi. We shall leave at *about* noon.

Pierre avait commencé à environ/à peu près deux heures = Pierre avait commencé *vers* deux heures. Pierre had started at *about* two.

L'accident a eu lieu à environ/à peu près minuit = L'accident a eu lieu *vers* minuit. The accident took place at *about* midnight.

Sophie reviendra à environ/à peu près trois heures = Sophie reviendra *vers* trois heures. Sophie will come back at *about* three.

Il a téléphoné à environ/à peu près une heure = Il a téléphoné *vers* une heure. He phoned at *about* one.

- When talking about the time, if *about* can be replaced by *around*, it is also possible to use *vers*.

Environ vingt/á peu près vingt/une vingtaine

Cela va lui coûter une cent*aine* de francs. It is going to cost him/her *about* one hundred francs.

Elle doit avoir la cinquant*aine*. She must be *about* fifty.

Elle a envoyé une vingt*aine* de lettres. She sent *about* twenty letters.

Ils seront une douz*aine*. There will be *about* twelve of them.

Nous nous connaissons depuis une trent*aine* d'années. We have known each other for *about* thirty years.

J'ai lu une diz*aine* de ses livres. I've read *about* ten of his/ her books.

● To say *about* and the numbers 8, 10, 12, 15, 20, 30, 40, 50 , 60 and 100, it is also possible to add the suffix -*aine* to them (the 'x' at the end of 'dix' becomes a 'z', and final 'e's must be dropped).

However, *environ* and *à peu près* can also be used to say *about* + all numbers.

Also useful to know

1. Une **huitaine** can mean 'about eight' but is also an alternative for 'one week'. Une **quinzaine** can mean 'about fifteen' but it can also mean 'a fortnight'. The full phrases are, respectively: une huitaine/une quinzaine de jours.

2. The word **douzaine** can have one of two meanings: 'about twelve' or 'a/one dozen.'

Demi, moitié – *half*

Demi

Je voudrais un kilo et *demi* de pommes de terre. I'd like one and a *half* kilos of potatoes.

Nous nous sommes promenées pendant une bonne *demi*-heure. We went for a good *half*-hour walk.

Clémentine travaille une *demi*-journée par semaine, c'est tout. Clementine works *half* a day a week, that's all.

Je crois qu'il a dix ans et *demi*. I think he is ten and a *half*.

C'est pas possible! Il est déjà trois heures et *demie*! I don't believe it! It's already *half* past three.

Je vous ai apporté une *demi*-bouteille de gin. I've brought
  you *half* a bottle of gin.
Je n'en veux qu'une *demi*-livre s'il vous plaît. I only want
  half a pound, please.
C'est quand les vacances de ce *demi*-trimestre? When is *half*-
  term this term?
Deux *demi*-places pour La Rochelle. Two *half*-fares for La
  Rochelle.

- *Demi* (adjective) is mainly used to translate half a standard
  measure. As in English, demi + noun is just half of
  something, whereas noun + demi (the opposite word
  order) is one and a half something. In the latter case,
  'demi' has to agree with gender of noun.

Moitié

Tu as mangé la *moitié* du gâteau? Goinfre! You've eaten *half*
  the cake? Pig!
Je n'ai lu que la *moitié* du journal. I've only read *half* the
  paper.
Il a fait la *moitié* du travail hier, et l'autre *moitié* ce matin.
  He did *half* the work yesterday, and the other *half* this
  morning.
La *moitié* de ma famille habite en Amérique depuis dix ans.
  Half my relations have lived in America for ten years.
On a vu la *moitié* du film français, puis nous nous sommes
  couchés. We saw one *half* of the French film, then we
  went to bed.
Jérôme m'a gentiment donné la *moitié* de son casse-croute.
  Jerome kindly gave me *half* his snack.
Voulez-vous la *moitié* de ça? Would you like *half* of that?
C'est votre soeur qui a bu la *moitié* de la bouteille de lait.
  It's your sister who drank *half* the bottle of milk.
J'avais si faim que j'ai mangé la *moitié* de la baguette. I was
  so hungry that I ate *half* the baguette.

- The noun, one *half* in French is *moitié*.

A demi – à moitié

On vient de voir un chat *à demi* mort/*à moitié* mort dans la
    rue. We've just seen a cat, *half* dead, in the street.

Pourquoi était-elle *à demi* nue/*à moitié* nue? Why was she
    half naked?

La porte était toujours *à demi* fermée/*à moitié* fermée. The
    door was always *half* closed.

Il doit être *à moitié* fou. He must be *half* mad.

Son lit est *à moitié* fait. His/her bed is *half* done.

Chaque fois que je le vois il est *à moitié* ivre. Each time I
    see him he is *half* drunk.

● *A demi* and *à moitié* are adverbials.

Also useful to know

1. The prefix **mi-** can mean 'half' as in 'part/partly'. 'Mon
    ami m'a rencontrée à mi-chemin. (My friend met me
    half way.) 'Voilà ma chambre qui fait mi-chambre mi-
    bureau.' (This is my room which is a bedroom-cum-
    study.) It can also mean 'mid-' + calendar month, for
    example **mi-avril**.

2. The prefix **semi-** can mean 'semi', 'partly' or 'half', for
    example **semi-automatique**.

En avance, tôt, de bonne heure – *early*

En avance

Il faut arriver *en avance* pour l'examen. You have to arrive
    early for the exam.

Je n'aime pas être beaucoup *en avance* quand je vais chez le
    dentiste. I don't like being too *early* when I go to the
    dentist's.

Je suis madame Bertrand. Mon rendez-vous est à dix
    heures. Je suis un peu *en avance*. I am Mrs Bertrand.
    My appointment is at ten. I am a bit *early*.

Il préfère être *en avance*. He prefers being *early*.

Le film commence à huit heures, donc vous êtes bien *en avance*. The film starts at eight, so you are really *early*.

- *En avance* means *early* when talking about an occasion when a specified time has been arranged, is important, matters and could make a difference to situations. It could include for example the time arranged for an interview, a meeting, an appointment, a lesson, work starting time, public transport departures, etc.

Tôt – part 1

Je suis arrivé *tôt* pour le rendez-vous. I arrived *early* for the appointment/the date.

Elle est partie *tôt* car elle avait peur de manquer son car. She left *early* because she was worried about missing her coach.

Vous êtes trop *tôt*. You are too *early*.

- *Tôt* and *en avance* can often be interchangeable.

Tôt – part 2

Ils ne se couchent jamais très *tôt*. They never go to bed very *early*.

Le facteur est *tôt* aujourd'hui! The postman is *early* today.

J'irai en ville *tôt* demain matin. I'll go to town *early* tomorrow morning.

Tôt ce matin j'ai entendu un bruit dans la cuisine. *Early* this morning I heard a noise in (coming from) the kitchen.

Nous étions partis *tôt* pour arriver avant la tombée de la nuit. We had left *early* in order to arrive before it got dark.

Son anniversaire est dans deux semaines. Il est trop *tôt* pour envoyer la carte. His/her birthday is in two weeks time. It's too *early* to send the card.

J'appelle pas ça *tôt*. That's not what I call *early*/that's not *early* for me.

- *Tôt* means 'early' at all other times, that is, when it does not refer to a specified time or date.

Also useful to know

1. The opposite of **être/arriver en avance**, is **être/arriver en retard** 'to be late'.

2. **Être en retard** also means 'to be behind' (with things).

3. The opposite of **tôt** is **tard** 'late'.

4. **De bonne heure** means 'in good time'.

5. **D'avance** or **à l'avance** both mean 'in advance'.

Grand, gros – big

Grand – part 1

Ils n'avaient jamais vu de si *grands* pieds. They had never seen such *big* feet (before).

Dis donc, il est *grand* ton sac! You've got a *big* bag there!

Ils ont fait une *grande* fête. They had a *big* party.

Vous n'avez pas une boîte plus *grande* que ça par hasard? Would you have a *big*ger box than that one at all?

Elle m'a acheté un *grand* vase en crystal. She bought me a *big* crystal vase.

Je préférerais un four plus *grand*. I would rather have a *big*ger oven.

Grand – part 2

On a plusieurs *grands* arbres dans notre jardin. We have several *big*/tall trees in our garden.

Je travaille dans le *grand* batîment à côté de la gare. I work in the *big*/tall building next to the station.

Vous aimeriez habiter dans un *grand* immeuble? Would you like to live in a *big*/tall block of flats?

Martin est assez *grand* pour son âge, n'est-ce pas? Martin is quite tall for his age, isn't he?

*   *Grand* can mean *big* as in 'tall', or indeed, it can mean 'tall'.

Grand – part 3

J'ai une *grande* maison avec un très *grand* jardin. I have a *big* house with a very *big* garden.

C'est le pays le plus *grand* du monde. It's the *big*gest country in the world.

Ce *grand* restaurant indien est nouveau, il se trouve sur la *grande* place, au bout de la rue Blanche. This *big* Indian restaurant is new, it's on the *big* square, at the end of the Blanche street.

Quel *grand* lac! What a *big* lake!

Sa chambre n'est pas *grande*. His/her room is not *big*.

* When *big* means covering a big area, *grand* is used.

Grand – part 4

Qu'est-ce que je vous donne, une *grande* boîte d'allumettes, ou une petite? What do I give you (what would you like) a *big* box of matches, or a small one?

La *grande* quiche fait 9 Euros et celle-ci, la petite, fait 6. The *big* quiche costs 9 Euros and this one, the small one, 6.

Nous avons trois tailles seulement pour les T-shirts, *grand*, moyen et petit. We only have three sizes for the T-shirts, *big* medium and small.

Alors, un panaché, deux bières, un café et un *grand* crème monsieur, s'il vous plaît. Right then, one shandy, two beers, one black coffee and one *large* white coffee please.

J'aurais dû prendre la *grande* boîte de petits pois. I should have got the *big* tin of peas.

* *Grand* can mean *big* or *large* when talking about set sizes of things.

Grand – part 5

C'est un *grand* jour aujourd'hui. Today is a *big*/important day.

Il y a eu un *grand* repas en fin de soirée. There was a *big*/special meal at the end of the evening.

Nous venons d'apprendre votre *grande* nouvelle. We've just heard your *big*/important/great news.

C'était un *grand* docteur américain. He was a *big*/important/
  great American doctor.

Il y a eu un *grand* scandale. There was a *big* scandal.

- *Grand* can mean *big* as in 'important', 'special' or 'great'.

Gros - part 1

Cet homme est trop *gros*. This man is too *big*/large/fat.

Devant l'école de Marie il y a plusieurs *gros* arbres, très très
  vieux. There are several very *big*/large old trees in front
  of Marie's school.

Son chat a toujours été *gros* comme ça. His/her cat has
  always been *big*/fat like that.

C'était une *grosse* femme qui aimait chanter du matin au
  soir. She was a *big*/large/fat woman who used to enjoy
  singing from morning right through the evening.

- *Gros* means 'large' or 'fat'.

Gros – part 2

Je voudrais un kilo des *grosses* tomates. I'd like one kilo of
  the *big* tomatoes please.

Elle a acheté un *gros* poulet pour demain. She has bought a
  big chicken for tomorrow.

Qu'est-ce qu'ils sont *gros* ces melons, hein! My goodness,
  aren't these melons *big*!

Ce gigot n'est pas assez *gros* pour nous tous. This joint of
  lamb isn't *big* enough for us all.

- Only *gros* is used for translating *big* when talking about
  fruits and vegetables, as well as other foods where size, as
  such, has been more or less left to nature.

Grand = gros

un grand effort: a big effort

un gros effort = un très grand effort: a very big effort

un grand orage: a big storm

un gros orage = un très grand orage: a very big storm

un grand travail: a big job
un gros travail: a massive job

une grande moustache: a big moustache
une grosse moustache: a huge moustache

une grande voiture: a big car
une grosse voiture: a big 'fat' car

un grand morceau de tarte aux pommes: a big piece of
    apple tart
un gros morceau de tarte aux pommes: a large piece of
    apple tart

un grand rhume: a big cold
un gros rhume: a filthy cold

- *Gros* can be used to make *big* bigger or stronger,
  particularly when exaggerating, or showing off.

Also useful to know

1. **Un grand magasin** is 'a big shop' or, 'a department
   store'.
2. **Une grande personne** is 'a grown-up'.
3. **Les grandes vacances** means 'the summer holidays'.
4. **Un grand lit** is 'a double bed'.
5. **Un grand mot** is 'a big word', but **un gros mot** is 'a
   swear/rude word', and
6. **le gros lot** is 'the first prize' (in a draw).

Un jour, une journée *(etc)* – a day *(etc)*

Un jour, un matin, un soir, un an

Elle fait de la marche tous les *jours*, après le travail. She goes
    walking every *day*, after work.

Vous arriverez quel *jour* exactement? You will arrive on
which *day* exactly?

Ce *matin,* je me suis occupé de mon petit frère. This
morning I looked after my little brother.

Je leur ai parlé hier *matin.* I spoke to them yesterday
morning.

On a décidé d'emmener notre mère et notre père au cinéma
demain *soir.* We've decided to take our mum and dad
to the cinema tomorrow *evening.*

Le *soir,* j'aime regarder la télévision. In the *evening,* I like
watching television.

Ils iront en France l'*an* prochain. They will go to France
next *year.*

L'*an* passé, je suis allée en Bretagne avec elle. I went to
Brittany with her last *year.*

- The masculine forms, in all the examples above, are
preferred when the emphasis is on *when* an action takes
place.

Number + jour (etc)

Elle les ai vus il y a deux *jours.* She saw them two *days* ago.

Je ne le connais que depuis environ dix *jours.* I have only
known him for about ten *days.*

Jean-Luc a un chien depuis une dizaine de *jours.* Jean-Luc
has had a dog for about ten *days.*

Sa femme travaille deux *matins* par semaine. His wife works
two *mornings* a week.

Je fais de la marche un *matin* par semaine. I go walking one
morning a week.

Vous y êtes allé trois *matins* de suite? Did you go (there)
three *mornings* in a row?

C'est le troisième *soir* qu'il leur téléphone. This is the third
evening he has phoned them.

Un *soir* la semaine prochaine, on ira chez Elise. One *evening*
next week, we'll go to Elise's.

Trois *soirs* par mois en moyenne, ils terminaient à dix
heures. They used to finish at ten, on average, three
evenings a month.

Elle n'a que cinq *ans.* She is only *five* (years of age).

Ils ont appris le français pendant trois *ans.* They studied French for three *years.*

Voilà sept *ans* qu'ils ont divorcé. They divorced seven *years* ago.

- Again, the masculine form is preferred when day, morning, evening or year is used with a number.

Une journée (etc)

Merci mille fois pour une *journée* très agréable. Thank you very much indeed for a very enjoyable *day.*

Vous avez eu une *journée* plutôt difficile. You've had a rather difficult *day.*

Quelle *journée* intéressante! What an interesting *day*!

J'ai passé ma *matinée* à faire le ménage. I've spent my *morning* doing the housework.

Elle s'est promenée toute la *matinée.* She went for a walk for the whole *morning.*

Ça a été une longue *matinée* pour mon père. It has been a long *morning* for my father.

On passera la *soirée* à jouer aux cartes. We shall spend the *evening* playing cards.

Je n'aime pas gaspiller mes *soirées* à regarder la télé. I don't like wasting my *evenings* watching TV.

Le pauvre, il a eu une *année* déprimante. Poor thing, he has had a depressing *year.*

Je dois dire que cela a été une *année* merveilleuse. I must say, it was a wonderful *year.*

Bonne *année* à tout le monde! Happy New *Year* to everyone!

- The feminine forms are usually used to emphasise either *how* the time is used, or to put *emphasis on the length of time.*

Un jour (etc) = une journée (etc)

C'est mon premier jour ici = C'est ma première journée ici.

It's my first day here.

Ce sera un grand jour pour eux = Ce sera une grande
journée pour eux. It will be a big day for them.

Ils ont passé un matin très intéressant = Ils ont passé une
matinée très intéressante. They had a very interesting
morning.

Est-ce que c'est le seul appel du matin? = Est-ce que c'est le
seul appel de la matinée? Is that the only call for the
morning?

Nous n'aimons pas les longs soirs d'hiver = Nous n'aimons
pas les longues soirées d'hiver. We don't like the long
winter evenings.

Le dernier soir, ils sont tous allés au cinéma = La dernière
soirée, ils sont tous allés au cinéma. The last evening
they all went to the cinema.

Ma fille apprend à conduire depuis deux bons ans = Ma
fille apprend à conduire depuis deux bonnes années.
My daughter has been learning to drive for two good
years.

Mes parents ont l'intention d'aller en Cornouailles l'an
prochain = Mes parents ont l'intention d'aller en
Cornouailles l'année prochaine. My parents intend to
go to Cornwall next year.

J'ai commencé il y a un an = J'ai commencé il y a une
année. I started a year ago.

• Most of the time, either form can be used. However,
whenever these words have a qualifying word, the feminine
forms are often used. This is particularly the case for the
word 'year.'

Also useful to know

1. One more unhelpful rule is: which form sounds better
to the French!

2. The good news, of course, is that both forms are right.
Whichever form is used, it is not possible to be
misunderstood.

3. As in English, une **matinée** can also mean 'an afternoon
showing' at the theatre or cinema.

Numéro, nombre, chiffre – number

Numero

J'ai perdu votre *numéro* de téléphone. I have lost our telephone *number*.

Elle habite au *numéro* 22. She lives at *number* 22.

C'est un *numéro* facile à retenir. That's an easy *number* to remember.

* *Numéro* means *number* when talking about some sort of identification.

Nombre

On a reçu un *nombre* de plaintes. We have received a *number* of complaints.

Il a un *nombre* de raisons personnelles. There is a *number* of personal reasons.

Un *nombre* de personnes ont refusé. A *number* of people refused.

* *Nombre* means *number* when talking about quantity.

Chiffre

Il a oublié le dernier *chiffre*. He has forgotten the last *number*/digit.

On a trouvé des *chiffres* sur le mur. They found some *numbers*/figures on the wall.

C'est un numéro de dix *chiffres*. It has ten *numbers*/it is a ten-digit number.

* *Chiffre* means *number* as in digits or figures.

Petit, un peu – little

Petit

J'habitais dans un *petit* village. I used to live in a *little*/small village.

Ils ont acheté un *petit* appartement. They have bought a

little/small flat.

Elle vous enverra un *petit* mot. She will send you a *little*/short note.

Les chaussures sont trop *petites*. The shoes are too *small*.

Tu veux acheter une *petite* voiture? You want to buy a *small* car?

Je préfère la *petite*. I prefer the *small* one.

- *Petit(es)* means little as in *small*.

Un peu

Il a *un peu* froid. He is a bit/*little* cold.

C'est *un peu* trop cher. It is a bit/*little* expensive.

Je voudrais *un peu* de vin. I'd like *a bit* of wine.

Le café était *un peu* fort. The coffee was *a bit* strong.

Elle s'ennuie juste *un* petit *peu*. She is *a little* bit bored.

- *Un peu* means *a little* as in a little bit.

Also useful to know

Petit can double for **dear/darling/beloved**, for example:

- Mon petit mari: My dear/darling/beloved husband.
- Sa petite maman: Her dear/darling/beloved mother.
- Notre petit chien: Our darling/beloved dog.

Perhaps by extension, **un petit ami/copain** means a **boyfriend**, and **une petite amie/copine** means a **girlfriend**.

Helping you learn

Progress questions

1 Looking at the English examples only, translate a whole section of one item into French and check your answers.

2 Read a French passage (textbook, paper, magazine, book) and see if you can spot one of the problem words or phrases.

3 Write down explanations for usage of each word available in French which can translate one in English and check your answers.

Discussion points

1 Find out if your fellow students have difficulties with the same words and phrases found in this chapter.

2 Never miss an opportunity to ask a native of France to explain differences you have digested and give them the explanations!

Practical assignment

Ask a fellow student to test you on material in this chapter.

Study tips

Don't wait until you can say everything in perfect French. Start using the language straight away, 'mixing' it with English if necessary.

3

Choosing the Right Word – 2

One-minute overview

This chapter will help you with some more problem words. For example, when *what* is before a noun, it is one of four words in French, *quel(s)* or *quelle(s)*. If *what* is not in a question it is *ce que*, but in a question it is *que* or *quoi*. *Il* can mean *it* in certain key structures, *ce* is needed to say 'what' or even 'who' *it* is, whereas *cela* (or the shortened version *ça*) translates *it* with verbs other than 'être', for example 'cela m'inquiète' (it worries me). This chapter will show you:

■ the right word for *it*
■ the right word for *both*
■ the right word for *what*

Ce, cela, ça, il – *it (that, they)*

Ce (c') + être + things

*C'*est son livre. *It'*s his book.

Ce n'était pas vraiment une bonne idée. *It/that* wasn't really a good idea.

Ce serait le meilleur moment pour le faire. *It/that* would be the best time to do it.

Ce sera sans doute une longue journée. *It* will probably be a long day.

Il faut que *ce* soit une surprise. *It* has to be a surprise.

*C'*est bien le sac de Nicole? *It/that* is Nicole's bag, isn't it?

● To translate *it, that* + to be + noun, use *ce (c')*.

Ce (c') + être + people = he, she or they

*C'*était un de mes amis anglais. *He* was one of my English
  friends.

Ce n'est pas ma belle-soeur. *She* is not my sister-in-law.

Ce sont les enfants de mon frère. *They* are my brother's
  children.

*C'*était une femme charmante. *She* was a lovely woman.

Ce sont mes voisins. *They* are my neighbours.

*C'*est une infirmière. *She* is a nurse.

- Quite simply, *ce (c')* is used not only to say what something is,
  but unlike in English, to say who *he, she* or *they* are.

Ce (c') + être + adjective

Le français est difficile, *c'*est vrai. French is difficult, *it/that*
  is true.

Finir avant neuf heures, *ce* serait impossible. *It/that* would
  be impossible to finish before nine.

Apprendre à conduire, *c'*est maintenant indispensable. *It* is
  now strictly necessary to learn to drive.

Il ne faut pas refuser, *ce* serait impoli. You musn't refuse, *it/
  that* would be rude.

Mille fois merci pour cette soirée, *c'*etait très sympathique.
  Thank you ever so much for this evening, *it* was very
  enjoyable.

*C'*est gentil d'être venu. *It/that*'s nice of you to have come.

- When *it/that* refers back to a phrase or a sentence
  (statements, facts, ideas etc), use *ce (c')*.

Il + être + adjective

Il ne sera pas facile de lui dire la vérité. *It* will not be easy
  to tell him/her the truth.

Il serait trop difficile pour ma mère de venir demain. *It*
  would be too difficult for my mother to come
  tomorrow.

Il est rare de voir vos voisins ici. *It*'s rather unusual to see your neighbours here.

Il est interdit de fumer dans ce restaurant. *It* is forbidden to smoke in this restaurant.

Il m'est facile de comprendre pourquoi il est parti. *It's* easy for me to understand why he has left.

Il est ridicule d'accepter. *It's* stupid to accept.

- Normally, when the main part of the sentence comes later, the impersonal 'il' is used.

Impersonal 'il'

Il fait froid/chaud depuis trois jours. It's been cold/hot for three days.

Il y a une piscine près d'ici? Is there a swimming pool near here?

Il (vous) faut travailler. You must work.

Il vaudrait mieux rester ici. It would be better to stay here.

Il se trouve que je l'ai vu hier. It so happens that I saw him yesterday.

Il s'agit de résidences pour les personnes du troisième âge. They (/these) are homes (specially built) for old age pensioners.

Il paraît qu'elle est américaine. I've heard that she is American.

Il semble que vous ayez/Il me semble que vous avez raison. It seems/it seems to me that you are right.

Il (vous) suffit de montrer votre passeport. All you have to do is show your passport.

Il (vous) reste combien d'argent exactement? How much money is left/how much money have you got left exactly?

Il/cela/ça vous arrive d'aller au bord de la mer? Do you sometimes go to the coast?

Il/c'est presque quatre heures. It's nearly four o' clock.

- The various phrases used in these examples need the impersonal *il* except for the last two which have a choice between *il* and *cela/ça* or *ce*.

Cela, ça + être

*C'*est vrai = *cela* est vrai (also possible: *ça* n'est pas vrai). *It/
that* is true.

Ce serait impossible = *cela/ça* serait impossible. *It/that*
would be impossible.

*C'*est maintenant indispensable = *cela* est maintenant
indispensable (also possible: *ça* n'est pas indispensable -
ça lui est indispensable). *It/that* is now indispensable.

Ce serait impoli = *cela/ça* serait impoli. *It/that* would be
rude.

*C'*était très sympa = *cela* était très sympa (also possible: *ça*
n'était pas très sympa). *It/that* was very friendly.

*C'*est gentil = *cela* est gentil (also possible: *ça* n'est pas
gentil). *It/that* is kind.

- It is also possible to use *cela* or *ça* in place of *ce*, except when
  'est' (is) or 'était' (was) is the next word after 'ça' (most
  probably because it would be awkward to say).

Cela, ça + other verbs (including auxiliary verbs)

Ça a été une matinée plutôt difficile. *It* has been a rather
difficult morning.

Cela avait été une grande decision. *It* had been an important
decision.

Ça aurait été une question intéressante. *It* would have been
an interesting question.

Cela aura été son choix. *It* will have been his/her choice.

Cela vous va bien. *It/that* does suit you.

Ça ne se fait pas! *It/that* isn't done!

Ça fait combien? How much does *it* come to?

Cela ne fait rien. *It/that* doesn't matter.

Ça s'est passé devant la gare. *It/that* happened outside the
station.

Est-ce que *cela* vous conviendrait? Would *it/that* suit you?

Ça dépend. *It/that* depends.

Qu'est-ce que *cela* veut dire? What does *it/that* mean?

Cela ne nous a jamais interéssés. *It/that* has never interested us.

- *Cela* or *ça* are used to translate *it* or *that* with all other verbs as well (except when 'est' or 'était' is the next word after ça, most probably because it would be difficult to say).

Also useful to know

1. There are two slightly different ways to state someone's occupation: 'C'est un boulanger = Il est boulanger.' (He is a baker.')

2. **Ceci**, 'this' could replace **cela/ça** 'that': 'ceci ne nous a jamais interessés' (this has never interested us).

3. **Cela**, **ça** and **ceci** can of course be the object of a sentence. 'Je n'aime pas cela/ça/ceci.' (I don't like that/this.) 'Qui a fait cela/ça/ceci?' (Who did that/this?)

Les deux, tous les deux, tous deux, à la fois – *both*

Les deux/tous les deux/tous deux

Les deux chapeaux lui vont vraiment bien = Les chapeaux lui vont vraiment bien *tous les deux*. *Both* (the) hats really suit him/her.

Les deux lui vont vraiment bien = *Tous deux* lui vont vraiment bien. They *both* suit him/her.

Les deux livres étaient sur la table = Les livres étaient sur la table, *tous les deux*. *Both* (the) books were on the table.

Les deux étaient sur la table = *Tous deux* étaient sur la table. They were *both* on the table.

Ces deux dames ont demandé un dépliant = Ces dames ont demandé un dépliant *toutes les deux*. *Both* these ladies asked for a leaflet.

Les deux ont demandé un dépliant = *Toutes deux* ont demandé un dépliant. They *both* asked for a leaflet.

Les deux amis de Richard iront à l'université en septembre = Les amis de Richard iront à l'université en septembre, *tous les deux*. *Both* Richard's friends will go to university in September.

Les deux iront à l'université en septembre = *Tous deux* iront à l'université en septembre. Both will go to university in September.

Les deux compagnies nous ont répondu = Les compagnies nous ont répondu, *toutes les deux*. Both companies replied.

Les deux nous ont répondu = *Toutes deux* nous ont répondu. *Both* replied.

Les deux sacs sont beaucoup trop chers = Les sacs sont beaucoup trop chers, *tous les deux*. Both (the) bags are too expensive.

Les deux sont trop chers = *Tous deux* sont trop chers. They are *both* too expensive.

Les deux enfants de Pierre me connaissent depuis au moins trois ans = Les enfants de Pierre me connaissent depuis au moins trois ans, *tous les deux*. *Both* Pierre's children have known me for at least three years.

Les deux me connaissent depuis au moins trois ans = *Tous deux* me connaissent depuis au moins trois ans. *Both* have known me for at least three years.

Les deux tableaux me plaisent énormément = Les tableaux me plaisent énormément, *tous les deux*. I like *both* the pictures immensely.

Les deux me plaisent énormément = *Tous deux* me plaisent énormément. I like *both* of them immensely.

Les deux élèves ont quitté l'école vers cinq heures = Les élèves ont quitté l'école vers cinq heures, *tous les deux*. *Both* the pupils left school at about five.

Les deux ont quitté l'école vers cinq heures = *Tous deux* ont quitté l'école vers cinq heures. *Both* left school at about five.

Les deux clients sont tout à fait d'accord avec moi = Les clients sont d'accord avec moi, *tous les deux*. *Both* the customers agree with me.

Les deux sont d'accord avec moi = *Tous deux* sont d'accord avec moi. *Both* agree with me.

Les deux chiens de ma grand-mère sont malades = Les chiens de ma grand-mère sont malades, *tous les deux*. *Both* my grandmother's dogs are ill.

Les deux sont malades = *Tous deux* sont malades. *Both* are ill.

Je ne savais pas que *les deux* Espagnols travaillaient ici = Je
    ne savais pas que les Espagnols travaillaient ici, *tous les
    deux*. I didn't know that *both* Spanish men worked
    here.

Je ne savais pas que *les deux* travaillaient ici = Je ne savais
    pas que *tous deux* travaillaient ici. I didn't know that
    they *both* worked here.

- For people and things, it is possible to use *les deux, tous/toutes
  les deux, tous/toutes deux* to say the same thing although, as
  the examples show, each key structure is slightly different.

A la fois

C'est une idée *à la fois* absurde et dangereuse. It's *both* a
    stupid and dangerous idea.

Aujourd'hui j'ai *à la fois* froid et chaud! Je dois couver
    quelque chose. I am *both* hot and cold today! I must be
    sickening for something.

Excellente escapade! On s'est *à la fois* reposé et amusé.
    Excellent mini-break! We rested and had fun, *both*.

Ce tableau est *à la fois* émouvant et comique. This picture is
    both moving and funny.

Ils ont fait les deux *à la fois*. They did *both*.

- *Both* + two adjectives/past participles or *both* + two verbs is *à
  la fois*.

Also useful to know

Like **en même temps** the literal translation of **à la fois** is 'at
the same time,' so it could be used for more than two
things as well:

- Franchement, je pense que c'est une idée à la fois
  égoïste, insensée et dangereuse. I honestly think
  that it is a selfish, insane and also dangerous idea.
- Moi, je ne peux pas faire tout à la fois. I can't do
  everything at once.

Quel(s)/quelle(s), que, quoi, ce que, ce qui – *what*

Quel(s), quelle(s)

Quel courage! *What* courage!

Quel jour vous convient? *What*/which day suits you?

A *quelle* heure quittez-vous le bureau d'habitude? At *what* time do you normally leave the office?

Quelle sera votre adresse? *What* will your address be?

Quels journaux lisent-ils? *What* newspapers do they read?

Quelles oranges voulez-vous, les plus grosses? *Which* oranges would you like, the bigger ones?

* *What* + noun is *quel(s)* or *quelle(s)*

Que (qu')

*Qu'*est-ce que cela veut dire exactement? *What* does it/this mean exactly?

Que cherchez-vous monsieur? *What* are you looking for, sir?

*Qu'*est-ce qu'il y avait à faire et à voir là-bas? *What* was there to do and to see over there?

Que diront-elles? *What* will they say?

*Qu'*auriez-vous fait à ma place? *What* would you have done in my place?

*Qu'*avait-il acheté? *What* had he bought?

* When *what* + subject and verb is in a question, use *que*.

Quoi

Il a vu *quoi*? = *Qu'*est-ce qu'il a vu? = *Qu'*a-t-il vu? *What* did he see?

Vous ferez *quoi* pendant les grandes vacances? = *Qu'*est-ce que vous ferez pendant les grandes vacances? = *Que* ferez-vous pendant les grandes vacances? *What* will you do during the summer holiday?

Elles voulaient *quoi*? = *Qu'*est-ce qu'elles voulaient ? = *Que* voulaient-elles? *What* did they want?

Leur fille achètera *quoi*? = *Qu'*est-ce que leur fille achètera?

= *Qu*'achètera leur fille? *What* will their daughter buy?

Vous diriez *quoi*? = *Qu*'est-ce que vous diriez? = *Que* diriez-vous? *What* would you say?

- As illustrated, when the interrogative form used is not the addition of 'est-ce que' or the reversing of subject and verb, not only the word *what* has to be at the end of the question but it becomes *quoi*.

Ce que

Voilà *ce qu*'il a acheté. Here is *what* he bought.

Ce n'est pas du tout *ce que* j'ai compris. That's not *what* I understood at all.

Ils ne savaient pas *ce qu*'elle voulait. They didn't know *what* she wanted.

Charlotte fait toujours *ce qu*'elle veut, de toutes façons. Charlotte always does *what* she likes, anyway.

Ce que nous aimons le plus regarder à la télé, c'est le feuilleton australien. *What* we love watching on TV most of all is the Australian soap.

Quand j'ai su *ce qu*'il avait fait, j'ai pleuré. When I heard about *what* he had done, I cried.

- When *what* is not in a question, *ce que* is used.

Ce qui

Ce n'est pas *ce qui* sera le plus important. That's not *what* will be the most important thing.

On ne m'a pas dit *ce qui* a été dit à la réunion. They didn't tell me *what* was said at the meeting.

Ce qui m'inquiète, c'est qu'il ne le sait pas encore. *What* worries me is that he doesn't know yet.

Je pense que c'est *ce qui* la surprendra un peu. In my opinion, that's *what* will surprise her a little.

Ce qui lui a coûté beaucoup d'argent, c'est le logement. Accommodation is *what* cost him/her a lot of money.

Voici *ce qui* se passe tous les mois. This is *what* happens every month.

- *Ce qui* is *what*, when *what* is the subject of the following verb.

Also useful to know

1. After a preposition (including prepositions which always follow certain verbs) only **quoi** can be used:

    - De quoi s'agit-il monsieur? What is it about, sir?
    - Avec quoi fait-on ce plat? What do you need in order to make this dish?
    - Derrière quoi avez-vous laissé vos bagages? You left your luggage behind what?
    - De quoi leur parlerons-nous? What shall we talk to them about?

2. Sometimes **Ce qui** can also mean 'which' or 'that': 'Ce qui veut dire quoi?' (Which means what?) 'Il a mangé tout ce qui restait dans le frigidaire.' (He ate all that was left in the fridge.)

Helping you learn

Progress questions

1   Looking at the English examples only, translate a whole section of one item into French and check your answers.

2   When listening to, or reading in the language, concentrate on usage of these problem words.

3   Write down explanations for when to use what and check your answers.

Discussion points

1   Find out if your fellow students have difficulties with the same words and phrases.

How are all skills learned?

2   Why should speaking a foreign language be different?

Practical assignment

Listen to a French radio station as often as possible.

Study tips

1 Write something in French every day, even if only personal lists (shopping, things to do, etc) or, when possible, short messages.

2 The only 'secret' for achieving fluency is practice.

Sorry and I Don't Mind

To say *sorry* in French, it is possible to say *pardon, désolé, je regrette* and more, but you might wish to know how to be more emphatic for more specific occasions, such as when hearing really bad news. On another topic, *I don't mind* can be *cela m'est égal* when it means *it doesn't make any difference to me, je veux bien* (said without enthusiasm) or *cela ne me dérange pas* if you want to say either *it isn't a problem for me,* or, *I couldn't care less.* This chapter will show you:

■ numerous examples which illustrate subtle differences
■ the best use of each word or phrase to say what you mean
■ how to avoid misunderstandings and upsets
■ a short cut to speed and perfect your fluency in French

Ça m'est égal, je veux bien, ça ne me dérange pas – *I don't mind*

Ça m'est égal

Q. On va au cinéma jeudi ou vendredi soir? A. *Ça m'est égal.*

Q. Shall we go to the pictures on Thursday or Friday evening?   A. *I don't mind (which).*

Q. Tu veux un thé ou un café? A. *Ça m'est égal.*

Q. What would you like, tea or coffee? A. *I don't mind.*

Q. A quelle heure voulez-vous manger ce soir? A. *Ça nous est* tout à fait *égal.*

Q. At what time would you like to eat tonight? A. *We* really *don't mind.*

- When a choice is offered, *ça m'est égal* is the best way to translate *I don't mind* (it doesn't make any difference to me.)

Je veux bien

Q. Si on allait à la plage demain? A. Oui, *je veux bien.*

Q. What about going to the beach tomorrow? A. *I don't mind.*

Q. Tu viens avec moi en ville la semaine prochaine? A. *Je veux bien*, moi.

Q. Do you want to come shopping with me next week? A. Yes all right, *I don't mind.*

Q. On prend des pizzas pour ce soir? A. *Je veux bien*, d'accord.

Q. Shall we get some pizzas for tea/dinner? A. OK, *I don't mind.*

- When a suggestion for plans is made, *je veux bien*, said without enthusiasm, is the best way to translate *I don't mind* (said enthusiastically it will mean: that would be great!)

Cela/ça ne me dérange pas

Q. Pourriez-vous me poster cette lettre en allant aux magasins? A. Oui bien sûr, *ça ne me dérange pas* du tout.

Q. Could you post my letter on your way to the shops? A. Yes of course! *I don't mind* at all.

Q. Pardon Madame, je peux mettre mon manteau sur ce siège (a free seat near you on a coach)? A. Oui, *ça ne me dérange pas*, hein.

Q. Excuse me, may I leave my coat on this seat? A. Please do, *I don't mind.*

Q. *Cela vous dérangerait* que je vienne une heure plus tard demain? A. Pas du tout.

Q. *Would* you *mind* if I came one hour later tomorrow? A. Not at all.

- *Ça ne me dérange pas* is the best way to say *I don't mind* (it's no trouble, no problem) in answer to a (usually small) favour.

Also useful to know

1. **Ça m'est égal** can also mean 'I don't care/I couldn't care less', for example: 'Ça m'est égal qu'il ne me parle plus.' (I couldn't care less if he doesn't speak to me anymore.)

2. Non-verbal communication, that is, tone of voice, facial expressions and gestures, plays a big part in conveying which meaning is intended.

3. **Je veux bien** is also the phrase which can translate 'I can understand/accept that.'

4. When people apologise because of a slight problem, there is another phrase which can mean 'I don't mind/ never mind/it doesn't matter/don't worry about it/it's all right/no problem', and which can double for **pas de problème**. It is **c'est (ce n'est) pas grave**. You can use it, for example, in answer to someone who apologises for being a bit late, or for forgetting to do something for you etc.

5. **Tant pis** means 'never mind/it doesn't matter' as well as 'too bad.'

Pardon/excusez-moi, je m'excuse, désolé, je regrette – *sorry*

Pardon, excusez-moi

- To attract a stranger's attention before asking for some simple information (the way to somewhere, the time of the day etc) use *pardon/excusez-moi*: 'Pardon/excusez-moi madame, vous connaissez la Pizzeria Tino par hasard?' (Excuse me, do you know the Pizzeria Tino at all?)

- *Pardon* or *excusez-moi* can be used to get the attention of waiters and waitresses, or the attention of staff who are there to help. The alternative here is to call: 'Monsieur (or madame) s'il vous plaît!'

- To say *sorry* when apologising for a minor accident (dropping something, bumping into someone), or when apologising for making mistakes (someone's name, the wrong drink order etc) is also *pardon* or *excusez-moi*.

- Use *pardon* also when you would like someone to repeat something because you didn't hear or understand something.

Désolé(e)

Je suis *désolé* monsieur, il n'y a plus de pain. I am *sorry*, there is no bread left.

Je ne sais pas où se trouve la poste, *désolé*. I don't know where the post office is, *sorry*.

Il ne pourra pas venir, il est vraiment *désolé*. He is really *sorry* that he won't be able to come.

- *Désolé(e)* usually means that you are *sorry* that you cannot oblige or help someone, usually through no fault of your own.

S'excuser (de)

Il *s'est excusé d'*arriver si tard. He *apologized* for arriving so late.

Je *m'excuse de* vous couper. *Sorry* to interrupt you (I apologise for interrupting you).

Il faudra *vous excuser*. You will have *to apologise*.

Nous *nous excusons de* vous déranger. *Sorry* to disturb you (we apologise for disturbing you).

- *S'excuser (de)* is *to apologise* for making a mistake, or doing something that puts someone out.

Regretter (de)

Je *regrette* énormément *d'*avoir dit ça. I am really very *sorry* I said that/I really regret saying that.

Ils *regretteront* toujours *d'*y avoir été. They will always be *sorry* that they went (there)/They will always regret going (there).

Je *regrette* monsieur, il n'y a plus de places dans le car. There are no seats left on the coach, very *sorry*/I am afraid there are no seats left on the coach.

Je *regrette* mais les photocopies ne sont pas gratuites. The
    photocopies are not free, *sorry*/I am afraid the
    photocopies are not free.

- *Regretter (de)* means *to be sorry* often for causing disappoint-
ment, or, to regret. It can be used to translate 'I am afraid'.

Etre navré (de)

Nous *avons été* vraiment *navrés d'*apprendre cette triste
    nouvelle. We *were very sorry* to hear this sad news.

Nicole *est navrée d'*avoir fait tant de peine à ses parents.
    Nicole *is really sorry* to have upset her parents so much.

Je *suis navré* mais vous n'avez rien gagné madame! I *am so
    sorry*, you have not won anything!

- *Navré* means *very sorry*, or *sorry and sad* or *upset*. It is
probably the strongest way to say sorry.

Also useful to know

1. The differences between these various ways of saying
sorry are very subtle. Therefore, in many instances
désolé, s'excuser, regretter, and **être navré** could be
interchangeable.

2. **Demander pardon de**, or just **pardon de** means 'to ask
to be forgiven': 'Je vous demande pardon d''/pardon
d'avoir oublié votre anniversaire.' (Sorry, I forgot/
forgive me for forgetting your birthday.)

3. **Pardonner** means 'to forgive': 'Il ne lui a jamais
pardonné.' (He never forgave him/her.)

Helping you learn

Progress questions

Write down the subtle differences between phrases discussed in this chapter, and check your explanations.

Discussion points

1. How important are subtle differences in language for avoiding misunderstandings, disappointments or upsets?

2. Knowing when to use what could mean a more enjoyable time in the country.

Practical assignment

Try to spot which phrase is used when, in real life situations, or study cassettes, radio, television (especially in films).

Study tips

1. Use all the French you know at every opportunity.

2. Learning a foreign language is just learning a skill, which, just as in your own language, can be extended throughout life.

More Awkward Words

For example, *là* can double for *here* or *there* but it has a number of other uses. *On* literally means *one* (third person singular subject pronoun), but it is also used a great deal in conversation to translate a plural subject, such as *we, they* or *people*. *Passer* can mean *to pass something, to go past, to spend* (time) and much more. This chapter will show you:

- all the uses of *là*
- all the uses of *on*
- most uses of *passer*
- which words translate *to stay*, when and why
- the actual translations of *s'agir de*

Là or y – *there*

Y or là

Quand je suis retournée dans la chambre la valise n'*y* était plus/la valise n'était plus *là*. When I got back to the room, the suitcase wasn't *there* any more.

Je suis allée à la piscine et Roxane *y* était aussi/était *là* aussi. I went to the swimming pool and Roxane was also *there*.

Q. Elles sont bien nées en Norvège? They were born in Norway, weren't they?

A. En effet, elles *y* sont nées/elles sont nées *là* en 1965. Indeed, they were born *there* in 1965.

Q. Vous aimez habiter à la campagne? Do you enjoy living in the country?

A. J'aime beaucoup *y* habiter/J'aime beaucoup habiter *là*. I love living *there*.

Q. Ils travaillent à la gare? Do they work at the station?

A. Ils *y* travaillent tous les deux/Ils travaillent *là* tous les deux. They both work *there*.

Q. Elle va souvent chez sa grand-mère? Does she often go to her grandmother's?

A. Elle *y* passe deux semaines tous les étés/Elle passe deux semaines *là* tous les étés. She spends two weeks *there* every summer.

Q. Le sac n'est pas dans la voiture? Isn't the bag in the car?

A. Non, il n'*y* est pas/il n'est pas *là*. It's not *there*.

Q. Elle est en Belgique depuis longtemps? Has she been in Belgium for a long time?

A. Elle *y* est depuis trois jours/Elle est *là* depuis trois jours. She's been *there* three days.

Q. Il est resté à l'hôpital combien de temps? How long did he stay in hospital for?

A. Il *y* est resté/Il est resté *là* un mois. He stayed *there* one month.

Q. Les chiens sont dans le jardin? Are the dogs in the garden?

A. Ils n'*y* sont plus/Ils ne sont plus *là*. They're not *there* any more.

Q. Est-ce qu'ils vont toujours sur la Côte d'Azur? Do they always go to the French Riviera?

A. Ils *y* vont toujours/Ils vont toujours *là*. They always go *there*.

- *Y* and *là* both mean *there* when it replaces an expression of place previously mentioned. In some cases, the place is only implied but definitely clear between interlocutors. Although they are interchangeable in the examples above, *là* would be used in more informal conversation, and in exams, *y* would be preferred.

Là

Il n'est pas encore *là*. He is not *there/here*. (He hasn't arrived yet).

Ils sont *là*. (when back from wherever). They're *there/here*. (They're back/home/in.)

Je suis *là*, dans le salon! I am *here/over here*, in the lounge!

Allô, je voudrais parler à Caroline, elle est *là*? Hello (on the phone), I'd like to talk to Caroline. Is she *there/here* (is she in)?

Est-ce que le courrier est *là*? Is the post *there/here*? (Has the post arrived?)

Vous mangez *là*, ça me fait plaisir. Do eat *here*, that would be nice (Please do stay for lunch/dinner.)

C'est son chien qui l'a sauvée. Sans lui elle ne serait plus *là*. She was saved by her dog. She wouldn't be *there/here* (she wouldn't be alive today) but for him.

- *Là* can be the word to use when *there* or *here* really refer to a physical presence.

Là, or ici

Valerie travaille toujours *là/ici*. Valerie still works *there/here*.

Heureusement que tu es *là/ici*. Thank goodness you're *there/here*.

Le courrier est *là/ici*, sur la table basse. The post is *there/here*, on the coffee table.

Il mangera *là/ici*. He will eat *there/here*.

Tu seras sans doute *là/ici* à quatre heures. You'll probably be *there/here* at four.

Assieds-toi *là/ici*. Sit *there/here*.

Signez *là/ici*, je vous prie. Please sign *there/here*.

La salle de bains, est *là/ici*. The bathroom is *there/here*.

Vous cherchez la gare? Elle est *là/ici*. You're looking for the station? It's *there/here*.

Roxane est *là/ici*, regarde! Roxane is *there/here*, look!

- Depending on the context, *là* can be translated with either 'there', or, 'here' when it is an alternative to *ici*. Also, when pointing at things or people, *là* means *there* and *ici* is *here*.

Also useful to know

1. **Là** is a word which is a big favourite as an extra noise
    at the beginning, in the middle or at the end of
    sentences. For example:
    - Là, nous lui avons dit ce que nous pensions! Well,
      we told him/her what we thought!
    - On a fait un pique-nique sur la plage, là hein,
      comme hier. We picnicked on the beach, you
      know, same as yesterday.
    - Vous pouvez pas faire plus attention là. Can you be
      more careful, honestly!

2. The following two key structures show how it is also
    possible to use *là* or *ici* as well as 'où' when in English
    we would only need 'where':
    - C'est où il étudie tous les soirs = C'est là/ici qu'il
      étudie tous les soirs. It/this/that is where he studies
      every evening.
    - C'est où vous avez rencontré votre mari? = C'est là/
      ici que vous avez rencontré votre mari? Is it/this/
      that where you met your husband?
    - Ce n'est pas où ma mère est née = Ce n'est pas là/ici
      que ma mère est née. It/this/that is not where my
      mother was born.
    - C'est où ils jouent pendant les vacances = C'est là/
      ici qu'ils jouent pendant les vacances. It/this/that is
      where they play during the holidays.
    - C'est pas où Stéphanie travaille? = C'est pas là/ici
      que Stéphanie travaille? Isn't it/this/that where
      Stephanie works?

On = nous etc – *one*

We

On a trois enfants=*Nous* avons trois enfants. *We* have three
    children.
On lui téléphonera un jour=*Nous* lui téléphonerons un jour.
    We'll phone him/her one day.

On ne parle pas bien anglais=*Nous* ne parlons pas bien anglais. *We* do not speak English very well.

On avait mangé des croissants=*Nous* avions mangé des croissants. *We*'d had croissants to eat.

On est arrivé en retard=*Nous* sommes arrivés en retard. *We* arrived late.

On aurait acheté une autre voiture=*Nous* aurions acheté une autre voiture. *We* would have bought another car.

On va à la piscine deux fois par semaine=*Nous* allons à la piscine deux fois par semaine. *We* go to the swimming pool twice a week.

- The literal translation of *on*, the subject pronoun, is *one*. One reason which makes *on* difficult to get used to is that, despite its literal translation, it is nearly always used as a plural subject. Using *one* in English in everyday conversation usually sounds formal, funny or perhaps silly. In French this is never ever the case. *On* is used continually in place of *nous* by the French, and the former actually sounds less formal than the latter.

You (people), they (people), people, some people

On ne peut pas se garer ici. *You* can't park here.

On crie dehors. *Some people* are screaming outside.

En France *on* mange beaucoup de pain. In France, *you/they/ people/we* eat a lot of bread.

On me regarde. *People* are looking at me.

On ne parle pas avec la bouche pleine. *You* don't speak with your mouth full.

On se pose beaucoup de questions depuis sa démission. Since his/her resignation, *people* have had a lot of unanswered questions.

On ne l'a pas compris. *Some people* didn't understand him.

- When the subject could be vague, less direct, or unknown *on* is very useful.

Someone/anyone

Est-ce qu'*on* veut me voir? Does *someone/anyone* want to see me?

On peut m'aider le mois prochain. *Someone* can help me next month.

On a laissé ce livre sur cette table. *Someone* has left this book on this table.

On a touché à mes affaires. *Someone* has touched my things.

On a cassé une tasse. *Someone* has broken a cup.

On sonne. There is *someone* at the door (ringing the doorbell).

- Another translation of *on* can be *someone* or *anyone*, in place of 'quelqu'un'.

I

On vous apporte ça tout de suite monsieur (your order, in a café, for example)=Je vous apporte ça tout de suite. *I'll* bring that for you straight away, sir.

On ne va pas bien aujourd'hui=Je ne vais pas bien aujourd'hui. *I* am not very well today.

On ne savait pas qu'il faut composter le billet=Je ne savais pas qu'il faut composter le billet. *I* didn't know that I have to stamp/punch the (train) ticket.

Vous ouvrez le capot, et *on* va regarder ça (car troubles at the garage)=Vous ouvrez le capot et je vais regarder ça. Open the bonnet please and *I'll* have a look (at it).

- *On* is not very often used to replace 'je'. When it is, it is usually in order to feel less conspicuous or less responsible.

Also useful to know

1. In French the active voice, using *on* as the subject, is often preferred to the passive voice, for example:
    - On lui a donné de l'argent=De l'argent lui a été donné. He/she was given some money.
    - On a emmené Chloë au cinéma pour son anniversaire = Chloë a été emmenée au cinéma

pour son anniversaire. Chloë was (has been) taken to the pictures for her birthday.

- On les présentera=Ils seront présentés. They will be introduced.
- On m'a vu=J'ai été vu. I was seen.
- On nous a demandé nos noms=Nos noms nous ont été demandés. We were asked our names.

2. Note that an untranslatable 'l' can be added before **on** after the words si - où - et - que (when not only the unnecessary 'l' often makes the sentence easier to say, but it also often sounds more elegant), for example:
   - Je me demande si l'on me comprend vraiment. I wonder if you/people/they understand me.
   - C'est un endroit où l'on se sent complètement libre. It's a place where one/we/you/people/they/I feel completely free.

   C'est un plat que l'on/qu'on mange froid. You/we/they/people eat this dish cold.

Passer – *many meanings*

Passer, something to someone

Vous pourriez me (faire) *passer* la moutarde? Could you *pass* me the mustard?

Je te *passerai* le journal dans cinq ou dix minutes. I'll *give* you/let you have the newspaper in five or ten minutes.

Elle leur *a passé* la serviette. She *passed* the towel over to them/she let them have the towel.

Pouvez-vous faire *passer* le pain? Could you *pass* the bread around?

Il ne veut pas me *passer* le stylo. He doesn't want *to pass* the biro over/he doesn't want to give me/let me have the biro.

- *Passer* means *to pass, to pass over* as in 'to let someone have something'.

Passer, a place, or, someone

Une fois que vous *avez passé* l'hôtel de ville, vous tournez à
droite. Once you *have gone past* the town hall, turn
right.

Le car *passe* bien devant la cathédrale? The coach does *go
past* the cathedral, doesn't it?

Chrystelle avait décidé de *passer* par Lyon. Chrystelle had
decided *to go through* (via) Lyon.

Avons-nous *passé* la frontière? *Have* we *gone past* (crossed)
the border?

Il les *a passés* ce matin dans le couloir. He *passed* them this
morning in the corridor.

Je viens de *passer* Henri. I've just *passed* Henri.

- *Passer* can mean *to go past* something or someone.

Passer, somewhere

Je peux facilement *passer* à la pharmacie avant de rentrer ce
soir. I can easily *drop in* at the chemist's shop on my
way home tonight.

Ils *passeront* chez Nicole vers dix heures, je crois. They *will
call on* Nicole at about ten, I believe.

Elle *est passée* il y a dix minutes, tout juste. She *dropped by*
no more than ten minutes ago.

On doit *passer* la voir dans trois jours. We are due to *call on*
her in three days' time.

- *Passer* somewhere means *to drop in/by, to call on/in/at.*

On *est passé* par Aubagne. We *came through/via* Aubagne.

Il ne faut jamais *passer* par le parc quand il fait nuit. You
must never *go through* the park when it is dark.

Vous *êtes passé* par où? Which way *did* you *come/go*?

Il vaut mieux *passer* par la place. It would be better *to go
through* the square.

- *Passer* can mean *to go through* or *via* a place.

Passer prendre/chercher things, or people

Elle pourra sans doute *passer* les *prendre/chercher* lundi
   prochain. She will probably be able *to fetch* them next
   Monday.

Mon fils *passe* me *prendre/chercher* tous les dimanches. My
   son comes *to fetch* me every Sunday.

Il faut que je *passe prendre/chercher* mon courrier. I have *to
   collect* my post.

On *est passé* la *prendre/chercher* à cinq heures, comme prévu.
   We *picked* her *up* at five as arranged.

* Both the phrases *passer prendre* and *passer chercher* mean *to
   fetch, to pick up* or *to collect* things or people.

Passer + time

Il *a passé* toute la matinée au lit. He *spent* the whole
   morning in bed.

Je *passe* beaucoup de temps dans mon jardin. I *spend* a lot
   of time in my garden.

Ils vont *passer* une quinzaine à Marseille. They are going *to
   spend* a fortnight in Marseilles.

Où *passerez*-vous Noël? Where *will* you *spend* Christmas?

Elle *passe* trop de temps chez eux. She *spends* too much
   time at their house.

* *Passer* + time means *to spend* (time).

Elle *a passé* un anniversaire pourri. She *had* a horrible
   birthday.

Ils *ont passé* des vacances super. They *had* a fantastic
   holiday.

Les enfants vont *passer* un après-midi intéressant. The
   children will *have* an interesting afternoon.

Nous venons de *passer* cinq mois difficiles. We have just *had*
   five difficult months.

* *Passer* is also used to talk about what sort of time people *have/
   had/will have* etc.

Passer + an exam

Quand est-ce que votre ami va *passer* son permis de
    conduire? When is your friend going *to take* his driving
    test?
Elles *passeront* leur bac l'année prochaine. They *will take*/sit
    their bac next year.
Pour devenir vétérinaire, il faut *passer* beaucoup d'examens.
    To become a vet you have *to take* many exams.
Il ne l'a pas réussi, alors il a l'intention de le re*passer* l'année
    prochaine. He didn't pass, so he intends *to take* it again
    next year.

- *To take*, to sit an exam is *passer*.

Se passer

On ne m'a pas dit ce qui *s'est passé*. They haven't told me
    what *has happened*.
Cela *se passe* toujours après minuit. That always *happens*
    after midnight.
Que *se passera*-t-il? What *will happen*?
Voici ce qui *se passerait*. This is what *would happen*.
Où est-ce que cela *se passe* normalement? Where does it
    take place, normally?

- *Se passer* means to happen, *to take place*.

Se passer de + things or people

Ils n'ont nullement l'intention de *se passer de* vacances cette
    année. They have no intention whatsoever *to go without*
    a holiday this year.
Moi, je *me passe* facilement *de* la télévision. I can easily *do
    without* the television.
Vous *vous* en *passerez*, puisqu'il n'y en a plus. You'*ll do
    without* it since there isn't any left.
On *se passera de* lui. We'*ll manage without* him.
Je ne peux pas *me passer de* vous. I cannot *manage without*
    you.

- *Se passer de* + things or people. *To go/do/manage without.*

Also useful to know

1. **Aller chercher/prendre** 'go and pick up/fetch/collect things or people' and **venir chercher/prendre** 'come and pick up/fetch/collect things or people' are more or less interchangeable with **passer chercher/prendre**.

2. 'To pass' an exam is **réussir** un examen.

3. The phrase **en passant** means 'in passing'.

4. The phrase **ça passe** doubles for 'that will do' 'that's all right' 'that's satisfactory/adequate'.

5. **Passer** is also the verb used when mislaying (or losing sight of) something or someone, for example:
   - Je ne sais pas où sont passées mes clés. I don't know where my keys have got to.
   - Où étais-tu donc passé? Where on earth had you got to?

To stay

Rester

Ce soir je *reste* chez moi. Tonight I *am staying in* (at home).

Est-ce que vous pouvez *rester* jusqu'à midi? Can you *stay* until mid-day?

Nous voudrions *rester* trois jours. We would like *to stay* three days.

Qui compte *rester* avec moi? Who intends *to stay* with me?

Ils n'y *resteront* qu'une semaine. They *will* only *stay* there one week.

Elle *était restée* trop longtemps au soleil. She *had stayed* too long in the sun.

Leur chien adore *rester* sous la table toute la journée. Their dog loves *staying* under the table the whole day.

Il n'*est* pas *resté* dans sa chambre comme on le lui avait demandé. He *did*n't *stay* in his bedroom as we had asked him to.

Elle a préféré *rester* à l'hôtel. She chose *to stay*/to stop at the hotel.

Je regrette, vous ne pouvez pas *rester* ici. I am sorry, you cannot *stay* here.

* *Rester* means *to stay* as in 'to remain'/'to stop'/'to stay put' somewhere, that is, the opposite of 'to go' or of 'to leave'.

To stay in a hotel

Nous *étions* dans un tout petit hôtel. We *stayed* in a very small hotel.

Irez-vous à l'hôtel ou chez vos amis? Will you stay in a hotel or with your friends?

Elles *ont passé* trois semaines en Suisse dans un magnifique hôtel. They *stayed* three weeks in a magnificent hotel in Switzerland.

Alors, vous *descendez* toujours à l'hôtel quand vous allez à Nantes? So, do you always *stay* in a hotel when you go to Nantes?

* *Être/aller/descendre*, 'to be', 'to go', 'to go down' *à l'hôtel*, or *passer+time* 'to spend + time' *dans un/à l'hôtel* can be used to translate *to stay in a hotel*.

To stay in a house/flat/caravan

Ils *sont* dans un appartement pour cinq personnes. They *are staying* in a flat for five people.

Nous allons *passer* tout août dans notre caravane. We are going *to stay* in our caravan for the whole of August.

Elle *a loué* une maison près de la plage. She *stayed* in a house near the beach.

On *prendra* une villa pour dix jours. We *shall stay* in a villa for ten days.

* Again *être, passer + time*, or *louer* 'to rent' and *prendre* 'to take' can translate *to stay in a house, a flat a caravan*.

To stay at other places

La semaine prochaine nous *serons* chez eux. We *shall be staying* with them next week.

Vous *serez/allez* dans quel camping? You *will be staying* at which campsite?

Vanessa *a passé* la nuit chez sa tante. Vanessa *stayed* the night at her aunt's.

Il veut *aller* chez son frère en Amérique. He wants *to stay* at his brother's in America.

J'espère que vous pourrez *venir chez* nous pour Pâques. I hope that you will be able to come and *stay* at Easter.

- Once again the choice, to translate *to stay* when it particularly refers to the type of accommodation is *être, passer + time, aller* or *venir chez*.

Also useful to know

1. When in English 'to stay' is used to describe a type of accommodation, although not entirely right, **rester** would also always get the message across.

2. Like **habiter, loger** means 'to live' as in 'to stay' more permanently than **être/aller/venir/passer/louer** etc, for example:
   - Elle peut habiter/loger chez nous, si elle veut. She can live/stay with us, if she likes.
   - On habitait en Suisse. We used to live in Switzerland.
   - Je ne sais pas où je vais loger. I don't know where I am going to live.

3. **Séjourner** also means 'to stay' temporarily, in a village, town, area, country (not the accommodation), for example:
   - Séjourner à la campagne vous serait fort bénéfique. Staying in the countryside would be a big advantage for you.
   - Nous avons passé Le Gois, lorsque nous séjournions en Vendée. We did go across the Gois (causeway) when we were staying in Vendée.

S'agir de = être/falloir

S'agir de + noun

Qu'est-ce que c'est une omelette norvégienne? *Il s'agit d'*un dessert composé de glace et de meringue=C'est un dessert composé de glace et de meringue. What is a Norwegian omelette? *It is* a sweet made with ice-cream and meringue.

Je vais vous montrer des pièces anciennes, *il s'agit de* pièces grecques=Ce sont des pièces grecques. I am going to show you some very old coins, *they are* Greek coins.

Nous pourrions lui prêter cet argent puisqu'il ne *s'agit* pas *d'*une somme importante=Ce n'est pas une somme importante. We could lend him/her the money, as *it is* not a great amount.

Lorsqu'il était petit il jouait toujours avec le même 'jouet'. *Il s'agissait d'*une vieille boîte en carton qu'il tirait avec une ficelle=C'était une vieille boîte. When he was very small, he always used to play with the same 'toy'. *It was* an old cardboard box which he used to pull with a string.

- It is in fact possible to replace the impossible phrase *il s'agit de* (or other tenses, of course), with 'être'. The exact translation of *il s'agit de* is: *what it/that/this is, is.*

S'agir de + noun (or object pronoun), s'agir de + verb

Est-ce qu'*il s'agira des* enfants/*d'*eux? *Will it be about* the children/them?

Il ne *s'agissait* pas que d'argent; It *wasn't* just *about* money/*it wasn't* just *a question of* money.

Il s'agit de respect. *It's about* respect/*it's a question of* respect.

Dans ce film, *il s'agit de* trois frères allemands qui se détestent. This film *is about* three German brothers who hate one another.

Il ne s'agissait pas *de* lui. *It wasn't about* him.

Il a dit qu'*il* ne *s'était* jamais *agi de* ça. He said that *it had* never *been about* that.

De quoi *s'agit-il*? What *is it about*?

Quand *il s'agit d'*aider à la maison, c'est toujours moi.
When *it's about* helping in the house/when it's a matter of helping in the house, it's always me.

A partir de demain *il s'agira d'*attendre patiemment. From tomorrow *it will be a matter of* waiting patiently.

- *S'agir de* can be translated with *to be about, to be a matter of* or *to be a question of.*

S'agir de + verb – part 2

Il s'agit de répondre tout de suite=Il faut répondre tout de suite. *We/they must* reply straight away.

Que *s'agit-il de* faire?=Qu'est-ce qu'il faut faire? What *must we* do?

Il s'agit de montrer une pièce d'identité=Il faut montrer une pièce d'identité. *You have to* show proof of identity.

Il ne s'agit plus *de* plaisanter=Il ne faut plus plaisanter. *You must* not joke anymore.

Il s'agit de vous adresser à la mairie=Il faut vous adresser à la mairie. *You have to* go to the town hall for information.

Il s'agira de lui demander = Il faudra lui demander. *We shall have to* ask him/her.

Il s'agissait de regarder dans la voiture = Il fallait regarder dans la voiture. *You should have* looked in the car.

Pour appeler une ambulance *il s'agit de* composer ce numéro vert = Pour appeler une ambulance il faut composer ce numéro vert. In order to call an ambulance *you have to* dial this freephone number.

Il s'agirait de savoir ce que tu veux = Il faut savoir ce que tu veux. *You/we must* know what you want.

- The exact translation of *s'agir de* + *verb* could be *what you have to do/what you must do, is,* and can convey more stress than 'il faut' (must/to have to/to be necessary).

Also useful to know

1. The conditional form of this phrase, that is **il s'agirait de** + noun, can also mean 'it/they would appear to be', for example:

   - On vient de trouver un sac en cuir noir, et il s'agirait de mon sac. They have just found a black leather bag, and it would appear to be my bag.

   - Il s'agirait d'une erreur. It would appear to be a mistake.

2. **Il ne s'agit pas de ça** can mean 'that's not the point.'

Helping you learn

Progress questions

1 Looking at English examples only, translate some examples in this chapter and check your answers.

2 Write down explanations for when to use 's'agir (de)' and check your answers.

Discussion point

With regard to 'on', do you agree that one never questions oddity in one's mother tongue?

Practical assignment

When reading or listening, try changing 'on' with 'nous' and vice versa, or try to replace 's'agir (de)' with 'être' or 'falloir'.

Study tip

Read something in French every day.

Mastering Some Difficult Structures

One-minute overview

Some key structures can be difficult to master. When something or someone has been physically *missed*, the key structure is the same as the English one, but, if talking about missing something or someone in an abstract way, then what or who is missed is the subject of the verb *manquer*. *Plaire à* doubles for *aimer* but what or who is liked/loved has to be the subject of the verb. This makes for a key structure which requires a lot of getting used to. Dimanche *dernier* and *le dernier* dimanche, can be completely different dates. This chapter will show you:

■ step-by-step key structures which are different from English ones
■ word order differences
■ a short cut to speed and perfect your fluency in French

Manquer: *to miss*

Manquer something, manquer someone

Malheureusement, hier j'*ai manqué* le dernier car.
>Unfortunately I *missed* the last coach yesterday.

Il *manquera* à la soirée vendredi car il doit emmener sa
>femme à l'hôpital. He *will miss* the dinner and dance
>on Friday because he has to take his wife to hospital.

On va encore *manquer* l'émission. We're going *to miss* the
>programme again.

Je suis vraiment désolé/navré d'avoir à *manquer* votre dîner
>le vingt. I really am sorry that I have *to miss* your
>dinner on the twentieth.

T'aurais pas pu *manquer* ce trou sur la chaussée, enfin!
Really, couldn't you *have missed* that hole in the road!
Manqué! Décidément tu es nul au tir! *Missed!* Honestly
you're hopeless at shooting!
Qui *a manqué* la réunion? Who *missed* the meeting?
Qu'est-ce que *j'ai manqué?* What *did* I *miss?*
Voilà deux semaines qu'elle *manque* l'école. She *has been
missing* school for two weeks.
Vous venez de *manquer* Mireille. You have just *missed*
Mireille.
Dépêchez-vous, vous allez les *manquer!* Hurry up you are
going *to miss* them!
Ils se sont *manqués* de peu. They only just *missed* each
other.

Things or people + manquer

Au moins cinq cartes *manquent* à ce jeu. At least five cards
in this game *are missing.*
Ce n'est que lorsque nous avons fini le puzzle que nous
nous sommes aperçus que deux pièces *manquaient.* It's
only once we finished the puzzle that we discovered
that two pieces *were missing.*
Qu'est-ce qui *manque?* What *is missing?*
Savez-vous pourquoi Renée *manque* aujourd'hui? Do you
know why Renée *is missing* today?
Qui manque? Who is missing?

• This is the key structure used when *manquer* means *to be
missing,* as in 'to be absent', not here, but should be.

Il (impersonal) + manquer + something/someone

Il manque beaucoup de dents à ce peigne = Beaucoup de
dents manquent à ce peigne. A lot of teeth *are missing*
on this comb.
Il manque le sel sur la table = Le sel manque sur la table.
The salt *is missing* on the table/There is no salt on the
table.

Il manquait mon passeport dans mon sac quand on l'a retrouvé = Mon passeport manquait dans mon sac quand on l'a retrouvé. My passport *was missing* in my handbag when it was found.

Il manquera Martin demain = Martin manquera demain. Martin *will be missing* tomorrow.

Il ne manque que ma mère = Seulement ma mère manque. Only my mother *is missing*.

- This is another key structure, to say exactly the same thing as with the previous key structure.

Il (impersonal) + manquer + something + someone

Il manque encore cinquante francs à Nicole. Nicole has got fifty Euros *missing* still (is still fifty Euros short).

Elle a dit qu'*il* lui *manquait* un des ses livres. She said that one of her books *was missing*.

Il manque deux valises à ce couple anglais. This English couple have two suitcases *missing* (they are two suitcases short).

Il vous manque un bouton. You have got one button *missing*.

- With this key structure someone has something *missing*.

Something/someone + manquer (à) + someone

La France leur *manque* énormément. They *miss* France dreadfully.

La neige *manque* à mon ami en Australie. My friend in Australie *misses* the snow.

Qu'est-ce qui vous *manque* le plus quand vous êtes en Angleterre? What do you *miss* the most when you are in England?

Le climat nous *manque*. We *miss* the weather.

Est-ce que je vous *ai manqué*? *Did* you *miss* me?

Je savais bien que ses enfants lui *manqueraient*. I knew that he/she *would miss* his/her children.

Tu nous *manques*. We *miss* you.

Notre chien *manquera* à notre fils. Our son *will miss* our
   dog.

- This structure is used when *to miss* means 'to long for' 'to
  yearn for' things or people. This structure takes time to get
  used to because it is what, or who is being missed which is the
  subject of *manquer*. So, the literal translation is: something,
  or someone is lacking to someone.

Subject + manquer de + nouns

On va *manquer de* temps. We are going *to be short of* time.

Je pense qu'il *a* toujours *manqué de* classe. In my opinion
   he *has* always *lacked* class.

A notre club international, on *manque de* jeunes hommes.
   We *are short of* young men in our international club.

Vous *avez manqué de* tact hier, vous savez. You *lacked* tact
   yesterday, you know.

Ils ne *manqueront* jamais *d'*argent. They *will* never *be short
   of* money.

Cet hôtel *manque d'*ambiance. This hotel *lacks* atmosphere.

Elle ne *manque de* rien. She *is* not *short of* anything/she
   doesn't want for anything.

- *Manquer* in this structure means *to be short of,* to lack
  something.

Also useful to know

1. **Se manquer,** also means 'to have a failed suicide
   attempt'.

2. The expressions **il ne manque/manquait/manquerait
   plus que ça** mean 'that is/was/would be the last straw'.

3. The phrase **à la manque** means 'second rate'.

Plaire (à) = *aimer*

to like, to love

Chrystelle aime le professeur d'anglais = Le professeur
  d'anglais *plaît à* Chrystelle. Chrystelle *likes* the English
  teacher.

J'aime la Belgique = La Belgique me *plaît*. I *like* Belgium.

On n'a jamais aimé le patinage = Le patinage ne nous *a*
  jamais *plu*. We *have* never *liked* ice-skating.

J'espère que vous aimerez ce film = J'espère que ce film vous
  plaira. I hope that you *will like* this film.

Il n'a pas aimé ça = Ça ne lui *a* pas *plu*. He *did*n't *like* that.

Elles aiment le rouge = Le rouge leur *plaît*. They *like* red.

Je sais qu'il l'aime beaucoup = Je sais qu'elle/il lui *plaît*
  beaucoup. I know he *likes* him/her a lot.

Qu'est-ce qu'elle a le plus aimé? = Qu'est-ce qui lui *a* le plus
  plu? What *did* she *like* best?

Tu aimes ce chanteur? = Ce chanteur te *plaît*? Do you *like*
  this singer?

J'aimerais aller au cinéma = Aller au cinéma me *plairait*. I
  would like to go to the cinema.

On a beaucoup aimé Biarritz = Biarritz nous *a* beaucoup *plu*.
  We *liked* Biarritz a lot.

Elle n'aime pas la cuisine indienne = La cuisine indienne ne
  lui *plaît* pas. She doesn't *like* Indian cooking.

- *Plaire* and 'aimer' are interchangeable. More often than not,
  in everyday conversation the French seem to use *plaire*. The
  literal translation with a *plaire* key structure takes a lot of
  getting used to, because it is what, or who people like or love
  which is the subject of the verb 'to please'.

Also useful to know

Déplaire (à) is the opposite of **plaire** (à) and follow the
  same pattern, for example:

1. Je n'aime pas cette ville = Cette ville me déplaît. I don't
  like this town.

2. Elle n'aime pas la musique classique = La musique classique lui déplaît. She doesn't like classical music.

Prochain: *next*

prochain + nouns

Le *prochain car* est à huit heures, je crois. The *next coach* is at eight, I believe.

Ma *prochaine voiture* sera italienne. My *next car* will be Italian.

J'expliquerai tout dans ma *prochaine lettre*. I shall explain everything in my *next letter*.

Est-ce que le *prochain village* est loin d'ici? Is the *next village* far from here?

Avez-vous décidé quel sera le titre de votre *prochain livre*? Have you decided what the title of your *next book* will be?

Je voudrais descendre au *prochain arrêt*. I would like to get out at the *next stop*.

J'expliquerai tout la *prochaine fois*. I'll explain everything *next time*.

* *Prochain* is one of the less known adjectives which is placed before nouns.

Prochain + when

J'espère qu'il neigera le *prochain Noël* que je passerai ici. I hope that *the next Christmas* I spend here, it snows.

Le *prochain dimanche* que vous viendrez, nous ferons une excursion en bateau. *The next weekend* you come, we'll have a boat trip.

Il nous apprendra à jouer à la belote pendant le *prochain week-end* que nous passerons ensemble. He will teach us how to play belote *the next weekend* we spend together.

On repeindra le garage le *prochain samedi* qu'il ne pleut pas, hein? *The next Saturday* it doesn't rain, we'll paint the garage, shall we?

- As in English, saying *the next* + *when* usually means that a date is unknown, to be decided.

When + prochain

Venez *dimanche prochain*. Come *next Sunday*.

Ils ont enfin décidé de venir *l'année prochaine*. They've finally decided to come *next year*.

Mireille commence *lundi prochain*. Mireille starts *next Monday*.

On va en Amérique le *mois prochain*. We're going to America *next month*.

J'irai l'*été prochain*. I shall go *next summer*.

Elle viendra sans doute la *semaine prochaine*. She will probably come *next week*.

Que faites-vous le *week-end prochain*? What are you doing *next weekend*?

- In this key structure the word order is the opposite, *next* comes after the noun it refers to, and a specific date (day, week, month or year) has been mentioned.

Also useful to know

1. 'The next day' is **le lendemain.**

2. The parting pleasantry **à la prochaine** is the equivalent of the vague 'see you' or 'see you later' and is short for **à la prochaine fois,** 'until the next time (we meet)'.

Helping you learn

Progress questions

1 Looking at English examples only, translate some examples and check your answers.

2 Write down explanations for word order differences and check your answers.

Discussion point

Do you ever question word order in your language?

Practical assignment

Never miss an oportunity to visit a French speaking country.

Study tip

Think in French every day.

Other Useful Adverbs

Several adverbs which are in constant use in daily life are 'false friends', i.e. the words look and sound much like English ones, but they mean something else, for example the French *actuellement* does not mean *actually* but *at present* or *now*, *effectivement* actually means *indeed*, and *evidently* is not *évidemment*, but *manifestement* or *visiblement*. This chapter will show you:

- the list of the main pitfalls
- the actual translations of the main 'false friends'
- if useful, the French equivalents for adverbs in question
- how to avoid misunderstandings
- a short cut to speed and perfect your fluency in French

Useful adverbs

Actuellement

Ils sont *actuellement* au Canada. They are in Canada *at the moment*.

Actuellement il y a très peu de travail. There is very little work *at present*.

Actuellement ce n'est pas la mode. It is not the fashion *nowadays*.

Où habitez-vous *actuellement*? Where do you live *at the moment*?

Actuellement les enfants ont trop d'argent. Children have too much money *in this day and age*.

- *Actuellement* means *now*, *nowadays*, *at present*, *at the moment*, *in this day and age*.

Actually, he is leaving on the second of January. Il part le deux janvier, *en fait/à vrai dire*.

She didn't understand *actually*. *En fait/à vrai dire* elle n'a pas compris.

There was nothing left *actually*. Il n'y avait plus rien, *en fait/ à vrai dire*.

It would be better, *actually*. Ce serait mieux, *en fait/à vrai dire*.

- To translate *actually* use *en fait*,or *à vrai dire*.

She *actually* said that? A-t-elle *vraiment* dit ça?

I *actually* want to drive tomorrow. Je veux *vraiment* conduire demain.

We *actually* believe them. On les croit *vraiment*.

I can *actually* do that. Je peux *vraiment* faire ça.

- However, when *actually* could be replaced by *really* then *vraiment* is used.

Carrément

Je vais lui dire *carrément* que ça ne me plaît pas du tout. I am going to tell him/her *bluntly/straight* that I don't like that at all.

Nous refuserions *carrément*. We would *bluntly* refuse.

Ils sont *carrément* allés voir le directeur. They went *straight* to the manager.

- *Carrément* means *bluntly* or *straight*, that is, without hesitation.

Certainement

On leur donnera *certainement* un choix. They will *most probably* give them a choice.

Elise arrivera *certainement* avant vous. Elise will *most probably* arrive before you do.

Il a *certainement* tout compris. He *most probably* understood everything.

Elle connaît *certainement* Stéphanie. She *most probably* knows Stéphanie.

- *Certainement* very often means *most probably.*

- As in English, it can also mean *certainly,* as in *of course,* especially when just on its own.

Effectivement

Ils s'étaient *effectivement*/en effet trompés. They had *indeed* made a mistake.

Il y a *effectivement*/en effet beaucoup de restaurants chinois par ici. There are *indeed* many Chinese restaurants near here.

J'ai *effectivement*/en effet terminé. *Indeed,* I have finished.

Ils étaient *effectivement*/en effet tous là. They were *indeed* all there.

On a *effectivement* décidé de déménager. We have *indeed* decided to move house.

- *Effectivement* means *indeed,* as does *en effet.*

- To translate *effectively* as in *efficiently,* use *efficacement.*

En principe

En principe, nous nous levons à sept heures. *Usually* we get up at seven.

En principe ils arrivent à peu près maintenant. They *normally* arrive about now.

En principe on va les voir le vendredi. We *usually* visit them on Fridays.

Ils mangent à la cantine, *en principe.* They eat at school, *usually.*

Je vais chez le coiffeur une fois par semaine, *en principe.* I go to the hairdresser once a week, *usually/as a rule.*

- *En principe* mean *as a rule, usually, generally,* or *normally.*

- *Normalement* could also replace *en principe* in the examples above.

All being well, he will start tomorrow. *Normalement* il commence demain.

We should finish by next week, *all being well*. On devrait terminer d'ici la semaine prochaine, *normalement*.

I'll see both of you on Saturday, *all being well*. Je vous verrai tous les deux samedi, *normalement*.

- However, *normalement* can also mean *all being well*.

I don't read this newspaper *on principle*. Je ne lis pas ce journal *par principe*.

We are striking *on principle*. On fait la grève *par principe*.

Valérie says that she is a vegetarian *on principle*. Valérie dit qu'elle est végétarienne *par principe*.

- *On principle* is *par principe*.

Evidemment

On a *évidemment* tout dépensé. *Of course* we spent everything.

Evidemment je t'emmènerai en voiture! *Naturally* I will give you a lift!

Après ça il l'a *évidemment* quittée. After that, *obviously*, he left her.

Il est venu, *évidemment*. He came, *of course*.

- *Evidemment* means *naturally, of course, obviously*.

- Another way of saying *naturally, of course* or *obviously* is *bien sûr*.

He will want to go with him/her, that's *obvious*/inevitable. Il voudra *forcément* l'accompagner.

People *do not necessarily* want to eat out whilst they are on holiday. Les gens ne veulent *pas forcément* manger au restaurant lorsqu'ils sont en vacances.

- *Forcément* can be one more way to translate *obviously*, perhaps more as in *inevitably*. However this adverb is very often used in the negative, when, along with *pas nécessairement*, it means *not necessarily*.

- *Forcibly* is *de/par la force.*

She was *evidently/obviously/visibly* cross. Elle était *de toute évidence/manifestement/visiblement* en colère.
They were *evidently/obviously/clearly* asleep. *Il est évident qu'/ manifestement/visiblement* ils dormaient.
This animal is *evidently/obviously/visibly* in pain. *Il est évident que/manifestement/visiblement,* cet animal souffre.

- *Evidently* as in *obviously,* can be translated with *de toute évidence, il est évident que, manifestement* or *visiblement.*

Justement

J'y avais *justement* pensé. *Funnily enough/as a matter of fact,* I had thought about it.
Justement, elle l'a vue hier. *Funnily enough/as a matter of fact* she saw her yesterday.
Ils viennent *justement* de téléphoner. *Funnily enough/as a matter of fact,* they have just phoned
J'allais *justement* le faire. I was just about to do it, *funnily enough, as a matter of fact.*

- *Justement* can be used to translate *as a matter of fact* or *funnily enough.*

- On its own, *justement* can translate the exclamation *exactly!* or *precisely!*

As you *rightly/justly* said. Comme vous avez dit *justement/ avec justesse.*
The case was *justly* dealt with. Cette affaire a été traitée *justement/avec justesse.*

- *Justly* can also be translated with *justement,* or *avec justesse.*

Sûrement

Q. Vous allez fêter votre anniversaire de mariage chez vous? A. *Sûrement!*
Q. Are you going to celebrate your wedding anniversary at home? A. *Of course!/naturally!*

Q. Il pourra les emmener chez le dentiste samedi? A. *Sûrement!*

Q. Will he be able to take them to the dentist's on Saturday? A. *Of course!/naturally* (he will)!

● When used as an exclamation, on its own, *sûrement* is an alternative for *évidemment* and means *of course, naturally* or *obviously.*

Ils fêteront *sûrement* leur anniversaire de mariage chez eux. They will *most probably* celebrate their wedding anniversary at home.

Elle les emmènera *sûrement* au cinéma. She will *most probably* take them to the cinema.

Vous la verrez *sûrement* cet après-midi. You will *most probably* see her/ you are bound to see her this afternoon..

Elle va *sûrement* pleurer. She will *most probably* cry.

● However, when *sûrement* is part of a sentence, it can double for *certainement* and means once again, *most probably,* or *to be bound to.*

Helping you learn

Progress question

1 Looking at French examples only, translate examples in this chapter and check your answer.

Discussion points

1 Discuss the difficulties of learning the language as a result of 'false friends' with francophone friends.

2 Discuss and ponder on possible misunderstandings arising from using a 'false friend' wrongly.

3 Share any such experiences.

Practical assignment

When listening to some French (actual conversations, study cassettes, radio or television) note use of these adverbs.

Study tips

1 Do use your French every day.

1 Never miss an opportunity to visit a French-speaking country – and especially to stay with a French family.

2 Reciprocate hospitality.

Useful Phrases and Expressions

Literal translations are more often than not worth a try, but in the case of a handful of phrases, for example *sans doute*, it could lead to unpleasant misunderstandings and consequences, as it only means *probably*, not *without (a) doubt*. Again, the last thing you want to do when wishing to congratulate someone for their efforts is the literal translation of *well done*, as you would in fact make a rude remark. This chapter will show you:

- the literal translations of these few phrases
- the equivalent in French for the English phrases
- how misunderstandings and upsets could arise
- when to use two unclear everyday parting plaisantries
- a short cut to speed and perfect your fluency in French

In general conversation

A tout à l'heure

- This set phrase can mean 'see you', 'see you later' when parting.

Je les ai vus *tout à l'heure*. I saw them *a few minutes ago*.
Il a fait ça *tout à l'heure*. He did that *just now*.
Elle est venue tout *à l'heure*. She came *a moment ago*.

- It can mean *a few minutes/a moment ago* or *just now*.

On part *tout à l'heure*. We're going *in a few minutes*.
Vous pouvez téléphoner *tout à l'heure*. You can phone *in a moment*.
Ils doivent arriver *tout à l'heure*. They're due to arrive *in a few minutes*.

- It can mean *in a minute/moment/a few minutes*.

Bien fait

Although the literal translation of this phrase is *well done*, this is the French exclamation equivalent to *good*, said spitefully in England to show pleasure when something awful has happened to someone (you obviously do not like).

When wishing to encourage or congratulate someone's efforts or results, for example when a child is trying to learn to swim, or when someone has passed an exam, to say *well done* the French say *bravo!*

Also useful to know

Bien faire something, however, is indeed 'to do something well'. It can also mean 'to do the right thing':

- Il a bien fait son lit ce matin. He made a good job of his bed this morning.
- Elle a bien fait de tout me dire. She did the right thing telling me everything.
- Vous avez sûrement bien fait. You most probably did the right thing.

C'est pas possible (ce n'est pas possible)

Il a encore la grippe? *C'est pas possible.* He has got the flu again? *I don't believe it!*

C'est pas possible, vous avez perdu le billet? *I don't believe this*, you have lost the ticket?

Elle a fait ça? *C'est pas possible!* She did that? *Surely not!*

Vous avez été licencié? *C'est pas possible!* You have been made redundant, *I don't believe it !*

- *C'est pas possible* is the French *for I don't believe it/this!* or *surely not!* The phrases which express great surprise, annoyment or upset at some news, information or situations.

Sans doute

Il s'agit *sans doute* d'une erreur. It is *probably* a mistake.

Stéphanie a dit qu'elle viendra *sans doute* mercredi soir.
　　Stephanie said that she will *probably* come wednesday
　　evening.

Elle le sait *sans doute*. She *probably* knows.

Ils savent *sans doute* conduire. They *probably* can drive.

Vous comprenez *sans doute*. You *probably* understand.

Ils sont *sans doute* en vacances, actuellement. They're
　　probably on holiday, at the moment.

C'est *sans doute* elle qui a payé. She *probably* paid.

C'est *sans doute* la meilleure solution. It's *probably* the best
　　solution.

Il y est *sans doute* allé. He *probably* went (there).

● Despite its literal translation, which is 'without doubt', *sans doute* only means *no doubt, doubtless* or *probably*.

Also useful to know

1. 'Without (a) doubt' is **sans aucun doute, sans nul doute** or **incontestablement**, for example:

　　– C'est sans aucun doute son meilleur ami. He is
　　　without a doubt his/her best friend.

　　– C'est sans aucun doute leur faute. It is their fault,
　　　without doubt.

　　– Ils viendront le mois prochain, sans aucun doute.
　　　They will come next month without a doubt.

2. Confusingly, **s'en douter** or **se douter de quelque chose** both mean 'to suspect', 'to guess' 'to gather'
　　something, for example:

　　– Il s'en doute depuis longtemps. He has suspected
　　　something for a long time.

　　– Vous vous en doutiez, n'est-ce pas? You guessed,
　　　didn't you?

　　– Je m'en suis douté. I gathered that.

Partings

French people like to part on a wish. These are easy to understand except for two, which can puzzle people for some time.

Bon courage

Bon courage, is the equivalent of *I'll think about you/don't lose heart/be brave/you'll be alright/take care*, obviously said to people who are going through a difficult period, or are about to face something unpleasant (problems, doctor, exam, etc). In other words, it is the appropriate parting wish for people who need moral support. *Bon courage* can also double for 'bonne chance', that is, *good luck.*

bonne continuation

The literal translation of *bonne continuation* is obviously *good continuation* (!), as in, *may your present happy/successful life continue.* Therefore the nearest equivalent in English could be *all the best,* or *take care* particularly when you don't know when, or if, you will see the person again.

Helping you learn

Progress questions

1 What does *bien fait* mean? Check your answer.

2 What is the French for *well done?* Check your answer.

3 Do the same for other phrases in this chapter.

Discussion points

1 Literal translations are usually worth a try. They usually work, except for the phrases in this chapter.

2 Discuss and ponder on possible misunderstandings arising from using the literal translations of phrases in this chapter.

3 Share any such experiences.

Practical assignment

When reading or listening, try spotting uses of phrases in this chapter.

Study tips

1 Do try to use some of the French you know every day.

2 Never miss an oportunity to visit a French speaking country, and make the most of complete submersion.

Choices

Having too much choice to translate English can also be confusing, and a blow to confidence. Just as some things can be said slightly differently in English, such as *you're welcome, don't mention it, not at all* and more, the same applies to French, in this *case je vous en prie, de rien, il n'y a pas de quoi*. Conversely, some English words or key structures have interchangeable possibilities in French. For *retired* there is *retraité(e), en retraite* or *à la retraite*, and *il faut rester, il faut que vous restiez,* or *vous devez rester* all mean *you must stay*. This chapter will show you:

■ that there can be a number of ways to say the same thing in both languages
■ that there are sometimes several possibilities to translate just one English word, phrase or key structure
■ some interchangeable words or phrases used with the same example deliberately, for conviction purposes
■ a short cut to speed and perfect your fluency in French

A good choice

Thank you

Merci. Thanks, thank you.
Je vous remercie. I thank you.
Merci bien. Thanks a lot, many thanks.
Merci beaucoup. Thank you very much.
Merci mille fois. Thank you very very much, thank you so much, thank you ever so much.

Also useful to know

When offered something to drink or to eat, replying just 'thank you' in England means 'yes please'. In France, in similar circumstances, just answering **merci** means the opposite: 'no thank you' (it is obviously also perfectly safe to say **non merci**).

Don't mention it/you're welcome/my pleasure/any time/not at all

Je vous en prie, can be the most formal and polite.

De rien is not at all, (there is nothing to thank me for), more informal phrase than 'je vous en prie' .

A votre service, which means glad to be of service, all part of the service (that's what I am here for) will be mainly used by people who are getting paid for whatever they are being thanked for.

C'est moi, means it's for me to thank you, a more informal way of saying 'à votre service'.

Avec plaisir, my pleasure, is often used when being thanked for favours.

Il n'y a pas de quoi, again, there is nothing to thank me for, is the most informal of all and could be used to show familiarity.

OK

- When ordering drinks or food, feedback may be one of the following:

Oui (often more than once), oui oui oui, and usually followed by monsieur/madame.

Tout de suite, a big favourite, can mean immediately, straight away, coming up, thus showing eagerness to serve and please the customer.

Entendu, which surprisingly, literally means'heard', and which is perhaps the English equivalent of 'I've got that'.

D'accord, is alright.

OK.

Bon, bien/très bien, are the same as very well.

Parfait, is like saying fine.

Finalising arrangements

- At the end of making arrangements, all except 'tout de suite' in the list above could be used again, plus one of the following:

C'est ça. That's it.
Voilà. There we/you are.
Ça va. That's alright.
C'est convenu (comme ça). It's all arranged/agreed.

- As a reply, when asking permission to do something:

  Oui, oui oui oui,
  Ok,
  Ça va, and
  D'accord, again are suitable, as well as
  Bien sûr/bien entendu. Of course.
  Il n'y a pas de problème. No problem.
  Je vous en prie. Please do/feel free.

- Finally, when checking that formalities are in order, particularly when offering an alternative to what is requested, all the possible answers in the above list are suitable except for 'je vous en prie' plus:

  ça marche, or
  ça passe, which both mean that will do.

Instructions/requests/orders/ suggestions

Tournez/vous tournez/vous allez tourner à droite. Turn/you turn/you are going to turn right.
Montrez/vous montrez/vous allez montrer votre passeport. Show/you show/you are going to show your passport.
Attendez/vous attendez/vous allez attendre cinq minutes. Wait/you wait/vous are going to wait five minutes.
Parlez/vous parlez/vous allez parler plus fort. Speak/you speak/you are going to speak louder.
Restez /vous restez/vous allez rester ici. Stay/you stay/you are going to stay here.

- To give instructions and orders, or to make requests, it is possible to use, *the imperative tense, the present tense, or, the immediate future* (present of 'aller'+infinitive).

Vous devez/Il faut/Il vous faut tourner à droite/Il faut que
     vous tourniez à droite. You have to turn right.
Vous devez/Il faut/Il vous faut/Il faut que vous montriez
     votre passeport. You need to show your passport.
Vous devez/Il faut/Il vous faut attendre/Il faut que vous
     attendiez cinq minutes. You must wait five minutes.
Vous devez/Il faut/Il vous faut parler plus fort/Il faut que
     vous parliez plus fort. You need to speak louder.
Vous devez/Il faut/Il vous faut rester ici /Il faut que vous
     restiez ici. You have to stay here.

- These are three more key structures which could be used to
  give orders, instructions or suggestions, respectively *devoir*,
  or, *il faut + infinitive*, or, *il faut que + subjunctive tense.*

Vous pouvez tourner à droite. You can turn right.
Vous pouvez montrer votre passeport? Can you show your
     passport?
Vous pouvez parler plus fort? Can you speak louder?
Vous pouvez attendre cinq minutes? Can you wait five
     minutes?
Vous pouvez rester ici? Can you stay here?

- Finally, *pouvoir* can also be used for suggestions, and can
  soften an order or a request, particularly if there is a choice.

How much is it?

Quel est le prix? What is the price?

Combien? How much?
C'est combien? How much is it?

Cela/ça fait combien? How much does that come to?
Il/elle fait combien? How much does it cost?
Ils/elles font combien? How much do they cost?

Je vous dois combien? How much do I owe you?

Cela/ça coûte combien? How much does that cost?
Il/elle coûte combien? How much does it cost?
Ils/elles coûtent combien? How much do they cost?

Cela/ça vaut combien? How much does that cost?
Il/elle vaut combien? How much does it cost?
Ils/elles valent combien? How much do they cost?

Also useful to know

1.   One translation of **devoir** is 'to owe'.

2.   The irregular verb **valoir** means 'to be worth' and is
     used as much as **être faire** or **coûter** when talking
     about prices and costs. **Cela/ça vaut la peine** is the
     useful expression 'it's worth the trouble'.

Do it/this again

Hier, j'ai *encore (une fois)* vu Claude = J'ai vu Claude *de/à
     nouveau* hier = J'ai *re*vu Claude hier. I saw Claude *again*
     yesterday.
Je vais écrire *encore une fois* = Je vais écrire *de/à nouveau* = Je
     vais *re*-écrire. I am going to write *again*.
Elle le lui a *encore* dit = Elle le lui a dit *de/à nouveau* = Elle le
     lui a *re*dit. She has told him/her *again*.
Vous êtes tombé *encore une fois?* = vous êtes tombé *de/à
     nouveau* = Vous êtes *re*tombé? Did you fall *again*?
Nous voulons bien le faire *encore une fois* = Nous voulons
     bien le faire *de/à nouveau* = Nous voulons bien le
     *re*faire. We don't mind doing it again.
Elle est *encore* venue? = Elle est venue *de/à nouveau?* = Elle
     est *re*venue? Did she come *again*?
Sylvie a décidé de lire ce livre *encore une fois* = Sylvie a
     décidé de lire ce livre *de/à nouveau* = Sylvie a décidé de
     *re*lire ce livre. Sylvie has decided to read this book
     again.
Il a fallu ouvrir la valise *encore une fois* = Il a fallu ouvrir la
     valise *de/à nouveau* = Il a fallu *r*ouvrir la valise. We had
     to open the suitcase *again*.

- To do something *again* can be translated by the addition of *encore (une fois), de nouveau,* or à *nouveau.* The prefix *'re+'* ('re-'or just 'r' in front of some vowels) can be added to many verbs.

Also useful to know

1. **A nouveau** can mean 'again', or 'once again', but differently as in afresh or anew, but is used just as much in conversation as the very similar phrase **de nouveau.**

2. In speech, it is also possible to add the prefix 're' to virtually all verbs, for example:

    - Vous avez re-mangé du poulet à midi? You had chicken again for lunch?
    - Il faut que tu reprennes du pain. You need to get some bread again.
    - Nous nous sommes re-regardés. we looked at each other again.

Must

Il faut cuire ce plat au four pendant au moins deux heures. You *have to* cook this dish in the oven for at least two hours.

Pour passer la frontière, *il faut* posséder un passeport. In order to cross the border you *need to* have a passport.

Il faut avoir dix-huit ans. You *have to* be eighteen.

Il ne faut pas marcher sur la pelouse autour du château. You *must* not walk on the lawn around the castle.

Il faut remplir ce papier et l'envoyer à cette adresse avec deux photos. You *have to* fill in this form and send it to this address with two photographs.

- Il *faut + infinitive* is particularly used when talking about instructions, rules and regulations and can imply that there is not a choice. It is used widely to translate the English *you (as in people in general) have to/must/need to* (the literal translation is *it is necessary to*) + verb in the infinitive.

Il faut préparer le dîner. *I/we/you/they/people have to,
someone has to,* prepare the evening meal.

Il faudrait répondre à toutes ces lettres avant le cinq. *I/we/
you/they/people/someone should* reply to all these letters
before the fifth.

Il a fallu réparer le toit. *I/we/you/they/people/someone had* to
repair the roof.

Il faudra absolument leur téléphoner. *I/we/you/they/people/
someone will have to* phone them without fail.

Il faut laver la voiture régulièrement. *I/we/you/they/people
have to, someone has to,* wash the car regularly.

Il faut sortir la poubelle deux fois par semaine. *I/we/you/
they/people have to, someone has to,* take the dustbin out
twice a week.

Il faut travailler jusqu'à la retraite. *I/we/you/they/people have
to* work until retirement.

Qu'est-ce qu'il faut faire? What must *I/we/you/they/people
have to* do?

- Another very frequent use of this very key structure, il faut + infinitive, could also have 'reluctant' or vague subjects. Despite its literal translation *il faut* is used a great deal in everyday conversation.

*Il faut que j'*achète=*Il me faut* acheter=*je dois* acheter de
l'eau. *I must* buy some water.

Il faudrait qu'elle recommence=*Il lui faudrait*
recommencer=*Elle devrait* recommencer. *She should*
start again.

Il faudra qu'ils la quittent=*Il leur faudra* la quitter=*Ils
devront* la quitter. *They will have to* leave her.

Il a fallu que nous demandions=*Il nous a fallu*
demander=*Nous avons dû* demander. *We had to* ask.

Il faut qu'elle fasse la vaisselle=*Il lui faut* faire la
vaisselle=*Elle doit* faire la vaisselle. *She must* do the
washing up.

*Il a fallu que j'*écrive trois fois=*Il m'a fallu* écrire trois
fois=*J'ai dû* écrire trois fois. *I had to* write three times.

Il faut que nous signions tous les deux=*Il nous faut* signer tous les deux =*Nous devons* signer tous les deux. *We both* have to *sign.*

Il faudra qu'il parte avant eux=*Il lui faudra* partir avant eux=*Il doit partir* avant eux. *He has to leave before them.*

Il faut que je vous parle d'urgence=*Il me faut* vous parler d'urgence =*je dois* vous parler d'urgence. *I have/need to talk to you urgently.*

Il faut que vous vous décidiez=*Il vous faut* vous décider=*Vous devez* vous décider. *You must make a decision.*

Il faut qu'on l'emmène chez Karine=*Il nous faut* l'emmener=*On doit* l'emmener chez Karine tous les samedis. *We have to take her to Karine's every Saturday.*

Il faudrait que vous fassiez de la marche=*Il vous faudrait* faire de la marche=*Vous devriez* faire de la marche. *You should take up walking.*

- *Il faut que* + subject + subjunctive, *il* + (who: indirect object) + -*faut* + infinitive, and subject + devoir + infinitive are yet three other ways to say the same thing, *must*. With these, unlike in the preceding rule, the subject is always clear.

Also useful to know

1. The polite phrase 'you shouldn't have' when one is receiving a present, or after favours, is **il ne fallait pas!**

2. As well as 'must' and 'to owe' (seen earlier) **devoir** also means 'to be due/to be supposed to', for example:
   - Il doit payer. He is due to pay, or, he must pay.
   - Nous devons partir dans dix minutes. We are due to leave, or, we must leave in ten minutes.
   - Il devait téléphoner hier. He was due to/supposed to phone yesterday.
   - Je dois les voir la semaine prochaine. I am due to see them next week.

Retiring

Ils sont *retraités* tous les deux. They are both *retired*.

Vous êtes bien *retraité*? You are *retired* aren't you?

Elle est *en/à la retraite* depuis six mois seulement. She has only been *retired* six months.

Mes parents ne sont pas encore *en/à la retraite*. My parents *are* not *retired* yet.

J'attends avec impatience d'être *en/à la retraite*. I can't wait to be *retired*.

- Être *retraité(e)*, être *en retraite* and être *à la retraite*, are all three interchangeable phrases to say to be *retired*.

Elles *ont pris la/leur retraite* en 1987. They *retired* in 1987.

Je vais *prendre la/ma retraite* avant mon mari. I am going *to retire* before my husband does.

Il veut *prendre la/sa retraite*. He wants *to retire*.

Quand est-ce que vous *avez pris la/votre retraite*? When *did* you *retire*?

Malheureusement, nous ne pouvons pas *prendre la/notre retraite*. Unfortunately we cannot *retire*.

- *To retire* is *prendre la*, or, *sa retraite*.

Also useful to know

La retraite is 'retirement'. **Un(e) retraité(e)** is 'a pensioner'. **La préretraite** is 'early retirement.'

Shopping

Je *ferai les courses/des achats/les commissions/les provisions/du shopping* avant de rentrer ce soir. I *shall do the shopping* before getting home tonight.

Il faut que *je fasse les courses/des achats/les commissions/les provisions/du shopping*. I have *some shopping to do*.

Pourriez-*vous faire les courses/des achats/les commissions/les provisions/du shopping* aujourd'hui? Could you *do the shopping* today?

Elle *a* déjà *fait les courses/des achats/les commissions/les provisions/du shopping* pour le week-end. She *has* already *done the shopping* for the weekend.

On n'aime *pas faire les courses/des achats/les commisions/les provisions/du shopping.* We don't like *shopping.*

Il faut toujours *faire* trop de *courses/d'achats/de commissions/ de provisions/de shopping* à Noël. There is always too much *shopping* to be done at Christmas time.

On *fait* toujours *nos courses/commissions/provisions, notre shopping* ensemble. We always *go shopping* together.

Où *ferez*-vous *les courses/commissions/provisions, le shopping.* Where *will* you *shop*?

- *Faire les, ses,* or *des provisions* and *faire les, ses,* or *des commissions* usually mean *to shop* when talking about food shopping, whereas *faire les, ses,* or *des courses, faire des,* or *ses achats,* and, *faire du shopping* mean to shop, to go shopping in general.

Also useful to know

1. For food shopping people also say **faire le/son marché** (whether or not going to an actual market), **aller aux commissions** (or **au supermarché** etc. of course) or, very colloquial, **acheter le/à manger**.

2. **Aller en ville** or, **aux magasins** is another way of saying 'to go shopping.'

3. 'To go **window-shopping**' is **lécher les vitrines/faire du lèche-vitrine** or **faire les magasins**.

4. **Faire une course/une commission** also means 'to do/ run an errand', for example:
   - Tu peux me faire une course demain? Can you do an errand for me tomorrow?
   - J'ai une course à faire avant de rentrer. I have an errand to do before I go home.
   - Il avait une course à faire pour son père. He had an errand to do for his father.

5. **Faire une commision** also means 'to give a message', for example:
   - J'espère qu'il vous a fait ma commission hier soir. I hope that he did give you my message last evening.
   - Je lui ferai la commission sans faute. I will give him/her the message without fail.

Looking forward to

J'*ai hâte de* te revoir = J'*attends avec impatience de* te revoir = Je *me languis de* te revoir = Il *me tarde de* te revoir. I *look forward to* seeing you again.

Ils *avaient hâte d'*arriver = Ils a*ttendaient avec impatience d'*arriver = Ils *se languissaient d'*arriver = Il leur *tardait d'*arriver. They *looked forward* to arriving.

On *a hâte de* connaître les résultats = On *attend avec impatience de* connaître les résultats = On *se languit de* connaître les résultats = Il nous *tarde de* connaître les résultats. We *look forward to* knowing/hearing the results.

- There are four interchangeable ways *to say to look forward to* + verb.

J'*attends avec impatience* la fin du mois. I *look forward to* the end of the month.

Nous *attendons* toujours *avec impatience* votre visite. We always *look forward to* your visit.

Elle *attend* Noël *avec impatience*. She *looks forward to* Christmas.

- To *look forward to* + noun is *attendre avec impatience.*

Vivement les vacances. I *look forward* to the holiday.
Vivement demain. I *look forward to* tomorrow/I can't wait till tomorrow.
Vivement le mois prochain. I *look forward* to next month.
Vivement mon anniversaire. I *look forward* to my birthday.

- Another simple way to say to *look forward to* a specific time is to use *vivement* and what occasion you are looking forward to.

Only

Ne ... que and *seulement*

Je *n'*ai *qu'*un enfant = J'ai *seulement* un enfant. I have *only* one child.

Il *n'*a emporté *que* deux pantalons = Il a *seulement* emporté deux pantalons. He *only* took two pairs of trousers (with him).

Elle *n'*a écrit *qu'*à Jacques = Elle a *seulement* écrit à Jacques. She *only* wrote to Jacques.

On *n'*avait vu *que* monsieur Lerois = On avait vu *seulement* Monsieur Lerois. We had *only* seen M. Lerois.

Ils *n'*ont *qu'*une voiture = Ils ont *seulement* une voiture. They *only* have one car.

Vous *ne* travaillez *que* le samedi? = Vous travaillez *seulement* le samedi? Do you *only* work on Saturdays?

Nous *n'*aurons *qu'*une demi-heure = Nous aurons *seulement* une demi-heure. We shall *only* have half an hour.

Je *n'*ai *que* cent francs = J'ai *seulement* cent francs. I *only* have one hundred francs.

- *Ne* (verb) *que*, and *seulement* are interchangeable. Perhaps *seulement* could imply regret.

Parking

Jean-Baptiste *a garé/mis/laissé sa voiture* derrière la banque = Jean-Baptiste *s'est garé* derrière la banque. Jean-Baptiste *has parked the car* behind the bank.

Elle *garera/mettra/laissera la voiture* devant mon école = Elle *se garera* devant mon école. She *will park* in front of my school.

Ils *avaient garé/mis/laissé leur voiture* près d'ici = Ils *s'étaient garés* près d'ici. They *had parked* their car near here.

Je vais *garer/mettre/laisser la voiture* dans le parking
souterrain = Je vais *me garer* dans le parking souterrain.
I am going *to park* the car in the underground car park.

Nous *garions/mettions/laissions* toujours *la voiture* dans la
rue Sainte = Nous *nous garions* toujours dans la rue
Sainte. We always *used to park* in the Sainte Street.

Où puis-je *garer/mettre/laisser la voiture?* = Où puis-je *me
garer?* Where can I *park?*

Elle ne sait plus où elle *a garé/mis/laissé la voiture* = Elle ne
sait plus où elle *s'est garée.* She has forgotten where she
has parked the car.

Il me faut *garer la voiture* = Il me faut *me garer.* I must *park
the car.*

J'étais en train de *garer la voiture* quand je les ai vus =
J'étais en train de *me garer* quand je les ai vus. I was in
the middle of *parking the car* when I saw them.

Nous essayons de *garer la voiture* depuis plus d'une heure =
Nous essayons de *nous garer* depuis plus d'une heure.
We have been trying *to park the car* for more than one
hour.

Quand va-t-on *garer* la voiture? = Quand va-t-on *se garer?*
When are we going *to park the car?*

Finalement j'ai décidé de *garer la voiture* et de continuer à
pied = Finalement j'ai décidé de *me garer* et de
continuer à pied. In the end I decided *to park the car*
and walk.

- *Garer la voiture* and *se garer* are interchangebale. As in
English, *mettre (to put) la voiture,* and *laisser (to leave) la
voiture* can also be used when the location is mentioned.

Les camping cars ne peuvent pas *se garer* là. Camping cars
cannot *park* here.

Le camion vient de *se garer.* The lorry has just *parked.*

La voiture *s'est garée* en face de la boulangerie. The car
parked opposite the bread shop.

Tous les bus doivent *se garer* à gauche. All the buses must
park on the left.

- Only '*se garer*' has to be used when the subject of to park is the vehicle itself.

Also useful to know

1. **Stationner** means 'to park' (+'to stop' or 'to wait') but is mainly used on public notices (stationnement interdit/unilatéral/gênant etc).

2. **Un parking**, or, **un parc de stationnement** is 'a car park' and **une aire de stationnement** is a 'parking area' between towns.

Tag questions

Your husband is French, *isn't he?*
Votre mari est français, *n'est-ce pas?* = Votre mari est *bien* français? = Votre mari est français, *hein?* = Votre mari est français, *non?* = Votre mari est français, *pas vrai?*

She has gone back to work, *hasn't she?*
Elle a repris le travail, *n'est-ce pas?* = Elle a *bien* repris le travail? = Elle a repris le travail, *hein?* = Elle a repris le travail, *non?* = Elle a repris le travail, *pas vrai?*

They come every Tuesday, *don't they?*
Ils viennent tous les mardis, *n'est-ce pas?* = Ils viennent *bien* tous les mardis? = Ils viennent tous les mardis, *hein?* = Ils viennent tous les mardis, *non?* = Ils viennent tous les mardis, *pas vrai?*

You arrived late *didn't you?*
Vous êtes arrivé en retard, *n'est-ce pas?* = Vous êtes *bien* arrivé en retard? = Vous êtes arrivé en retard, *hein?* = Vous êtes arrivé en retard, *non?* = Vous êtes arrivé en retard, *pas vrai?*

Richard told him/her that he would come the day after tomorrow, *didn't he?*
Richard lui a dit qu'il viendrait après demain, *n'est-ce pas?* = Richard lui a *bien* dit qu'il viendrait après-

demain? = Richard lui a dit qu'il viendrait après-demain, *hein*? = Richard lui a dit qu'il viendrait après-demain, *non*? = Richard lui a dit qu'il viendrait après-demain, *pas vrai*?

- *N'est-ce pas, bien, hein* (more a noise than a word), *non* and *pas vrai* can all turn a statement into a tag question (when wishing to double-check some information). *Hein, non* and *pas vrai* are very colloquial forms. All come at the end of the sentence, except for *bien* which needs to be straight after the verb (or after the first part of the verb for compound tenses).

You don't eat meat, *do you*?
Vous ne mangez pas la viande, *n'est-ce pas*? = Vous ne mangez pas la viande *hein*? = Vous ne mangez pas la viande, *pas vrai*?

They don't live in France, *do they*?
Ils n'habitent pas en France, *n'est-ce pas*? = Ils n'habitent pas en France, *hein*? = Ils n'habitent pas en France, *pas vrai*?

She wasn't tired, *was she*?
Elle n'était pas fatiguée, *n'est-ce pas*? = Elle n'était pas fatiguée, *hein*? = Elle n'était pas fatiguée, *pas vrai*?

He didn't pay, *did he*?
Il n'a pas payé, *n'est-ce pas*? = Il n'a pas payé, *hein*? = Il n'a pas payé, *pas vrai*?

You have never phoned him/her, *have you*?
Vous ne lui avez jamais téléphoné, *n'est-ce pas*? = Vous ne lui avez jamais téléphoné, *hein*? = Vous ne lui avez jamais téléphoné, *pas vrai*?

Valérie will not come with us, *will she*?
Valérie ne viendra pas avec nous, *n'est-ce pas*? = Valérie ne viendra pas avec nous, *hein* ? = Valérie ne viendra pas avec nous, *pas vrai* ?

- However, the *bien* and *non* key structures cannot be used in negative questions.

Helping you learn

Progress questions

1. List different ways to say same thing,

2. and check your answers.

Discussion points

1 Sometimes there are a number of slightly different ways to say the same thing in English.

2 The same can happen in French.

3 Do you agree that you never question your mother tongue?

Practical assignment

Discuss and bemoan 'unnecessary' choices with fellow students.

Study tips

1 Write, speak, listen and think in French.

2 Extend and perfect your foreign language every day.

10 Using the Right Pronunciation

One-minute overview

In this chapter we will be looking at problems with pronunciation and the importance of tone of voice. There doesn't seem to be a full picture about if and when a 'liaison' has to be made. Pronunciation gets even more complicated when a handful of useful words turn out to have more than one way to pro-nounce them. This unfortunate reality includes the pronunciation of some numbers; *dix* for example, can have one of three pronunciations. *Plus* (which can mean more or the opposite, *no* more) can have one of three pronunciations: the last letter is not pronounced, it is pronounced like an 's', or it is pronounced like a 'z'. On the other hand, non-verbal communication can determine whether *je veux bien* means *I would love to* or the opposite *I couldn't care less*. This chapter will show you:

■ that liaisons are not essential for getting the message across
■ that liaisons will become automatic with practice
■ when and why to pronounce the words in question differently
■ how to pronounce them
■ the important role of non-verbal communication
■ a short cut to speed and perfect your fluency in French

Liaisons

The final consonant of French words is usually silent. Sometimes, however, when the next word begins with a vowel or 'h', a liaison is made, that is, the last consonant of the word is pronounced. Nearly every French textbook or grammar book gives a list of rules for liaisons. Short or long lists of liaisons you must make, liaisons you may make, and liaisons you must never make can be confusing, not least because they inevitably include exceptions.

When not sure whether or not to do a liaison, the golden rule is simple: don't. The good news is that people will always understand everything that is said when the liaisons have been left out, whereas they might not, when liaisons are made when they shouldn't be!

The other equally good news is that liaisons will eventually become automatic, for the simple reason that most of the time the piece in question is easier to say with the liaisons, than without them, for example: 'on-a des-amis en-Espagne' (with liaisons) is easier to say than 'on a des amis en Espagne' (without liaisons).

Plus: three pronunciations

- The final 's' is never pronounced whenever *plus* (part of 'ne plus') means *no more, not any more, no longer,* or *not any longer.*

Il n'y avait plus de pain. There was no more bread.
Nous n'irons plus chez Céline. We shall not go to Celine's any more.
Mes amis n'ont plus de voiture. My friends don't have a car any more.
Vous ne fumez plus? You don't smoke any more?
Ils ne travaillent plus ici. They don't work here any more.
Il ne pleuvait plus. It wasn't raining any more.
Je n'ai plus d'argent. I haven't got any more money.

- When plus means *more*, it can have one of three pronunciations. The final 's' is not pronounced whenever *plus* is directly followed by an adjective or an adverb beginning with a consonant.

Il a toujours été plus grand que son frère. He has always been taller than his brother.

Je pense que cette chaise est beaucoup plus confortable que
celle-ci. I think that his chair is much more comfortable
than this one.
Est-ce que c'est le pub le plus proche de l'hôtel? Is that the
closest pub to the hotel?
Nous avons marché plus lentement qu'eux. We walked
more slowly than they did.
Le car serait plus cher. The coach would be more expensive.
Celle-là est plus belle que celle-ci. That one is more pretty
than this one.
Il est arrivé beaucoup plus tard. He arrived much later.
Je voudrais un morceau plus petit. I'd like a smaller piece.

- A liaison is made, the 's' is pronounced like a 'z', when *plus* is
  followed by an adjective or an adverb which begins with a
  vowel or an 'h' (unless the 'h' is aspirate, dictionaries show
  which ones are).

Elle est plus âgée que Gaëlle. She is older than Gaëlle.
On a passé la journée plus agréablement qu'hier. We had a
more pleasant day than yesterday.
La petite table était devenue plus instable. The small table
had become more unsteady.
On ne peut pas parler plus ouvertement que ça. You can't
speak more openly than that.
Cela n'aurait pas pu être plus inattendu. It couldn't have
been more unexpected.
Le film était plus intéressant que celui de la semaine
dernière. The film was more interesting than last
week's.
Il faudrait qu'ils soient plus humains. They should be more
humane.

- The 's' is pronounced when *plus* refers to the verb (and it can
  mean *the most*, as well as *more*).

Il pleut plus ici. It rains more here.
Ce que nous aimons le plus, c'est le sport. What we enjoy
most of all is sport.
Il travaillera plus à partir de mai. He will work more from

May onwards.

Je ne sais pas pourquoi je mange toujours plus en vacances.
I don't know why I always eat more when I am on
holiday.

Vous avez voyagé plus que nous. You have travelled more
than we have.

C'est ce qui l'a inquiété le plus. That's what worried him
most.

Avec ce nouveau travail, il lui faut conduire beaucoup plus
maintenant. He has to do a lot more driving now, with
this new job.

- The 's' may be pronounced after *plus de* + noun.

Elle a plus de chance que moi. She has more luck than me.

J'ai enfin plus de temps maintenant. At last I have more
time.

Si on avait plus d'argent, on achèterait un bateau. If we had
more money, we would buy a boat.

Voulez-vous un peu plus de pain? Would you like a bit
more bread?

Il y a plus de maisons dans cette rue que dans la mienne.
There are more houses in this street, than (there are) in
mine.

Elle aimerait avoir plus de vêtements. She would like to
have more clothes.

Ils avaient envoyé plus de lettres que d'habitude. They had
sent more letters than usual.

Il a eu plus de courage que lui. He had more courage than
him.

- The 's' is pronounced when *plus* means *plus*.

Il a dit qu'ils seront sept, plus deux chiens. He said that
there will be seven of them plus two dogs.

Vous me devez trois Euros pour les timbres, plus deux
Euros pour les glaces. You owe me three Euros for the
stamps, plus two Euros for the icecreams.

Sept plus onze égale dix-huit. Seven plus eleven equals eighteen.

Also useful to know

1. Ni plus ni moins (no more no less): 's' is not pronounced (negative).

2. Plus ou moins (More or less): 's' pronounced like a 'z'.

3. De plus en plus (more and more): first 's' pronounced like a 'z', and second 's' may be pronounced (like an 's').

4. En plus/de plus (on top of that/ furthermore/ what is more): 's' may be pronounced.

5. Au plus/tout au plus (at the most): 's' may be pronounced.

6. A plus (the shortened set expression 'à plus tard' which means 'see you later; or 'see you'): 's' is always pronounced.

As demonstrated, all the explanations above for the different pronunciations of *plus* are hardly helpful when it comes to set expressions.

Tous

• The 's' is not pronounced when *tous* is followed by a noun.

Nous irions en Angleterre *tous les ans*. We would go to England *every year*.

Je connaissais *tous ses amis*. I used to know *all his/her friends*.

Tous les cars partent de la Grande Place. *All the coaches* go from the Grande square.

Tous mes enfants me manquent de plus en plus. I miss *all my children* more and more.

Tous les matins, Patrice l'emmène au travail. *Every morning,*

Patrice takes him/her to work.

Elle a lu *tous ses livres.* She has read *all his/her books.*

Tous les journaux ont déjà été vendus. *All the newspapers* have already been sold.

Il vient *tous les mois.* He comes *every month.*

- When *tous* means *all of them, all of you, all of us,* the 's' is pronounced.

Est-ce qu'ils viendront *tous*? Will they *all* come?

Ces vases me plaisent *tous.* I like these vases, *all of them.*

Ils fumaient *tous.* They *all* used to smoke.

Vous voulez *tous* la choucroute? Do *all of you* want the sauerkraut?

Est-ce que vous étiez *tous* demandeurs d'emploi? Were you *all* unemployed?

Vous pouvez *tous* rester jusqu'à midi. You can *all* stay until noon.

On a parlé *tous* à la fois. We *all* talked at once.

Nous avons *tous* apprécié le weekend. We *all* enjoyed the weekend.

Nous travaillons *tous* dans le même bureau. We *all* work in the same office.

Also useful to know

The translation for 'all of you/us/them' when everyone is female is, of course, **toutes**.

Pronouncing numbers

Deux and trois

- The last letter of the numbers deux or *trois* are not pronounced when the words are on their own, or when the next word begins with a consonant, as in the examples below.

Q. Combien d'enfants avez vous? A. J'en ai deux/trois.

Q. How many children do you have? A. I have two/three.

Q. Une table pour combien de personnes? A. Deux/trois.

Q. A table for how many? A. Two/three.

Q. Elle aura combien de semaines de congé par an? A. seulement deux/trois.

Q. How many weeks a year annual leave will she get? A. Only two/three.

On m'a dit qu'il habite au numéro deux/trois. I was told that he lives at number two/three.

Il y a deux/trois cars par jour pour Nice, je crois. I think that there are two/three coaches a day going to Nice.

Nous faisions de la marche deux/trois fois par semaine. We used to go walking two/three times a week.

Ils ont deux/trois voitures maintenant. They have two/three cars now.

Sacha a mangé deux/trois sandwichs au fromage. Sacha has eaten two/three cheese sandwiches.

C'est à trente-deux/trois kilomètres. It's thirty-two/three kilometres away.

- However, a liaison is made, and the 'x' and 's' are pronounced like a 'z' when the next word begins with a vowel or a mute 'h'.

Il a quarante deux/trois ans après demain. He is forty two/three (years old) the day after tomorrow.

Ils ont habité à Marseille pendant deux/trois ans. They lived in Marseilles for two/three years.

Il a deux/trois idées intéressantes. He has two/three interesting ideas.

Elle a décidé d'acheter deux/trois ananas. She decided to buy two/three pineapples.

Dans ce village il n'y avait que deux/trois hôtels. There were only two/three hotels in that village.

Le film commence à deux/trois heures. The film starts at two/three o'clock.

Quatre

- *Quatre* has two syllables, except when the next word does not begin with a vowel or an 'h', when the last two letters of the word (re) are often swallowed completely and 'quatre' then could sound like something between 'cut' and 'cat', as it could do, in all the examples below.

Je voudrais quatre timbres pour l'Angleterre. I'd like four stamps for England.

Nous attendons sa reponse depuis quatre jours. We have been waiting for his/her reply for four days.

Ils ont réservé quatre chambres. They have booked four double bedrooms.

Elle a quatre chats et quatre chiens. She has four cats and four dogs.

Ce cendrier coûte soixante-quatre francs madame. This ashtray costs sixty-four francs.

Nous avons contacté vingt-quatre personnes. We got in touch with twenty-four people.

Cinq

- The final letter of *cinq* is pronounced, but the 'q' may not be pronounced when the next word does not begin with a vowel or a mute 'h', as in all the examples below.

Elle a téléphoné il y a cinq minutes. She phoned five minutes ago.

J'ai emporté cinq serviettes. I took five towels (with me).

Nous aurons besoin de cinq chaises. We shall need five chairs.

Il veut acheter cinq bics. He wants to buy five biros.

Ça fait cinquante-cinq francs. That comes to fifty-five francs.

On a conduit quatre-vingt-cinq kilomètres en tout. We drove eighty-five kilometres altogether.

Six and *dix*

- The 'x' is pronounced like an 's' when *six* or *dix* are on their own, or are the last word of a sentence, as in the following examples:

Q. Combien de pommes voulez-vous? A. Six/dix.

Q. How many apples would you like? A. Six/ten.

Q. Vous vous connaissez depuis combien d'années? A. Six/
dix.

Q. How many years have you known each other? A. Six/
ten.

J'en prendrai six/dix. I'll have six/ten (of them).

Nous serons six/dix. There will be six/ten of us.

Il n'en a vu que six/dix. He only saw six/ten (of them).

- However, the 'x' is pronounced like a 'z' when the next word
  begins with a vowel or a mute 'h', as in the examples below.

Elle a six/dix enfants. She has six/ten children.

J'y ai travaillé pendant six/dix ans. I worked there for six/ten
years.

Donnez-moi six/dix oranges. Can I have six/ten oranges
please.

Il est déjà six/dix heures et demie. It's already half past six/
ten.

Tu pourrais me prendre six oeufs? Could you get me six
eggs?

- Finally, the 'x' is not pronounced when the next word doesn't
  begin with a vowel or a mute 'h', as in the examples below:

J'ai envoyé six/dix cartes postales. I sent six/ten postcards.

On l'a vu il y a au moins six mois. We saw him at least six
months ago.

Il m'a prêté six/dix vidéos. He has lent me six/ten vidéos.

J'ai fait six/dix tasses de thé. I've made six/ten cups of tea.

Son fils a passé son permis de conduire six/dix fois avant de
le réussir. His/her son took the driving test six/ten times
before passing.

Philippe est malade depuis six jours exactement. Philippe
has been ill for six days exactly.

Voilà dix minutes que nous attendons. We have been
waiting for ten minutes.

Huit

- The 't' is pronounced when *eight* is on its own or the last word in a sentence, and also when the next word begins with a vowel or a mute 'h' (liaison).

Q. Combien de fois avez-vous vu ce film? A. huit.
Q. How many times have you seen this film? A. Eight.

Q. Vous voulez combien de croissants? A. Huit.
Q. How many croissants would you like? A. Eight.

On devait arriver le huit. We were due to arrive on the eighth.

Q. Il y a combien de personnes dans la salle d'attente? A. huit.
Q. How many people are there in the waiting room? A. Eight.

Il lui en aura donné huit. He will have given him/her eight (of them).
Votre numéro est bien trente, soixante trois, dix-huit? Your (telephone) number is thirty, sixty-three eighteen, isn't it?
On quittera Paris le vingt-huit. We shall leave Paris on the twenty-eighth.
J'ai apporté huit assiettes jetables pour le pique-nique. I have brought eight throwaway plates for the picnic.
Regarde ces huit oiseaux, ce sont huit hirondelles. Look at these eight birds, they are eight swallows.
Il va y avoir huit émissions sur la Provence. There are going to be eight programmes about Provence.
On a trouvé huit erreurs. We have found eight mistakes.
Elle a choisi ces huit images. She chose these eight pictures.
M. Faure possède huit usines. M. Faure owns eight factories.
Elle a écrit huit histoires. She has written eight stories.
Je ne voudrais que huit escargots. I'd like only eight snails.

- The 't' is not pronounced when the next word doesn't begin with a vowel or a mute 'h'.

Je connais huit Suisses. I know eight Swiss people.

Elle a huit paires de chaussures. She has eight pairs of shoes.

Il vous faudra huit bouteilles de vin. You will need eight bottles of wine.

Nous aurions acheté huit baguettes. We would have bought eight baguettes.

Ils ont huit petits-enfants maintenant. They have eight grandchildren now.

Ils aimeraient rester jusqu'au huit mai. They would like to stay until the eighth of May.

J'ai perdu huit kilos. I have lost eight kilos.

Est-il possible de réserver une table pour dix-huit personnes? Is it possible to book a table for eighteen people?

J'ai huit livres de cet auteur. I have eight books by this writer.

Neuf

● The final 'f' of *neuf* is always pronounced, as in the following examples, but for a couple of exceptions given in the next rule.

Nous avons visité neuf petits musées. We visited nine small museums.

Neuf billets, s'il vous plaît. Nine tickets please.

Il est né le neuf novembre. He was born on the ninth of November.

J'ai écrit neuf fois. I have written nine times.

Je m'occupe de neuf enfants tous les matins. I look after nine children every morning.

Il n'y a que neuf pommes de terre. There are only nine potatoes.

On trouve neuf hôtels dans mon village. There are nine hotels in my village.

● However, the final 'f' is pronounced like a 'v' in front of 'heures' and the word 'ans'.

Nicole a rendez-vous chez le dentiste à neuf heures. Nicole has a nine o' clock dental appointment.

Mon cousin n'a que neuf ans. My cousin is only nine.

Tone of voice

Terrible

Sa nouvelle chanson est *terrible* hein! His/her new song is *brilliant/awful*, isn't it!

Quelle nouvelle *terrible*! What a *terrific/dreadful* piece of news!

On a vu un film *terrible*. We saw a *terrible/great* film.

C'était un acteur *terrible*. He was a *fantastic/awful* actor.

Il a eu une chance *terrible*. He had an *amazing* piece of luck.

C'est une *terrible* maladie. It's a *terrible* illness.

● In France, non-verbal communication can play a big part in speech. Tone of voice, together with facial expressions and gestures, can alter the meaning of some words or expressions. This is the case with *terrible*, which can have opposite meanings, *brilliant* or *awful*.

Bien

Ils veulent bien aller à la piscine avec toi. They *would love to go*/They *don't mind* going to the swimming pool with you.

Il veut venir? *Je veux bien*. He wants to come ? *That would be brilliant/I couldn't care less.*

Elle *aime bien* ce professeur. She *loves/She doesn't mind* this teacher.

Vous parlez *bien* le français quand même. Your French *is good/is not bad*, actually.

La machine marche *bien* maintenant. The machine goes *alright*/goes *really well* now.

Nous *avons bien aimé* la pièce. We *did enjoy/quite liked* the play.

● Intonation can also change the meaning of the word *bien* in certain contexts. *Bien* can show enthusiasm. On the other hand, depending on tone of voice (and probably facial expression, and/or gestures) *bien* could convey non-commitment or indifference.

Helping you learn

Progress questions

1 Write down explanations for different pronunciations of same words, and check your answer.

Discussion points

1 'These rules may seem to be the last straw'.

2 Do you agree that some English pronunciations must give foreigners a bad time?

3 There is no point in trying to fight rules which help to learn a language. It's easier, and more useful, to accept them!

Practical assignment

Say examples with *plus* when it means *more* and the 's' should be pronounced like a 'z' without making a liaison. Say them with liaisons. Which is easier to say?

Study tips

1 Never give up when confronted with difficulties covered in *Better French*.

2 Don't worry when things don't fall into place straight away.

3 Everyone goes through the same experience.

4 The only secret is practice.

Useful Addresses for Students

British Embassies and Consulates

www.britishembassy.gov.uk

If you are in trouble, then do turn to them, that is why they are in the country. They are at

35 rue du faubourg
St Honore 7538 Paris Cedex 08
Tel: +33 (0)1 44 51 31 00
Fax: +33 (0)1 44 51 41 27
Opening Hours: 9h30-13h00/14h30-18h00

As well as this, there is

Paris Consulate
18 bis, rue d'Anjou
75008 Paris
Tel: +33 (0)1 44 51 31 02
Fax: +33 (0)1 44 51 31 27

Bordeaux Consulate
353, boulevard du Président Wilson
33073 Bordeaux Cedex
Tel: +33 (0)5 57 22 21 10
Fax: +33 (0)5 56 08 33 12
Opening Hours: 9h00-12h00/14h00-17h00 Monday to Friday

Lille Consulate
11 square Dutilleul
59800 Lille
Tel: +33 (0)3 20 12 82 72
Fax: +33 (0)3 20 54 88 16
Opening Hours: 9h30-12h30/14h00-17h00 Monday to Friday

Lyon Consulate
24, rue Childebert
69002 Lyon
Tel: +33 (0)4 72 77 81 70
Fax: +33 (0)4 72 77 81 79
Opening Hours: 9h00-12h30/14h00-17h00 Monday to
Friday

Marseille Consulate
24, avenue du Prado
13006 Marseille
Tel: +33 (0)4 91 15 72 10
Fax: +33 (0)4 91 37 47 06
Opening Hours: 9h00-12h00/14h00-17h00 Monday to Friday

http://www.amb-usa.fr
American readers are advised to make note of the US
Embassy and this website address. On the day we checked
they had moved to this address from the previous website.

American Embassies and Consulates
American Embassy
2 avenue Gabriel
75382 Paris Cedex 08
Switchboard: +33 1 43 12 22 22
Fax: +33 1 42 66 97 83

**The United States Mission to the Organization for
Economic Cooperation and Development**
12, avenue Raphael
75016 Paris, France
Phone: +33 1 45 24 74 11
Fax: +33 1 45 24 74 80

The United States Mission to Unesco
12, avenue Raphael
75016 Paris, France
Switchboard: +33 1 45 24 74 56

Further addresses for US citizens in France

Consulates and APP's
Bordeaux (American Presence Post)
10 place de la Bourse, B.P. 77,
33025 Bordeaux Cedex
Tel: 05-56-48-63-80
Fax: 05-56-51-61-97
E-mail: usabordeaux@state.gov
Website: www.amb-usa.fr/bordeaux/default.htm

Lille (American Presence Post)
107, rue Royale
59000 Lille
Tel: 03-28-04-25-00
Fax: 03-20-74-88-23
E-mail: usalille@state.gov
Website: www.amb-usa.fr/lille/default.htm

Lyon (American Presence Post)
1 Quai Jules Courmont
69002 Lyon
Tel: 04-78-38-33-03
Fax: 04-7241-7181
E-mail: *usalyon@state.gov*
Website: *www.amb-usa.fr/lyon/default.htm*

Marseille (Consulate General)
12, Place Varian Fry
13086 Marseille
Tel: 04-91-54-92-00
Fax: 04-91-55-09-47
Website: *www.amb-usa.fr/marseille/default.htm*

Nice (Consular agency)
7 avenue Gustave V, 3rd floor
06000 Nice

Tel: 04-93-88-89-55
Fax: 04-93-87-07-38
Website: *www.amb-usa.fr/marseille/nice.htm*

Rennes (American Presence Post)
30 quai Duguay-Trouin
35000 Rennes
Tel: 02-23-44-09-60
Fax: 02-99-35-00-92
E-mail: *usarennes@state.gov*
Website: *www.amb-usa.fr/rennes/default.htm*

Strasbourg (Consulate General)
15, avenue d'Alsace
67082 Strasbourg
Tel: 03-88-35-31-04
Fax: 03-88-24-06-95
Website: *www.amb-usa.fr/strasbourg/default.htm*

Toulouse (American Presence Post)
25, Allee Jean-Jaurès, 31000 Toulouse
Tel: 05-34-41-36-50
Fax: 05-34-41-16-19
E-mail: *usconsulate-tlse@wanadoo.fr*
Website: *www.amb-usa.fr/toulouse/default.htm*

* Comite National Francais de Liaison pour la Readaptation des Handicapes (CNFLRH)
Point Handicap
38, boutevard Raspail
75007 Paris
Tel: (1)45.48.98.90
Fax: (1) 45.48.99,21
Minitel: 36,15 HANDITEL

* Association des Paralyses
Delegation de Paris,
17, boulevard Auguste-Blanqui,

75013 Paris
Tel: (1) 40.78.69.00
Fax: (1) 45.89.40.57

* Union Nationale des Associations de Parents d'Enfants Inadaptes (UNAPEI)
15, rue Coysevox
75018 Paris
Tel: (1) 42.63.84.33. (1) 42.63,08.45

* Maison de la France
8, avenue de l'Opera
75001 Paris
Tel: (1) 42.96.10.23
Fax: (1) 42.86.08.94

* Centre d'Information et Documentation Jeunesse (C.I.D.J.)
101, quai Branly
75015 Paris
Tel: (1) 44.49.12.00
Fax: (1) 40.65.02.61
Minitel: 36.15 CIDJ

* You can also consult the guide *Rousseau H Comme Handicapes*, available at Hachette Bookshops or at SCOP 4, rue Gustave-Rouanet, 75018 Paris Tel: (1) 42.52.97.00. Fax: (1) 42.52.52.50. They also have excellent advice if you are ill, here is an extract, make sure you note the British and American hospitals, well you never know when you will need them.

...remember a drugstore (chemist) is called a 'pharmacie'. Night time and on Sundays, the Commissariat de Police of the district where you reside will inform you of the nearest drugstore (chemist) open and the address of the nearest doctor on duty. If you need to be taken to a hospital, the doctor will call an ambulance for you or you can apply to the:

Ambulances "Assistance Publique"
28, rue de l'Entrepot
94220 Charenton
Tel: 01.43.78.26.26
Fax: 01.45.13.65.82

American Hospital
63, boulevard Victor-Hugo
92202 Neuilly
Tel: 01.46.41.25.25
Fax: (1) 01.46.24.49.38
Telex: 613.344

British Hospital Hortford
3, rue Barbes
92300 Levallois
Tel: 01.47.58.13.12
Fax: 01.47.58.02.34

Medicine by air from home:

Ministere des Affaires Sociales
Service Central de la Pharmacie
14, avenue Duquesne
75007 Paris
Tel: 01.40.56.53.80. 01.40.56.60.00
Fax: 01.40.56.53.55
Open: daily except Saturdays and Sundays from 8:30 am to 12 noon and 2:00 pm to 5:30 pm. It is forbidden to import narcotics into France unless you obtain beforehand a special authorization from the French narcotic office at the address mentioned above.

French Canada

Europeans often forget the exciting and vibrant use of French in Canada. Here we present some useful Canadian contacts.

http://www.britainincanada.org/ This is the British Embassy in Ottawa.

Mailing address
British High Commission
80 Elgin Street
Ottawa
Ontario K1P 5K7

Contacts

Main
Office hours: 8:30am – 4:30pm
Switchboard: 8:30am – 5:00pm
Tel: 1 613 237 1530
Fax: 1 613 237 7980

Passports
Office hours: 9:00am – 12.00 noon
Switchboard: 10:00am – 3:00pm
Tel: 1 613 237 1303
FaxL 1 613 237 6537
Visa/Immigration
Office hours: by e-appointment only
Switchboard: 10:00am – 1:00pm
Tel: 1 613 237 2008
Fax: 1 613 232 2533
The British Council
1000 De La Gauchetière Street West
Suite 4200
Montreal, Quebec   H3B 4W5
Tel.: 1 514 866 5863 (extensions 2222 and 2223)
Fax: 1 514 866 5322
Email: *education.enquiries@ca.britishcouncil.org*

British Consulate General and British Trade & Investment Office
777 Bay Street

Suite 2800
Toronto
Ontario M5G 2G2
Tel: 416 593 1290
Fax: 416 593 1229
Email: *toronto@britainincanada.org*
Trade & Investment website: *http://www.uktradeinvest
canada.org*

British Canadian Chamber of Trade & Commerce
PO Box 1358, Station 'K'
Toronto
Ontario M4P 3J4
Tel: 1 416 502 0847
Fax: 1 416 502 9319
Email: *central@bcctc.ca*
Website: *http://www.bcctc.ca*

VisitBritain
5915 Airport Rd
Suite 120
Mississauga
Ontario L4V 1T1
Office hours: 09:00-17:00
Switchboard: 10:00-18:00
Tel: 1 888 Visit UK (847 4885)
Fax: 1 905 405 1835
Email: *britinfo@visitbritain.org*
Website: *http://www.visitbritain.com/ca*

Vancouver
British Consulate General
1111 Melville Street
Suite 800
Vancouver
British Columbia V6E 3V6
Tel: 604 683 4421
Fax: 604 681 0693

Email: *vancouver@britainincanada.org*
More ... see *Contact us*

PO Box 2930
Vancouver
British Columbia V6B 3X4
Tel: 1 604 222 1920
Fax: 1 604 222 1956
Website: *http://www.bcctc.ca*

Calgary
British Trade Office
250 6th Avenue SW
Suite 1500
Calgary
Alberta TP2 3H7
Tel: 403 705 1755
Fax: 403 538 0121
Email: *calgary@britainincanada.org*
More ... see *Contact us*

US Consulate
Here is what they say.

US Consular Services
The Consular Section of the U.S. Embassy is located at 490
Sussex Drive in Ottawa, Ontario. The Embassy and Consular
Section's mailing address is:
P.O. Box 866, Station B
Ottawa,
Ontario K1P 5T1
Tel: 613.238.5335
Fax: 613.688.3082

Office de la langue française: *http://www.oqlf.gouv.qc.ca*
Office de la langue française
25 West Sherbrooke Street
Montreal, Quebec
H2X 1X4

Tel: (514) 873-8277
Fax: (514) 873-3488

Office of the Commissioner of Official Languages:
http://www.ocol-clo.gc.ca

Office of the Commissioner of Official Languages
344 Slater Street, 3rd Floor
Ottawa,
Ontario K1A 0T8
Tel: (613) 995-0648
Fax: (613) 943-2255

Treasury Board Secretariat – Official Languages Branch:
http://www.hrma-agrh.gc.ca/ollo/index_e.asp

Canadian Translators and Interpreters Council:
http://www.cttic.org/

All of the above are on *http://www.canadianheritage.gc.ca/ guide/liens_adresses_e.html*

Their contact details are:

Official Languages Support Programs Branch
Canadian Heritage
15 Eddy Street, 7th floor
Gatineau,
Quebec K1A 0M5

Useful Canadian sites

http://www.trailcanada.com/travel/french-travel-phrases.asp
This gives useful advice over the differences between French spoken in France and French spoken in Canada.

http://www.lambic.co.uk/canada/
Just in case you get the 'bug' and want to move to Canada, have a look and see what this tells you.

http://www.emploietudiant.qc.ca/en/liens.html
Some great links here, all of which are relevant to Canada.

This is a site that helps students enter the job market in Canada. Their contact details are on the site.

http://www.stcum.qc.ca/metro/
Details about the Montreal Metro

http://www.viarail.ca/fr_index.html
Canadian Rail

http://www.postescanada.ca/splash.asp
Candian Postal service

Index of English Words

Index of French Words

Ontspoorde we

Van dezelfde auteur verschenen:

Valse vooruitgang. Bedrog in de Nederlandse wetenschap
De Koningin van Plan Zuid. Geschiedenissen uit de Beethovenstraat
De bal is niet rond. Verrassende feiten over voetbal
De Dordtse magiër. De val van volksheld Karel Lotsy

Frank van Kolfschooten

ONTSPOORDE WETENSCHAP

Over fraude, plagiaat en academische mores

Dit boek is ook verkrijgbaar als eBook

Het schrijven van dit boek werd mede mogelijk
gemaakt dankzij de steun van het
Fonds Bijzondere Journalistieke Projecten
en van Stichting Democratie en Media

Boekverzorging Mulder van Meurs
NUR 600
ISBN 978 94 91567 02 5

www.uitgeverijdekring.nl/titel/ontspoorde-wetenschap
www.frankvankolfschooten.nl

Inhoud

Inleiding

Voorgeschiedenis

In 1993 publiceerde ik *Valse vooruitgang. Bedrog in de Nederlandse wetenschap*. Het was geïnspireerd op het boek *Betrayers of the truth. Fraud and deceit in the halls of science* van de Amerikaanse wetenschapsjournalisten William Broad en Nicholas Wade. Zij beschreven daarin vele geruchtmakende voorbeelden van frauduleus onderzoek uit de geschiedenis van de wetenschap. Na lezing van hun boek had ik mij afgevraagd welke gevallen van wetenschappelijk bedrog er ooit in Nederland in de publiciteit waren gekomen. Ik kwam nauwelijks verder dan de onbewezen beschuldigingen van vervalsing die waren geuit in de affaire rond de Eindhovense chemicus prof.dr. Henk Buck en de Amsterdamse viroloog prof.dr. Jaap Goudsmit, en besloot zelf het terrein te gaan verkennen.

Ik stuurde eerst ruim vijfhonderd hoogleraren een enquête waarin ik vroeg naar voorbeelden van wetenschappelijk bedrog, dat ik in navolging van het Amerikaanse Office of Scientific Integrity definieerde als 'het opzettelijk fabriceren of vervalsen van data, onderzoeksprocedures of data-analyses; plagiaat; frauduleuze handelingen bij het doen van onderzoeksvoorstellen, bij het uitvoeren van onderzoek, het rapporteren over onderzoek of het beoordelen van onderzoek'. Ik publiceerde daarnaast ook artikelen in universiteitsbladen en in *NRC Handelsblad* en riep de lezers op om mij meer voorbeelden te melden. Ook benaderde ik ruim honderd redacties van in Nederland uitgegeven wetenschappelijke tijdschriften en de besturen van alle universitaire faculteiten, met het verzoek mijn enquête te verspreiden.

Al deze methodes leverden me veel zaken op; alleen de medewerking van de universiteiten was gering. Slechts 19 van de 121 faculteiten brachten mijn enquête onder de aandacht van hun medewerkers en slechts één faculteitsbestuur meldde uit eigen beweging een plagiaatgeval.

Nadat ik alle verhalen had proberen te verifiëren hield ik in 1993 uit alle bronnen samen uiteindelijk 69 gedocumenteerde gevallen van bedrog over: 35 keer ging het om plagiaat, 14 keer om ernstige fraude met onderzoeksgegevens. Ook hoorde ik allerlei vormen van onschuldiger schendingen van wetenschappelijke integriteit.

Bij mijn onderzoek ontdekte ik dat de wetenschappers Henk Tromp en Michel Korzec in 1977 een diepgravend artikel over wetenschappelijk bedrog hadden geschreven voor het weekblad *Intermediair*, dat in die tijd gratis werd verspreid onder alle hoogopgeleiden. De lezers konden een enquête insturen om eigen ervaringen te melden.

Zij kregen 256 enquêteformulieren en diverse brieven retour: 166 lezers meldden een of meer keren met plagiaat te maken te hebben gehad en 128 kenden een of meer vervalsingen. De conclusie van Tromp en Korzec luidde: 'Bedrog in de wetenschap is geen zeldzaam verschijnsel. Dit is voor diegenen die menen dat de wetenschapsbeoefening gekenmerkt wordt door een grote mate van eerlijkheid, redelijkheid en scepticisme wellicht een onthutsend feit.'

Opvallend was dat de *Intermediair*-lezers meldden dat de gevallen meestal niet in de openbaarheid waren gekomen en geen consequenties hadden gehad voor de bedriegers. Tromp en Korzec hadden in het weekblad niet de ruimte om bovengenoemde zaken gedetailleerd uit te diepen, wat de betrouwbaarheid van hun cijfers verminderde. Ik vond in 1993 vier keer minder zaken dan Tromp en Korzec, met dit verschil dat de in *Valse vooruitgang* beschreven zaken hard waren.

Over de omvang van bedrog in de Nederlandse wetenschap deed ik in 1993 geen uitspraak: 'Zelfs de suggestie dat ik alleen op het topje van de spreekwoordelijke ijsberg ben gestoten, is een misleidende metafoor, omdat onduidelijk is hoeveel ijsberg zich onder het wateroppervlak bevindt. (...) Een eerlijke onderzoeker zal moeten erkennen dat extrapolaties op grond van geringe bekende aantallen een slag in de lucht zijn.'

Buitenlandse auteurs ondervonden vergelijkbare problemen bij het vaststellen van de frequentie van wetenschappelijk bedrog. Sommigen, zoals Broad en Wade, verhulden dat met retoriek. Hun boek veroorzaakte indertijd vooral opschudding door hun ferme uitspraken: '[E]lk groot geval van fraude dat aan het licht komt, vertegenwoordigt honderdduizend andere, grote en kleine samen, die verborgen zijn in de drassige wildernis van de wetenschappelijke literatuur. De exacte frequentie van fraude in de wetenschap is minder belangrijk dan het feit dát het voorkomt, en in een verre van verwaarloosbare mate. (...) De wortels van fraude zitten in de mand, niet in de rotte appels die af en toe in het blikveld van het publiek rollen.'

De Amerikaan Eugene Garfield wees er in 1987 terecht op dat Broad en Wade in hun boek niet meer dan vierendertig gevallen van fraude noemden, verspreid over liefst tweeëntwintig eeuwen van wetenschapsbeoefening: '[F]eit is dat we de omvang van wetenschappelijk bedrog gewoon niet weten. Merton heeft erop gewezen dat "er geen statistische gegevens zijn over de omvang van [afwijkende] praktijken en daarom geen epidemiologie van fraude in de wetenschap".'

Garfield voegde eraan toe 'dat het bijzonder moeilijk, zo niet onmogelijk blijft om met autoriteit te zeggen dat fraude aan het toenemen is, aan het afnemen of ongeveer hetzelfde als het altijd geweest is'. Desondanks lieten autoriteiten zich daar in de jaren negentig regelmatig toe verleiden, zoals hoofdredacteur Daniel Koshland van *Science*, die in 1991 in een redactioneel commentaar stelde dat 99,9999 procent van de wetenschappelijke artikelen 'accuraat en waarheidsgetrouw' is.

Dit getal was net zo goed willekeurig als de honderdduizenden fraudegevallen die volgens Broad en Wade onopgemerkt bleven. Topje van de ijsberg of rotte appelen in een mand met verder fris fruit: het was onbeslisbaar.

Valse vooruitgang maakte in 1993 wel duidelijk dat wetenschapsfraude en plagiaat ook voorkwamen aan Nederlandse universiteiten en dat de afwikkeling van dergelijke zaken zich te vaak in het verborgene afspeelde. Ik pleitte in het boek voor betere regelgeving op dat punt en voor de komst van commissies die zulke zaken zorgvuldig zouden kunnen behandelen. Het zou nog enige jaren duren voordat aan die oproep gehoor werd gegeven. Er waren nieuwe fraude- en plagiaatschandalen nodig voordat de Vereniging van Samenwerkende Nederlandse Universiteiten (VSNU) in 2004 een gedragscode voor wetenschappelijk onderzoek opstelde en er vanaf 2005 aan universiteiten vertrouwenspersonen of integriteitscommissies werden ingevoerd, met daarboven een onafhankelijke beroepsinstantie Landelijk Orgaan Wetenschappelijke Integriteit (LOWI).

2011

Wetenschapsfraude kwam weer volop in de belangstelling nadat er in de nazomer van 2011 drie fraudezaken aan het licht kwamen. Vooral de grootschalige verzinsels van sociaal-psycholoog prof.dr. Diederik Stapel wekten verbijstering alom. Ook nu rees weer de vraag hoe vaak fraude eigenlijk voorkwam. *Valse vooruitgang* werd in deze periode geregeld aangehaald, omdat het sinds 1993 het enige overzichtswerk was gebleven over het verschijnsel in Nederland. Van diverse kanten kreeg ik de vraag of ik niet eens een herziene versie van het boek moest maken. Ik aarzelde. Het louter verzamelen van knipsels over zaken die sinds 1993 in de publiciteit waren gekomen en dat achter aan het oude boek plakken, ambieerde ik niet. Ik was vooral geïnteresseerd in zaken die nog níét algemeen bekend waren. Ik realiseerde me ook dat er sinds de verschijning van het boek zó veel was gebeurd, ook op regelgevingsniveau, dat het oorspronkelijke boek daarvoor totaal op de schop zou moeten. Bovendien was er nogal wat veranderd in de academische wereld sinds 1993. En tot slot was internet inmiddels uitgevonden. In 1992/1993 communiceerde ik nog per brief en telefoon. Internationale contacten per brief waren tijdrovend en (internationaal) bellen was duur. Voor documentatie moest ik destijds bibliotheken in het hele land af. De grote extra mogelijkheden die internet mij nu bood om mijn onderzoek te herhalen én te verdiepen, trokken me uiteindelijk over de streep.

Ingangen onderzoek

Ook bij het onderzoek voor deze opvolger van *Valse vooruitgang* wilde ik vooral casussen achterhalen en die zo gedetailleerd mogelijk beschrijven via gesprekken met zo veel mogelijk betrokkenen, ten einde de huidige reikwijdte van het verschijnsel optimaal in kaart te brengen. Mijn nieuwe onderzoek kreeg vijf ingangen: officiële cijfers en openbaar gemaakte adviezen van integriteitscommissies van universiteiten; individuele wetenschappers; literatuurdatabases; gepubliceerde adviezen van het Landelijk Orgaan Wetenschappelijke Integriteit; inzage in adviezen van integriteitscommissies, via een beroep op de Wet Openbaarheid van Bestuur.

Anders dan in 1993 waren veel universiteiten bereid om meer openheid van zaken te geven, al waren de verschillen per instelling groot. Ik vroeg alle universiteiten en andere academische organisaties een overzicht te geven van de gevallen die sinds de invoering van de vsnu-gedragscode in 2005 hadden gediend bij vertrouwenscommissies of -personen voor zaken van wetenschappelijke integriteit. Ook vroeg ik naar zaken van vóór 2005.

NRC Handelsblad bleek vergelijkbare vragen te hebben gesteld en de universiteiten hadden besloten om alle gegevens te laten verzamelen door de vsnu; een enkele instelling reageerde wel individueel. De vsnu stelde mij deze gegevens ter beschikking nadat NRC Handelsblad erover had gepubliceerd. Deze onderzoekslijn leverde mij dus officiele cijfers op over de frequentie van schendingen van wetenschappelijke integriteit (ook wel wetenschappelijk wangedrag (scientific misconduct) genoemd) in Nederland, met summiere, geanonimiseerde, beschrijvingen van de desbetreffende zaken.

Daarnaast zette ik mij aan het overtypen van alle e-mailadressen van hoogleraren en universitair hoofddocenten uit de gids Universiteiten en Onderzoeksinstellingen in Nederland 2011. Aan dat bestand voegde ik honderden e-mailadressen van andere Nederlandse wetenschappers toe die ik door de jaren heen had verzameld. Uiteindelijk stuurde ik ongeveer 8200 wetenschappers een e-mail met het verzoek mij op het spoor van relevante zaken te zetten. Omdat ik elke wetenschapper vroeg om mijn e-mail in eigen kring te verspreiden, wat ook geregeld gebeurde, bereikte mijn verzoek nog veel meer academici.

Op dit e-mailbombardement werd massaal gereageerd; ik kreeg bijna duizend reacties van wetenschappers, in overgrote meerderheid positief. In 1993 had ik nogal wat bitse reacties gekregen, zoals het herhaalde advies om eerst maar eens onderzoek te gaan doen naar dubieuze journalistiek. In 2012 bleken veel wetenschappers verontrust door de recente affaires en juichten ze het toe dat een buitenstaander zoals ik diepgravend onderzoek ging doen, al kenden ze vaak zelf geen voorbeelden om mij verder te helpen. Velen waren ook kritisch op bestuurders van hun instellingen en waren verontwaardigd dat sommige besturen waarschuwingen rondstuurden om niet rechtstreeks contact met mij te hebben. Decaan prof.dr. Wim Stalman van het VU Medisch Centrum stuurde eind december 2011 het volgende bericht aan ruim honderd medici: 'Vanzelfsprekend is openheid over dergelijke misstanden belangrijk, en daarom heeft de dienst communicatie hem in contact gebracht met de Ombudsman wetenschappelijke integriteit van het VUmc. Deze kan de journalist de benodigde informatie verschaffen over eventuele schendingen van wetenschappelijke integriteit die in het verleden hebben plaatsgevonden. De Raad van Bestuur zou het daarom juist vinden dat u niet reageert op het verzoek van de betreffende journalist.' In de praktijk verwees de Ombudsman van het VUmc mij door naar de Raad van Bestuur, maar de afspraak met de Raad kwam nooit tot stand. Pas na lang aandringen van mijn kant vond vlak voor het ter perse gaan van dit boek alsnog een gesprek plaats met de ombudsmannen van het VUmc en de VU. Hun kennis van zaken ging echter niet verder terug dan 2008 respectievelijk 2010. Het gesprek verhelderde wel de cijfers die VU en VUmc eerder aan de VSNU hadden verstrekt.

Ook bestuurders van andere instellingen wezen hun personeel erop dat direct contact met mij uit den boze was en dat alle contacten via de afdeling Voorlichting dienden te lopen. Niet alle voorlichters en bestuurders waren echter even spraakzaam over fraudezaken, meestal 'met het oog op de privacy'. Dat nam soms absurde vormen aan. Een Utrechtse bestuurder weigerde om die reden te vertellen in welke periode psychologe Margriet Sitskoorn daar in dienst was geweest. De Rijksuniversiteit Groningen liet in januari 2012 weten dat de universiteit geen nadere informatie wilde verstrekken in verband met 'regelgeving (...) die de persoonlijke levenssfeer van betrokkenen beoogt te beschermen. (...) Het vigerend beleid van de Rijksuniversiteit Groningen is om adviezen van de Commissie Wetenschappelijke Integriteit of van besluiten van het College van Bestuur, genomen naar aanleiding daarvan, niet openbaar te maken.' Nadat ik de Groningers erop had gewezen dat deze adviezen onder de Wet Openbaarheid van Bestuur (WOB) vallen en dat ik een formeel verzoek om inzage had ingediend, stuurde de RUG alsnog adviezen op, maar daarin ontbrak een advies over een plagiaatzaak waar ik over getipt was. Medio 2012 plaatste de RUG het bewuste advies overigens wel op de VSNU-website; kennelijk was het 'vigerend beleid' aangepast.

Ook met de Universiteit van Tilburg had ik een moeizame uitwisseling. De Tilburgers hielden vol dat er voorafgaand aan de Stapelaffaire onder het rectoraat van prof.dr. Frank van der Duyn Schouten geen fraudemeldingen waren binnengekomen. Uit een onjuist geadresseerde e-mail (per ongeluk aan mij, de verkeerde Frank, gestuurd) bleek dat de betrokken Tilburgers al vermoedden op welke zaak ik doelde, maar een spelletje blufpoker speelden om te kijken of ik werkelijk van de hoed en de rand wist van deze (nooit in behandeling genomen) plagiaatklacht. Voorlichting had later ook 'geen behoefte' om te reageren op een concepttekst over de zaak-Stapel die ik wilde voorleggen ter voorkoming van feitelijke onjuistheden.

Gelukkig zijn wetenschappers meestal te eigenzinnig om zich monddood te laten maken door besturen en voorlichters. Mijn mailbombardement leverde dan ook vele voorbeelden op van zaken die op allerlei niveaus hadden gespeeld. Ook ontving ik talloze ontboezemingen over het academisch klimaat in Nederland. De integriteitszaken die mij langs deze weg bereikten legde ik naast de door de VSNU verstrekte cijfers en beschrijvingen van de universiteiten, om te zien of ze daarin waren opgenomen. Over de resultaten daarvan later meer.

Een derde pijler van mijn onderzoek was een speurtocht naar retracties (teruggetrokken artikelen) en correcties in twee databases van wetenschappelijke artikelen: PubMed en Web of Science. Met deze methode vond ik vanaf 2001 in totaal 30 teruggetrokken publicaties van Nederlandse auteurs, verspreid over 22 zaken. De in de tijdschriften gepubliceerde toelichtingen bij deze retracties, voor zover er überhaupt toelichtingen werden gegeven, maakten de precieze achtergrond ervan vaak niet duidelijk. Ik schreef daarom alle eerste auteurs van deze 30 publicaties aan met de vraag waarom het artikel was teruggetrokken. Als daarop geen antwoord kwam, schreef ik ook andere auteurs aan, of de redactie van het desbetreffende tijdschrift. De helft van die retracties bleek niets te maken te hebben met fraude, plagiaat of andere schendingen van publicatie-ethiek. Onderzoekers hadden bijvoorbeeld zelf fouten ontdekt in hun werk, waardoor hun conclusies niet meer klopten; of een uitgever had een artikel per ongeluk twee keer gepubliceerd. Deze auteurs gaven allen snel openheid van zaken in reactie op mijn e-mail. Bij de andere helft van de retracties, die wel met integriteitsschendingen te maken hadden, kwam aanvankelijk vaak geen enkele reactie van de auteurs. Daarbij zaten vier ernstige zaken: twee gevallen waarin fraude bewezen of hoogst aannemelijk was (in Groningen en bij het Nederlands Kanker Instituut) en twee plagiaten (beide in Groningen), samen goed voor vijf retracties. Drie retracties die intern bekend waren bij instellingen, waren niet terug te vinden in de VSNU-informatie of in andere officiële mededelingen (LUMC en Groningen).

De vele teruggetrokken artikelen van Diederik Stapel heb ik buiten bovenstaand overzicht gehouden, omdat bij het ter perse gaan van dit boek nog onduidelijk was hoe hoog dit aantal zou oplopen (eind september 2012 waren er vijfentwintig artikelen teruggetrokken; het aantal als frauduleus beoordeelde artikelen en hoofdstukken uit proefschriften was op dat moment 54; bij nog eens zeven artikelen bestonden sterke aanwijzingen voor fraude). Ook de drie (aangekondigde) retracties uit 2012 van artikelen van de Rotterdamse sociaalpsycholoog prof.dr. Dirk Smeesters zijn hierboven niet meegeteld.

Bij mijn onderzoek naar retracties bleek dat sommige tijdschriften deze onduidelijk aangeven, waardoor ze niet naar boven kwamen in PubMed en Web of Science met de door mij gebruikte zoektermen 'retraction', 'retracted', 'withdrawal' en 'withdrawn' in combinatie met 'Netherlands'. Een volgens het jaarverslag 2005 van de AMC-Ombudsman teruggetrokken artikel waarin een operatiemethode te rooskleurig werd voorgesteld, kon ik bijvoorbeeld niet vinden. Slechts twee van de door mij gevonden retracties (een plagiaat- en een fraudezaak) werden mij ook gemeld door de respondenten op mijn mailing onder 8200 wetenschappers. Betrokkenen bij de bovengenoemde 30 teruggetrokken artikelen waren wel vrijwel allemaal opgenomen in mijn mailbestand, maar reageerden niet.

Een vierde pijler van het onderzoek waren geanonimiseerde adviezen van beroepszaken die het Landelijke Orgaan Wetenschappelijke Integriteit heeft behandeld. Deze waren in vrijwel alle gevallen vrij eenvoudig te herleiden tot de betrokkenen, deels omdat ze al in de publiciteit waren geweest. Eén LOWI-zaak (een plagiaatzaak in Groningen) was niet traceerbaar via de VSNU-informatie; in combinatie met andere informatie uiteindelijk echter wel.

Een vijfde pijler onder het onderzoek waren procedures die ik heb gestart om met een beroep op de Wet Openbaarheid van Bestuur informatie te krijgen van universiteiten die wel erg summiere beschrijvingen hadden gegeven in de VSNU-informatie (Rotterdam, Universiteit van Amsterdam, Maastricht, Groningen, Utrecht; de bijzondere universiteiten kunnen een WOB-verzoek naast zich neerleggen op basis van de huidige wetgeving).

Na de start van mijn WOB-procedures maakte de VSNU bekend dat de universiteiten hadden toegezegd om alle adviezen via de VSNU-website beschikbaar te stellen (alleen Leiden publiceerde zijn geanonimiseerde adviezen voor die tijd op de eigen website; het Academisch Medisch Centrum openbaart de geanonimiseerde adviezen al sinds 2003 in jaarverslagen van de Ombudsman). In juni 2012 maakte de VSNU daarmee een begin. De adviezen zijn op één hoop gegooid, zonder vermelding van de universiteit in kwestie. Sommige adviezen zijn ingekort tot nietszeggende samenvattingen. Een advies van de Erasmus Universiteit bleek ten opzichte van een advies dat ik via een WOB-procedure had gekregen, totaal te zijn uitgekleed. Mogelijk waren de Rotterdammers geschrokken dat ik op basis van hun uitgebreidere geanonimiseerde adviezen toch nadere details had weten te achterhalen over twee plagiaatklachten.

Mijn onderzoek op basis van deze vijf pijlers maakte duidelijk dat de VSNU-informatie geen compleet beeld gaf van zaken die vanaf 2005 aan universiteiten hebben gespeeld (en nog minder van zaken vóór 2005). Enkele zaken die zonder twijfel bij universiteiten hadden plaatsgevonden bleven onder water. Ook bleek een plagiaatzaak waarbij een Akademie-hoogleraar van de KNAW betrokken was, onbekend op het hoogste bestuursniveau van de KNAW. Verder was de Nederlandse Organisatie voor Wetenschappelijk Onderzoek (NWO) op bestuursniveau niet op de hoogte van een fraudeklacht van een AMC-medewerker over een onderzoeker met een Veni-subsidie. Mijn vragen hierover waren voor NWO aanleiding om de interne communicatie over dit soort zaken te verbeteren.

Resultaten onderzoek

Al met al vond ik aan universiteiten vanaf 2005 33 zaken die gegrond waren verklaard door integriteitscommissies en/of bestuurders, waarbij in 24 gevallen een sanctie was opgelegd, variërend van berisping tot (vrijwillig) ontslag. Daar kwamen nog twee fraudezaken bij op het Nederlands Kanker Instituut en bij TNO, die beide gegrond werden verklaard, met als gevolg respectievelijk een afgeblazen promotie en ontslag. Het ging in totaal vijftien keer om plagiaat, elf keer om verzinnen of vervalsen van data, vier keer om auteurskwesties en vijf keer om andere integriteitsschendingen. Van deze 35 zaken beschrijf ik de helft meer of minder uitgebreid in dit boek. De andere helft haalde om redenen die ik verderop uiteenzet het boek niet.

Bij alle universiteiten en UMC's is minstens één keer een integriteitskwestie gegrond verklaard. Alleen de TU Twente bleef daarvan tot op heden gevrijwaard. Dat geldt ook voor de Universiteit Maastricht, maar met de kanttekening dat er in Maastricht vóór 2005 wel een integriteitsaffaire is geweest, die leidde tot het stoppen van de onderzoekstaak van een wetenschapper. Bovendien bestaan er twijfels over de wijze waarop een Maastrichtse commissie een klacht heeft afgehandeld over omgang met onderzoeksdata in twee studies van psychologe dr. Elke Geraerts (tegenwoordig werkzaam aan de Erasmus Universiteit). Deze commissie concludeerde in 2009 dat er geen sprake was van een schending van wetenschappelijke integriteit en klager prof.dr. Harald Merckelbach ging niet in beroep bij het LOWI. Merckelbach en de psychologen dr. Marko Jelicic, drs. Linsey Raymaekers en prof.dr. Richard McNally hebben in augustus 2012 bij de redactie van *Memory* een verzoek ingediend om hen te schrappen als coauteur van een artikel dat zij in 2008 met Geraerts in dat blad hebben gepubliceerd. De redactie van dat tijdschrift liet daarna weten nader onderzoek te zullen doen naar de gang van zaken rondom deze studie.

Resultaten onderzoek

Vanaf 2005	Gegrond	Sanctie
Leiden	1P	1
LUMC	1O	1
UU	2P	1
UMC Utrecht	1P, 1O	2
TU Eindhoven	1O	-
RUG/UMC	3P	2
UvA	1P, 1A	1
TU Twente	-	-
Radboud	2P, 3F, 1O	6
TU Delft	1P	1
VU	2P	-
VUmc	1P, 1F, 1O	1
Maastricht	-	-
Erasmus MC	1A, 1F	2
EUR	1P, 1F, 1A	2
Univ. Tilburg	1F	1
Wageningen	1F	1
AMC	1F, 1A	2
NKI	1F	1
TNO	1F	1
Totaal	**35**	**26**

P = plagiaat 15

F = fraude 11

A = auteurschap 4

O = overig (bv. belangenverstrengeling) 5

Dit boek bevat ook beschrijvingen van fraude- en plagiaatzaken die hebben gespeeld tussen 1993 en 2005. Hoeveel zaken er vóór 2005 precíes hebben gespeeld aan Nederlandse universiteiten blijft onopgehelderd; de door de VSNU verstrekte informatie is daarvoor te summier.

Op basis van de cijfers vanaf 2005 kan worden geconcludeerd dat alle integriteitscommissies samen vier à vijf keer per jaar een integriteitsklacht gegrond verklaren, waarna bijna altijd een sanctie volgt van het bestuur. Dat zijn geen schokkende aantallen, maar de effecten van dit soort zaken voor betrokkenen kunnen groot zijn, zoals de affaire-Stapel in 2011 heeft bewezen.

In 1993 kon ik geen antwoord geven op de vraag of de door mij gevonden fraude- en plagiaatzaken een topje van de ijsberg zijn of dat het om wat rotte appelen in de mand gaat. Op basis van het aantal vanaf 2005 gegrond bevonden zaken kan ik die vraag in 2012 nog steeds niet beantwoorden.

Buitenlands onderzoek

Wel zijn er sinds 1993 diverse buitenlandse onderzoeken verschenen die steun geven aan de ijsberghypothese. Daniele Fanelli van de Universiteit van Edinburgh verzamelde in 2009 21 internationale onderzoeken waarbij aan wetenschappers wereldwijd was gevraagd of zij zelf betrokken waren geweest bij wetenschappelijk wangedrag (scientific misconduct) of een collega kenden die dat had gedaan. Ongeveer 2% bekende anoniem dat ze weleens data hadden verzonnen, vervalst of aangepast; een derde van de deelnemers meldde andere dubieuze praktijken. Bij onderzoeken waarbij werd gevraagd naar de zondes van collega's kende een op de zeven wetenschappers een voorbeeld van vervalsing en 72% noemde andere dubieuze onderzoekspraktijken. Wangedrag werd frequenter gerapporteerd door medici/farmacologische onderzoekers dan door wetenschappers uit andere vakgebieden.

Het recentste onderzoek is een enquête onder 2700 onderzoekers door *British Medical Journal* uit 2012. Een op de zeven Britse wetenschappers/artsen zei er getuige van te zijn geweest dat collega's opzettelijk data hadden aangepast of vervalst. Een op de twintig kende zaken van mogelijk wangedrag dat onvoldoende was onderzocht door de eigen instelling.

Ander verontrustend onderzoek verscheen in 2012 in *Psychological Science*. Dr. Leslie John van Harvard University vroeg 2155 psychologen per (anonieme) enquête in hoeverre ze zich schuldig maakten aan tien bedenkelijke onderzoekspraktijken en in welke mate collega's dat volgens hen deden. Omdat mensen de neiging hebben om zichzelf ook bij anonieme zelfrapportages nobeler voor te doen dan ze zijn en om slechter te denken over anderen, had John een prikkel ingebouwd om eerlijke antwoorden te bevorderen (er ging meer geld naar goede doelen). Uit Johns onderzoek bleek dat deze psychologen massaal zondigen tegen de regels voor het opstellen van hypotheses en de omgang met data tijdens en na het verzamelen (zie verder hoofdstuk 4). 'Deze uitkomst suggereert dat sommige bedenkelijke praktijken de gangbare norm zijn bij onderzoek.'

Daarmee bevestigde John de zorgen die een jaar eerder waren geuit in hetzelfde tijdschrift door onderzoekers van The Wharton School University of Pennsylvania, onder wie psycholoog Uri Simonsohn (in 2011/'12 ontdekker van het frauduleuze onderzoek van de Rotterdamse psycholoog prof.dr. Dirk Smeesters). Zij spraken het vermoeden uit dat de psychologische literatuur veel vals-positieve resultaten bevat ten gevolge van allerlei (al dan niet opzettelijke) datamanipulaties, zodat het geen wonder is dat niemand ze kan reproduceren. Deze mislukte replicatiepogingen bereiken echter veelal niet de wetenschappelijke literatuur omdat tijdschriften geen interesse hebben in artikelen met negatieve uitkomsten. De Amsterdamse mathematisch psycholoog dr. Eric-Jan Wagenmakers stelde in 2012 in *Perspectives on Psychological Science*, mede naar aanleiding van de onderzoeken van John en Simonsohn, dat deze manier van omgang met experimentele data het hart van het wetenschappelijk bedrijf raakt. Hij wees erop dat deze problematiek niet is beperkt tot de psychologie, maar ook al is gesignaleerd in de gezondheidswetenschappen. Wagenmakers stelde voor om in navolging van Simonsohn ook oplossingen om de transparantie van het wetenschappelijke proces te vergroten en het aantal vals-positieve resultaten te verkleinen.

Als bovenstaande observaties ook gelden voor de Nederlandse wetenschap, dan zit er nog veel ijsberg onder water.

Werkwijze en definitie

Voor *Ontspoorde wetenschap* heb ik mij geconcentreerd op een gedetailleerde, transparante en controleerbare beschrijving van casussen. Dat betekent dat ik bij alle kwesties rondom gepubliceerd wetenschappelijk onderzoek in principe namen noem van betrokkenen. Discussies over reeds geopenbaard werk behoren mijns inziens eveneens in het openbaar te kunnen worden gevoerd, ook al zullen universiteiten soms buiten-wetenschappelijke redenen hebben om dat niet te doen. LOWI-voorzitter prof.dr.mr. Kees Schuyt vroeg zich begin 2012 tijdens een debat over wetenschapsfraude in De Balie in Amsterdam eveneens af of het LOWI zijn adviezen wel moet blijven anonimiseren.

Sommige zaken heb ik om uiteenlopende redenen wel geanonimiseerd. Soms was dit voorwaarde voor betrokkenen om met mij te willen praten, terwijl ik zonder deze medewerking een minder evenwichtig verhaal had kunnen schrijven. Bij kwesties over niet-gepubliceerd werk heb ik de afweging gemaakt in hoeverre het noemen van namen belangrijk was, bijvoorbeeld of er ook twijfels waren over *wel* gepubliceerd werk van de desbetreffende onderzoeker.

Ik kreeg ook in vertrouwen verhalen te horen waarbij ik vanwege de risico's voor betrokkenen niet goed wederhoor kon plegen, omdat mijn bron dan meteen traceerbaar zou zijn geweest. Zulke zaken, waaronder een naar het zich liet aanzien spectaculair voorbeeld van plagiaat bij een internationaal project, heb ik voor dit boek laten schieten. Eén wetenschapper meldde mij dat hij na zijn pensionering wel een verhaal aan mij kwijt wilde, maar dat nu niet durfde omdat het nogal eens slecht afloopt met klokkenluiders. Ook heb ik op de valreep op verzoek een plagiaatzaak geschrapt omdat de emoties bij de betrokken geplagieerde onderzoekster te hoog opliepen. Enkele andere verhalen sneuvelden wegens ruimtegebrek of gedateerdheid en zullen op termijn nog weleens verschijnen op www.frankvankolfschooten.nl.

Dit boek bevat niet alleen voorbeelden van fraude, plagiaat en ander wetenschappelijk wangedrag, het werpt ook licht op het functioneren van integriteitscommissies, waarvan ik de instelling zelf heb bepleit in 1993. Deze commissies zouden zich vooral moeten bezighouden met zaken die vallen onder de *definitie van schending van wetenschappelijke integriteit* die het LOWI hanteert (de definitie waarbij ik in dit boek aansluiting zoek): 'Daarvan is sprake als in openbare publicaties en/of gedragingen wordt gehandeld in strijd met de algemene verplichting om gegevens uit wetenschappelijk onderzoek naar waarheid te presenteren, waarbij met name gegevens van een wetenschappelijk onderzoek niet mogen worden vervalst, gemanipuleerd, verzwegen, verzonnen; of, indien, fictief van aard, als echt gepresenteerd; of waarbij gegevens, letterlijke tekstgedeelten en wetenschappelijke ideeën, ontleend aan andere bronnen, zonder juiste, volledige bronvermelding en onder eigen naam worden gepubliceerd.'

Mijn onderzoek leerde mij dat integriteitscommissies veel tijd kwijt zijn met zaken die niet of nauwelijks met wetenschappelijk wangedrag te maken hebben. AMC-Ombudsman prof.dr. Hans Pannekoek beklaagde zich er in zijn jaarverslag over 2008 over dat hij in toenemende mate functioneerde als 'vraagbaak en vertrouweling van medewerkers met een arbeidsconflict'. Hij schreef dat er een oplossing moest komen om de Ombudsman 'te vrijwaren van zaken die niet direct de wetenschappelijke integriteit betreffen'. Ook de ombudsmannen van de VU en het VUmc vertelden mij dat een aantal kwesties die hun bereikten meer te maken hadden met slechte afspraken dan met integriteitsschendingen.

Mijn onderzoek wees uit dat ook bij zaken die wel te maken hadden met integriteit, op de achtergrond vaak arbeidsconflicten of financiële belangen bestaan, wat de werkelijke motieven van de melder van de klacht soms ondoorzichtig maakt.

Ook het LOWI zag zich soms geconfronteerd met zaken waarvan de commissieleden zich afvroegen of ze daar wel thuishoorden. Begin 2012 boog het LOWI zich bijvoorbeeld over een kwestie rond een van dopinggebruik beschuldigde hengst. Het LOWI oordeelde dat de hoogleraar die hierbij volgens de klager een kwalijke rol had gespeeld, in een nevenfunctie (buiten-universitair) te maken had gehad met de hengst en verklaarde de klacht niet-ontvankelijk. Toen ik deze hoogleraar (wiens naam ik hier weglaat omdat ik de lezer niet wil vervelen met het lange, ingewikkelde verhaal) om commentaar vroeg dreigde hij met gerechtelijke stappen, mocht hij in mijn boek in een kwaad daglicht worden gesteld.

Dreigementen met juridische actie maakte ik veel vaker mee. Enkele wetenschappers schakelden een advocaat in nadat ik hen had benaderd, wat soms tot tijdrovende taalkundige haarkloverijen over de formuleringen leidde. Omdat ik in sommige zaken zelf partij werd of dreigde te worden, heb ik soms de ik-vorm gebruikt. Die ik-vorm hanteer ik af en toe ook om inzichtelijk te maken hoe ik zaken heb proberen te ontrafelen.

Zelf partij werd ik bijvoorbeeld toen emeritus hoogleraar Administratieve techniek drs. Ruud Pruijm van de Erasmus Universiteit nog voor publicatie van mijn boek naar de Raad voor de Journalistiek stapte, omdat ik op de verkeerde wijze wederhoor zou hebben gepleegd. De Raad voor de Journalistiek verklaarde de klacht ongegrond, maar legde wel een bom onder het werk van de onderzoeksjournalistiek door deze klacht überhaupt in dit stadium van mijn onderzoek in behandeling te nemen. Doordat de Raad zijn uitspraken in detail op de website van de Nederlandse Vereniging van Journalisten plaatst, publiceerde de Raad over mijn onderwerp voordat ik dat zelf had kunnen doen. Onderzoeksjournalisten die werken aan een boek zullen er rekening mee moeten houden dat de Raad voor de Journalistiek er met hun primeurs vandoor kan gaan. Het verhaal over Pruijm is overigens uiteindelijk gesneuveld bij het inkorten van mijn manuscript, want zo opzienbarend was het nu ook weer niet.

De ideale wetenschapper en de praktijk

Ter inleiding op de komende hoofdstukken nog een schets van hoe wetenschappers in de praktijk omgaan met idealistische richtlijnen voor het bedrijven van wetenschap. Het beeld van wetenschappers als goudeerlijke waarheidszoekers, dienaren van de wetenschappelijke vooruitgang, is te rooskleurig. Natuurlijk worden wetenschappers gedreven door nieuwsgierigheid, honger naar meer kennis en vertrouwen ze erop dat hun collega's diezelfde passie bezitten, maar het zijn geen heiligen. Ze jagen soms net als doorsneeburgers hun eigenbelang na, vinden ongelijk bekennen moeilijk en kunnen zich laten leiden door vooroordelen, ijdelheid en jaloezie. Wetenschappelijk onderzoek is echter mede daarom (in theorie) zodanig gestructureerd dat deze menselijke, al te menselijke eigenschappen zo veel mogelijk kunnen worden beteugeld.

De Amerikaanse socioloog R.K. Merton stelde in de oorlogsjaren vier geboden op waaraan wetenschappers idealiter zouden moeten voldoen, bekend als de CUDOS-normen.

Net als de bijbelse tien geboden kunnen ze het best worden beschouwd als nobele voornemens, die in de praktijk niet altijd even eenvoudig te verwezenlijken zijn.

Het eerste gebod (**Communalisme**) zegt dat wetenschappelijke kennis een product is van gezamenlijke inspanningen en daarom eigendom is van de wetenschappelijke gemeenschap. Elke wetenschapper hoort in zijn publicaties gedetailleerd aan te geven welke bijdragen aan het bestaande arsenaal van kennis van andere wetenschappers afkomstig zijn en wat hij er zelf aan toevoegt. Van zijn collega's mag hij verwachten dat zijn bijdrage (en zijn naam) met hetzelfde respect wordt genoemd. Met dit gebod wilde Merton ook duidelijk maken dat nieuwe wetenschappelijke kennis niet alleen moet worden gedeeld met collega's maar ook ten goede behoort te komen aan de maatschappij.

In de praktijk zijn wetenschappers niet altijd even ruimhartig in het aangeven van andermans prestaties. Collega's die moeten beoordelen of artikelen publicatiewaardig zijn, stellen regelmatig vast dat in de literatuurlijst belangrijk werk van voorgangers ten onrechte niet wordt vermeld. Dit kan onschuldige vormen aannemen, zoals weglaten wie als eerste een bepaald idee heeft geïntroduceerd, maar ook kwalijke vormen, zoals het overschrijven van andermans teksten zonder bronvermelding: plagiaat. Ook het delen van kennis (data, monsters of computersoftware) met collega's gaat niet altijd van harte.

Mertons tweede gebod (**Universalisme**) houdt in dat wetenschappers elkaars werk met universele maatstaven beoordelen. Ras, nationaliteit, godsdienst en persoonlijke eigenschappen van de wetenschapper mogen daarbij geen rol spelen. Wetenschappers moeten publicaties van vriend en vijand met dezelfde ogen bekijken.

In de praktijk laten wetenschappers zich soms wel degelijk leiden door de achtergrond of persoonlijke kenmerken van collega's. Wie durft een Nobelprijswinnaar tegen te spreken? Nieuwkomers in het vak worden vaak kritischer bekeken dan wetenschappers die hun sporen al verdiend hebben. Als een wetenschapper een leerling is van een absolute autoriteit in een vakgebied, dan werkt dat in zijn voordeel. Spectaculaire claims van laboratoria in derdewereldlanden worden minder snel serieus genomen. Vriendjespolitiek bestaat ook in de wetenschap.

Mertons derde gebod (**D**isinterestedness, belangeloosheid) luidt dat een wetenschapper de wetenschappelijke vooruitgang moet dienen, en niet zijn persoonlijke vooruitgang of die van zijn directe collega's. In de praktijk hoeven die twee niet haaks op elkaar te staan. Ook ijdele, statusgevoelige wetenschappers met een slecht karakter, die hun eigen belangen voorop stellen, kunnen de wetenschap vooruit helpen met inzichten waar de maatschappij baat bij heeft.

Het vierde gebod (**O**rganized **S**kepticism, georganiseerde scepsis) behelst dat wetenschappers hun theorieën met bijbehorende waarnemingen en experimenten, zonder iets te verbergen en zonder verfraaiingen, voorleggen aan hun collega's, om hen de waarde ervan te laten vaststellen.

In de praktijk zullen wetenschappers hun resultaten zo gunstig mogelijk proberen te presenteren, zonder hun collega's uit zichzelf te wijzen op tekortkomingen. Dat betekent niet dat alles geoorloofd is. Weglaten van uitschieters in metingen is te verdedigen (als netjes wordt aangegeven waarom dat is gebeurd), maar zelf fabriceren van data is uiteraard uit den boze.

Als bovengenoemde vier geboden in acht worden genomen kan het proces van wetenschappelijke vooruitgang verlopen in een sfeer van collegiaal vertrouwen, meende Merton. In de praktijk zal geen enkele Nederlandse wetenschapper vandaag de dag durven te beweren dat hij zijn persoonlijke belangen onder alle omstandigheden opzij zet met het oog op het hogere doel van wetenschappelijke vooruitgang. De moderne wetenschap heeft meer dan ooit een competitief karakter, waardoor buitenwetenschappelijke criteria een belangrijke rol spelen. Waar schaarste heerst proberen mensen elkaar de loef af te steken. Wetenschappers willen hun eigen baan of die van hun directe collega's behouden, ze leveren strijd om subsidies voor nieuw onderzoek en om de schaarse ruimte in de wetenschappelijke toptijdschriften.

Er zit enige rek in de spelregels voor wetenschappelijk onderzoek, maar daar zijn grenzen aan. Sociale mechanismen en controleposten zullen veel wetenschappers ervan weerhouden om die grenzen te overschrijden (als die gedachte al bij hen opkomt). Geen enkele wetenschapper wil gezichtsverlies leiden. Als grof plagiaat of geknoei met onderzoeksresultaten wordt ontdekt staat een wetenschapper te kijk voor collega's op wier erkenning hij is aangewezen. Als een deel van iemands wetenschappelijk werk onbetrouwbaar blijkt, zullen collega's aan alle publicaties gaan twijfelen, terecht of niet. Een wetenschapper zal niet meer voor conferenties worden uitgenodigd, publicaties worden niet meer geciteerd en dat betekent een wetenschappelijke dood-verklaring. Om dat risico te durven nemen moet een wetenschapper de wanhoop nabij zijn of verblind zijn door hoogmoed of ambitie en in elk geval verwijderd zijn geraakt van de inspiratie die hem of haar ooit deed kiezen voor een onderzoeksloopbaan.

Cynische wetenschappers die toch het risico van ontmaskering durven te nemen, moeten buiten eigen kring twee controleposten passeren. De eerste post wordt bemand door *referees* of *peer reviewers*, collega's die beoordelen of een artikel publicabel is. Zij bekijken of een onderzoek iets nieuws biedt, of de methodes goed zijn toegepast en of de gegevens consistent zijn. Dit biedt een zekere waarborg tegen broddelwerk en fraude, maar geen volledige. De referees vertrouwen erop dat de experimentele resultaten correct zijn weergegeven en dat geen gegevens zijn weggelaten of veranderd of zelfs verzonnen om ze te laten overeenstemmen met de door de hypothese voorspelde waarde. Ook gaan referees ervan uit dat de resultaten niet ten dele of in zijn geheel zijn overgeschreven uit een al gepubliceerd artikel of boek van een andere wetenschapper. Ze kunnen onmogelijk zelf een experiment herhalen voordat ze adviseren een artikel wel of niet te plaatsen, en ze kunnen ook niet de immense hoeveelheid literatuur uit hun hoofd kennen die op hun vakgebied is verschenen. Dat betekent dat de kans klein is dat wetenschappelijke fraude voorafgaand aan publicatie wordt ontdekt door referees. Een recente analyse van veertig geruchtmakende internationale fraudezaken door de Groning-se psychologen Wolfgang Stroebe, Tom Postmes en Russell Spears bevestigde dat referees zeer zelden een rol spelen bij de ontmaskering van fraudeurs.

Plagiaat kan vooraf worden opgespoord met plagiaatdetectiepro-gramma's, die steeds meer redacties tegenwoordig standaard inzetten. Voorwaarde is dan wel dat deze detectieprogramma's gebruik kunnen maken van grote databases met tijdschriftartikelen; programma's die alleen internet doorzoeken missen veel literatuur en zijn vooral geschikt voor het controleren van werkstukken van studenten. In sommige wetenschapsgebieden is het gebruikelijker om boeken te schrijven. Ontdekking van plagiaat voorafgaand aan publicatie is daar niet aan de orde, want deze boeken worden zelden door referees beoordeeld.

Een tweede controlepost is de herhaling van gepubliceerd onderzoek door andere wetenschappers (replicatie). Opzienbarende resultaten, zoals de 'ontdekking' van koude kernfusie, zullen al snel over de hele wereld worden herhaald, maar de meeste onderzoeken zijn niet zo wereldschokkend en worden niet of pas vele jaren later, en dan nog vaak in iets andere vorm, herhaald. En als ze al herhaald worden, met negatieve uitkomst, halen ze de literatuur niet omdat tijdschriften niet zitten te wachten op artikelen met zulke resultaten. In sommige vakgebieden is het precies reproduceren van resultaten bovendien lastig, omdat de opzet van het onderzoek bijzondere experimentele vaardigheden vereist. Replicaties leiden om al deze redenen maar zelden tot de ontdekking van fraude. Ook dit werd bevestigd door bovengenoemde Groningse analyse van internationale fraudezaken.

Ook plagiaatplegers kunnen aan de aandacht van de tweede controlepost ontsnappen. Plagiaat zal vaak alleen worden opgemerkt door de oorspronkelijke auteur van het stuk, als die zich zijn eigen tekst tenminste nog goed herinnert. Of derden overeenkomsten signaleren is een kwestie van toeval. Minder hoog aangeschreven wetenschappelijke tijdschriften hebben bovendien maar weinig lezers.

Schendingen van de wetenschappelijke integriteit passeren de twee controleposten vrijwel altijd onopgemerkt. Het zijn vaak klokkenluiders uit de directe omgeving of oplettende lezers van wetenschappelijke tijdschriften die onregelmatigheden ontdekken in publicaties.

Bovenstaande schendingen, grensgevallen, en andere ontsporingen die op gespannen voet staan met de academische mores komen in onderstaande volgorde aan bod in mijn boek.

Hoofdstuk 1 bevat een overzicht van (vermeend) plagiaat, te beginnen bij Erasmus, inclusief Nederlandse slachtoffers van buitenlandse plagiators. Deze zaken gaan vaak met veel emoties gepaard en bezorgen betrokken bestuurders nogal eens hoofdbrekens.

Hoofdstuk 2 gaat over de gevolgen van de publicatiedruk in de wetenschap en de bonte ontsporingen die daar soms uit voortkomen.

Hoofdstuk 3 gaat over uiteenlopende vormen van wetenschappelijk knoeiwerk, van onopzettelijke fouten tot verbluffende vervalsingen. Het hard maken van fraudebeschuldigingen blijkt niet altijd even eenvoudig.

Hoofdstuk 4 bevat een overzicht van de maatregelen die de academische wereld sinds het verschijnen van mijn boek *Valse vooruitgang* (1993) heeft genomen om integriteitsschendingen te voorkomen en aan te pakken.

1. Andermans veren

Geesteskinderen zijn een dierbaar bezit. Het is een pijnlijke ervaring als een ander aan de haal gaat met ideeën, redeneringen of teksten die niet aan zijn/haar eigen brein zijn ontsproten. De herkomst van het woord plagiaat verraadt iets van deze intieme band tussen de bedenker en zijn geesteskind. Toen de Romeinse dichter Marcus Valerius Martialis (40-102) ontdekte dat ene Fidentinus goede sier maakte met zijn epigrammen, vergeleek hij deze diefstal met het stelen van andermans slaaf. In een epigram aan zijn vriend Quintianus schreef hij: '*Impones plagiario pudorem*', wat zoveel betekent als: 'Breng deze mensenrover (plagiarius) wat schaamtegevoel bij.' Sindsdien betekende het woord 'plagiarius' niet alleen meer mensenrover of ronselaar (zielverkoper), maar ook dief van andermans gedachtengoed.

Plagiaat is niet in alle eeuwen en culturen even streng afgekeurd. Het werk van de Franse essayist Michel de Montaigne (1533-1592) hing bijvoorbeeld van plagiaat aan elkaar, maar hij zag zelf niets kwaads in deze manier van kennis vergaren: 'De auteur, de plaats, de woorden en andere omstandigheden – ik vergeet ze direct.' Het humanistisch onderwijs in Montaignes tijd bestond voor een deel uit het in schriftjes schrijven van spreuken en citaten van grote denkers uit het verleden, die de leerlingen uit het hoofd moesten leren en voordragen. Gezien deze leermethode waren veel van Montaignes bronnen daarom voor zijn ontwikkelde tijdgenoten vrij eenvoudig herkenbaar, ook al vermeldde hij ze niet.

Plagiaat geldt alleen als een vergrijp in een cultuur die waarde hecht aan vooruitgang en originaliteit, en die niet wil blijven staan bij het herhalen en stapelen van feiten, teksten en ideeën uit het verleden. Dat verklaart waarom beschuldigingen van wetenschappelijk plagiaat pas frequent beginnen te worden geuit sinds het ontstaan van de moderne (empirische) wetenschap in de zeventiende eeuw. Uit die tijd zijn diverse polemieken bekend tussen wetenschappers die beweerden een bepaalde ontdekking als eerste te hebben gedaan en de ander ervan beschuldigden hun idee te hebben gepikt. De beschuldigingen waren meestal onterecht en bleken vaak alleen ingegeven door verbittering dat de ander zijn vondst eerder had gepubliceerd.

In de zeventiende eeuw kon veel tijd verstrijken tussen vondst en publicatie, waardoor lastig was aan te tonen of iemand terecht de exclusieve eer van een ontdekking voor zich opeiste. Mogelijk hing die ontdekking ook in de lucht, want wetenschappers blijken geregeld min of meer tegelijkertijd op hetzelfde idee te komen of door het doen van dezelfde experimenten tot identieke conclusies te komen.

Elke Nederlandse wetenschapper weet (als het goed is) dat andermans teksten, ideeën en gegevens niet zomaar kunnen worden overgeschreven. Plagiaat is in de eerste plaats een moreel principe, geen juridisch begrip. De Auteurswet beschermt weliswaar de maker van een werk van letterkunde, wetenschap of kunst tegen inbreuken op het recht van intellectuele eigendom, maar het begrip plagiaat komt daarin niet voor.

Een slachtoffer van plagiaat kan met die wet in de hand wel naar de rechter stappen om een plagiator civielrechtelijk aansprakelijk te stellen. Een geplagieerde wetenschapper kan bijvoorbeeld eisen dat het werk van de plagiator uit de handel wordt genomen en een schadevergoeding van hem verlangen. Geen enkele Nederlandse wetenschapper heeft dat overigens ooit gedaan, ook al omdat Nederlandse plagiators vrijwel altijd buitenlandse bronnen overschrijven en zelden het werk van hun Nederlandse collega's. Meestal wordt het probleem opgelost door een aanpassing in een herdruk.

Een plagiator kan behalve via het civiel recht ook via het strafrecht worden aangepakt door het Openbaar Ministerie, dat op twee gronden een vervolging kan instellen. Plagiaat is niet alleen een schending van het auteursrecht, het is ook een vorm van bedrog. Dit kan worden bestraft met ten hoogste twee jaar gevangenis of een boete van 78 000 euro.

Merkwaardig genoeg hebben in Nederland tot nu toe alleen onthullers van plagiaat in het beklaagdenbankje moeten plaatsnemen (zie bijvoorbeeld de zaak-Buytendijk in dit hoofdstuk). Een plagiator van wetenschappelijk werk is nog nooit strafrechtelijk vervolgd, en de vraag is ook welk doel daarmee gediend zou zijn. Een ontmaskerde plagiator wordt immers al genoeg gestraft door het gezichtsverlies dat hij lijdt bij zijn vakgenoten en in de buitenwereld. Als het plagiaat althans in de publiciteit komt, wat niet altijd gebeurt.

Van de drie hoofdsoorten schending van wetenschappelijke integriteit (verzinnen, vervalsen, plagiëren) is plagiaat de minst ernstige. Plagiaat vervalst geen kennis, maar reproduceert alleen ideeën en teksten van anderen, zonder hun daarvoor de credits te geven. Een deel van de bevrediging die wetenschappers uit hun werk putten bestaat uit erkenning krijgen van collega's voor geleverde prestaties. Plagiaat ondermijnt deze vorm van beloning en bedreigt ook het onderling vertrouwen dat essentieel is voor wetenschappelijke samenwerking.

Plagiaat vormt ook een bedreiging voor het huidige academische systeem, waarin prestaties van wetenschappers steeds meer worden gemeten aan de hand van het aantal citaties van hun artikelen door collega's. Als deze *output*-meting niet meer betrouwbaar is kan dit ongewenste effecten hebben voor aanstellingen en subsidietoekenningen van onderzoekers. Wetenschappers die beducht zijn voor plagiaat worden ook voorzichtig met het delen van ideeën en kennis met collega's, wat een rem kan zetten op wetenschappelijke vooruitgang.

Plagiaatschandalen kunnen verder het publieke vertrouwen in wetenschapsbeoefening aantasten. Dit kan gevolgen hebben voor de politieke bereidheid om onderzoek te financieren, wat eveneens een rem zet op wetenschappelijke vooruitgang.

Plagiaat is dus beslist geen onschuldige schending van wetenschappelijke integriteit.

Ter afsluiting van deze inleiding nog wat opmerkingen over de definitie van plagiaat. Ik schaar mij achter de door het LOWI gehanteerde *definitie van wetenschappelijk plagiaat*: het onder eigen naam publiceren van gegevens, letterlijke tekstgedeelten en wetenschappelijke ideeën, ontleend aan andere bronnen, zonder juiste, volledige bronvermelding (onder meer te vinden in LOWI-advies 2008.1).

Volgens het LOWI is niet elke vorm van 'wetenschappelijk onzorgvuldig, slordig, ondoordacht werken' een schending van wetenschappelijke integriteit en dat geldt tot op zekere hoogte ook voor wetenschappelijk plagiaat. 'Het LOWI kan zich voorstellen dat een enkele volzin geparafraseerd of overgeschreven zonder aanhalingstekens in een vele pagina's grote publicatie kan plaatsvinden zonder dat sprake is van schending van wetenschappelijke integriteit.' Maar als het gaat om meerdere tekstgedeelten kan er volgens het LOWI geen sprake meer zijn van excuseerbare ongelukjes. Bronnen niet afdoende vermelden is in zulke gevallen simpelweg plagiaat. Voor het LOWI zijn de teksten zelf uitgangspunt, en niet de (meestal oncontroleerbare) bedoelingen van de schrijver. Na de vaststelling van plagiaat kan per geval de weging worden gemaakt hoe ernstig en verwijtbaar het is. Los van opzet en goede bedoelingen behoort het bovendien ook tot de verantwoordelijkheid van een wetenschapper om zorgvuldig te controleren of de bronnen correct zijn vermeld.

De LOWI-definitie heeft als voordeel dat niet om de hete brij heen hoeft te worden gedraaid. Omgang met teksten die *in zijn effect* plagiaat oplevert (de lezer schrijft een tekst, gedachte of idee ten onrechte toe aan de plagiërende auteur) hoeft op deze wijze niet vergoelijkend als 'onzorgvuldigheid' te worden bestempeld om het P-woord maar te vermijden. Veel wetenschappelijke tijdschriften en begeleiders van studenten hanteren dezelfde benadering. Plagiaat is plagiaat, en leidt tot retractie van een artikel uit de wetenschappelijke literatuur of een onvoldoende voor een werkstuk. Een auteur blijft verantwoordelijk voor het gepubliceerde eindproduct, en daar veranderen goede bedoelingen of spijtbetuigingen niets aan. Een automobilist die uit suffigheid of met wat voor excuus dan ook door rood licht rijdt, krijgt toch een bon.

De *Adagia* van Desiderius Erasmus

Het oudste voorbeeld van plagiaat onder Nederlandse geleerden is vrij onbekend. Dat plagiaat is gepleegd door een man voor wie in Nederland standbeelden zijn opgericht. Er is ook een brug, een prestigieuze prijs en zelfs een universiteit naar hem vernoemd: de humanist Desiderius Erasmus (1466-1536).

Elkaar overschrijven was in de Middeleeuwen heel normaal en ook onder humanisten in de Renaissance werd er nog veel ontleend aan voorgangers en tijdgenoten zonder erbij te zeggen uit welke bron het kwam. Maar door de individualisering wilden geleerden zoals Erasmus ook erkenning krijgen voor hun werk. In de nieuwe editie die Erasmus in 1533 maakte van zijn beroemde Griekse en Latijnse spreekwoordenverzameling *Adagia* schreef hij in het voorwoord dan ook dat je bronnen hoort te vermelden, omdat je anders 'pronkt met andermans veren' ('se plumis alienas venditare'). Hij hanteerde zelfs de term 'diefstal' (furtum) voor bronnengebruik zonder verwijzing. Volgens Erasmuskenner Ari Wesseling was dat voorwoord vooral gericht tegen Ioannes Alexander Brassicanus (1500-1539), die in 1529 op gespannen voet met Erasmus was komen te staan na de publicatie van zijn spreekwoordenboekje *Proverbio-*

Desiderius Erasmus (1466-1536)

rum symmicta. In het voorwoord bestempelde Brassicanus het als een bescheiden aanvulling op Erasmus' *Adagia*. Hij stuurde het ook op naar Erasmus, tegen wie hij opkeek. Tot Brassicanus' verrassing was de Rotterdammer daar niet van gediend. Erasmus verweet Brassicanus in een brief dat hij enkele passages uit de *Adagia* had overgenomen. Vervolgens nam Erasmus zonder bronvermelding een dertigtal spreuken uit het boekje van Brassicanus over in het supplement van zijn *Adagia* dat in 1533 verscheen. Toen die editie eenmaal beschikbaar was beschuldigde hij Brassicanus van het plagiëren van spreekwoorden uit de *Adagia* in zijn spreekwoordenboekje. Protestbrieven van Brassicanus aan Erasmus over deze streek hadden geen effect. Uit een brief aan een vriend bleek dat Erasmus zich er vooral aan had geërgerd dat Brassicanus het lef had gehad om 'zijn' Adagia aan te vullen.

Erasmus had het ook niet kunnen verdragen dat niet híj de eerste was geweest die een spreukenverzameling had uitgebracht, maar de Italiaan Polidoro Virgilio. Dat leidde ertoe dat hij Polidoro doodzweeg in zijn publicaties. Polidoro schreef in 1519 dat hij nauwelijks kon geloven dat de beroemde Erasmus hem deze bescheiden primeur misgunde, zo ontdekte Wesseling. De Erasmuskenner bestempelde ook Erasmus' behandeling van Brassicanus als 'kleinzielig, schijnheilig en te kwader trouw'.

Erasmus is niet alleen de eerste plagiator in de Nederlandse academische geschiedenis, maar vermoedelijk ook de eerste vervalser.

Aan de door hem samengestelde verzamelde werken van de heilig verklaarde bisschop uit de derde eeuw Cyprianus voegde Erasmus in 1530 een geschrift toe (*De duplicii martyrio*) dat hij vrijwel zeker zelf had geschreven. De tekst werd later nooit meer ergens aangetroffen. Waarom Erasmus deze vervalsing maakte, is onbekend.

Bij de oprichters van de Erasmus Universiteit, die in 1973 ontstond uit een fusie van de Medische Faculteit Rotterdam en de Nederlandse Economische Hogeschool, was deze zwarte kant van de grote humanist vast niet bekend.

De gast van Gerrit Blasius

Ook de eerste Amsterdamse hoogleraar in de geneeskunde had minder edele karaktereigenschappen. Gerrit Blasius (1625-1692) was nog maar net benoemd aan het Athenaeum Illustre toen hij ten onrechte een

Gerrit Blasius (1625-1692)

vondst van zijn Deense gast Nicolaas Stensen (1648-1686) aan zichzelf toeschreef. De 22-jarige student Stensen was naar Nederland gekomen om zijn medische opleiding af te maken. Hij kreeg tijdelijk onderdak in Blasius' huis aan de Verversgracht, omdat die bevriend was met de Deense medicus Thomas Bartholinus.

Op 7 april 1660 kocht Steno, zoals Stensen later bekend is geworden, een schapenkop bij de slager om de hersenen ervan te ontleden. Hij besloot eerst de loop van de bloedvaten en de slagaders bij de mondholte te volgen met een ontleedmes. De punt van zijn mes kwam daarbij plotseling in een ruime holte terecht en stootte daarna rinkelend tegen de tanden. De student haalde zijn gastheer erbij om diens mening te horen.

Blasius veronderstelde eerst dat Stensen te ruw te werk was gegaan, en hield het vervolgens op een gril van de natuur, omdat hij hierover niets kon vinden in het anatomische handboek van die dagen. Steno vond deze verklaring onbevredigend en onderzocht een paar dagen later een hondenkop. Ook hier trof hij op dezelfde plek een holte (die wij nu kennen als de oorspeekselklierbuis), en wederom haalde hij Blasius erbij.

Steno schreef ook over zijn vondst aan zijn vriend Jakob Henrik Paulli en voegde er een ruwe schets bij. Verder hield hij zijn ontdekking stil, en nam zich voor de Leidse hoogleraar Franciscus Deleboe Sylvius te vragen of andere anatomen de uitvoergang al kenden. Eind juli 1660 verliet Steno Amsterdam om in Leiden te gaan studeren. Het zou nog enige maanden duren voordat hij zijn vraag aan Sylvius kon stellen. Sylvius bleek de buis niet te kennen, maar ging er direct naar op zoek en vond hem ook in mensenhoofden. Een andere Leidse hoogleraar, Jan van Horne, demonstreerde de buis in het openbaar en vernoemde hem naar Steno, de ductus Stenonianus.

Blasius kreeg daar begin 1661 lucht van en vreesde gezichtsverlies te lijden, omdat hij zijn Amsterdamse studenten al in de herfst van 1660 had voorgehouden zelf de ontdekker te zijn van de uitvoergang. Hij begon een schriftelijke lastercampagne tegen Steno en maakte de 'verachtelijke jongen' uit voor alles wat mooi en lelijk was. Blasius beschuldigde de student van bedrog, ondankbaarheid, slechte manieren, onrechtvaardigheid, blunderen, stompzinnigheid, verdorvenheid, arrogantie en perversiteit, en dat is nog maar een kleine greep uit de twintig tekortkomingen die Blasius hem toedichtte.

Op 17 april 1661 publiceerde Blasius het boekje *Medicina generalis*, waarin hij beweerde de gang te hebben ontdekt bij ontledingen aan een kalfskop. Over Steno meldde hij alleen dat die de buis had gedemonstreerd in Leiden. Steno móést nu wel reageren, om te bewijzen dat hij Sylvius en Van Horne niet had bedrogen. Blasius had het hem wat dat betreft makkelijk gemaakt, want deze bleek voor zijn boek helemaal geen onderzoek te hebben gedaan aan een kalfskop: de beschrijving van de buis klopte niet.

Zes dagen na het verschijnen van Blasius' boek schreef Steno een brief aan Bartholinus in Denemarken: '[H]ij geeft noch het juiste beginpunt aan noch de juiste uitgang, en hij schrijft aan de klier waaraan hij ontspruit een functie toe die zo onbelangrijk is dat ik zou beweren dat hij de buis nooit heeft gezien als ik er niet zeker van was dat ik hem die heb getoond. Dit zal nog duidelijker naar voren komen in de dissertatie waaraan ik werk.'

In deze dissertatie beschreef Steno niet alleen de oorspeekselklierbuis, maar gaf hij ook de eerste beschrijving van het lymfvatenstelsel in hoofd en nek. Dit was hij bij toeval op het spoor gekomen toen hij de kalfskop opnieuw onderzocht volgens de beschrijving die Blasius in zijn boek had gegeven.

Dat was opnieuw een bittere pil voor de buitengewoon hoogleraar van het Athenaeum Illustre. Blasius slaagde er nog in de Utrechtse medicus Nicolaus Hoboken op te stoken een pamflet tegen Steno te schrijven, maar in 1663, na het verschijnen van Steno's dissertatie *Apologiae Prodromus*, was iedereen overtuigd van Steno's integriteit. Hij maakte Blasius in dat boek verder belachelijk door te stellen dat de *ductus Blasianus* hooguit bij bewoners van de maan zou worden aangetroffen.

Toch had ook Steno de buis niet als eerste ontdekt. De Engelsman Needham had de buis al in 1655 gevonden, maar er pas in 1667 over gepubliceerd, op het moment dat de buis al naar Steno was genoemd. Tot op de dag van vandaag spreekt men van de *ductus parotideus Stenonianus*.

Blasius' verregaande eerzucht zou ook na deze affaire nog blijken. Het Collegium privatum Amstelodamense, met als bekendste lid Jan Swammerdam, publiceerde anoniem over de waarnemingen die het deed bij onder andere vissen, vogels, katten en honden. Dit genootschap onderzocht ook het ruggenmerg van verschillende dieren, iets waarin Swammerdam bijzonder vaardig was. Die maakte er fraaie tekeningen van en schreef er teksten bij. Blasius, eveneens lid van het genootschap, ging echter met de eer strijken. In het boekje over de anatomie van het ruggenmerg dat Blasius in 1666 schreef, stonden de afbeeldingen en de tekst van Swammerdam afgedrukt, maar Swammerdam en het Private College werden in het voorwoord niet genoemd.

Blasius ondervond geen schade van zijn brutale diefstallen. Hij werd in 1666 tot gewoon hoogleraar benoemd aan het Athenaeum en in 1670 tot stadsbibliothecaris. De gemeente Amsterdam noemde later zelfs een straat naar hem.

Het selectieve geheugen van Franciscus Donders – soorten plagiaat

De medicus Franciscus Cornelis Donders (1818-1889) schreef in 1877 een nogal aanmatigende brief aan zijn vriend P. Harting. Donders beweerde daarin dat de inaugurele rede die hij had uitgesproken bij de aanvaarding van zijn hoogleraarschap aan de Utrechtse Hogeschool in 1848, nooit de verdiende eer had gekregen. Hij bleek zichzelf te beschouwen als een van de belangrijkste wegbereiders voor niemand minder dan Charles Darwin. Zes jaar eerder had Donders in een brief aan Darwin zelf ook al uiteengezet wat een belangwekkend document zijn rede *De harmonie van het dierlijke leven. De openbaring van wetten* in zijn eigen ogen was. Hij stuurde zelfs een exemplaar mee, hoewel Darwin geen Nederlands kon lezen. Darwin reageerde beleefd op de samenvatting van de rede die Donders in zijn brief had gegeven: 'Ik ben erg geboeid door wat u mij vertelt over uw in 1848 gepu-

Franciscus Cornelis Donders (1818-1889)

bliceerde inzichten, en ik zou willen dat ik uw essay kon lezen. Het is mij duidelijk dat u mij bijna voor bent geweest met het thema van de Natuurlijke Selectie.'

Neurochirurg prof.dr. Pierre Vinken, de latere voorzitter van de Raad van Bestuur van uitgeverij Reed Elsevier, onderzocht de aanspraak van Donders begin jaren zestig en kwam tot de conclusie dat Donders zelf juist bijzonder schatplichtig was aan Lamarck: 'Zijn drie wetten en de uitleg ervan vormen (...) een vrij nauwkeurige weergave van de opvattingen van Lamarck, zoals die vooral zijn beschreven in het zevende hoofdstuk van zijn *Philosophie Zoologique*. (...) Er zijn nog meer overeenkomsten tussen Donders en Lamarck, niet alleen in opvatting, maar soms zelfs in de formulering ervan.'

Vinkens slotoordeel over Donders' originaliteit was vernietigend: alle gedachten in zijn oratie waren ook al bij Lamarck te vinden. Donders ontkende echter zelf ten stelligste dat hij Lamarcks werk onder ogen had gehad. In de bovengenoemde brief uit 1877 aan Harting schreef hij: 'Had ik Lamarck gekend, die kon mij op den weg geholpen hebben, maar wie dacht in 1846 aan Lamarck?' En in een eerdere brief aan Harting luidde het: 'Buitendien stond het door mij gesprokene geheel buiten den invloed van Lamarck, wiens beschouwingen zoo dood en begraven waren, dat Darwin hem in zijn *Origin of species* (1860) nog ignoreert en hij eerst door Haeckel (1866) en door Lyell (tenth edition, 1867) uit den doodslaap werd gewekt.'

Vinken was ervan overtuigd dat Donders plagiaat had gepleegd, maar hij wist toch niet goed raad met het geval. Als Donders inderdaad welbewust had geplagieerd, dan zou hij zichzelf toch zoveel jaren later niet op de borst kloppen, met het risico dat hij alsnog zou worden ontmaskerd? Bovendien was Donders' creativiteit in 1848 bepaald nog niet opgedroogd. Hij had volgens Vinken met gemak een briljante oratie kunnen schrijven over een fysiologisch of oogheelkundig onderwerp. 'De enige mogelijkheid die open blijft, wil men Donders geen kwade trouw in de schoenen schuiven, lijkt mij dat hij Lamarcks *Philosophie Zoologique*, of een ongewoon goede weergave ervan, onder ogen heeft gehad, lang genoeg voordat hij zijn rede schreef om het te kunnen vergeten. Deze vergeetachtigheid moet dan gepaard zijn gegaan met een ongewoon goed onbewust geheugen, want zonder dat had hij de aan Lamarck herinnerende passages nooit zo nauwkeurig kunnen onthouden. Het vergeten van zijn bron kan een welkome dienst zijn geweest, hem door zijn onderbewuste verleend, zoals hetzelfde onderbewuste hem later in de brief aan Darwin, waarschijnlijk in alle oprechtheid, toestond te schrijven dat hij in 1848 dingen had beweerd die hij toen zelfs niet voor mogelijk had gehouden.'

Vinken vond steun voor deze veronderstelling bij de Engelsman William Bowman, die in een gedenkstuk over Donders schreef dat die 'schijnbaar moeiteloos alles kon assimileren wat hij zag en las in de ons omringende wereld'.

Helemaal tevreden was Vinken niet over deze verklaring. Later ontdekte hij echter dat het verschijnsel van onbewust plagiaat niet onbekend was in de wetenschapsgeschiedenis. De Amerikaanse socioloog Robert Merton had er in zijn boek *The sociology of science* uitgebreid aandacht aan besteed. In plaats van 'onbewust plagiaat' sprak Merton liever van 'cryptomnesie' omdat die term geen negatieve juridisch morele lading heeft. Cryptomnesie is het zich herinneren van tot dan toe onbewust opgeslagen gebeurtenissen of kennis. Een wetenschapper denkt bijvoorbeeld dat hij een nieuwe gedachte heeft geformuleerd, maar is vergeten dat hij die in feite in het verleden ergens heeft gelezen of gehoord.

Het verschijnsel is al aan het eind van de achttiende eeuw beschreven bij volwassenen die in hun (koorts)dromen plotseling flarden van een vreemde taal spraken. Bij nader onderzoek bleken ze deze kennis in hun vroegste kinderjaren te hebben opgedaan. De psycholoog Theodore Flournoy doopte dit verschijnsel aan het eind van de negentiende eeuw 'cryptomnesie'. Merton gaf in zijn boek diverse voorbeelden van wetenschappers die ten onrechte dachten dat ze zelf op een bepaald idee waren gekomen.

Vinken gaf in het *Nederlands Tijdschrift voor Geneeskunde* een interessante vierdeling van onjuiste toeschrijvingen, die hij deels ontleende aan een correspondentie met Merton. Het te goeder trouw, maar ten onrechte toeschrijven van ideeën en begrippen aan zichzelf, noemde Merton *cryptomnesie*. Het te goeder trouw, maar ten onrechte toeschrijven van ideeën aan iemand die zelf wél heeft aangegeven waar hij zijn gedachtengoed vandaan heeft, noemde Merton *palimpsestie*. Vinken had bijvoorbeeld geschreven dat de term cryptomnesie door Merton was bedacht, terwijl die de term aan een boek van Freud had ontleend (en Freud was dus ook niet de bron, maar Flournoy). Het te kwader trouw toeschrijven van andermans ideeën aan zichzelf, noemde Merton *plagiaat*, en het te kwader trouw toeschrijven van ideeën aan een ander noemde Vinken, ter completering van de vierdeling, *hyperloyaliteit*. Een voorbeeld hiervan is het uit nationalistische sentimenten toeschrijven van een wetenschappelijke ontdekking aan een landgenoot, terwijl een buitenlander er eerder mee was.

Vinken introduceerde in dit artikel ook het begrippenpaar *hypocitering/hypercitering*, dat van toepassing is op de literatuuropgaven bij publicaties. Over hypocitering schreef hij: 'Door slordigheid, vergeetachtigheid of met opzet worden relevante verwijzingen naar het werk van anderen weggelaten, waardoor de suggestie wordt gewekt dat het eigen werk onafhankelijker, origineler en belangrijker is dan het verdient. Dit is een vorm van indirect plagiaat, van plagiaat door omissie. Zo wist Copernicus dat de heliocentrische theorie enkele eeuwen voor Christus al door Aristarchus was beschreven, maar hij heeft dit niet vermeld.'

Hypercitering is het omgekeerde van hypocitering. De auteur verwijst naar artikelen die hij nooit heeft gelezen, maar die hij heeft overgenomen uit de literatuuropgaven van anderen. 'Men kan dit beschouwen als een kwaadaardige, althans misleidende vorm van wetenschappelijk snobisme. Hetzelfde doel, namelijk de auteur en zijn publicaties meer dan normaal te doen opvallen, kan bereikt worden door overmatige zelfcitering, dat wil zeggen door in de literatuuropgaven van de eigen publicaties ook irrelevant eigen werk op te nemen. Hiervoor kan ik geen andere term bedenken dan opschepperij. Een zeldzame vorm van onjuiste toeschrijvingen in literatuuropgaven is het verwijzen naar publicaties die niet bestaan. (...) Deze variant van hyperciteren valt onder het hoofdje oplichting,' aldus Vinken.

VU-hoogleraar G.A. Lindeboom werd ooit geconfronteerd met een opschepperige oplichter, een combinatie van bovengenoemde vormen van hypercitering. De medicus ontdekte dat een collega-specialist in zijn literatuurlijst verwees naar niet-bestaande artikelen van zichzelf.

Een fraai geval van cryptomnesie was dat van de Utrechtse chemicus Fritz Kögl. Deze deed zijn toenmalige promovendus O.A. de Bruin eind jaren veertig een veelbelovend voorstel voor een nieuwe chemische synthese. Kort daarop las De Bruin echter in *Chemical Abstracts* een publicatie waarin deze synthese vermeld stond. 'Aangezien Kögl *Chemical Abstracts* altijd als eerste las, moet hij het stuk gelezen hebben, en vergeten zijn dat hij het gelezen had en niet zelf verzonnen. Toen ik Kögl hiermee confronteerde was hij diep teleurgesteld dat anderen dit werk al hadden geprobeerd en met succes. Mijn reactie was: "Maar professor, u moet toch blij zijn dat de wetenschap al verder was dan u dacht!"' (Zie ook de paragraaf over Kögl in hoofdstuk 3.)

Sommige wetenschappers ervaren het verschijnsel cryptomnesie als een permanente dreiging. Zij vrezen de dag dat zij zullen worden beschuldigd van het plagiëren van een idee. Vooral in wetenschappen die grotendeels bestaan uit het verzamelen van een groot aantal bronnen om daar conclusies aan te verbinden, bestaat dit risico. De historicus prof.dr. P.W. Klein ging in 1992 door het oog van de naald. 'Ik hoop en bid dat ik nooit op plagiaat word betrapt, maar je kunt er nooit zeker van zijn dat je je er niet aan schuldig maakt. Dat heb ik ondervonden bij een stuk dat ik heb geschreven voor een liber amicorum van een collega. De tekst was al ingeleverd toen ik me realiseerde dat de conclusie niet van mijzelf was, maar afkomstig uit een scriptie die een student van mij jaren geleden had geschreven. Ik heb er als een haas een correctie achteraan gestuurd en die kon gelukkig nog worden meegenomen. Maar voor hetzelfde geld kom ik niet op die gedachte.'

Cryptomnesie kan ook een rol spelen bij een vorm van diefstal van ideeën die zich afspeelt in de informele sfeer. Sommige wetenschappers zijn berucht omdat ze ervandoor zouden gaan met ideeën die ze horen aan de koffietafel of in de wandelgangen. Er hoeft hier geen kwade trouw in het spel te zijn. 'Soms weet ik aan het eind van de dag niet of ik iets zelf heb bedacht of een ander, want ik praat als hoogleraar de hele dag met mensen,' vertelde een psycholoog die van zichzelf wist dat collega's hem wel eens betichtten van wandelgangendiefstal. 'Ik heb zelf ook een hoogleraar gehad die daarvan werd beschuldigd. Hij pikte andermans ongestructureerde ideeën snel en briljant op en sommigen vatten dat op als plagiaat. Ten onrechte, vind ik, want hij was degene die inzag hoe creatief het idee van de ander was. De vormgeving is vaak het belangrijkste deel van het idee.'

Het komt ook voor dat wetenschappers opnieuw hun eigen wiel uitvinden. Merton citeerde Joseph Priestley (1733-1804), die schreef: 'Ik ben zo totaal vergeten wat ik zelf heb gepubliceerd dat ik bij lezing van mijn eigen geschriften soms volkomen nieuwe dingen lijk te vinden, en ik heb meer dan eens experimenten gedaan waarvan de resultaten al eens door mij waren gepubliceerd.'

Cryptomnesie heeft in alle bovengenoemde voorbeelden betrekking op ideeën, begrippen, termen en een enkele keer op een formulering. Cryptomnesie op zinsniveau kwam aan de orde bij een relletje rond een brochure over Erasmus van kunsthistorica dr. Lucy Schlüter, voormalig medewerkster van het Huygens Instituut voor wetenschappelijke tekstedities van de KNAW. Neerlandicus Paula Koning oordeelde in 2008 dat teksten in Schlüters *Standbeelden van Erasmus in Rotterdam 1549-2008* sterk leken op passages uit haar op dat moment nog niet gepubliceerde boek *Erasmus op de markt*. Ze zag dat haar boek niet werd genoemd, hoewel ze wist dat Schlüter het kende, want ze had haar het manuscript digitaal toegestuurd ter meelezing. Koning diende een klacht in bij het bestuur van de Stichting Erasmushuis Rotterdam, dat de brochure had uitgegeven. Het bestuur, waarvan ook Schlüter deel uitmaakte, concludeerde dat Konings beschuldigingen van plagiaat niet terecht waren. Het ging volgens het bestuur om algemeen bekende feiten, die Koning zelf ook uit andere bronnen had gehaald. Wel hield het bestuur de mogelijkheid open dat Schlüter twee zinnen had overgenomen uit haar manuscript. 'Schlüter suggereerde dat zij beide zinnen niet regelrecht overnam, maar dat deze waarschijnlijk in haar geheugen waren blijven hangen zonder zich te realiseren dat ze die bij u had gelezen,' aldus het bestuur.

Koning voelde zich afgescheept door dit beroep op cryptomnesie en het argument van de algemeen bekende feiten. 'De veel meer dan twee zinnen die Schlüter heeft overgenomen, moest ze actief kopiëren. Die reproduceer je niet zomaar uit je eigen geheugen,' aldus Koning in 2012.

Schlüter verwijst in reactie daarop naar het oordeel van het stichtingsbestuur. Ze stelt verder dat de titel van Konings boek *Erasmus op de markt* 'enigszins riekt naar plagiaat', omdat die zou lijken op de titel van een eerdere brochure van Schlüter, *Erasmus op de penning*. 'Een valse jij-bak,' aldus Koning.

In 2007 kwam Vinken in zijn biografie terug op de kwestie of Donders aan cryptomnesie ten prooi was gevallen. 'Ik ben langzamerhand tot de conclusie gekomen dat hij gewoon plagiaat heeft gepleegd. Ik heb dit harde oordeel indertijd kennelijk niet over de grote man durven vellen, want ik kon mij niet voorstellen dat zo'n creatieve en eminente geleerde als Donders het nodig had om stiekem iets van een ander over te schrijven. Later bleek mij dat plagiaat juist veel voorkomt bij geslaagde schrijvers en wetenschappers. En ook dat zij mystificaties rond hun misstap optrekken: Lamarcks werk was namelijk helemaal niet vergeten in Donders' tijd. Sommige grote mannen zijn blijkbaar nooit tevreden met wat ze ook zonder plagiaat presteren.'

Donders in 2012 om commentaar vragen is onmogelijk, maar de Nijmeegse hoogleraar dr. Jan Keunen, oud-beheerder van de historische collectie van het door Donders opgerichte Ooglijdersgasthuis in Utrecht, neemt diens verdediging graag op zich. Hij vindt dat Vinken valide argumenten aandraagt voor mogelijke cryptomnesie door Donders, maar geen enkel bewijs dat duidt op plagiaat. 'Als Lamarcks werk medio 1848 in Utrecht wel algemeen bekend zou zijn geweest, zoals Vinken zonder onderbouwing voetstoots aanneemt, had Donders nooit in een openbare oratie zich dit gedachtengoed kunnen toe-eigenen zonder met hoon en smaad door tijdgenoten te zijn overladen. Dat Donders medio 1848 niet tevreden was met wat hij op dat moment gepresteerd had, is door Vinken uit de duim gezogen en kan zelfs als kwade trouw worden aangemerkt. Want Donders was in 1848 een nationaal bekende wetenschapper.'

Bovendien ziet Vinken volgens Keunen een belangrijk argument over het hoofd dat tegen plagiaat door Donders pleit: 'Linksom of rechtsom was het natuurlijk wel knap van Donders om in een openbare academische rede in 1848 juist die drie zaken te benoemen die Darwin twaalf jaar later brachten tot zijn beroemde *Origin of Species*. De zelfgenoegzame toon waarop Donders zich daarop beriep aan het eind van zijn briljante carrière, klinkt vandaag de dag verwaand en arrogant, maar of dit door zijn tijdgenoten ook zo werd ervaren, is maar de vraag.'

Het geeft volgens Keunen volstrekt geen pas om iemand die zich niet meer kan verdedigen na 135 jaar van plagiaat te beschuldigen op basis van slechts één brief, die nota bene een antwoord is op een verloren gegane brief van Harting, zodat de exacte context van de particuliere correspondentie tussen beide heren niet eens vastgesteld kan worden. 'In de gewraakte brief schrijft Donders letterlijk niets meer of minder dan een "aandeel in de ontwikkeling der thans heerschende voorstellingen" te hebben gehad, die hebben geleid tot Darwins beroemde *Origin of Species*. Gevolgd door de zinsnede: "Om waarheid en recht alleen is het mij te doen." Zo is het maar net, want in zijn talloze officiële publicaties is Donders tot op de dag van vandaag nimmer betrapt op plagiaat!'

De 'onverklaarbare fout' van Herman Colenbrander

Piet van Eyck, de correspondent van de *NRC* in Londen, kreeg begin januari 1933 een déjà vu bij lezing van het nieuwste nummer van *De Gids*, dat geheel was gewijd aan het vierhonderdste geboortejaar van Willem van Oranje. Het lijvige stuk van prof.dr. Herman Colenbrander deed hem sterk denken aan *Histoire de Belgique* van de Belgische historicus Henri Pirenne. Hij pakte het boek erbij en stelde vast dat grote delen zonder bronvermelding letterlijk van Pirenne waren overgenomen. Dat was een sensationele ontdekking, want Colenbrander bezette in Leiden de leerstoel Vaderlandse geschiedenis, die door zijn voorgangers R.J. Fruin en P.J. Blok grote faam had verworven in Nederland.

Van Eyck vroeg Colenbrander per brief om opheldering, maar kreeg een onbevredigend antwoord. Vervolgens stapte hij voor advies naar zijn vriend P. Geyl, toen hoogleraar Nederlandse cultuurgeschiedenis in Londen. Geyl werd in het stuk van Colenbrander tussen de geplagieerde passages door fel aangevallen op zijn visie op de vaderlandse geschiedenis. Ook deze kon zijn ogen niet geloven.

De twee stelden een brief op aan de redactie van *De Gids*, die Geyl meenam naar Nederland. Hij ging voor hij de zaak aan de kaak wilde stellen eerst nog langs bij Johan Huizinga, hoogleraar in de algemene geschiedenis in Leiden, en op dat moment rector magnificus van de universiteit. Huizinga reageerde eerst ongelovig, maar toen hij de teksten uiteindelijk in bijzijn van Geyl vergeleek kon hij alleen hoofdschuddend 'tj, tj, tj, tj, tj' uitbrengen. Hij wist zo snel geen raad met de zaak en raadde Geyl aan niets 'overijlds' te doen.

Die liet zich daar niets aan gelegen liggen en ging met zijn 'Open brief' behalve naar *De Gids* ook naar het ANP. Diverse kranten namen het bericht op. Colenbrander, die ook redacteur was van *De Gids*, gaf in *Het Vaderland* een 'voorlopig' antwoord op de beschuldigingen. Hij liet weten de open brief van Van Eyck en Geyl eerst goed te willen bestuderen. Hij erkende dat hij 'een ruim gebruik' van Pirenne had gemaakt. 'Dit is op zichzelf niets bijzonders.'

Huizinga had intussen, in de verwachting een gebroken man aan te treffen, contact gehad met zijn vriend Colenbrander, maar die reageerde hooghartig op de beschuldigingen. Hij bleek wel te willen erkennen dat hij een fout had gemaakt, maar van enig schuldbesef was geen sprake. Hij verweet Huizinga zelfs een gebrek aan vriendschap. Toen het gesprek op mogelijke consequenties voor Colenbrander kwam barstte Huizinga naar eigen zeggen in huilen uit, zo erg was hij ondersteboven van Colenbranders misstap.

In de *NRC* van 16 januari reageerde Colenbrander definitief op de beschuldigingen: 'Ik denk er niet aan, heb er nooit aan gedacht en zal er nooit aan denken, de afhankelijkheid van het grootste gedeelte ter herdenking van Willem van Oranje in *De Gids* van januari 1933 van Pirennes *Histoire de Belgique* te ontkennen. Ik heb geen nieuwe Oranjebiographie willen geven en dit in het opschrift boven mijn stuk gezegd. (...) Ik heb gemeend, dat de afhankelijkheid van Pirenne voor iedere deskundige duidelijk zou zijn; ook zonder dat ik hem telkens opnieuw noemde heeft elke historicus moeten weten, dat ik Pirenne in de eerste plaats volgde. Opzettelijke misleiding was voor deze categorie van lezers daardoor uitgesloten. Het is intusschen een ernstige en voor mijzelve tenslotte onverklaarbare fout geweest, niet te hebben ingezien, dat mijn overnemen ook van noten, bij den leek den indruk zou kunnen wekken als waren die bewijsplaatsen door mij zelve bijeengezocht en dat ik in het opschrift van mijn stuk voor den leek niet veel duidelijker dan daar geschiedde, heb aangegeven, dat mijn artikel in hoofdzaak niet op eigen bronnenstudie, maar voor het grootste deel op de studie van Pirenne berustte. De vraag in hoeverre mijn wetenschappelijke integriteit door dit verzuim is aangetast, laat ik ter beoordeling over aan degenen die door de bevoegde autoriteit zijn aangezocht de tegen mij gerichte beschuldiging te onderzoeken.'

Met het laatste refereerde Colenbrander aan de onafhankelijke onderzoekscommissie die de curatoren van de Leidse universiteit hadden ingesteld, en die bestond uit de hoogleraren G.W. Kernkamp (Utrecht), H. Brugmans (Amsterdam) en I.H. Gosses (Groningen). De commissie kreeg ook opdracht uit te zoeken of de rede die Colenbrander op 6 januari in bijzijn van de koninklijke familie over Willem van Oranje had gehouden, voor een deel van Pirenne was gestolen. Geyl en Van Eyck hadden deze rede in hun brief met opzet niet genoemd, om het koningshuis te beschermen.

Huizinga voelde zich nu wel al genoodzaakt een brief te sturen aan de particulier secretaris van koningin Wilhelmina, waarin hij schreef niet te twijfelen aan Colenbranders goede trouw. Deze zou zijn fout hebben begaan in de 'overspanning van een al te druk werkleven'. Menno ter Braak reageerde in *Forum* spottend op de beschuldiging en schaarde zich achter Colenbrander: 'Iedere deskundige in de wetenschap, en ook iedere leek langzamerhand, behoort te weten dat 90 procent van de wetenschappelijke leveranties geregeld van fatsoenlijke diefstallen aan elkaar wordt gelijmd. (...) Nu is de ongelukkige Colenbrander door toedoen van twee concurrenten (...) uitgekreten als een misdadiger (...) Welk een waanzin! (...) Balthasar Gerards heeft den prins veel meer kwaad gedaan.'

De brengers van de slechte boodschap, Van Eyck en Geyl, wachtten intussen ongeduldig op de uitkomst van het onderzoek. Ze begrepen niet waarom het zo lang moest duren om vast te stellen dat Colenbrander zo'n tachtig pagina's had overgeschreven. De redactie van *De Gids* had een reactie op de brief van de twee opgeschort tot de universitaire onderzoekscommissie klaar was. Wel vond de redactie dat de twee het geval 'met onridderlijke haast wereldkundig' hadden gemaakt. Bij deze berisping zal een rol hebben gespeeld dat Geyl en Van Eyck ervan werden verdacht met onzuivere bedoelingen te hebben gehandeld. Van Eyck zou het nog steeds niet kunnen verkroppen dat hij in 1925 was ontslagen als poëziemedewerker van *De Gids*, terwijl Geyl op deze wijze zou terugslaan voor kritiek van Colenbrander op zijn historisch werk.

Op 9 februari 1933 werd het rapport van Kernkamp c.s. dan eindelijk openbaar gemaakt. Geyl en Van Eyck kregen gelijk: 'Van het bedoelde *De Gids*-artikel, dat 128 bladzijden telt, zijn, zooals ons bij nauwkeurig onderzoek is gebleken, ruim tachtig bladzijden hetzij in letterlijke of vrije vertaling, hetzij in samenvatting of excerpt, ontleend aan Pirenne *Histoire de Belgique* tome III, p. 368-461 en tome IV, p. 31-86. (...) Het ontstellende feit blijft, dat hij een grotendeels op Pirenne berustend artikel als zijn eigen werk heeft gepubliceerd, dus zonder den naam van zijn zegsman te vermelden; slechts twee malen citeert hij Pirenne, op blz. 7 van zijn artikel, maar nooit meer in het vervolg, nooit meer in die gedeelten, waar hij volkomen van Pirenne afhangt. (...) De beschuldiging van plagiaat treft in geenen deele de rede, die de heer Colenbrander op 6 januari jl. in het Groot-Auditorium te Leiden heeft gehouden. Natuurlijk heeft hij daarbij zijn voordeel gedaan met de kennis, die hij voor het schrijven van zijn *De Gids*-artikel had vergaard, maar zoowel naar inhoud als naar vorm mag van deze redevoering worden getuigd, dat zij het merk van zijne persoonlijkheid draagt. (...) Een bevredigenden uitleg voor de daad van den heer Colenbrander vermogen wij niet te geven; trouwens, hij zelf heeft verzekerd, dat zijn handelwijze een voor hem "ten slotte onverklaarbare fout" is geweest. Misschien geeft het ons bekende feit, dat het artikel in zeer korten tijd, en daardoor onder hoogen druk is geschreven, een gedeeltelijke verklaring. De kennis, die wij persoonlijk hebben van zijn karakter maakt het ons onmogelijk, aan een toeleg om te misleiden te gelooven. De plaatsen, door de heeren Van Eyck en Geyl aangevoerd om te bewijzen, dat de schrijver van het *Gids*-artikel "hier en daar de aandacht van zijn plagiaat tracht af te leiden", zijn niet overtuigend. (...) Van listigheid getuigt het plagiaat geenszins, veeleer van een zekere naïviteit. Immers, een handige plagiator zou zich meer moeite hebben gegeven, het plagiaat te verbergen, omdat hij erop verdacht moest zijn dat velen, die zich in dezen tijd bezighouden met de studie van Willem van Oranje, ook het boek van Pirenne ter hand zullen nemen.'

De commissie vond het ook nodig Van Eyck en Geyl een veeg uit de pan te geven: 'Zeer afkeurenswaardig achten wij het, dat de heeren Van Eyck en Geyl hun brief aan de *De Gids*-redactie onmiddellijk voor het forum der publieke opinie hebben gebracht. Een beroep op de openbaarheid ware in dit geval alleen geoorloofd, wanneer alle andere middelen om hun doel te bereiken hadden gefaald. Zij hadden ook kunnen voorzien, dat deze ontijdige publicatie in breeden kring een valschen schijn zou wekken, alsof de heer Colenbrander in zijn geheele wetenschappelijke werk onbetrouwbaar zou zijn. Wij stellen er prijs op, hier te verklaren, dat de oorspronkelijke geschiedwerken, door den heer Colenbrander in een lang leven van wetenschappelijken arbeid gepubliceerd, aanspraak hebben en behouden op aller eerbied. Van dien eerbied was in het optreden van de heeren Van Eyck en Geyl tegen den heer Colenbrander niet het geringste te bemerken.'

Deze morele veroordeling van Van Eyck en Geyl had de commissie beter achterwege kunnen laten, want Colenbrander klampte zich daaraan vast, tot grote ergernis van Huizinga. Deze schreef later aan Kernkamp wat hij vond van het werk van de commissie: 'Toen het Senaatsbestuur aan Curatoren als commissie U en Gosses en Brugmans aanbeval, heeft het daarmee bedoeld, C. de genadigste rechters te bezorgen, die hij zou kunnen vinden, en die hem zooveel mogelijk zouden sauveeren. Dat hebt ge gedaan, en daarover hebben we ons verheugd. De passus over zijn verdiensten was ons allen uit het hart gegrepen. Aan de opportuniteit en de mate van gerechtvaardigdheid van Uw berisping der aanvallers hebben sommigen terstond getwijfeld. Het hoofddeel van het rapport evenwel, uw onverbloemde afkeuring van het plagiaat, heeft hier slechts één qualificatie gevonden: vernietigend. Zoo heeft C. het geenszins opgevat blijkbaar; hij gedraagt zich alleen, en met stuitende vrijmoedigheid, naar de bijkomstige uitspraken van het rapport. Ik wil hier niet C. in uw oogen bezwaren. Wij zijn het er hier over eens, en het is mij van psychiatrische zijde volmondig bevestigd, dat men hier te doen heeft met een ziekelijke verzwakking van zijn onderscheidingsvermogen, die tragisch is in de hoogste mate, en waaruit ook zijn volslagen onvatbaarheid voor de erkenning van de beteekenis van het gepleegde kwaad, te verklaren valt. Maar nu hij weigert, eenige consequentie die voor hem ongunstig is, te aanvaarden, maakt hij het ons onmogelijk, hem in alles te ontzien.'

Met het laatste doelde Huizinga op Colenbranders afvaardiging namens de regering naar een historisch congres in Wenen. Hiervoor zou Colenbrander zich uiteindelijk na de nodige druk terugtrekken. Voor zijn aanstelling als hoogleraar had de affaire geen consequenties. Ook niet voor zijn redacteurschap bij *De Gids*. Pogingen van zijn mederedacteuren om hem te bewegen op te stappen als redacteur faalden, waarschijnlijk omdat Colenbrander het honorarium te hard nodig had. Richard Roland Holst klaagde in zijn brieven aan Huizinga bij voortduring over het onuitstaanbare gedrag van Colenbrander. Hij had gehoord dat Colenbrander verslaafd zou zijn aan morfine: 'Als leek zoudt je zeggen 't klopt, want bij die lijders vallen immers onverwacht ook zedelijke remmen weg?'

In september, nadat Roland Holst zijn eigen vertrek al had aangekondigd, schreef hij aan Huizinga: 'Hem nu observeerend, vind ik zijn toestand naarder dan een half jaar geleden. Hij was druk, druk, zeer luid, zeer wijdloopig en bij vlagen dwaas autoritair. Hij bestond 't een keer propos van een medewerker te zeggen: "Ik verdenk hem dat hij goed op de hoogte is van de midden-Europeesche literatuur en veel naschrijft." Zeg eens hoe je dan kijken moet... als ik niet al met één voet op de treeplank stond die van het schip voert, dan had ik zeker gezegd: eh bien?'

In november waren ook de overige redacteuren Colenbrander volkomen beu en namen ontslag. Roland Holst schreef hierover aan Huizinga: 'Het is een droevig einde van de catastrophe. Vijf ratten verlaten 't schip waar de kapitein op blijft, niet uit zedelijken moed maar uit eigen belang.'

Behalve Richard Roland Holst verlieten ook Adriaan Roland Holst, Martinus Nijhoff, D. Crena de Iongh en J.D. van der Waals de redactie; alleen D. van Blom bleef aan en vormde samen met Colenbrander een nieuwe redactie. Colenbrander bleef tot 1940 redacteur van *De Gids*. Met de vriendschap tussen Colenbrander en Huizinga kwam het nooit meer goed.

Voor Geyl zou de affaire nog een staartje krijgen. Hij was erg slecht te spreken geweest over het rapport van de commissie-Kernkamp, omdat die zijn optreden 'zeer afkeurenswaardig' had genoemd, en hij had er in een open brief aan de curatoren van de Leidse universiteit op aangedrongen dat deze zich distantieerden van die passage. De curatoren lieten tot Geyls tevredenheid weten dat ze zich alleen verenigden met het rapport waar het de beschuldiging van plagiaat betrof.

Dat verhinderde niet dat zo'n tachtig studenten zich solidair verklaarden met Colenbrander. Deze groep bood Geyl in maart 1933 zelfs een verklaring aan waarin ze er hun verontwaardiging over uitspraken dat hij een rede durfde te komen houden over Willem van Oranje in Leiden.

Huizinga droeg Geyl niets na. Hij beval hem in 1935 zelfs aan als opvolger van Kernkamp in Utrecht, toen die met pensioen ging. Kernkamp was blijkbaar veel dieper geraakt door Geyls optreden, want deze stelde als lid van de opvolgingscommissie alles in het werk om de komst van Geyl tegen te houden. Zijn commissie zette Geyl op een kansloze derde plaats, zonder zelfs maar te informeren naar de kwaliteit van zijn werk als hoogleraar in Londen. De curatoren namen die volgorde echter niet over en zetten Geyl toch op de eerste plaats. Bijna ging de benoeming alsnog niet door, omdat koningin Wilhelmina haar handtekening weigerde te zetten onder het Koninklijk Besluit dat hiervoor nodig was. Dat was nog nooit voorgekomen.

Geyl hoorde veel later van J. Donner, oud-minister van Justitie en in 1935 curator in Utrecht, dat de vorstin zich niet kon vinden in Geyls kritische behandeling van de Oranjes in de geschiedenis van de Republiek. In *Pennestrijd over staat en historie* (1971) schreef Geyl dat hij dat maar moeilijk kon geloven. Veel waarschijnlijker (maar Geyl noemde die mogelijkheid niet) is dat koningin Wilhelmina Geyl niet heeft kunnen vergeven dat hij al in de tweede week een smet wierp op het Oranjejaar bij uitstek, het vierde eeuwfeest van Willem van Oranje.

Historica Maria Grever ontdekte bij het onderzoek voor haar in 1994 verschenen proefschrift over de historica Johanna Naber, *Strijd tegen de stilte*, dat Colenbrander ook twintig jaar voor deze plagiaatzaak op dubieuze wijze met bronnen was omgegaan. Naber had in 1905 goud gewonnen bij een prijsvraag van Teyler's Tweede Genootschap voor haar studie *Geschiedenis van Nederland tijdens de inlijving bij Frankrijk juli 1810-november 1813*, een unieke prestatie in de toentertijd door mannen gedomineerde wereld van historici. Zij was bovendien autodidacte. Colenbrander brandde haar studie in 1906 in een recensie in *De Nederlandsche Spectator* volkomen af, op zeer denigrerende toon. Andere tijdschriften hadden wel lof over voor haar boek. Drie jaar later publiceerde Naber een herziene editie, waarin zij enkele kritiekpunten van Colenbrander had ondervangen en nieuwe bronnen had opgenomen. In het herdenkingsjaar 1913 publiceerde Colenbrander een boek over hetzelfde onderwerp, *Inlijving en opstand*, waarin hij lange broncitaten gebruikte die ook bij Naber voorkwamen. Ook Colenbranders compositie leek sterk op die van Naber; sommige kopjes boven paragrafen waren letterlijk hetzelfde. Colenbrander noemde Nabers boek niet één keer, terwijl hij het dus zeker kende door zijn recensie uit 1906. 'Naber had kennelijk het gras voor zijn voeten weggemaaid,' concludeerde Grever in haar proefschrift. Naber heeft nooit geprotesteerd. Dat durfde zij niet als niet-academisch gevormd historica, vermoedt Grever, tegenwoordig hoogleraar Theorie en methodologie van de geschiedenis aan de Erasmus Universiteit in Rotterdam.

De eer en goede naam van Frederik Buytendijk

Onthullen van plagiaat kan riskant zijn, zo ondervond de al eerder genoemde neurochirurg/uitgever Pierre Vinken. Uit de feestrede die hij eind 1981 hield bij het 125-jarig jubileum van het *Nederlands Tijdschrift voor Geneeskunde (NTvG)* moest hij door tijdgebrek een passage weglaten. In deze passage, die wel was opgenomen in de gedrukte versie die begin januari 1982 in *NTvG* verscheen, noemde hij het plagiaat van de Utrechtse psycholoog-filosoof prof.dr. Frederik Buytendijk (1887-1974), die in zijn boek *De vrouw* (1951) zonder bronvermelding ideeën en formuleringen had overgenomen uit *Vom Wesen der Geschlechter* (1947) van de Duitse fenomenoloog Philip Lersch. 'De overeenkomst in opzet, methode, materiaal, indeling en conclusie tussen beide boeken kan niet op toeval berusten, maar ook uit een groot aantal woordelijke overeenkomsten blijkt dat Buytendijk voor zijn bibliografisch gedetailleerd verantwoorde boek veel heeft ontleend aan de studie van Lersch, zonder dat dit ergens in zijn boek werd vermeld,' schreef Vinken.

De indertijd beroemde Buytendijk had wel aangegeven dat hij twee citaten (van Rilke en Bachofen) had ontleend aan het boek van Lersch. Het woord 'plagiaat' vermeed Vinken voorzichtigheidshalve, maar hij stelde wel dat Buytendijks literatuurverwijzing 'op zijn minst misleidend onvolledig' was geweest. Omdat de zaak-Buytendijk maar een van de twintig voorbeelden van plagiaat was die hij gaf, illustreerde Vinken het niet met passages. Hij liet het bij een verwijzing in de literatuurlijst naar twee artikelen die ene E. Reil in 1953 had geschreven in het Utrechtse studentenblad *Parasol*.

prof.dr. F.J.J. Buytendijk (1887-1974)

In het *NTvG* ontstond hierna in de brievenrubriek een discussie over Vinkens bewering. De medicus W.J.M. Dekker had de bron van Vinken erop nageslagen en vond die 'onbehoorlijk en van weinig (wetenschappelijk) niveau'. De briefschrijver beriep zich bij dit oordeel op een uitspraak van A.A. Flas, die al op 6 juni 1953 in *Vrij Nederland* de beschuldiging van Reil ongefundeerd had genoemd. Dekker zei de beschuldiging niet serieus te kunnen nemen zolang Vinken geen grondige analyse van de twee werken had gegeven.

Vinken reageerde in dezelfde aflevering met een kort bijschrift waarin hij stelde dat de 'beschuldiging aan het adres van Buytendijk is gebaseerd op een aantal citaten en op overeenkomsten tussen zijn boek *De Vrouw* (1951) en het vier jaar eerder gepubliceerde boek van Lersch'. Dekker vond dit een nietszeggend antwoord en daagde Vinken in *NTvG* van april 1982 opnieuw uit met meer bewijzen te komen. Die reageerde met een korzelig bijschrift: 'Hoewel het eentonig wordt, zal ik het nog eens uitleggen. In een blad (een studentenblad, maar wat doet dat er eigenlijk toe?) werden een aantal zinnen en passages uit de beide eerder genoemde boeken vergeleken. Ik heb mij ervan overtuigd dat deze passages correct waren geciteerd. Ik vond dat de overeenkomst ertussen niet op toeval kan berusten. Iedereen, ook Dekker, kan dezelfde bron raadplegen en dit zelf verifiëren.'

Misschien had Vinken er verstandig aan gedaan in zijn feestrede te onthullen wie achter het pseudoniem E. Reil schuilging, om twijfel over de betrouwbaarheid van zijn bron weg te nemen. Als de chirurg F.J.A. Buytendijk (een zoon van de plagiator) had geweten dat Reil een pseudoniem van Vinken zelf was, had hij mogelijk afgezien van juridische stappen. Nu diende hij echter in januari 1982 een klacht wegens smaad in bij de officier van justitie in Haarlem, waardoor Vinken noodgedwongen moest aantonen dat hij de eer en goede naam van Buytendijk terecht had aangetast. Volgens het Wetboek van Strafrecht zijn uitspraken niet smadelijk als ze een algemeen belang dienen en als degene die ze uitspreekt redelijkerwijs kan aannemen dat ze waar zijn.

Om zijn zaak te versterken las Vinken de bewuste boeken nog een keer. Daarbij vond hij zeventien nieuwe overeenkomsten. Bovendien legde Vinken de citaten uit *Parasol* voor aan negen prominente academici, onder wie prof.dr. E.M. Barth (filosoof), prof.dr. C.J.F. Böttcher (fysicochemicus), prof.dr. A.J. Dunning (cardioloog) en prof.dr. E. de Jongh (iconoloog). De negen schaarden zich zonder uitzondering achter het standpunt van Reil/Vinken. Böttcher concludeerde: `Het indienen van een klacht wegens smaad in een apert geval van plagiaat zou ik derhalve willen vergelijken met het protest van een kleptomaan tegen een beschuldiging wegens diefstal.'

De Jongh ergerde zich aan het feit dat wetenschappers zich kennelijk niet openlijk konden uitspreken over de oorspronkelijkheid van wetenschappelijk werk. 'Men wachtte zich hier voor ongewenste precedentvorming. Immers, het is voor de wetenschap van het grootste belang dat debatten zo helder mogelijk worden gevoerd en dat de resultaten van onderzoek onbelemmerd door oneigenlijke restricties met elkaar vergeleken kunnen worden.'

Bij de rechtszaak bracht de officier van justitie brieven in van Buytendijk aan Lersch uit 1953. In een daarvan, geschreven een maand na Vinkens onthulling van het plagiaat in *Parasol*, zei Buyendijk benieuwd te zijn naar Lersch' oordeel over zijn boek en gaf aan dat hij het op prijs zou stellen als hij er een recensie over zou schrijven. 'Buytendijk wilde vermoedelijk met zijn brief Lersch bewegen een vriendelijk oordeel over *De vrouw* te geven,' aldus Vinkens biograaf Frentrop. 'Als de Duitser een boekbespreking zou publiceren zonder dat hij daarin de overeenkomsten met zijn eigen boek zou vermelden, zou hij daarmee de beschuldiging van plagiaat ontkrachten. Dit opzetje faalde doordat Lersch niet direct op de brief reageerde.' Buyten-dijk stuurde Lersch twee maanden later nog een tweede brief, waarin hij in een PS opnieuw hengelde naar een uitvoerig oordeel over zijn boek. Lersch antwoordde nu dat hij het boek niet grondig had kunnen lezen en volstond met wat lovende woorden.

De rechtbank ontsloeg Vinken in maart 1983 van rechtsvervolging; het hoger beroep werd in mei 1983 verworpen.

In mei 1994 nam de Nijmeegse filosoof Henk Struyker Boudier het nog een keer op voor Buytendijk in een ingezonden brief in *Filosofie Magazine*, in navolging van zijn broer Kees, die zich al in 1953 achter Buytendijk had geschaard. In zijn brief stelde Struyker Boudier dat Buytendijk Lersch niet kon hebben geplagieerd, omdat de gedachte die deze uitwerkte al voorkwam bij Hegel. Struyker Boudier had blijk-baar de kern van het verwijt aan Buytendijks adres niet begrepen, na-melijk dat deze formuleringen letterlijk, zonder bronvermelding, had overgenomen.

De advocaten van Herman van Praag

Maart 2012 kreeg ik een brief van advocaat mr. A. Groen, die meldde dat zijn cliënt, de 82-jarige psychiater prof.dr. Herman van Praag, de mogelijkheid openhield om beslag te laten leggen op 'roerende zaken' als ik in mijn nieuwe boek op vergelijkbare wijze zou berichten over 'de zaak-Van Praag' als ik twintig jaar eerder in *Valse vooruitgang* had gedaan. De advocaat somde een groot aantal elementen op die zijns inziens in dat boek onrechtmatig waren geweest ten opzichte van zijn cliënt. Daarmee werd ik opnieuw partij gemaakt in een plagiaatzaak die zich al in 1978 had afgespeeld, liefst 34 jaar geleden.

In 1993 was het advocaat mr. D. den Hartog, die mij namens zijn cliënt Van Praag verweet dat ik in mijn boek had geciteerd uit een *Vrij Nederland*-artikel van Tessel Pollmann van 1 juli 1978, waarin Van Praag had gereageerd op de plagiaatbeschuldigingen die socioloog Paul Schnabel in juni 1978 had geuit in een artikel in *Maandblad Gees-telijke Volksgezondheid* (gevolgd door een weerwoord van Van Praag in hetzelfde nummer). Schnabel schatte dat zo'n 70 tot 80% van de handelseditie van Van Praags oratie 'een parafrase, een samenvatting, een vertaling of zelfs letterlijke overname' was uit een hoofdstuk van vijftig pagina's uit een boek van de Amerikaanse socioloog Walter. R. Gove. Volgens *VN* had Van Praag tegenover de journaliste toegegeven dat in zijn oratie over het toen spraakmakende onderwerp 'antipsychiatrie' – uitgesproken bij zijn aantreden als hoogleraar in Utrecht –, nauwelijks eigen gedachten zaten. Tijdens een interview van 3,5 uur had hij volgens de weergave in *VN* erkend dat hij misschien duidelijker had moeten zeggen hoeveel hij aan de socioloog Gove te danken had. Ook zou Van Praag volgens *Vrij Nederland* hebben toegegeven dat hij de literatuurlijst van Gove had overgetypt, met gedetailleerde uitleg over zijn beweegredenen.

In 1993 stelde Van Praag bij monde van zijn advocaat dat hij de uitspraken geciteerd in *Vrij Nederland* helemaal niet had gedaan en dat ik navraag bij hem had moeten doen. Dat had ik inderdaad niet gedaan; ik had mij beperkt tot het doorbladeren van latere nummers van *Vrij Nederland*, op zoek naar een mogelijke ingezonden brief, maar was alleen gestuit op een correctie van een tikfout. Dat Van Praag die uitspraken had gedaan leek mij bovendien plausibel, want Schnabel had in mijn ogen overtuigende argumenten aangedragen en Van Praags excuserende verklaringen leken al even plausibel. Ik zegde Van Praag desalniettemin toe in een herdruk te zullen toevoegen dat hij naar zijn zeggen onjuist was geciteerd.

Maar daarmee was Van Praag niet tevreden. Hij eiste nóg een toevoeging in een herdruk. Die had te maken met de commotie die was ontstaan na de verschijning van *Valse vooruitgang*. Ongelukkig genoeg voor Van Praag hadden *NRC Handelsblad* en het televisieprogramma *Nova* in april 1993 juist zíjn zaak als voorbeeld uit mijn boek gekozen, hoewel het 'nieuws' dus vijftien jaar oud was. Vervolgens kwamen er prominenten in actie om Van Praag in bescherming te nemen. De achtergrond daarvan was dat Van Praag zojuist opnieuw een oratie had gehouden, nu aan de Rijksuniversiteit Limburg, waar hij na een jarenlang verblijf in de Verenigde Staten als wetenschappelijk zwaargewicht was binnengehaald.

In *NRC Handelsblad* verscheen in reactie op een bericht over mijn boek een brief die onder anderen was ondertekend door toenmalig minister van Volksgezondheid Els Borst-Eilers, en door Job Cohen, op dat moment rector magnificus aan de Rijksuniversiteit Limburg. De auteurs stelden dat Van Praag geen blaam trof, want hij had zijn bron toch genoemd in 1978. Daarmee gingen ze voorbij aan de kern van Schnabels kritiek, die erop neerkwam dat Van Praag zich geleerder had voorgedaan dan hij was en onvoldoende aangaf *hoeveel* hij wel niet aan Gove had ontleend. Bovendien had hij volgens Schnabel ook nog eens de literatuurlijst van zijn bron gekopieerd, wat onder meer bleek uit een meegekopieerde tikfout.

Niet alleen in Limburg, maar ook bij de Koninklijke Akademie van Wetenschappen had het opdreggen van deze *cold case* tot opwinding geleid. De KNAW was net bezig met de voordracht van nieuwe leden voor de Sectie Geneeskunde. Ook Van Praag maakte kans om lid te worden, maar zijn benoeming werd nu heroverwogen.

In *Het Parool* verscheen in september 1993 een artikel van KNAW-lid Frits Meijler, emeritus hoogleraar Cardiologie in Utrecht, die stelde dat Van Praag helemaal geen plagiaat had gepleegd. Dat zou zijn vastgesteld door de Commissie Nieuwe Leden van de KNAW. Volgens Meijler was Schnabel 'een gefrustreerde en ideologisch vooringenomen socioloog' en ik, die de zaak had opgerakeld in mijn boek, 'zou wegens smaad voor de rechter gedaagd dienen te worden'.

Schnabel en ik wilden dat rapport weleens zien en vroegen het bestuur van de KNAW om een exemplaar. Ik belde bovendien met KNAW-directeur dr. Chris Moen, die mij in dat gesprek meldde dat wij het rapport niet zouden krijgen. Hij wilde wel kwijt dat Meijler in zijn *Parool*-artikel de inhoud van het rapport niet helemaal volledig had samengevat. Ik zou evenals Schnabel nog een brief krijgen met een genuanceerd antwoord, 'want die brief kan mogelijk weer een eigen leven gaan leiden'. Moen zei ook (letterlijke transcriptie van het op tape opgenomen gesprek): 'Overigens is het dus wel zo, en dat zullen we ook uitleggen, die commissie heeft zich dus niet – dat is ook een beetje de suggestie die Meijler doet – heeft zich niet uitgesproken over het feit of er nu wel of niet van plagiaat of onzorgvuldigheid sprake is geweest, wat ook wel in de conclusies staat, maar dat heeft Meijler niet geciteerd, dat wil ik wel even uit de school klappen. Die commissie heeft zich vooral gebogen over de verkiesbaarheid van Van Praag als lid en in hoeverre deze onzorgvuldigheid om het zo maar te zeggen een smet is op zijn blazoen als wetenschapsbeoefenaar. Op dat verkeerde been word je ook gezet als je het artikel van Meijler leest. De KNAW wordt ook een beetje neergezet als een instantie die door het verkiezen van die man een einde maakt aan alle discussies. En de Akademie pretendeert best wel veel, maar dat gaat een beetje te ver.'

Na dit exposé stelde ik Moen voor de zekerheid nog de vraag: 'Dus de conclusie dat er geen plagiaat is gepleegd neemt de KNAW helemaal niet voor zijn rekening?' Daarop antwoordde Moen: 'Nee, nee, nee. Maar dat is dus een van de subtiele formuleringen. We gaan sowieso duidelijk maken wat die commissie heeft gedaan om dat stuk van Meijler in het goede perspectief te zetten.'

Ik vroeg ook nog: 'Dus de commissie heeft bekeken hoe hoog dit nu moet worden opgenomen, bezien in het licht van de andere prestaties van Van Praag?' Moen: 'Precies, dat was de opdracht van die club. Toen ik uw boek las vond ik dat persoonlijk nogal genuanceerd neergezet. Waar ga je een grens over? In de bestuursvergadering zijn ook nog wel een paar opmerkingen geplaatst. Wat is nou plagiaat? Daar zijn in de verschillende vakgebieden ook verschillende normen voor.'

Om nóg zekerder te zijn van mijn zaak stelde ik de vraag opnieuw: 'Het is dus pertinent niet zo dat er een commissie is geweest die expliciet heeft gezegd dat Van Praag geen plagiaat heeft gepleegd?' Moen: 'Nou, wat ze nou gezegd hebben is nu juist vertrouwelijk. Maar wat ik heb aangegeven is dat het hun taak niet was. De taak was om, wat de kwalificaties ook zijn over die oratie, dat dat moest worden afgewogen tegen de andere verdiensten. U heeft het zelf al gezegd.'

Het bestuur van de KNAW, onder presidentschap van de psycholoog prof.dr. Pieter Drenth, reageerde niet in *Het Parool* op het stuk van Meijler, maar schreef mij (en Schnabel) zoals toegezegd een brief. Het KNAW-bestuur liet ons weten het rapport niet openbaar te zullen maken en wilde ook niet de namen van de opstellers noemen. Wel nam het KNAW-bestuur afstand van het artikel van Meijler en zette uiteen wat de taak van de commissie was geweest. Die had als taak 'om mogelijk onder de leden van de afdeling Natuurkunde, als gevolg van publikaties, gerezen vragen te kunnen beantwoorden. De commissie had dus uitdrukkelijk niet de opdracht om "voor eens en altijd een uitspraak te doen over het waarheidsgehalte van de door Schnabel en Van Kolfschooten geuite beschuldigingen". [Zij citeerden hier Meijler in *Het Parool*, FvK] Neen, zij was gevraagd om de verkiesbaarheid van de heer Van Praag in het licht van zijn totale wetenschappelijke werk en publicaties, nader te toetsen en daarbij de discussie rondom zijn inaugurele rede in ogenschouw te nemen.'

De uitkomst van mijn uitwisseling met Van Praags advocaat Den Hartog was dat ik in een herdruk zou melden dat de KNAW de zaak had afgewogen tegen Van Praags totale wetenschappelijke werk en publicaties, en daarin geen reden had gezien om hem niet tot KNAW-lid te benoemen. Over het 'centrale verschil van partij-opvatting omtrent het al dan niet plagiaat gepleegd hebben', zoals Van Praags advocaat dat bestempelde, bleven we het oneens. Dat stelde de advocaat 'terzijde' als 'een onderwerp van opiniëring'.

De twee mededelingen dat Van Praag onjuist geciteerd zei te zijn en dat de KNAW geen beletselen had gezien voor zijn benoeming, voegde ik in 1996 toe in een herdruk, in een hoofdstuk waarin ik alle ontwikkelingen meldde die sinds 1993 hadden plaatsgevonden in diverse zaken. Daarna bleef het stil van de kant van Van Praag.

Zestien jaar later meldde Van Praag zich via zijn nieuwe advocaat Groen alsnog met bezwaren tegen de tekst van deze derde druk van *Valse vooruitgang*. Van Praag wist van mijn nieuwe boek omdat hij een van de duizenden wetenschappers was die ik mijn enquête had gemaild. De psychiater bleek intussen in het bezit te zijn van het KNAW-rapport van de Commissie Nieuwe Leden uit 1993 (naar ik aannam via Meijler) en ik mocht dat komen inzien op het kantoor van advocaat Groen.

De inhoud ervan was opmerkelijk. Meijler bleek terecht te hebben geschreven dat de commissie Van Praag had vrijgepleit van plagiaat. In het rapport stond letterlijk: 'Het is niet juist Prof. Van Praag in zijn inaugurele rede van 1978 van plagiaat te beschuldigen, daar hij de betreffende auteur (Gove) uitvoerig vermeldt in zijn oratie, van wie hij ook 7 referenties in de literatuurlijst opnam. Hoogstens kan men Van Praag verwijten dat hij niet op plaatsen waar dit had gekund letterlijke citaten heeft opgenomen, inclusief aanhalingstekens, maar volstond met parafraseringen.'

Hoe moest dit oordeel van de commissie worden gelezen? Mijns inziens was het innerlijk tegenstrijdig: Schnabel had nota bene zelf aangegeven dat Van Praag Gove wel noemde, ook in de referenties, maar dat juist uit de parafraseringen onvoldoende bleek dat de gedachten van Gove afkomstig waren. En dat leek de commissie ook toe te geven door te stellen dat Van Praag beter letterlijke citaten had kunnen opnemen. Daarmee was er volgens mijn definitie (en die van Schnabel) sprake van plagiaat (in *Valse vooruitgang* definieerde ik plagiaat conform *Van Dale* als: het overnemen van stukken, gedachten en redeneringen van anderen en deze laten doorgaan voor eigen werk). Het verschil tussen het eindoordeel van de commissie en dat van Schnabel en van mij moest volgens mij dan ook verklaard worden uit een verschillende definitie van plagiaat. Die definitie werd in het rapport echter niet genoemd.

Feit was dat in het rapport stond dat er volgens de commissie geen sprake was van plagiaat. Waarom had het KNAW-bestuur dat in 1993 dan niet geschreven aan Schnabel en mij, in plaats van ons formalistisch te melden dat de commissie niet de taak had gehad om een uitspraak te doen over de waarheid van de plagiaatbeschuldigingen?

In het rapport wees de commissie er verder op dat universiteitsbestuurders in Utrecht, New York en Limburg 'de uitstekende wetenschappelijke verdiensten van Prof van Praag [hadden] laten prevaleren boven een in de ogen van sommigen onzorgvuldige wijze van citeren in 1978'. Ook wees de commissie erop dat 'deze onzorgvuldigheid' niet terug te vinden was in een vóór de oratie ingestuurd artikel in de *Acta Psychiatrica Scandinavica*. Bovendien hadden de leden van de Sectie Geneeskunde van de KNAW die Van Praag in 1984 hadden benoemd tot correspondent van de KNAW en op de hoogte waren van de kwestie, hierin geen belemmering gezien.

Direct nadat ik het KNAW-rapport had ingezien, vroeg ik de KNAW om een verklaring voor de mijns inziens onjuiste voorstelling van zaken in hun brief aan Schnabel en mij in 1993; dat meldde ik ook aan oud-president Drenth. Van de afdeling Voorlichting van de KNAW kreeg ik alle correspondentie uit die tijd, inclusief het rapport van de Commissie Nieuwe Leden. Uit die correspondentie bleek nog duidelijker dat het toenmalige KNAW-bestuur, onder presidentschap van prof.dr. Pieter Drenth, het werk van de commissie in hun brief aan Schnabel en mij onjuist had getypeerd. In een brief van de Commissie Nieuwe Leden aan de leden van de Sectie Geneeskunde d.d. 22 april 1993 stond: 'Enkele dagen geleden werd de Commissie Nieuwe Leden geconfronteerd met het verschijnen van (...) *Valse vooruitgang.* (...) De Commissie kan op zo korte termijn onmogelijk een oordeel vormen over de hardheid van deze beschuldigingen. (...) De Commissie meent dat het van zorgvuldigheid getuigt dat e.e.a. wordt geverifieerd alvorens tot een benoeming kan worden overgegaan.' Met andere woorden: de Commissie nam wel degelijk de taak op zich om een oordeel te vellen over de beschuldigingen van plagiaat, zoals Meijler had beweerd.

Uit de beschikbaar gestelde correspondentie bleek ook dat het KNAW-bestuur goed had beseft welke gevolgen de manier van beantwoording aan Schnabel en mij kon hebben. 'In het Dagelijks Bestuur is de lijn gekozen dat de commissie zich niet zozeer met waarheidsvragen heeft beziggehouden als wel met de vraag of de kwaliteit van de inaugurele rede van Van Praag afbreuk doet aan het zeer positieve generale oordeel over diens wetenschappelijke verdiensten. Deze benadering leidt er onvermijdelijk toe dat het bestuur zich nogal moet distantiëren van het krante-artikel, hetgeen uiteraard weer effecten bij Meijler c.s. oproept. De vraag die dan ook opkomt is: moet de heer Meijler tevoren van de bestuursreactie op de hoogte worden gesteld en zo ja, hoe?'

Meijler had inderdaad *not amused* gereageerd op de inhoud van de brieven aan Schnabel en mij en was 'nogal gegriefd' geweest, zo blijkt uit een brief uit het KNAW-dossier. 'Het onderzoek van de sectie Geneeskunde naar de beschuldigingen van Van Praag had wel degelijk ten doel het waarheidsgehalte van genoemde beschuldigingen te onderzoeken. Ik verwijs u daartoe naar de notitie van 22 april 1993 van de Cie Nieuwe Leden (...) De opmerking hierover in uw brieven aan Schnabel en Van Kolfschooten, dat genoemde commissie "uitdrukkelijk niet de opdracht" had dit te onderzoeken, is dus onjuist en suggereert dat ik het met de waarheid niet zo nauw neem. (...) De betrokken alinea in uw brieven van 17 september 1993 waarin dit onderzoek naar de beschuldigingen aan het adres van prof. Van Praag "uitdrukkelijk" wordt ontkend is dus onwaar en oncollegiaal.'

Ik laat de gebeurtenissen uit 1993 in 2012 op mij inwerken. Waarom heeft het KNAW-bestuur toentertijd niet simpelweg open kaart gespeeld over het oordeel van de Commissie Nieuwe Leden? Dat nalaten was toch ook onbehoorlijk tegenover Van Praag, die via Meijler precies

moet hebben geweten hoe dat oordeel had geluid? Vond het toenmalige KNAW-bestuur het oordeel van zijn eigen commissie aanvechtbaar
en vreesde men nieuwe discussies, wat de zaak alleen maar erger zou
maken? Was de formalistische opstelling een keuze uit twee kwaden?
Het zijn voor mij niet te beantwoorden vragen. Ik besluit de toenmalige betrokkenen om antwoord te vragen.

KNAW-directeur Moen (inmiddels gepensioneerd) staat de zaak in 2012
niet meer scherp voor de geest. Hij vraagt begrip voor het werk van
KNAW-bestuurders, die in allerlei commissies moeten samenwerken
met KNAW-leden, wat leidt tot 'lopen op eieren'.

Ik vraag oud-president Drenth, die ik bovengenoemde correspondentie overleg, om opheldering. Drenth stelt dat er niets mis is met de
brief die het bestuur had gestuurd aan Schnabel en mij: 'Ik blijf erbij
dat de KNAW, in tegenstelling tot datgene wat collega Meijler in *Het
Parool* schreef, niet uit is geweest op waarheidsvinding inzake de beschuldiging van plagiaat van collega Van Praag. Men heeft alleen (via
de Commissie Nieuwe Leden) afgewogen of de affaire rondom zijn
oratie een verhindering zou vormen voor zijn benoeming tot lid van
de KNAW in het licht van zijn latere wetenschappelijke publicistische
en organisatorische verdiensten op het terrein van de psychiatrie, ook
in aanmerking nemend dat hij reeds daarvoor tijdens zijn verblijf in
de VS corresponderend lid was. De conclusie was bevestigend en hij
is vervolgens voorgedragen en verkozen.'

Op mijn verzoek om in 2012 een helder, persoonlijk, oordeel te
geven over de oratie van Van Praag, antwoordt Drenth: 'Wat (...) mijn
persoonlijke mening betreft: in de inmiddels bekende stukken staan
een aantal opmerkingen, zoals "onzorgvuldig" en "had beter kunnen
citeren dan parafraseren". Daar ben ik het wel mee eens; laten we het
daar maar op houden. Je zult kunnen begrijpen dat ik mij wil ver-
schonen van verdere formele uitspraken over een bevriende collega,
nog afgezien van het feit dat ik geen gedetailleerde kennis heb van de
teksten waarom het gaat, en ook geen ambitie heb daar na bijna een
halve eeuw nog uitvoerig in te duiken.'

Ik mail Drenth als discussiestuk een brief van plagiaatexpert Pierre Vinken, toenmalig bijzonder hoogleraar Onderzoek en gebruik van
medische informatieverzamelingen. Het is een brief aan Schnabel

waarvan Vinken mij in 1993 een kopie had gegeven; ik had er niet uit geciteerd in *Valse vooruitgang,* omdat de zaak helder leek door Van Praags 'bekentenis' in *Vrij Nederland* (uitspraken die hij dus in 1993 ontkende te hebben gedaan). Vinken had in 1982 een voordracht over vormen van plagiaat gehouden en de tekst gepubliceerd in het *Nederlands Tijdschrift voor Geneeskunde* (zoals al gemeld in de paragrafen over Donders en Buytendijk). In dat artikel kwam de zaak-Van Praag niet voor, omdat Vinken deze niet kende. Hij bestudeerde de kwestie nadat Schnabel hem zijn eigen artikel en het weerwoord van Van Praag in *Maandblad geestelijke volksgezondheid* had opgestuurd, plus het *Vrij Nederland*-interview. Vinken plaatste de zaak in het schema dat hij in zijn rede had gepresenteerd, en schreef aan Schnabel: 'Uw "geval" zou een aardig voorbeeld van misleidende *hypo*citering zijn geweest.' Vinken had hypocitering in zijn artikel gedefinieerd als: 'Door slordigheid, vergeetachtigheid of met opzet worden relevante verwijzingen naar het werk van anderen weggelaten, waardoor de suggestie wordt gewekt dat het eigen werk onafhankelijker, origineler en belangrijker is dan het verdient. Dit is een vorm van indirect plagiaat, van plagiaat door omissie.'

'Maar,' zo vervolgde Vinken zijn bevindingen aan Schnabel, 'u toont mijns inziens overtuigend aan dat wij hier eerder met een combinatie van slordigheid en schuldgevoel te doen hebben, die een dermate doorzichtig alibi heeft opgeleverd dat men, er doorheen kijkend, een complexe vorm van misleidende *hyper*citering in kan onderkennen.' Hypercitering had Vinken gedefinieerd als: 'het verwijzen naar belangrijke artikelen die de auteur nooit onder ogen heeft gehad, maar waarvan de bibliografische gegevens werden gekopieerd van de literatuuropgaven van anderen. De bedoeling daarvan is het eigen werk met het cachet van een voorname stamboom te voorzien en het aldus te doen opnemen in een citation index. Men kan dit beschouwen als een kwaadaardige, althans misleidende vorm van wetenschappelijk snobisme.'

Vinken schreef verder aan Schnabel: 'Het is, achteraf gezien, zuur voor Van Praag dat wat hij heeft gedaan in principe best gekund had als hij het allemaal niet zo ingewikkeld gemaakt had. In een oratie, die toch primair als een voordracht wordt geschreven, kan men heel goed een literatuuroverzicht geven, inclusief uitvoerige citaten, als men zijn werkelijke bronnen geeft. (...) De kwade trouw bij Van Praag ligt hierin dat hij door zijn overdadige manier van literatuurverwijzing (en die nog overgeschreven!) in de tekst de suggestie wekte dat hij zijn redeneringen zelf tot in detail had onderbouwd met talrijke gegevens uit de literatuur, terwijl in werkelijkheid "zijn" hele betoog een parafrase was van samenvattend werk van slechts een of twee anderen.'

Drenth neemt het oordeel van Vinken voor kennisgeving aan en reageert ook niet meer op mijn vraag of hij dan wellicht kan bevorderen dat het huidige KNAW-bestuur zich alsnog een oordeel vormt over de zaak-Van Praag, nu de KNAW onder zijn bestuur in 1993 toch op z'n minst verwarring heeft gecreëerd met de brief aan Schnabel en mij.

Door mij benaderde leden van de toenmalige Commissie Nieuwe Leden (prof.dr. Douwe Breimer, prof.dr. Jan van Bemmel en prof.dr. Guido Tytgat), laten weten dat zij zich de zaak onvoldoende kunnen herinneren om een oordeel te kunnen vellen over de brief van het toenmalige KNAW-bestuur. Om dat geheugen op te frissen had ik het gehele dossier met correspondentie uit 1993 meegezonden, maar dat hielp kennelijk niet.

Ik verzoek ook het huidige KNAW-bestuur om een oordeel te vellen over de brief uit 1993. Een reactie blijft uit: men is op dat moment druk met het uitluiden van prof.dr. Robbert Dijkgraaf als president en met de installatie van zijn opvolger, prof.dr. Hans Clevers.

Welke documenten liggen er al met al op tafel over de zaak-Van Praag? Uiteraard het artikel uit 1978 in *Maandblad geestelijke volksgezondheid* van Schnabel, die tot op heden achter zijn bevindingen staat; het weerwoord in hetzelfde tijdschrift van Van Praag; het *Vrij Nederland*-interview uit 1978 waarin Van Praag erkende dat hij duidelijker had moeten zeggen wat hij aan Gove had ontleend, moet volgens advocaat Groen van tafel omdat Van Praag onjuist zou zijn geciteerd; de brief van Vinken uit 1982, die de oratie typeerde als 'een vorm van indirect plagiaat, van plagiaat door omissie' en meer nog als 'misleidende hypercitering' (door Vinken gedefinieerd als 'een kwaadaardige, althans misleidende vorm van wetenschappelijk snobisme'); het rapport van de Commissie Nieuwe Leden uit 1993, die stelde dat er geen sprake is van plagiaat maar dat Van Praag hooguit te veel had geparafraseerd en te weinig letterlijk geciteerd; de brief van het KNAW-bestuur uit 1993, die mist creëerde over het werk van deze commissie.

Ik stel advocaat Groen voor om zijn cliënt te vragen de zaak voor te leggen aan het LOWI, om voor eens en altijd duidelijkheid te creëren. Groen laat weten dat Van Praag dat niet wil 'omdat i) de onderzoekscommissie van het KNAW na uitvoerig onderzoek van de inhoudelijke merites van de beschuldigingen en na kennisname van al het materiaal heeft geoordeeld dat van plagiaat geen sprake is, ii) ook New York, Maastricht en Utrecht na onderzoek tot dit oordeel zijn gekomen, en iii) er inmiddels bijna 35 jaar is verstreken sinds de oratie en bijna 20 jaar sinds het duidelijke oordeel van de commissie van het KNAW. Enige suggestie dat de heer Van Praag dit niet zou willen omdat hij iets te verbergen zou hebben, is strijdig met de waarheid en dus misplaatst.'

Paul Schnabel, in 1978 instigator van de zaak-Van Praag, verbaast zich in 2012 over de juridische druk die Van Praag op mij uitoefent, terwijl hij zelf nooit op deze wijze onder vuur is komen te liggen. Hij staat weliswaar nog achter zijn conclusies uit 1978, maar vindt het na zoveel jaren wel een kwestie uit een erg grijs verleden. Schnabel zegt Van Praag een jaar of tien geleden via een wederzijdse kennis te hebben uitgenodigd om een glas te drinken en de zaak eindelijk eens uit te praten, maar dat zou Van Praag hebben geweigerd. Van Praag ontkent via zijn advocaat dat Schnabel dit zoenoffer heeft gedaan. Groen laat weten dat Van Praag wel bereid is tot een ontmoeting, maar vraagt zich af wat de zin daarvan is als Schnabel, ondanks het oordeel van de KNAW-commissie uit 1993, blijft vasthouden aan zijn standpunt.

Vlak voor het ter perse gaan van dit boek laat het KNAW-bestuur alsnog van zich horen, nadat de zaak-Van Praag is besproken op een vergadering. Hun bericht is een herhaling van de formalistische brief uit 1993, die Frits Meijler als 'onwaar en oncollegiaal' had getypeerd. 'Het KNAW-bestuur constateert dat de heer Van Praag in april 1993 met een aantal andere kandidaat-leden door de Commissie Nieuwe Leden van de Sectie Geneeskunde "in competitie" is beoordeeld voor een mogelijk KNAW-lidmaatschap. Deze Commissie Nieuwe Leden kende de plagiaatbeschuldiging, maar concludeerde na bestudering van alle beschikbare bescheiden dat gezien de excellente wetenschappelijke prestaties van de heer Van Praag het vermeende plagiaat niet zwaar genoeg woog om hem niet te nomineren voor het Akademielidmaatschap. Deze nominatie heeft geleid tot verkiezing van de heer

Van Praag als lid van de Akademie in augustus 1993. Het huidige KNAW-bestuur constateert overigens ook dat door vorige KNAW-besturen over de verkiezing van Van Praag correct aan derden informatie is verstrekt. De suggestie dat een toenmalig KNAW-bestuur over de verkiezingsprocedures onjuiste informatie heeft verschaft is onterecht: van een speciale commissie die als opdracht had "de casus Van Praag" te bestuderen, was in 1993 immers geen sprake.'

Frits Meijler (in 2010 overleden) zou hier ongetwijfeld weer zeer verontwaardigd op hebben gereageerd.

De lange adem van René Diekstra

Op 17 augustus 1996 verscheen in *Vrij Nederland* een artikel van Ellen Danhof en Elma Verhey over *Het onderste boven*, het laatste boek van de productieve Leidse psycholoog prof.dr. René Diekstra. De expert op het terrein van suïcidaal gedrag, die door zijn vele boeken, columns en media-optredens grote publieke bekendheid genoot, bleek acht pagina's zonder adequate bronvermelding te hebben overgenomen uit het boek *How to heal depression* van de Amerikanen Harold Bloomfield en Peter McWilliams. Hiermee geconfronteerd gaf Diekstra vanaf zijn vakantieadres toe stukken te hebben overgenomen. Hij beweerde dat ook te hebben gemeld aan uitgeverij A.W. Bruna. Er was misschien iets misgegaan met faxen, opperde Diekstra, die ook nog als excuus aanvoerde dat het boek onder grote tijdsdruk tot stand was gekomen.

De zaak werd breed uitgemeten in de media. Het College van Bestuur kondigde aan met Diekstra te zullen spreken zodra deze terug was van vakantie. Diekstra beschreef in zijn column in de GPD-bladen wat hij in het vliegtuig doormaakte op weg naar huis. 'Als we tegen mijn uitdrukkelijke wens in toch opstijgen, begin ik om een vliegramp te smeken en met mijn gedachten probeer ik motoren te laten ontploffen en vleugels af te breken.' Hij bezon zich ook op een manier om zichzelf 'te elimineren, te zorgen dat ik weg ben uit dit leven voor we in Amsterdam aan de grond staan', maar had toch afgezien van zelfmoord. Hij maakte zich kwaad over 'de wereld die toestaat dat dit soort dingen gebeuren, dat mensen andere mensen aan de schandpaal nagelen, zonder ze eerst gehoord te hebben, veroordelen zonder enige vorm van een fair proces'.

Diekstra ging na terugkomst diep door de knieën voor de geplagieerden Bloomfield en McWilliams. Hij zegde toe dat er binnen negen maanden een Nederlandse vertaling van hun boek zou komen. Ze kregen daarvoor een voorschot van tienduizend dollar en Diekstra zou op televisie reclame maken voor het boek.

De RU Leiden stelde na een gesprek met Diekstra een commissie in die een code moest opstellen voor bronvermeldingen in populair-wetenschappelijk werk, en de affaire leek verder met een sisser af te lopen. Totdat in *Vrij Nederland* een nieuw stuk verscheen dat nog veel meer voorbeelden van overnames zonder afdoende bronvermelding bevatte. In *Het onderste boven* ging het om 48 pagina's, respectievelijk 16 pagina's; in *Als leven pijn doet* had Diekstra in het voorwoord wel verwezen naar zijn bron, maar had verderop in het boek 26 pagina's letterlijk of bijna letterlijk overgenomen uit die bron, zonder dat afdoende duidelijk te maken in de tekst (bijvoorbeeld met aanhalingstekens of voetnoten).

Diekstra ging met ziekteverlof, in afwachting van een grondig onderzoek door de RU Leiden, waar hij sinds 1979 hoogleraar Klinische en gezondheidspsychologie was. Wel verscheen hij op het hoogtepunt van de affaire op televisie. Hij vertelde aan Paul Witteman dat hij was begonnen met het controleren van zijn hele werk, omdat hij niet uitsloot dat hij nog meer bronnen niet juist had vermeld. Diekstra's vermoeden was juist, want nu alle media alert waren en gingen graven, werden er meer teksten zonder afdoende bronvermelding gevonden.

De RU Leiden gaf een onafhankelijke commissie, bestaande uit prof.dr. Wim Hofstee, hoogleraar Psychologie aan de RU Groningen, en prof.mr. Thijs Drupsteen, hoogleraar Staats- en bestuursrecht aan de RU Leiden, opdracht alle beschuldigingen te beoordelen en advies te geven over eventuele stappen tegen Diekstra. In de tussentijd bleven in de pers nieuwe verhalen over publicaties van Diekstra verschijnen. In *Vrij Nederland* beklaagde de Amerikaanse psycholoog Gary McEnery zich er bijvoorbeeld over dat Diekstra aan de haal zou zijn gegaan met een (ongepubliceerd) Engelstalig manuscript van zijn hand en dit in Nederland had laten uitgeven onder de titel *Je verdriet voorbij*. Wel stond op het titelblad en op de copyrightpagina dat Diekstra had samengewerkt met McEnery, maar op het omslag stond alleen de naam van Diekstra.

Diekstra's collega prof.dr. A. Kerkhof meldde rechtstreeks aan de commissie dat Diekstra hem in 1986 zonder zijn medeweten zou hebben betrokken bij plagiaat van een wetenschappelijk artikel. Het betrof een bewerking van een manuscript van de Schotse psycholoog S. Platt, dat onder de naam van Diekstra en Kerkhof was verschenen in het *Nederlands Tijdschrift voor Geneeskunde*.

De commissie-Hofstee/Drupsteen ging alle aantijgingen een voor een na en gaf Diekstra de gelegenheid zich te verweren. De commissie oordeelde in november 1996 dat 'er in het populair-wetenschappelijke werk van prof. Diekstra verschillende gevallen voorkomen van plagiaat c.q. het niet of zonder voldoende bronvermelding overnemen van het werk van anderen, terwijl dit in zijn wetenschappelijke werk in één geval is geconstateerd'.

De commissie gaf een aantal overwegingen waarom 'bij plagiaat c.q. het onzorgvuldig overnemen in populair-wetenschappelijk werk iemands positie als hoogleraar wel degelijk in het geding is', omdat de relevantie daarvan in de pers in twijfel was getrokken. Die overwegingen waren onder meer:

'a) De populaire publicaties liggen inhoudelijk op het vakgebied dat wordt bestreken door de leeropdracht.

b) De auteurs van wie passages zijn overgenomen, zijn vakgenoten.

c) De universiteit heeft als taak, naast wetenschappelijk onderwijs en onderzoek, maatschappelijke dienstverlening op wetenschappelijke basis. De publicaties in kwestie vallen duidelijk althans onder die laatste taak.

(...)

h) Verondersteld mag worden dat de boeken hun invloed deels ontlenen aan de positie van de schrijver als hoogleraar, met name daar waar ze door professionele hulpverleners aan leken worden aanbevolen.'

De commissie noemde het van 'wezenlijk belang' dat de 'beschuldigingen van wetenschappelijk wangedrag in de vorm van het zonder meer of het zonder toereikende bronvermelding overnemen van werk van anderen mede betrekking' had op een wetenschappelijke publicatie. De commissie stelde dat 'men nog van mening kan verschillen over de implicaties van ongeoorloofde overnames in *populair-wetenschappelijk* werk', maar dat de 'weerslag op de positie als wetenschappelijk onderzoeker' bij ongeoorloofde overname in *wetenschappelijk* werk 'onmiskenbaar' was. Diekstra was volgens de commissie als eerste auteur en eindverantwoordelijke voor het vakgroepsonderzoek 'ten minste medeverantwoordelijk' voor de overnames zonder bronvermelding uit het manuscript van Platt in het artikel dat hij met Kerkhof had gepubliceerd in het *Nederlands Tijdschrift voor Geneeskunde.*

De commissie kwam na weging van alle kwesties tot de slotsom 'dat zijn positie als hoogleraar ernstig ter discussie is komen te staan en hij als zodanig niet gehandhaafd kan blijven'.

Het College van Bestuur kwam in december 1996 met Diekstra overeen dat hij op eigen verzoek ontslag zou nemen, met twee jaar wachtgeld. Daarmee voorkwam Diekstra dat de universiteit hem oneervol zou ontslaan.

Eind 1997 verscheen er een boek over de affaire onder de titel *Leiden in last. De zaak-Diekstra nader bekeken.* Het initiatief daartoe was genomen door Jan Dijkhuis, emeritus hoogleraar Psychologie in Leiden en een van de leermeesters van Diekstra. Hij had diverse personen die tijdens en na de affaire kritiek op Diekstra's behandeling hadden geuit, gevraagd een stuk te schrijven waarin zij uitlegden waarom het 'godenkind', zoals Dijkhuis Diekstra betitelde, onheus zou zijn bejegend. Het resultaat was een boek van 272 pagina's, met veel voetnoten en bijlagen (65 pagina's), waarvan diverse afkomstig uit het archief van Diekstra zelf. De boodschap van *Leiden in last* was dat Diekstra's misstappen helemaal niet zo ernstig waren en dat de aantijgingen zelfs deels onterecht waren. De auteurs van *Leiden in last* probeerden het oordeel van de commissie-Hofstee/Drupsteen stapsgewijs af te breken. Ze richtten hun pijlen in de eerste plaats op het plagiaat uit het manuscript van Platt. De auteurs stelden dat Diekstra had kunnen aanblijven als zijn plagiaat (dat volgens hen ten onrechte als plagiaat was bestempeld, maar daarover hieronder meer) alleen tot populariserend werk beperkt zou zijn gebleven en daarom was het voor hun argumentatie van groot belang deze beschuldiging van plagiaat in wetenschappelijk werk te ontzenuwen.

Dijkhuis stelde dat de commissie-Hofstee/Drupsteen zich niet had laten overtuigen van Kerkhofs onschuld. Die conclusie meende hij te kunnen trekken omdat in het definitieve rapport de zinsnede was geschrapt dat de commissie geen reden had 'om te twijfelen aan de integriteit van prof. Kerkhof', een formulering die wel in het conceptrapport had gestaan. Volgens Dijkhuis, die 'persoonlijke karakteriseringen' achterwege zei te hebben gelaten maar in werkelijkheid vele malen op de man speelde, was Kerkhof zelfs de eigenlijke plagiator en niet Diekstra. Kerkhof had volgens Dijkhuis alleen maar aangifte gedaan bij de commissie-Hofstee/Drupsteen omdat hij ten koste van Diekstra carrière wilde maken. Het feit dat een commissie van de Vrije Universiteit, waar Kerkhof hoogleraar was, in december 1996 een gunstig oordeel had geveld over de rol van Kerkhof in deze zaak, veegde Dijkhuis van tafel. De Vrije Universiteit had een 'waardevol geachte hoogleraar' niet willen laten vallen, beweerde Dijkhuis. Daar leverde hij echter geen bewijs voor.

Coauteur Arthur Rörsch stelde in *Leiden in last* dat het niet Diekstra's schuld was dat de naam van Gary McEnery niet op het omslag van *Je verdriet voorbij* stond. Dit zou blijken uit een tweeregelig briefje van een redacteur van uitgeverij Bruna uit Diekstra's archief. Deze redacteur schreef dat 'wijzigingen' die Diekstra had aangegeven niet meer konden worden doorgevoerd omdat het omslag al was gedrukt. Of die wijzigingen het toevoegen van McEnery's naam betroffen, bleek echter niet uit dat briefje. Diekstra's brief met de gesuggereerde wijzigingen was niet opgenomen in *Leiden in last*.

Dat boek bevatte wel kopieën van contracten waaruit bleek dat Diekstra op zeker moment had ontdekt dat de naam van McEnery daarin ontbrak en dat hij had aangegeven dat hij het boek in samenwerking met McEnery had gemaakt. Op welke datum Diekstra deze wijzigingen had doorgegeven bleek niet uit de kopieën. Het had in elk geval niet als effect gehad dat Bruna daarna een aangepast, correct contract naar McEnery had gestuurd vóór verschijning. McEnery had geen idee gehad dat er een Nederlandse versie van het boek zou verschijnen, omdat Diekstra en Bruna hem dat nooit hadden verteld. De Amerikaan had ook geen boek opgestuurd gekregen van Bruna of Diekstra. Hij had pas twee maanden na verschijning van een buitenstaander over het bestaan ervan gehoord. McEnery was daarna naar Nederland gekomen om het contract alsnog in orde te maken en om samen met Diekstra te onderhandelen over een mogelijke Duitse uitgave. McEnery zag deze uitgaven als opstap naar een Amerikaanse uitgave van het boek, die er overigens nooit zou komen.

Rörsch' bijdrage aan *Leiden in last* maakte aannemelijk dat Diekstra McEnery's rol niet had willen verdoezelen, maar wel onvoldoende had gecommuniceerd met McEnery. Uit Rörsch' reconstructie bleek bovendien dat ook de uitgever fouten had gemaakt. De commissie-Hofstee, die geen contact had gehad met de uitgever over de gang van zaken, had de rol van de uitgever echter op voorhand irrelevant verklaard door te stellen: 'De auteur is hoe dan ook verantwoordelijk voor het eindproduct.'

Informatiespecialist drs. M. Hofstede stelde in *Leiden in last* dat de wijze waarop Diekstra in zijn zelfhulp- en populair-wetenschappelijke boeken teksten van anderen had overgenomen, geen plagiaat mocht heten. Hij meende dat dan eerst moest worden aangetoond dat Diekstra 'de bedoeling' had gehad om die teksten voor eigen werk te laten doorgaan. Zo had Diekstra zich ook al verweerd tegenover de commissie-Hofstee/Drupsteen. Die commissie wees deze argumentatie van de hand met de opmerking dat dit een relevant verweer zou kunnen zijn bij een incidentele vergissing, maar niet als er verschillende keren sprake is van het overnemen van andermans teksten zonder voldoende bronvermelding.

Hofstede redeneerde dat Diekstra's overnames wel geoorloofd zouden zijn geweest als hij of de uitgever dit auteursrechtelijk zou hebben geregeld. De commissie had ook dit argument gewogen in een aantal kwesties, maar het vermoeden uitgesproken dat de auteurs niet akkoord zouden zijn gegaan met de wijze waarop hun teksten in die boeken waren geïntegreerd.

Ook Hofstede ging, op zakelijker toon dan Dijkhuis, in op de zaak-Platt. Hij stelde dat sommige elementen uit Kerkhofs verhaal, zoals een in het archief van de vakgroepssecretaresse teruggevonden voorblad met Platts naam erop, nadere opheldering vereisten. Hofstede concludeerde dat Kerkhof 'mede- en vermoedelijk hoofdverantwoordelijke was' voor het plagiëren van Platt. De commissie-Hofstee had overigens al vastgesteld dat de toedracht van de kwestie-Platt niet helder was, maar had geconcludeerd dat Diekstra als eerste auteur hoe dan ook ten minste medeverantwoordelijk was.

De Rijksuniversiteit Leiden zag in *Leiden in last* geen aanleiding om de zaak-Diekstra te heropenen. Kerkhof besloot in samenspraak met het College van Bestuur van de Vrije Universiteit om niet te reageren op de inhoud van het boek.

In 1998 publiceerde Diekstra zelf een boek over de affaire onder de titel *O Nederland, vernederland! Psychologie van val en opstand*. Daarin vertelde hij dat hij een psychotherapeut in de arm had genomen, omdat de spanningen tussen augustus en december 1996 zo groot waren geweest dat hij een posttraumatische stressstoornis had opgelopen. Zijn therapeut had hem gestimuleerd om alle details en gebeurtenissen uit die periode op te schrijven, inclusief de interpretaties die Diekstra daaraan zelf gaf. Deze 'procesverbaalmethode' was ontwikkeld voor politieke gevangenen die waren gemarteld onder het dictatoriaal bewind in Chili, waarmee Diekstra aangaf dat hij zichzelf ook als een slachtoffer zag.

Hij spiegelde zich aan grote (slachtoffer)figuren uit de geschiedenis en vergeleek zijn lot bijvoorbeeld met dat van Jezus Christus, met Job, met de ten onrechte van incest verdachte politiechef René Lancee en met de Franse politicus Bérégovoy, die na een schandaal zelfmoord had gepleegd.

Diekstra erkende fouten te hebben gemaakt, maar ontkende dat hij plagiaat had gepleegd. Hij stelde dat hij nooit de intentie had gehad om de teksten die hij zonder correcte bronvermelding had overgenomen, voor eigen werk te laten doorgaan. Hij had alleen verzuimd (tegen betaling) toestemming te vragen voor de overnames. De commissie-Hofstee/Drupsteen had in 1996 al afstand genomen van deze verdediging door te stellen dat goede of slechte bedoelingen niet te toetsen zijn en dat in Diekstra's geval het aantal 'onbedoelde' overnames zonder bronvermelding bovendien te groot was om aan ongelukjes te kunnen denken.

Een flink deel van het boek was gewijd aan (vermeende) fouten van anderen. Zo beweerde Diekstra dat hij zelf ook straffeloos was geplagieerd. De NCRV zou bijvoorbeeld de naam van het quizprogramma 'Denkwijzer' van hem hebben gestolen. Diekstra schreef in de GPD-kranten al jaren een column die zo heette en vond dat dit zíjn merknaam was geworden. Ook zouden de Nederlandse universiteiten volgens Diekstra dezelfde auteursrechtelijke zonden hebben begaan als hij, maar daar mee zijn weggekomen. Hij doelde op het feit dat universiteiten geregeld verzuimden de rechthebbenden te betalen voor teksten die werden opgenomen in *readers*, artikelenbundels die gebruikt worden in het universitaire onderwijs.

Diekstra liet de zaak na de publicatie van zijn boek niet rusten. Hij begon bij de Haagse rechtbank een procedure tegen de Rijksuniversiteit Leiden, nadat deze hem inzage had geweigerd in verslagen van de bijeenkomsten en de gesprekken met derden van de commissie-Hofstee/Drupsteen. De rechtbank gaf de universiteit in 1999 gelijk. In 2000 kreeg Diekstra ook in beroep bij de Raad van State nul op het rekest. Steeds was het argument dat de bedoelde verslagen niet onder de Wet Openbaarheid van Bestuur vielen, omdat de commissie Hofstee-Drupsteen een buiten-universitaire commissie was.

Eind 2000 kreeg Diekstra bijval uit verrassende hoek. *De Telegraaf*, die hem na het losbarsten van de zaak in 1996 'Spiekstra' had gedoopt, had de primeur dat McEnery Diekstra in het voorwoord van de herdruk van *Je verdriet voorbij* vrijpleitte van plagiaat. *De Telegraaf* schreef letterlijk: 'In het voorwoord van de herdruk van het gewraakte boek *Je verdriet voorbij*, dat in het voorjaar verschijnt, zuivert McEnery, langdurig uit de roulatie geweest na een ernstig ongeval, de naam van zijn ten val gebrachte collega. Hij schrijft: "Van het begin af aan is het de bedoeling geweest om samen dit boek te schrijven, René voor de Nederlandse, ik voor de Engelstalige markt. Het copyright zou op beider naam staan. Dat is ook gebeurd. Mensen zijn op de gedachte gebracht dat René het manuscript zou hebben gestolen. Dat klopt niet. En René heeft daarvoor een onacceptabel hoge sociale en emotionele prijs moeten betalen."'

De Telegraaf citeerde ook uit het voorwoord van de herdruk van *Als leven pijn doet*. In de daaraan voorafgaande druk had Diekstra volgens de commissie-Hofstee/Drupsteen 26 pagina's zonder afdoende bronvermelding overgenomen van de Amerikaanse hoogleraar Psychologie Sol Gordon. De commissie had erkend dat er een verwijzing naar het werk van Gordon in het voorwoord stond, maar vond dat 'onvoldoende (...) om de beschuldiging van plagiaat te bestrijden waar het gaat om het meer of minder letterlijk overnemen van een groot stuk tekst'.

Volgens *De Telegraaf* nam ook Gordon het op voor Diekstra in het nieuwe voorwoord: 'Al even ondersteboven van de val van René Diek-stra is Sol Gordon, de psycholoog die twintig pagina's lang wordt ge-citeerd in *Als leven pijn doet*. Hij schrijft in de herdruk: "René heeft in dat boek uitgebreid geschreven dat hij veel van zijn ideeën en formu-leringen heeft ontleend aan een werk van mij. En aangezien zijn boek een groot succes is geworden, kan ik niet anders zeggen dan dat ik trots en tevreden ben dat, mede door mijn ideeën, zoveel mensen zijn geholpen die in de problemen zaten."'

Het bericht in *De Telegraaf*, geschreven door Marianne Janssen (een van de auteurs van *Leiden in last*) en Pieter Klein Beernink, werd overgenomen door andere Nederlandse pers. Volgens die berichten bevestigde Diekstra dat McEnery hem had vrijgepleit. Geen enkele journalist controleerde de bronnen die *De Telegraaf* in het bericht noemde: de twee voorwoorden van de nog te verschijnen boeken.

Ik benader in 2012 McEnery met de vraag of de commissie-Hof-stee/Drupsteen destijds zijn standpunt correct heeft weergegeven, omdat ik dat niet kan rijmen met het latere *Telegraaf*-bericht. McEnery laat weten dat de commissie zijn standpunt juist heeft samengevat en hij blijkt verbaasd over de tekst van het voorwoord zoals *De Tele-graaf* die citeert. Hij zegt dat hij Diekstra in 2000 heeft laten weten dat hij zou afzien van medewerking aan de herdruk als Diekstra erop zou blijven aandringen dat McEnery in het voorwoord zou zeggen 'dat Diekstra het eerste manuscript niet heeft gestolen. Ik wist tot nu toe niet hoe mijn woorden in het voorwoord zijn vertaald.'

Na McEnery's antwoord vergelijk ik de voorwoorden in de twee boeken met de weergave daarvan in *De Telegraaf* en ontdek dat ze van elkaar verschillen. McEnery had in werkelijkheid in het voorwoord ge-schreven: 'Op een bepaald moment, lang nadat het boek in druk was verschenen, werd René ervan beschuldigd plagiaat te hebben gepleegd. De waarheid is dat we overeengekomen waren het boek gezamenlijk te schrijven. Voor ons stond van meet af aan vast dat René de oorspron-kelijke Engelse tekst zou herschrijven en uitbreiden ten behoeve van de publicatie. In feite zijn in de oorspronkelijke uitgave (en in iedere uitgave en vertaling daarna) beide namen onder het copyright als de rechthebbenden opgenomen. Enkele ernstige communicatieproble-men tussen ons beiden brachten sommigen ertoe te geloven dat René het manuscript had gestolen. Hij betaalde een niet te tolereren hoge sociale en emotionele prijs voor die misverstanden, maar uiteindelijk heeft het belang van het boek gezegevierd.' Behalve dat de tekst wat anders is dan in het bericht in *De Telegraaf*, ontbreekt in dit voorwoord het zinnetje 'Dat klopt niet' over het stelen van het manuscript.

Ik vraag *Telegraaf*-journaliste Marianne Janssen hoe het mogelijk is dat haar weergave van het voorwoord afwijkt van het werkelijk gepubliceerde voorwoord. Zij schrijft dat zij de tekst van het voorwoord indertijd heeft gekregen van Diekstra's uitgeverij Elmar. 'Maar aangezien dat de tekst was die gedrukt zou worden, wilde ik meer. Citeren was al te eenvoudig. Ik heb het telefoonnummer van McEnery gevraagd en gekregen en ik heb hem gebeld voor wat persoonlijke woorden. Daarmee had ik dus de voorwoordtekst én de gesproken woorden. Die leverden een mix op tot het artikel dat in *De Telegraaf* verscheen. McEnery heeft wel degelijk gezegd: "Dat klopt niet."'

Op mijn vraag waarom ze in het bericht de indruk wekte te citeren uit het voorwoord door de woorden 'Hij schrijft' te gebruiken, reageert Janssen: 'U stelt dat het journalistiek ongebruikelijk is het gesproken woord te combineren met de geschreven woorden over hetzelfde onderwerp van dezelfde spreker/schrijver. Ik heb in veertig jaar journalistiek regelmatig gebruikgemaakt van deze techniek, nooit tot ongenoegen van de geciteerde bron als hij/zij zich in die citaten herkende. "Schrijft/zegt/schrijft/zegt" maakt een tekst onleesbaar. Ik heb er altijd naar gestreefd leesbaar te schrijven.'

McEnery herkent zichzelf desgevraagd echter niet in Janssens weergave van zijn woorden. Hij zegt zich indertijd juist verre te hebben willen houden van de hele discussie over plagiaat. Dat was ook de reden dat zijn bijdrage aan het voorwoord ook in het Engels werd afgedrukt in het boek, met de mededeling dat deze was gedeponeerd in het archief van uitgeverij Elmar, zodat er geen enkele twijfel zou kunnen bestaan over de authenticiteit van McEnery's woorden.

Dit archief blijkt in 2012 te zijn verdwenen bij de overname van Elmar. Wel krijg ik de beschikking over de e-mailuitwisseling tussen Diekstra, McEnery en de uitgever over de inhoud van dit voorwoord.

Deze correspondentie bevestigt de juistheid van McEnery's herinneringen. 'I would like nothing better than to have this book in print, but I do not want to be quoted as saying something I don't mean. I never said René plagiarized and I never said he didn't. I simply told the story about what happened. Many people, I think, have called what happened "plagiarism". I am not interested in judging and I hate this name-calling game. (...) I don't know how you say "allege" in Dutch, but in English "to allege" means "to assert without proof". So, there is not truth or falseness about "alleging". It was alleged that you plagiarized. It was asserted without proof that you plagiarized. (...) I do not want a statement that says that accusations of plagiarism were a lie. (Accusations are not lies.) That is an interpretation of what happened that I do not agree with. I agree that René was accused of plagiarism and that he suffered dearly for it. To say otherwise is to make me a liar.'

Ook het *Telegraaf*-citaat van Sol Gordon blijkt af te wijken van het werkelijk gepubliceerde voorwoord van het boek *Als leven pijn doet* (dat overigens pas drie jaar na het bericht in *De Telegraaf* verscheen). Gordon is in het werkelijk gepubliceerde voorwoord nog wat positiever over Diekstra dan in de krant. 'In het voorwoord van de eerste editie was René zo grootmoedig om te vermelden dat het boek wemelde van de ideeën en formuleringen uit mijn boek *When living hurts*; ik kan alleen maar zeggen dat ik er trots op ben en dat het me een grote voldoening schenkt dat ik en mijn ideeën het leven van zo veel mensen konden veranderen.' Uit Gordons tekst wordt niet duidelijk of hij wel besefte wat de bezwaren van de commissie-Hofstee tegen Diekstra's omgang met zijn tekst waren geweest (namelijk geen afdoende vermelding van de bron). Omdat Gordon in 2008 is overleden kan ik in 2012 niet meer nagaan hoe zijn bijdrage aan het voorwoord tot stand was gekomen.

Uitgever Chris de Graaf, die dit boek had heruitgegeven bij uitgeverij Karakter, laat in 2012 desgevraagd weten: 'Marianne Janssen van *De Telegraaf* vroeg mij wat de stand van zaken was met betrekking tot *Als leven pijn doet*. Ik heb haar geantwoord dat we daarmee bezig waren en dat er een voorwoord van Sol Gordon in zou komen. Ik heb haar verteld wat de inhoud van dat voorwoord grosso modo was. Wij waren er eerlijk gezegd als beginnende uitgeverij niet ongelukkig mee dat er op die manier een soort vooraankondiging van de nieuwe editie zou komen. Maar het bleek dat Diekstra er helemaal niet gelukkig mee was en liever had gewild dat we ermee gewacht hadden tot het boek er ook daadwerkelijk was. Achteraf gezien begreep ik zijn reactie ook wel. Zijn redenering was dat het boek er nog lang niet was, en wat als het, om welke reden dan ook, er ook niet zou komen? Dan zou zo'n voorbericht zeker als een loze reclamestunt uitgelegd worden door die journalisten die het toch al niet erg met hem op hadden.'

Ik leg de voorwoordenkwestie in 2012 ook voor aan René Diekstra. Hij zegt dat hij niet verantwoordelijk is voor de berichtgeving hierover in de diverse kranten. Diekstra bevestigt dat hij er indertijd niet gelukkig mee was omdat de kans bestond dat (een van) de boeken niet zouden verschijnen.

Hij maakt in onze uitwisseling nog eens duidelijk hoe hij tegen de kwestie met McEnery aankijkt. Hij geeft toe dat hij slecht heeft gecommuniceerd met McEnery over het boek, maar vindt dat de kwestie hem niet meer had mogen worden nagedragen door de commissie-Hofstee/Drupsteen nadat McEnery in 1991 alsnog een contract had getekend. 'McEnery was er zich duidelijk van bewust dat door het tekenen van een contract met een andere auteur waarin beiden gelijke rechten en plichten hebben, ook al is dat na publicatie, formeel en feitelijk wordt vastgelegd dat het gaat om een gezamenlijk geestesproduct. Er kan dan geen sprake zijn van plagiaat van de ene auteur jegens de andere. Evenmin kan er dan sprake zijn van het zich meester maken van een manuscript door de ene auteur ten koste van de andere. (...) Het probleem, ontstaan door nalatigheden onzerzijds, was formeel en feitelijk opgelost, op een wijze die de instemming van alle betrokken partijen had.'

Toenmalig uitgever van Bruna, Chris de Graaf (later uitgever bij Karakter), laat in 2012 desgevraagd weten dat hij 'bepaald niet gecharmeerd' was van de manier waarop A.W. Bruna destijds met de zaak-Diekstra is omgegaan: 'Ik vond dat we te terughoudend geweest waren: de pers vonden wij nogal agressief (hij werd behandeld als een misdadiger) en we wilden onze uitgeverij op de achtergrond houden. Lang vóór de eerste editie van *Je verdriet voorbij* was al bekend, bij vriend en vijand, dat dit een samenwerking tussen McEnery en Diekstra was. Hij had het zelfs, als ik me niet vergis, een keer in nota bene *Vrij Nederland* gezegd [10 oktober 1990, FvK]. Bij Bruna wisten we dat vanaf het begin ook als geen ander. Onze taak was, gezien het gegeven dat het copyright/auteursrecht op naam van twee mensen stond, tijdig te zorgen voor daarbij behorende contracten en opmaak. Diekstra heeft daar ook steeds op aangedrongen. Achteraf vind ik dat Bruna eerder met informatie had moeten komen die dat duidelijk maakt. Toen de uitgeverij dat wel deed was het voor Diekstra al te laat. Het is voor mij lange tijd onbegrijpelijk geweest, waarom de onderzoekscommissie van de Leidse Universiteit die, door maar één blik te werpen in *Je verdriet voorbij*, had kunnen zien dat bij het uitgeven het nodige was misgegaan, nooit contact met Bruna heeft gezocht om een en ander uit te zoeken. Inmiddels begrijp ik het maar al te goed. Die commissie, en vermoedelijk achter haar de Leidse Universiteit, had in die periode geen enkele behoefte aan voor Diekstra ontlastende informatie. Hij moest gewoon aan de schandpaal... Wij hebben McEnery indertijd verschillende keren gesproken, zowel telefonisch als persoonlijk. Tegen ons heeft hij meerdere keren gezegd Diekstra erkentelijk te zijn voor het feit dat die erin is geslaagd, precies volgens de afspraken die ze vanaf het allereerste begin hadden gemaakt, om *Je verdriet voorbij* uitgegeven te krijgen, zowel in Nederland als Duitsland. McEnery zelf is het nooit gelukt in eigen land. Iedere toespeling, of erger nog conclusie zoals van de Leidse commissie, dat Diekstra zich indertijd meester zou hebben gemaakt van het manuscript dat ten grondslag ligt aan *Je verdriet voorbij*, of nog erger, dat zou hebben gestolen, is daarom pertinent onjuist. Gezien mijn betrokkenheid indertijd kan ik daar beter over oordelen dan wie ook. Ook McEnery weet dat maar al te goed. Maar hij is altijd bang geweest, gezien uitspraken die hij ooit had gedaan, dat dit zwart-op-wit toegeven hem het risico zou opleveren van een proces van Diekstra jegens hem.'

Commissievoorzitter Hofstee zei in 2002 tijdens een getuigenverhoor (zie verderop) over de kwestie met de contracten: 'Ik kan mij herinneren, maar dat zou moeten worden nagegaan in de correspondentie, dat de heer Diekstra de commissie erop heeft gewezen dat hij Bruna erop had geattendeerd dat er ook een contract met betrekking tot deze uitgave naar de heer McEnery gestuurd moest worden. Dit feit is uiteraard bij onze beoordeling betrokken.'

Een maand na het artikel over de voorwoorden publiceerden dezelfde twee journalisten van *De Telegraaf* in 2001 een nieuw stuk. 'De naam van de psycholoog René Diekstra is op een haar na gezuiverd,' aldus de krant. 'Waar hij plagiaat zou hebben gepleegd in zelfhulpboeken, zijn de betreffende auteurs Diekstra te hulp gesneld. Deze beschuldigingen zijn van tafel. Nu wordt de laatste en zwaarste teniet gedaan.'

Janssen en Klein Beernink zeiden bewijzen te hebben dat Kerkhof had gelogen en dat niet Diekstra maar Kerkhof de plagiator was van het artikel van Platt. Kerkhof zou Diekstra de schuld hebben gegeven om zijn eigen wangedrag te verhullen. *De Telegraaf* legde gegevens uit het dossier voor aan Kerkhof. Waaruit de vermeende bewijzen tegen Kerkhof bestonden maakte de krant niet duidelijk, evenmin als de herkomst ervan. Kerkhof noemde ze volgens *De Telegraaf* 'oude koeien'. Over het oordeel van de krant zei Kerkhof: 'Uw interpretatie is erg hypothetisch.'

Rector magnificus prof.dr. Theo Sminia van de VU zag geen reden om terug te komen op het positieve oordeel over Kerkhof dat de universiteit in december 1996 al had geveld. 'Aan de integriteit van Kerkhof wordt onzerzijds niet getwijfeld,' meldde hij *De Telegraaf.*

Diekstra zegt in 2012 desgevraagd dat hij ook met dit bericht in *De Telegraaf* geen bemoeienis heeft gehad.

Kerkhof wil in 2012 niet meer ingaan op de zaak. Hij zegt alleen: 'Ik begrijp dat ik er niet meer op hoef te hopen ooit excuses aangeboden te krijgen van Diekstra.'

Met het oog op zijn rehabilitatie liet Diekstra in 2002 bij de Haagse rechtbank getuigenverhoren afnemen van Hofstee, Drupsteen, commissiesecretaris Marion Nijhuis en oud-rector magnificus prof.dr. L. Leertouwer. Het universiteitsblad *Mare* meldde in 2003 dat volgens Diekstra uit die verhoren zou zijn gebleken dat de commissie-Hofstee een ontlastende verklaring met betrekking tot de kwestie-Platt had achtergehouden. Diekstra eiste daarom dat het Leidse College van Bestuur publiekelijk afstand zou nemen van het rapport. Ook zou het College van Bestuur spijt moeten betuigen over 'de mogelijk negatieve gevolgen' die deze 'nalatigheid' voor Diekstra had gehad, zo citeerde *Mare* uit de brief van Diekstra aan het College. Mocht het College daar niet toe bereid blijken, dan zou Diekstra een civiele procedure beginnen, waarin hij de commissie en het College aansprakelijk zou stellen 'voor de onzorgvuldigheden in het rapport', aldus *Mare.*

Deze civiele procedure was in 2012 nog niet gestart, maar betrokkenen ontvingen wel een stuitingsbrief om verjaring van een eventuele aansprakelijkheidszaak te voorkomen.

Diekstra laat mij in 2012 desgevraagd weten niet uit te sluiten dat hij de civiele procedure alsnog doorzet. Uit de getuigenverhoren zou ook zijn gebleken dat het Leidse College van Bestuur had meegeschreven aan het rapport van de onderzoekscommissie, wat volgens Diekstra vragen oproept over de onafhankelijkheid van deze commissie. In het overzicht van werkzaamheden van de commissie ontbreekt een belangrijke bijeenkomst over 'essentiële kwesties, zoals onder meer (het schrappen van) de definitie van plagiaat', aldus Diekstra.

Deze bijeenkomst komt inderdaad niet voor in de beschrijving van de werkwijze van de commissie, waarin wel staat vermeld dat het rapport na het aanbieden ervan aan de rector is aangepast 'op enkele redactionele punten'. Hofstee verklaarde dit tijdens een van zijn twee getuigenverhoren in 2002 aldus: 'In de weergave van de werkwijze staat niet dat wij bij deze personen [wie hij bedoelt met "deze personen" wordt niet duidelijk uit het verslag, FvK] informatie zouden inwinnen omdat het vanzelfsprekend was dat wij in het kader van het conceptrapport bij deze personen informatie zouden inwinnen. Ik doel dan specifiek op de rector die bij die bespreking werd vergezeld door eerdergenoemde personen.'

Over het schrappen van de definitie van plagiaat zei Hofstee in 2002: 'De aanleiding waarom de definitie van plagiaat in het conceptrapport wel en in het definitieve rapport niet is opgenomen is dat mr. Polak [de toenmalige advocaat van Diekstra, FvK] op 15 november 1996 kritiek uitte op deze definitie.' Hofstee zei tijdens datzelfde getuigenverhoor dat de passage waarin de commissie verklaarde niet te twijfelen aan de integriteit van Kerkhof, was komen te vervallen op verzoek van Diekstra's advocaat.

Oud-rector Leertouwer laat in 2012 weten: 'Het CvB heeft niet meegeschreven aan het rapport. De gang van zaken was de volgende: noch ik, noch mijn collegae in het CvB hebben enig contact met de commissie gehad tussen haar instelling in september 1996 en haar rapportage in november 1996. Ik heb het rapport overhandigd aan het CvB met de mededeling, dat naar mijn mening ontslag van Diekstra onvermijdelijk was. Overschrijven mag nu eenmaal niet. Er ontstond in de vergadering discussie over de vraag of Diekstra oneervol ontslag zou krijgen dan wel in de gelegenheid zou worden gesteld, zelf ontslag te nemen. Ik pleitte voor het laatste op grond van zijn eerdere verdiensten voor de Leidse Universiteit. Het College nam mijn voorstel over en verzocht mij het rapport ter inzage te geven aan de universiteitsadvocaat, mr. De Wijkerslooth, met het oog op mogelijke juridische acties van de kant van Diekstra. De raadsman vond de definitie van plagiaat in de inleiding van het rapport riskant ["het overnemen van stukken, gedachten, redeneringen van anderen en deze laten doorgaan voor eigen werk", FvK], omdat deze definitie opzet of voorwaardelijke opzet veronderstelde, terwijl de commissie in de rest van het rapport intenties buiten beschouwing liet en uit het patroon van de gebeurtenissen afleidde dat er sprake was van plagiaat. Ik stelde dat ik uiteraard geen tittel of jota aan het rapport kon wijzigen – de commissie werkte in mijn opdracht, maar volstrekt onafhankelijk – maar dat ik, als de commissieleden daarmee instemden, bereid was een gesprek tussen onze raadsman en de heren Hofstee en Drupsteen te arrangeren om het bezwaar te bespreken. Dat gesprek heeft in mijn bijzijn – maar uiteraard zonder enige inmenging mijnerzijds – plaatsgevonden en de commissie besloot haar tekst iets aan te scherpen. (...) In mijn schriftelijke voorstel aan het CvB heb ik de term "plagiaat" helemaal vermeden: ik had immers te oordelen over een kwestie van academische moraal, niet over juridische aspecten. Daarom schreef ik, dat dr. Diekstra in omvangrijke mate gedurende een reeks van jaren was omgegaan met andermans geestelijke eigendom op een wijze die onder geleerden algemeen als verwerpelijk wordt beschouwd.'

Drupsteen en Hofstee laten in 2012 weten in mijn boek geen commentaar te willen geven op de zaak-Diekstra en de getuigenverhoren.

De nasleep van de affaire-Diekstra maakte het gemis voelbaar van een beroepscommissie binnen de wetenschap die het werk van Hofstee/Drupsteen opnieuw kon wegen. Die beroepscommissie was er in 2003 gekomen in de vorm van het Landelijk Orgaan Wetenschappelijke Integriteit, maar dat was te laat voor Diekstra omdat het LOWI geen zaken in behandeling nam die voor die tijd hadden gespeeld.

Diekstra werd na zijn vertrek uit Leiden adviseur van de gemeente Rotterdam voor jeugd- en sociaal beleid. In 2002 werd hij lector Jeugd en opvoeding aan de Haagse Hogeschool; en in 2004 deeltijdhoogleraar Psychologie aan de Roosevelt Academy in Middelburg, een Zeeuwse dependance van de Universiteit Utrecht die opleidingen op bachelorniveau geeft. Over dat hoogleraarschap ontstond in 2011 een discussie waaruit bleek dat sommige collega's Diekstra de affaire waren blijven nadragen. De Utrechtse hoogleraar Willem Koops, decaan van de faculteit Sociale Wetenschappen, en Hans Stoof, oud-rector magnificus van de UU, stelden in het universiteitsblad *DUB* dat de Roosevelt Academy niet de bevoegdheid had gehad om Diekstra tot hoogleraar te benoemen. De toenmalige dean prof.dr. Hans Adriaansens van de Roosevelt Academy stelde dat Koops en Stoof 'het niet helemaal begrepen hebben'. Volgens Adriaansens was benoeming van Diekstra tot hoogleraar niet nodig geweest omdat Diekstra eerder al hoogleraar was geweest in Leiden, aldus *DUB*. Adriaansens zei in *DUB* niet in te zien waarom Diekstra na de plagiaataffaire geen hoogleraar meer zou hebben kunnen worden. 'Diekstra vervult hier al zeven jaar heel voortreffelijk werk, op het gebied van onderwijs en (undergraduate) onderzoek.'

Stoof hield vol dat Adriaansens standpunt onjuist was: 'Door zijn vertrek in Leiden zou Diekstra opnieuw de titel hoogleraar moeten verwerven en dat zou dan via de Universiteit Utrecht moeten verlopen, hetgeen niet is gebeurd.'

Koops bleek zich te hebben verzet tegen Diekstra's aanstelling aan de Roosevelt Academy vanwege de plagiaataffaire en Diekstra's latere reacties. 'Diekstra ziet zichzelf als slachtoffer in plaats van dader, zoals blijkt uit zijn boek *O Nederland, vernederland*. (...) Daarom vind ik dat je Diekstra niet kunt noch mag inzetten voor de vorming van studenten en promovendi.'

Diekstra zei in 2011 over zijn hoogleraarschap in *DUB*: 'Inhoudelijk ga ik uit van de benoemingsbrief van de Roosevelt Academy en die is helder.'

In 2012 probeer ik vast te stellen of Diekstra nu wel of niet hoogleraar is/was aan de Roosevelt Academy en op basis van de Wet op het hoger onderwijs en het wetenschappelijk onderzoek de titel van professor mag/mocht voeren, ook na zijn pensionering in 2011. Diekstra overlegt desgevraagd een arbeidscontract van de Roosevelt Academy Foundation uit 2004, dat aantoont dat hij is aangesteld als full professor, hoogleraar dus. Ook laat hij een salarisstrook uit 2004 zien waarop hij als 'prof.dr.' staat vermeld. Dat punt is duidelijk.

Maar was de Roosevelt Academy in 2004 *formeel* bevoegd om

Diekstra als hoogleraar te benoemen? De voorlichter van de Universiteit Utrecht laat in 2012 desgevraagd weten dat de Roosevelt Academy *niet* bevoegd is om hoogleraren te benoemen; dat moet gebeuren door de UU, en dat is in het geval-Diekstra niet gebeurd. De huidige dean van de Roosevelt Academy, prof.dr. Barbara Oomen, bevestigt dat haar instelling geen bevoegdheid heeft om docenten tot hoogleraar te benoemen.

Oud-dean Adriaansens zei in *DUB* evenwel iets anders over de kwestie. Bestonden er in 2004 toch afspraken tussen de UU en de Roosevelt Academy die de benoeming van Diekstra tot hoogleraar mogelijk maakten zonder tussenkomst van de UU? Of had Adriaansens zich niet gerealiseerd dat Diekstra na zijn vertrek uit Leiden hoogleraar af was en opnieuw benoemd moest worden door de UU? De enige die dit kan ophelderen is Adriaansens zelf, maar hij verwijst in 2012 door naar Oomen en reageert niet op nieuwe vragen over deze 'academische kwestie'.

Met Diekstra heb ik maandenlang uitgebreide mailuitwisselingen over detailkwesties. In augustus 2012 maakt hij nog eens duidelijk hoe hij tegen de kern van de zaak aankijkt: de beschuldiging van wetenschappelijk wangedrag. Hij is van mening dat alleen sprake kan zijn van wetenschappelijk wangedrag in *wetenschappelijke* publicaties. Hij voelt zich daarin gesterkt door een uitspraak van commissievoorzitter Hofstee, die tijdens bovengenoemd getuigenverhoor in 2002 heeft gezegd: 'De beschuldiging van wetenschappelijk wangedrag had uitsluitend betrekking op het artikel van Platt. Plagiaat in handboeken en dergelijke beschouwden wij niet als plagiaat in wetenschappelijke zin.' Dat is een opmerkelijke uitspraak, want in het rapport van de commissie-Hofstee/Drupsteen werden *twee* soorten wetenschappelijk wangedrag genoemd: plagiaat in een *wetenschappelijk* artikel en plagiaat in *populair-wetenschappelijke* boeken.

Dat *wetenschappelijke* plagiaat betrof de zaak-Platt, maar die zaak hoort volgens Diekstra op het bord van Kerkhof. Hij meent dat te kunnen aantonen met een dossier in zijn bezit. Daarin bevindt zich onder meer een brief van prof.dr. Hans Crombag aan Diekstra's vrouw. Diekstra stuurt mij één zin uit de brief van deze rechtspsycholoog, bekend door zijn optreden als getuige-deskundige in vele rechtszaken: 'Zeker, uit de gegevens in het door jou samengestelde dossier blijkt dat het verhaal van Kerkhof [over zijn rol bij het geplagieerde manuscript van Platt, FvK] innerlijk tegenstrijdig is en dus niet waar kán zijn.'

Bij andere publicaties die de commissie-Hofstee had bekeken ging het volgens Diekstra om *niet*-wetenschappelijke publicaties, die zijns inziens niets met zijn wetenschappelijke werk te maken hadden. De commissie had dat daarom niet als plagiaat in *populair*-wetenschappelijke boeken mogen bestempelen, meent Diekstra. Hij wijst erop dat hij juist werd aangevallen vanwege de *onwetenschappelijkheid* van zijn stellingname in sommige boeken, wat volgens Diekstra bewijst dat zijn boeken wetenschappelijk noch populair-wetenschappelijk waren.

Nadat ik de correspondentie met Diekstra eind augustus 2012 dacht te hebben afgesloten, krijg ik maar liefst vijf brieven van zijn advocaat. Diekstra zegt deze advocaat te hebben ingeschakeld 'met het oog op het adequaat en volledigheidshalve gebruiken van het door mij en bepaalde anderen aan u aangeleverde materiaal'. De uitwisseling met deze advocaat loopt uit op een herhaling van zetten en we sluiten de discussie.

Eén ding is zeker: de zaak-Diekstra, geboren in 1996, behoort voor René Diekstra in 2012 nog niet tot het verleden.

Indiaas-Duits recyclen

Frank den Hond, universitair hoofddocent aan de faculteit Sociale wetenschappen van de Vrije Universiteit, werd eind jaren negentig benaderd door de Indiase wetenschapper Anshuman Khare, research fellow aan de Johannes Gutenberg Universität in Mainz, Duitsland. Khare wilde graag het proefschrift over recycling van auto's lezen waarop Den Hond in 1996 was gepromoveerd. De VU-wetenschapper stuurde hem de elektronische bestanden en was zijn hulp allang vergeten toen een collega hem in 2001 attendeerde op een artikel in het tijdschrift *Technovation*, geschreven door prof.dr. Klaus Bellmann uit Mainz. Kahre, inmiddels verbonden aan Athabasca University in Canada, was tweede auteur. Van het tien pagina's tellende artikel bleken er bijna zes zonder bronvermelding letterlijk te zijn overgenomen uit Den Honds proefschrift.

Den Hond kaartte de zaak aan bij de auteurs, die stelden een onopzettelijke vergissing te hebben begaan. Het duo stelde eerst voor om een correctie te plaatsen, met de melding dat de verwijzing naar het proefschrift was vergeten. Toen Den Hond dat onvoldoende vond boden ze aan om een correctie te plaatsen met de boodschap dat hij als coauteur genoemd had moeten worden. Dat vond Den Hond geen recht doen aan de ernst van de zaak. Hij betrok de hoofdredacteur van *Technovation* en uitgever Elsevier erbij en eiste dat het artikel zou worden teruggetrokken. Aldus geschiedde. De papieren editie van het betreffende nummer werd opnieuw gedrukt met blanco pagina's op de plek waar het artikel eerst had gestaan, met een verklaring van de hoofdredacteur erbij. Het artikel verdween ook van de website en daar verscheen eveneens uitleg over het plagiaat.

Den Hond zegt in 2012 dat *Technovation* steken heeft laten vallen. 'Het is een tijdschrift met peer review, maar dit artikel was al een week na inzending geaccepteerd, wat niet wijst op grondige bestudering.' Hij heeft een 'naar gevoel' overgehouden aan de zaak. Hij vindt dat de VU zijn klacht niet serieus genoeg heeft genomen, hoewel hij wel enige steun kreeg van de juridische dienst bij zijn correspondentie. 'Achteraf had ik gewild dat de VU – afdelingshoofd, decaan van de faculteit, Juridische zaken, het College van Bestuur – de zaak uit mijn handen had genomen. De VU had via de eigen kanalen het rectoraat van de instelling van de plagieerders op de hoogte moeten stellen.'

De auteurs liepen geen schade op door de affaire. Bellmann bleef ook na zijn emeritaat actief aan de Universiteit van Mainz. Khare werd hoogleraar aan Athabasca University.

Op herhaalde vragen van mij per e-mail heb ik van geen van beiden ooit antwoord gekregen.

Een Britse primeur

Mediapsychologe Juliette Walma van der Molen deed in 2002 een onthutsende ontdekking in het tijdschrift *Applied Cognitive Psychology*. De vooraanstaande Britse psycholoog Adrian Furnham en twee coauteurs presenteerden in het maartnummer een studie over de verschillende manier waarop kinderen en volwassenen zich nieuws herinneren dat ze op tv dan wel in de krant hebben gezien/gelezen. In de inleiding schreven ze dat ze daarmee een leemte vulden in het onderzoek tot dan toe. Walma van der Molens haren gingen recht overeind staan, want die leemte had zij met haar collega Tom van der Voort in 2000 al gevuld met een artikel in *Communication Research*. Furnham kon dat weten, want Walma van der Molen had hem dat artikel na verschijning toegestuurd; bovendien had Furnham in een andere studie uit 2000 al verwezen naar het experiment uit haar artikel. In het artikel in *Applied Cognitive Psychology* stond echter geen enkele verwijzing naar haar studie, terwijl haar onderzoek deels gerepliceerd werd. Nog erger werd het toen ze verder las en ook nog eens ontdekte dat de auteurs diverse passages letterlijk hadden overgenomen uit de methodensectie van een ander artikel, dat ze had gepubliceerd in *Journal of Educational Psychology*. Bovendien verzuimden de auteurs te vermelden dat hun onderzoek net zo was geconstrueerd als haar vroegere onderzoek.

In 2000 had Furnham met twee andere auteurs in *Media Psychology* ook al eens een andere studie van haar gerepliceerd zonder aan te geven dat het een herhaling van haar onderzoek betrof. Dat had ertoe geleid dat een onderzoeksgroep in een publicatie wel Furnhams studie had geciteerd, maar niet de hare. Daar had ze toen geen werk van gemaakt, maar nu was de maat vol. Ze vroeg advies binnen de faculteit Communicatiewetenschappen van de Universiteit van Amsterdam, maar kreeg te horen dat ze hier als jonge onderzoekster maar beter niet al te veel stampij over kon maken omdat Furnham een grote reputatie had en dit een van de betere tijdschriften binnen het veld was, waar ze misschien nog weleens in zou willen publiceren. Walma van der Molen in 2012: 'Ik kwam daardoor in een vreemde situatie terecht. Er was mij onrecht aangedaan, maar het voelde alsof ik zelf iets had misdaan. Ik werd ook niet erg gesteund door de juridische dienst. Die wilde wel meekijken, maar ik moest zelf alles op papier zetten terwijl ik geen idee had wat je in zo'n geval moet eisen. Ik heb toen een lange reactie op het artikel geschreven, met het verzoek om daar als kop "Correctie" boven te zetten. Uiteindelijk heeft de redactie in 2003 een correctie geplaatst die een slap, sterk ingekort aftreksel was van wat ik op papier had gezet.'

Het was niet in haar hoofd opgekomen om te vragen om retractie van dit artikel, waarin de wetenschappelijke integriteit op twee manieren was geschonden (tekstplagiaat, en verhullen dat het niet de eerste studie was op dit gebied maar een replicatie).

Desgevraagd blijkt Furnham in 2012 nog steeds weinig schuldbewust. Hij schuift de schuld voor het tekstplagiaat in de schoenen van coauteur Samantha De Siena, al geeft hij toe dat hij als hoofdauteur medeverantwoordelijk was. Hij erkent ook dat zijn studie deels een replicatie is van Walma van der Molens studie en dat hij De Siena haar paper heeft gegeven als voorbeeld van hoe een goede studie moet worden opgezet. Aan de ontbrekende verwijzing naar die studie maakt hij echter geen woord vuil en ook niet aan het feit dat hij in een eerder artikel, zonder De Siena als coauteur, eveneens heeft verdoezeld dat Walma van der Molen hem is voorgegaan met een studie.

Hoofdredacteur Graham Davies laat desgevraagd weten dat hij niet heeft overwogen om Furnham te verzoeken zijn artikel terug te trekken.

Walma van der Molen ondervond er verder geen schade van dat ze de klok luidde over deze tweevoudige Engelse misstap. Haar wetenschappelijke carrière ontwikkelde zich in een andere richting (wetenschapscommunicatie en -educatie) en ze is nu als hoogleraar verbonden aan de Universiteit Twente.

De Egyptische serieplagiator

De Amsterdamse wiskundige dr. Peter de Paepe kreeg in december 2002 een tip van een Franse collega dat hij eens moest kijken naar een artikel dat net was verschenen in *Applied Mathematics and Computation*. Het bleek te gaan om een vrijwel identieke versie van een elektronische preprint die De Paepe eind 1999 had gepubliceerd in de zogenaamde Korteweg-de Vries mathematical preprint series. De plagiator was de Egyptische wiskundige Laila E.M. Rashid, verbonden aan de Tanta University. Hij wees het tijdschrift op dit plagiaat, en kreeg ruiterlijke verontschuldigingen dat dit niet vóór publicatie was ontdekt door de referees.

De Paepe wijdde in 2003 een nawoord aan de zaak in *Czechoslovak Mathematical Journal*, waarin zijn preprint uit 1999 in licht aangepaste vorm verscheen. Dat nawoord was nodig omdat anders vanwege de publicatiedata de indruk zou kunnen ontstaan dat niet Rashid maar De Paepe de plagiator was.

In de zomer van 2003 bleek Rashid hetzelfde artikel van De Paepe nóg een keer te hebben geplagieerd, nu in *Indian Journal of Pure & Applied Mathematics*. Intussen was uitgekomen dat Rashid nog veel meer artikelen had geplagieerd, uit Amerikaanse, Canadese, Italiaanse en Roemeense tijdschriften. Ze werd op een zwarte lijst gezet en haar artikelen werden teruggetrokken.

President van de Tanta University, Prof.dr. Abdel-Hakim Abdel Khalik Khalil, reageert in 2012 niet op vragen over de zaak. Rashid zelf is onvindbaar; ze is niet meer verbonden aan Tanta University en haar publicatiestroom lijkt na de plagiaataffaires te zijn opgedroogd.

De lastercampagne tegen Arthur Pleijsier

Mr.dr. Arthur Pleijsier, universitair hoofddocent bij Fiscaal recht aan de Universiteit Utrecht, had slechte kerstdagen in 2002. Bij collega's, (oud-)werkgevers, universiteitsbladen, kennissen, ja zelfs bij zijn buren, vielen in die periode dikke brieven in de bus waarin hij werd beschuldigd van plagiaat. Het ging om een pakketje van veertien pagina's met kopieën die grote overeenkomsten lieten zien tussen passages uit een leerboek waarvoor Pleijsier vier hoofdstukken had geschreven en een boek van de Leidse hoogleraar mr. C. van Raad. Pleijsier vermoedde dat deze beschadigingsactie te maken had met zijn interne kandidatuur voor het hoogleraarschap belastingrecht. 'Iemand probeert mijn carrière te torpederen,' zei hij tegen de universiteitskrant *U-blad*. Wel gaf hij meteen toe dat er iets was misgegaan in het leerboek dat hij twee jaar daarvoor had geschreven. Hij had een deel daarvan uitbesteed aan een student-assistent, die in een hoofdstuk tekst letterlijk had overgenomen zonder bronvermelding. De student-assistent had intussen toegegeven dat hij door drukte vanwege zijn afstuderen een ruwe tekst had ingeleverd, zonder bronnen.

Pleijsier stelde uitgeverij SDU begin 2003 voor om alle boeken terug te halen, maar dat vond de SDU niet nodig. De SDU volstond met het insteken van een aangepast hoofdstuk in de eigen voorraad boeken; in de nieuwe editie die eraan zat te komen zou het gewraakte hoofdstuk worden vervangen. Plagiaatslachtoffer Van Raad had de excuses van Pleijsier aanvaard en daarmee was voor hem de kous af.

Dat gold niet voor de Universiteit Utrecht en voor Pleijsier zelf. Rector magnificus prof.dr. Willem Hendrik Gispen liet een onderzoek instellen naar de kwestie door een commissie onder leiding van vertrouwenspersoon prof.dr. Ton Hol. In afwachting van de uitkomst daarvan werd de sollicitatieprocedure stilgelegd. De commissie concludeerde in maart 2003 dat Pleijsier onzorgvuldig te werk was gegaan door het werk van de student onvoldoende te controleren, maar dat er geen sprake was van opzet. Dit incident hoefde zijn verdere academische carrière niet in de weg te staan.

De universiteit schakelde een privédetective in om te achterhalen wie de lasterlijke brieven had verstuurd, maar dat leverde niets op. Pleijsier schreef in een brief aan de vakgroep dat hij een lid van de disciplinegroep fiscaal recht verdacht van het versturen daarvan. In reactie op deze brief zegden vier medewerkers het vertrouwen in Pleijsier op, waarna de decaan hun de toegang tot de universiteit ontzegde.

De Leidse hoogleraar prof.dr. Alex Brenninkmeijer, tegenwoordig Nationale Ombudsman, kreeg opdracht een onderzoek in te stellen naar een mogelijke oplossing voor het conflict. Een van de vier medewerkers, X, probeerde het vuurtje verder op te stoken door een e-mail te sturen naar het televisieprogramma *Netwerk*, na een uitzending waarin Pleijsier commentaar gaf op een fiscale kwestie. X schreef: 'Ik geef u het advies om op de zoekmachine (google) de naam Pleijsier en plagiaat in te voeren. U kunt ook in het *U-blad* van de Universiteit Utrecht kijken.' De schrijver had er geen rekening mee gehouden dat *Netwerk*-journalist Bas Haan deze e-mail zou doorsturen aan Pleijsier voor een reactie. In deze sfeer concludeerde Brenninkmeijer dat zijn bemiddelingspoging kansloos was. Pleijsier hield de eer aan zichzelf en accepteerde in oktober 2003 een baan in het bedrijfsleven.

Nadat X in maart 2005 vertrok bij de Universiteit Utrecht diende hij, bijna twee jaar na de uitzending, een klacht in bij de Raad voor de Journalistiek tegen Bas Haan, met het verzoek om de uitspraak te anonimiseren. X stelde dat zijn e-mailbericht was ingegeven door zorgen over de geloofwaardigheid en reputatie van *Netwerk*. De Raad vond het redelijk dat Haan X's e-mail had voorgelegd aan Pleijsier en verklaarde de klacht ongegrond. Pleijsier en Haan willen de identiteit van X desgevraagd niet onthullen, waardoor ik X's kant van het verhaal niet kan optekenen.

Het dubbelplagiaat van Piet Vandenbossche

Het Landelijk Orgaan Wetenschappelijke Integriteit (LOWI) publiceert zijn adviezen in geanonimiseerde vorm op de website van de KNAW. Een daarvan zou volgens een bron een grote plagiaatzaak zijn geweest, die de universiteit in kwestie graag buiten de publiciteit had willen houden. Op de website kan ik begin 2012 alleen de zaak-Sitskoorn vinden in geanonimiseerde vorm (zie verderop in dit hoofdstuk), maar die was wel naar buiten gekomen. Navraag leert mij dat het advies over de onbekende plagiaatzaak per ongeluk is verdwenen bij een aanpassing van de KNAW-website. Het advies komt daarna alsnog op de site.

Een eerste lezing van het advies, dat vergeleken met andere LOWI-adviezen opvallend scherp van toon is, maakt duidelijk dat het ging om plagiaat in een proefschrift. Dat plagiaat was aanvankelijk gecorrigeerd door de elektronische versie aan te vullen met errata. De betrokkenheid van wetenschappers met de titel prof.dr.ir lijkt te wijzen op een Technische Universiteit, maar dat is niet te rijmen met de opgave die de VSNU heeft verspreid. Bij herlezing valt mij een citaat op uit een intern document van de universiteit. Het googelen van een zinsnede hieruit leidt naar de Rijksuniversiteit Groningen. Nog eens googelen met de trefwoorden 'errata dissertations RUG' voert naar een proefschrift met een ellenlange erratalijst. Het gaat om het proefschrift *Accounting information for changing business needs* waarop Piet Vandenbossche op 13 januari 2005 is gepromoveerd, met als promotor prof.dr. Hans Wortmann, hoogleraar Informatiemanagement bij de faculteit Bedrijfskunde en ook voorzitter van de programmacommissie van het NWO-onderzoeksprogramma Jacquard en voorzitter van het ICT Innovatie Platform 'Software as a Service'. Tweede promotor was prof.dr. J. van der Meer-Kooistra.

Vandenbossches proefschrift kwam in 2005 onder ogen van dr. Peter Verdaasdonk, die in 1999 aan de TU Eindhoven was gepromoveerd op een verwant onderwerp, met als promotoren prof.dr. J. Theeuwes en bovengenoemde prof.dr. Hans Wortmann. Verdaasdonk herkende op diverse plaatsen in het Groningse proefschrift passages die aan hem ontleend waren, zonder (afdoende) bronvermelding. Verdaasdonk en Theeuwes dienden een klacht in bij de rector magnificus van de RUG, prof.dr. F. Zwarts, die de zaak liet onderzoeken door een commissie waarvan ook decaan van de faculteit Bedrijfskunde prof.dr. H.G. Sol deel uitmaakte, die behoorde tot dezelfde faculteit als Wortmann. Het derde lid was prof.dr.ir. C.A.Th. Takkenberg van de Universiteit van Tilburg. Deze commissie concludeerde dat Vandenbossche alleen onzorgvuldig was geweest en dat het niet ging om 'plagiaat op wezenlijke aspecten van het proefschrift'. Van wetenschappelijk wangedrag was geen sprake. Het advies luidde om Vandenbossche een lijst met (elektronische) errata te laten toevoegen aan zijn proefschrift in de database van de RUG en in bibliotheken. Ook werden de promotores gewezen op het belang van naleving van de wetenschappelijke regels voor auteurschap. Het College van Bestuur nam oordeel en adviezen over.

Verdaasdonk en Theeuwes vonden het onbegrijpelijk dat Vandenbossche er zo gemakkelijk van afkwam. Ze verbaasden zich er ook over dat de commissie geen hard oordeel had geveld over de rol van promotor Wortmann. Vandenbossche was namelijk in 2000 ook al betrapt op plagiaat aan de TU Eindhoven, met teksten die eveneens uit het proefschrift van Verdaasdonk kwamen, in een concept voor een proefschrift waarop hij zou promoveren bij Theeuwes en dezelfde Wortmann (destijds verbonden aan de TU Eindhoven). Wortmann was het toen eens geweest met de maatregel om het promotietraject van Vandenbossche vanwege dit plagiaat af te breken. Verdaasdonk en Theeuwes konden niet bevatten dat Wortmann, opnieuw promotor van Vandenbossche maar nu aan de RUG, niet had gesignaleerd dat zijn promovendus wederom zonder afdoende bronvermelding teksten had overgenomen uit Verdaasdonks proefschrift, waarvan Wortmann nota bene zelf (tweede) promotor was geweest. Verdaasdonk en Theeuwes gingen daarom in 2006 bij het LOWI in beroep tegen de beslissing van de RUG.

De LOWI-leden waren ontsteld, zo valt tussen de regels door te lezen. Ze konden niet plaatsen dat dit overduidelijke plagiaatgeval was vergoelijkt als 'onzorgvuldigheid' en dat werd gesteld dat hier geen sprake was van wetenschappelijk wangedrag. Het LOWI sloeg het College van Bestuur van de RUG om de oren met de plagiaatdefinitie die de RUG zelf hanteerde in een intern faculteitsdocument voor docenten: 'Plagiaat is het gebruik maken van ideeën en formuleringen van anderen zonder bronvermelding' (gevolgd door zeven vormen van plagiaat). Bovendien stelde het LOWI, op aanwijzing van Verdaasdonk en Theeuwes, vast dat er nog op veel meer plaatsen dan genoemd in de erratalijst teksten waren overgeschreven of geparafraseerd zonder afdoende bronvermelding. Het LOWI adviseerde een nieuwe, veel langere erratalijst toe te voegen aan de elektronische versie en er zouden inlegvellen moeten worden gestuurd naar alle openbare en wetenschappelijke bibliotheken die de papieren versie bezaten.

Het LOWI concludeerde dat Vandenbossche zich schuldig had gemaakt aan tekstueel plagiaat en daarmee de wetenschappelijke integriteit had geschonden. Van conceptueel plagiaat, dat zou betekenen dat de promovendus geen 'zelfstandige proeve van bekwaamheid' zou hebben afgelegd met dit proefschrift en de doctorstitel dus niet verdiende, was volgens het LOWI in zoverre sprake dat het concept van Vandenbossche voortbouwde op dat van Verdaasdonk, zonder dat voldoende te melden, maar hij had er wel een 'eigenstandig vervolg' aan gegeven.

Ook het LOWI vond het vreemd dat het College van Bestuur geen aandacht had geschonken aan de rol van Wortmann, die immers betrokken was geweest bij de promoties van Verdaasdonk en Vandenbossche, inclusief de wegens plagiaat afgeblazen promotie van laatstgenoemde in Eindhoven. Wortmann had, naar eigen zeggen, de Groningse promotie strak begeleid, maar het LOWI vond het 'onbegrijpelijk' dat hij de gebreken niet had geconstateerd. Maar gebreken in de begeleiding ontslaan een promovendus nooit van 'de verplichting zelf de algemene wetenschappelijke standaards hoog te houden', aldus het LOWI.

Het LOWI had ook kritiek op de samenstelling van de commissie die de klacht van Verdaasdonk en Theeuwes had behandeld. Twee van de drie leden (de rector en de decaan) hadden vanuit hun functie een belang bij het oordeel (namelijk de reputatie beschermen van de faculteit en universiteit), al kon het LOWI niet bewijzen dat hun oordeel daardoor was beïnvloed. Maar het LOWI vond het niet goed dat zo'n belangrijk adviesorgaan de schijn van partijdigheid door belangenverstrengeling op zich kon laden. Daarom adviseerde het LOWI de interne procedure aan te passen.

De RUG laat mij in 2012 weten geen mededelingen te willen doen over de zaak vanwege 'regelgeving (...) die de persoonlijke levenssfeer van betrokkenen beoogt te beschermen'. Pas na een verzoek om op basis van de Wet Openbaarheid van Bestuur inzage te geven in documenten stuurt de RUG kopieën op van het besluit dat het College van Bestuur had genomen naar aanleiding van het LOWI-advies. Daaruit blijkt dat het CvB het LOWI-oordeel dat er sprake was van een integriteitsschending slechts voor kennisgeving heeft aangenomen. Het College kwam niet terug op zijn eerdere besluit om geen arbeidsrechtelijke sanctie op te leggen. Wel moest Vandenbossche de erratalijst uitbreiden.

Wortmann zegt in 2012 in een reactie: 'Ik heb alle respect voor de gang van zaken bij het LOWI en ik heb het oordeel van het LOWI buitengewoon serieus genomen. Ik heb de heer Vandenbossche op het hart gedrukt om op alle plaatsen waar dat maar enigszins denkbaar is, een referentie in de errata te plaatsen teneinde alle kritiek uit te sluiten. Dat heeft geleid tot 60 errata. Zonder iets te willen afdingen op het oordeel van het LOWI merk ik daarbij op dat een groot aantal van deze errata veiligheidshalve zijn opgenomen. Men moet zich dus niet blindstaren op het getal 60.'

Vandenbossche zegt in 2012 over de concepttekst van het proefschrift waarop hij aan de TU Eindhoven had willen promoveren: 'Van conceptueel plagiaat was geen sprake. Conceptueel plagiaat zouden promotoren in de begeleiding tijdens de daaraan voorafgaande jaren van samenwerking nooit hebben laten gebeuren. Echter, er werd niet op alle noodzakelijke plaatsen verwezen, en er was sprake van hergebruik van zinstructuren.'

De plagiaatzaak in Groningen vat Vandenbossche aldus samen: 'Zowel de interne RUG-commissie als het LOWI zijn tot de vaststelling gekomen dat er geen sprake was van conceptueel plagiaat: volgens de commissies staan de wetenschappelijke conclusies van mijn proefschrift absoluut niet ter discussie en dient het proefschrift beschouwd te worden als een zelfstandige proeve van bekwaamheid. Wel was er sprake van onvoldoende zorgvuldigheid bij het verwijzen naar bronnen van teksten. Dit deed zich echter niet voor ten aanzien van scheppende of wezenlijke onderdelen van mijn proefschrift, maar in het algemene referentiekader, en is gebeurd in de context dat beide proefschriften overlappende dan wel aanpalende domeinen bestuderen vanuit eenzelfde onderzoeksmethodiek. Het College van Bestuur van de Rijksuniversiteit Groningen is rond de ingediende klacht tot het besluit gekomen dat er geen repercussies zijn voor de geldigheid van het proefschrift of voor de verleende graad van doctor en dat zij de klacht niet kwalificeert als wetenschappelijk wangedrag. Wel heeft het College mij verzocht tot het opstellen en publiceren van een errata-lijst. Ik heb mij in het besluit van het College van bestuur geschikt, en heb in meerdere versies (tijdens en na afloop van het proces) een erratalijst gepubliceerd.'

Plagiaatslachtoffer Peter Verdaasdonk wil in 2012 weinig woorden meer vuil maken aan de zaak die hem 'al veel te veel tijd' heeft gekost. 'Ik ben tevreden met de duidelijke uitspraak van het LOWI.'

De RUG werkt sinds 2010 niet meer met een ad hoc samengestelde on-derzoekscommissie bij klachten over wetenschappelijk wangedrag. Er is nu een commissie wetenschappelijke integriteit met drie (emeritus) hoogleraren. De rector magnificus maakt daar geen deel meer van uit.

Fouten van een groentje

In de zomer van 2005 stuurde een gepromoveerde onderzoekster van de Erasmus Universiteit Rotterdam een paper in voor de International Conference on Information Systems (ICIS), die in december zou worden gehouden in Las Vegas. Een reviewer ontdekte veel overeenkomsten met een artikel dat in februari 2004 was verschenen in *International Journal of Human Resource Management* van de Amerikaanse econome Mary S. Logan en twee coauteurs. Nader onderzoek van de congresleiding wees uit dat het voor 70% identiek was; bij 118 zinnen hadden aan-halingstekens moeten staan. De Rotterdamse onderzoekster verwees wel naar het geplagieerde artikel en bedankte bij de acknowledgements Mary S. Logan voor het 'delen' van haar werk. De congresleiding stelde de Duitse hoogleraar dr. Claudia Loebbecke, president van de organi-serende Association of Information Systems, op de hoogte. Loebbecke nam op haar beurt contact op met de decaan van de faculteit waar de vrouw werkte. Zij sprak af dat ze de details van de zaak geheim zou houden, zodat de AIS geen juridische risico's zou lopen.

De Erasmus Universiteit stelde een ad hoc commissie weten-schappelijke integriteit in, die bevestigde dat het om plagiaat ging. De onderzoekster kreeg ontslag aangezegd 'op grond van ongeschiktheid, in casu het plegen van plagiaat'. De EUR meldde de bevindingen en de sanctie aan Loebbecke en Logan en bood de twee excuses aan.

Hierna verscheen op de website van de AIS een 'Public Statement', waarin de plagiaatzaak werd gemeld. De nationaliteit van de plagiator werd niet genoemd, maar wel het tijdschrift waarin het geplagieerde artikel was verschenen, met de maand van verschijnen en het aantal auteurs. Door die informatie was voor mij te achterhalen dat de geplagieerde wetenschapper Mary S. Logan was.

In 2012 kan Logan zich de naam van de Rotterdamse onderzoekster niet meer herinneren; de desbetreffende correspondentie heeft ze weggegooid bij een verhuizing. 'De auteur heeft me wel geschreven en was bereid om persoonlijk haar excuses te komen aanbieden, maar ik heb haar gezegd dat dat niet nodig was. Ze had me voor het schrijven van haar paper benaderd met de vraag of ze schalen mocht gebruiken die voorkwamen in mijn artikel. Ik kreeg niet de indruk dat het ging om opzettelijk kopiëren van andermans werk, meer om slecht citeren en fouten van een groentje.'

AIS-presidente Loebbecke, zelf oud-werknemer van de EUR, wil in 2012 geen commentaar geven.

De geheimzinnige Maleisiër

Natuurkundige dr. Arno Smets ontdekte in 2006 dat een Maleisiër genaamd Abdull Rahim Mohd Yusoff naar tijdschriften zoals *Journal of Applied Physics* en *Thin Solid Films* artikelen instuurde die hij had geplagieerd uit het proefschrift waarop Smets in 2002 was gepromoveerd aan de TU Eindhoven. Dat proefschrift stond online, wat kopiëren eenvoudig maakte. De reviewers van deze tijdschriften herkenden de inzendingen direct als geplagieerd Eindhovens werk. Komisch was dat de Eindhovense groep zelfs een keer het eigen werk kreeg voorgelegd om te reviewen.

Yusoff slaagde er in 2006 wel in een artikel online gepubliceerd te krijgen in *Journal of Non-Crystalline Solids*. De enige wijziging ten opzichte van het hoofdstuk uit Smets' proefschrift was dat 'Eindhoven University of Technology' nu 'Malaysia Energy Centre' heette. Smets nam met zijn promotor prof.dr. Richard van de Sanden contact op met de editors van *JNCS*, die beschaamd waren dat dit artikel door hun reviewprocedure was gekomen. Het blad verwijderde het stilzwijgend van de site.

Smets bleef hierna de literatuur controleren op nieuwe publicaties van Yusoff en ontdekte in 2007 twee artikelen in *Pramana Journal of Physics* en een in *Bulletin of Material Science* die plagiaat bevatten van onderzoekers van de University of Toledo en het National Renewable Energy Lab (NREL) in de VS. In één geval had Yusoff twee artikelen uit proceedings gecombineerd tot één artikel. De papers hadden als onderwerp steeds dunne siliciumfilms voor zonnepanelen. Smets stelde de betrokken auteurs en editors op de hoogte, maar dat had alleen resultaat bij *Bulletin of Material Science*, dat het artikel terugtrok. De twee artikelen in *Pramana* (een uitgave van Springer) zijn nog steeds te downloaden.

Smets kwam er niet achter of Yusoff een wetenschapper was die een publicatielijst probeerde op te bouwen. 'Bij de Maleisische instituten/universiteiten die bij de artikelen werden genoemd, kon ik geen medewerker vinden met een naam die ook maar iets weg had van A.R.M. Yusoff,' zegt Smets in 2012. 'Maar misschien kwam dat door mijn gebrek aan kennis over de opbouw van Maleisische namen.'

Ook het door Yusoff gebruikte e-mailadres van Yahoo bracht geen opheldering. 'Ik kwam de naam A.R.M. Yusoff in 2007 tegen op de deelnemerslijst van een wetenschappelijke workshop in Praag, met als affiliatie Universiteit van Linz met een telefoonnummer erbij. Dat bleek het kantoor te zijn van een gerenommeerde onderzoeksgroep en er zat inderdaad iemand met een Maleisische naam, maar geen A.R.M. Yusoff. Dat was onvoldoende reden om actie tegen deze persoon te ondernemen. Misschien had Yusoff wel het telefoonnummer van een kennis gebruikt. Het enige positieve wat ik aan deze zaak heb overgehouden, is een leuk spelletje op een prikbord in mijn huidige werkkamer aan de TU Delft: "Zoek de verschillen."'

De Pakistaanse connectie

VU-hoogleraar Farmacologie van cytostatica prof.dr. G.J. (Frits) Peters kreeg in september 2004 een e-mail van de Pakistaanse onderzoeker M.I. Khan van de chemische faculteit van Gomal University, die hem meedeelde dat 'ons artikel is geaccepteerd door *Applied Organometallic Chemistry*'. Khan schreef dat hij hoopte 'dat onze samenwerking in de toekomst tot meer papers zal leiden' en hij beloofde de drukproef van het artikel te zullen opsturen. Omdat Peters drukproef en artikel nooit kreeg toegestuurd, drong niet tot hem door wat Khan bedoelde met 'ons'. De Pakistaan had eerder contact met hem gezocht voor mogelijke samenwerking en toen had Peters laten weten dat hij daar in principe voor open stond, omdat je maar nooit kon weten of er een veelbelovende chemische verbinding voor anti-kankergeneesmiddelen uit die hoek zou komen. Hij had goede ervaringen gehad met Pakistaanse en Indiase chemici. Kennelijk wilde Khan hem attent maken op zijn werk.

In 2006 kreeg Peters weer bericht van Khan, die een artikel meestuurde dat zou verschijnen in *European Journal of Medicinal Chemistry*. Tot Peters' verbazing was hij zelf een van de auteurs, met Khan en met Musa Baloch en Muhammad Ashfaq, twee Pakistaanse onderzoekers van Islamia University. De geteste verbindingen kwamen hem niet bekend voor. In de literatuurverwijzingen zag Peters dat zijn naam ook vermeld stond bij het eerder door Khan aangekondigde artikel in *Journal of Organometallic Chemistry*. Ook de daarin geteste verbindingen waren hem onbekend.

Toen hij zich verder verdiepte in de twee studies ontdekte hij dat ze gebaseerd waren op data uit rapporten die hij in 1994, 1995 en 1997 had opgesteld in samenwerking met dr. Dick de Vos van het bedrijf Pharmachemie (inmiddels opgegaan in Teva) en prof.dr. Marcel Gielen van de Vrije Universiteit in Brussel. De figuren in de artikelen waren niet meteen herkenbaar omdat Khan de logaritmische schaal had omgezet in een analoge. Dat bovengenoemde rapporten waren gebruikt bleek ook uit tikfouten die eruit waren overgenomen.

Peters vroeg Khan per mail hoe hij aan die gegevens was gekomen. De Pakistaan antwoordde dat Peters die zelf aan hem had gegeven. Daar kon Khan desgevraagd echter geen bewijs van leveren. 'Hij vertelde dat alles in een mailbox had gestaan die was opgeheven,' zegt Peters in 2012. 'Een vreemde manier van archiveren natuurlijk. Ik kan al mijn werk documenteren vanaf de jaren zeventig en daardoor wist ik ook zeker dat ik nooit verbindingen van hem had gekregen.'

Peters benaderde ook coauteur Muhammad Ashfaq van Islamia University, die niets bleek te weten van Khans malversaties en het 'embarrassing news' noemde, ook voor de andere coauteur Musa Baloch. Zij waren supervisor van Khan, maar werkten nu aan een andere universiteit, vijfhonderd kilometer verderop, wat de supervisie bemoeilijkte. Ook Ashfaq hoorde pas van het artikel in *European Journal of Medicinal*

Chemistry, toen Khan hem meldde dat het geaccepteerd was. De inhoud was nooit met hem besproken, meldde Ashfaq in een e-mail aan Peters.

De chemische onderdelen van Khans artikelen leken te kloppen, maar hadden geen betrekking op de verbindingen die Peters had getest. Peters had wel vergelijkbare verbindingen van prof. Gielen getest, die indertijd te toxisch bleken te zijn in proefdieren en niet verder waren ontwikkeld. In de artikelen van Khan leek er echter sprake van biologische werkzaamheid, wat het vermoeden deed rijzen dat deze onderdelen van de artikelen waren verzonnen.

Bij verder onderzoek, in samenwerking met De Vos van Pharmachemie, dook er ook een artikel op uit 2006, gepubliceerd in *Journal of Organometallic Chemistry*, waarbij Peters' collega prof.dr. Gerrit Stoter, hoogleraar Medische oncologie aan de Erasmus Universiteit, als coauteur vermeld stond. Bij twee andere artikelen van Khan, in het *Bulletin of the Chemical Society of Japan* en in *European Journal of Medicinal Chemistry*, werd Stoter genoemd in de acknowledgements. Stoter bleek eveneens niets te weten van medewerking aan onderzoek en artikelen. Khan had deze informatie ontleend aan publicaties die Stoter samen met Gielen had gepubliceerd. Khan bleek in de jaren negentig bij Gielen in Brussel te zijn geweest en het vermoeden rees, dat hij (illegaal) toegang had tot de rapporten en selectief enkele werkelijk geteste middelen een ander nummer had gegeven. Nadat Peters en Stoter bij hem aan de bel hadden getrokken kondigde Khan aan de artikelen waarin hij Peters en Stoter als coauteur had genoemd te zullen terugtrekken.

De Pakistaan is zich in 2012 van geen kwaad bewust: 'Zeven, acht jaar geleden was er beperkte toegang tot internet, printers en andere hedendaagse communicatiefaciliteiten, zeker in Pakistan. Daarom werden de genoemde artikelen gepubliceerd zonder voorafgaande en formele toestemming van enkele van de coauteurs. Dat leidde tot een conflict tussen de auteurs over de discussieparagraaf en sommige datapunten. De beste oplossing daarvoor was terugtrekken van de genoemde artikelen en dat is gebeurd. Ik wil daaraan toevoegen dat de genoemde artikelen geen plagiaat bevatten, het was vooral een misverstand en gebrek aan communicatie.'

Toch blijkt alleen het artikel van Khan/Peters in *European Journal of Medicinal Chemistry* daadwerkelijk te zijn teruggetrokken; het artikel van Khan/Peters in *Applied Organometallic Chemistry* staat tot op heden nog online. Wel was er in augustus 2007 op laatstgenoemde site een erratum geplaatst, waarin Peters verklaarde dat hij geen auteur was van deze paper en de in het artikel genoemde data niet had geleverd.

Ook het artikel van Khan/Stoter in *Journal of Organometallic Chemistry* staat nog steeds online.

'Ik ben sinds deze affaire voorzichtiger geworden met contacten met onderzoekers uit dit soort landen,' zegt Peters nu. 'Ik doe meer navraag over de reputatie van de universiteit waar ze zijn opgeleid. Zeker in landen als India en Pakistan, waar wél veel wetenschappelijk talent vandaan komt, zijn er grote kwaliteitsverschillen. Ik heb onlangs nog enkele mooie artikelen met een Indiase onderzoeker gepubliceerd die een jaar bij ons heeft gewerkt.'

Het Ierse proefschrift van Geert-Jan Knoops

In 2006 promoveerde strafrechtadvocaat Geert-Jan Knoops in Galway aan de National University of Ireland op een proefschrift over het vervolgen en verdedigen van militairen die tijdens vredesoperaties de voorschriften hadden overtreden. Het was zijn tweede promotie: Knoops was in 1998 gepromoveerd aan de Rijksuniversiteit Leiden. Knoops, sinds 2003 hoogleraar Strafrecht en strafprocesrecht aan de Universiteit Utrecht, geniet grote bekendheid als advocaat in geruchtmakende (internationale) strafzaken, zoals het Joegoslavië Tribunaal.

In september 2006 verscheen er een recensie van de handelseditie van *The prosecution and defense of peacekeepers under International Criminal Law* in *European Journal of International Law*, geschreven door Aurel Sari, een promovendus van University College London. Hij veegde de vloer aan met Knoops' proefschrift. 'Het boek lijdt aan mank gaande redeneringen, feitelijke onzorgvuldigheden, onverzorgd taalgebruik, incoherentie, een slechte structuur, en wemelt van de tikfouten. Het belangrijkste is dat het ernstig tekortschiet in het op een heldere en begrijpelijke manier uitleggen van de toepasbaarheid van internationaal strafrecht voor leden van vredestroepen.'

Als klap op de vuurpijl stelde Sari vast dat Knoops 'nonchalant' was omgegaan met bronvermelding. Hij had bijna drie pagina's woord

voor woord overgenomen uit een artikel van de juriste Carla Bongi-
orno in *Columbia Human Rights Law Review*, met slechts minimale
aanpassingen. Er stond weliswaar een voetnoot, maar die maakte niet
voldoende duidelijk dat deze tekst niet was geschreven door Knoops,
aldus Sari. Verderop in het boek had Knoops bijna een heel artikel
overgenomen van de jurist prof.dr. Sean D. Murphy in *American Journal of International Law*. Hier stond opnieuw een voetnoot, waarin
Knoops aangaf dat de pagina's 'gebaseerd' waren op Murphy, maar
dat is iets anders dan kopiëren, aldus Sari. 'Met opzet of per ongeluk,
in beide gevallen heeft de lezer reden om te geloven dat de woorden
van Knoops afkomstig zijn.'

Nadat de Nederlandse pers de zaak had opgepikt liet de Universiteit Utrecht een onderzoek instellen. De Ierse promotor had het boek
toen al door de plagiaatdetector gehaald en verder geen onregelmatigheden gevonden. Uitgever Wencke Boerrigter liet in *NRC Handelsblad*
weten dat Sari's artikel 'op dringend verzoek van Knoops en op advies
van onze juridische adviseur' in afwachting van het onderzoek van de
site was gehaald.

Knoops vertelde de onderzoekscommissie dat er iets was misgegaan met de bronvermelding door zijn werkwijze. Hij had handge-
schreven notities aangeleverd aan een secretaresse die ze had uitge-
typt, waarna de teksten nog waren bewerkt door diverse redacteuren.
Daardoor was de 'aanvankelijk duidelijke markering van de geciteerde
fragmenten in de uiteindelijke tekst (...) weggevallen', aldus de Commissie Wetenschappelijke Integriteit. Knoops had er volgens de CWI
'hoogstwaarschijnlijk onvoldoende op toegezien dat zijn aanvankelijke markering door middel van witregels en inspringende tekst behouden bleef in de uiteindelijke uitgave. Deze slordigheid is hem te verwijten.' De CWI vond het echter geen 'ernstige omissie' omdat Knoops
deze bronnen wel noemde in het boek en omdat de 'gewraakte tekstgedeelten geen origineel gedachtengoed van de geciteerde auteurs bevatten'. Knoops had bovendien zelf zijn slordigheid onderkend, aldus
de CWI, en had met de uitgever afspraken gemaakt over het corrigeren
van de passages in een tweede druk. Het plan was zelfs om kopers van
de eerste druk een erratum te sturen.

Het universiteitsbestuur schaarde zich achter het oordeel van slordigheid en nam geen maatregelen tegen Knoops. De universiteit liet

weten het te betreuren dat in de pers de suggestie was gewekt van 'opzettelijk verkeerd brongebruik'.

De uitgever plaatste Sari's recensie na alle commotie ongewijzigd weer terug op de site van *European Journal of International Law*.

Hoogleraar Sharon Williams van York University, de externe beoordelaar die dit proefschrift had goedgekeurd, reageert in 2012 niet op e-mails met vragen over de door de recensent gesignaleerde tekortkomingen. Recensent Sari wil geen commentaar meer geven op de zaak. Knoops laat via een assistent weten dat de zaak voor hem is 'afgedaan'.

De Indiase herkauwer

Elektronicawetenschapper dr. Richard Kleihorst zag in 2007 een artikel over gezichtsherkenning dat hij drie jaar daarvoor met enkele andere auteurs had gepubliceerd in de proceedings van een Beneluxconferentie, opduiken in de proceedings van een conferentie over informatietechnologie in Kroatië. Met dit verschil dat nu niet hun namen erboven stonden maar die van drie wetenschappers uit India, verbonden aan het Loyola Institute of Technology and Management en Jawaharlal Nehru Technology University. Er waren alleen enkele recente referenties toegevoegd, waaronder een verwijzing naar hun eerdere artikel. Na een klacht bij de organisatie werd het Indiase artikel geschrapt uit de proceedings, maar het is als pdf blijven rondzwerven op internet.

Kleihorst stuurde e-mails naar de drie auteurs, onder wie een hoogleraar en een instituutsdirecteur. Deze twee wetenschappers reageerden niet; de derde auteur was student Srinivasa Kumar Devireddy, die liet weten dat hij het artikel had gekocht van een andere student. Hij bood zijn excuses aan. Coauteur Iyyanki V. Murali Krishna, nu adjunctdirecteur van de School of Engineering and Technology van de Asian Institute of Technology in Thailand, distantieert zich van het plagiaat.

Een internetsearch door mij in 2012 levert een tweede plagiaatgeval op van Devireddy. Een artikel uit 2008 over vingerafdrukherkenning in *IJCSNS International Journal of Computer Science and Network Security* heeft dezelfde inleiding als een in 2007 gepubliceerd artikel van Sarat C. Dass en Anil K. Jain in *Technometrics*. Ook van dit artikel waren Iyyanki V. Murali Krishna en Tiruveedhula V. Rao coauteur. Commentaar van Devireddy nu, desgevraagd: 'Prof. Anil K. Jain is de vader van het biometrisch onderzoek. Ik heb zijn papers nagevolgd en heb geprobeerd om daar met mijn onderzoek op te variëren. Als iemand daar aanstoot aan neemt, bied ik bij deze mijn verontschuldigingen aan.'

Een van de coauteurs van het geplagieerde Nederlandse artikel is dr. Pieter Jonker, hoogleraar Vision-based robotics aan de TU Delft. Desgevraagd vermoedt hij dat hij ongewild zelf een rol heeft gespeeld bij het plagiaat. 'Ik heb in januari 2007 een presentatie over dit onderwerp gegeven op een conferentie in Hyderabad in India, waarbij ook mijn samenwerking voor dit artikel met Philips, waar Kleihorst toen werkte, ter sprake kwam. Iemand in de zaal heeft het artikel daarna waarschijnlijk opgezocht via mijn literatuurlijst.'

Jonker heeft meer bijzondere ervaringen opgedaan met Aziaten. 'Ik kreeg in Delft een Indiase student op bezoek die hier wilde promoveren. Ik schetste hem hoe zijn onderzoek tot publicaties zou kunnen leiden, maar daar zag hij niets in. Hij was zoon van een hoogleraar en wilde ook hoogleraar worden en daarom moest hij ten minste twee publicaties per jaar in gerenommeerde IEEE-tijdschriften hebben. Dat wilde hij bereiken door veel artikelen te lezen en daaruit andere artikelen te compileren. Alleen herkauwen dus. Voor iets fysieks bouwen of meten had hij geen tijd, laat staan bouwen, aan de praat krijgen en meten; het moeilijkste dat er is. Het werd niets tussen ons.'

De druk die in de westerse wereld ligt op citatieanalyse is volgens Jonker nog veel groter in opkomende economieën zoals India en China. 'De moraal over intellectueel eigendom is anders in het Oosten. In Japan zijn ze bijzonder trots op hun Tokyo TV Tower: "Look, we also have an Eiffel Tower!" Goed kopiëren is in het Oosten iets om trots op te zijn. Uniek zijn en ere wie ere toekomt is daar van minder belang dan in het Westen.'

Dit is volgens Jonker een reden om alert te zijn bij de vele Chinese studenten die hier met een beurs van hun overheid komen studeren. 'Je moet ze leren om te werken op basis van onze moraal hierover. Met name als je een grote hoeveelheid gratis promovendi in je groep hebt. Die gaan clusteren en behouden hun eigen moraal als je niet oppast. Over dat gevaar hebben we het hier in Delft expliciet gehad bij de oprichting van een graduate school.'

Ik heb nu een gratis promovenda uit China, maar het kostte me veel moeite om haar iets unieks te laten doen; het liefst wil ze iets overdoen wat iemand al gedaan heeft, of net een beetje anders. Niet te ver uit de kant, niet te ver van de veilige kudde vandaan. Nu tegen het eind begint ze meer te durven en begint ze te begrijpen hoe we het hier doen.'

De 'overschrijfkunsten' van Margriet Sitskoorn

Neuropsychologe Margriet Sitskoorn van de Universiteit Utrecht was een bekende Nederlander geworden door haar bestseller *Het maakbare brein* en de televisieoptredens die daaruit voortkwamen. Het was, net als bij de zaak-Diekstra, *Vrij Nederland* dat de plagiaatbeschuldigingen in augustus 2007 naar buiten bracht, in een artikel onder de kop 'De overschrijfkunsten van Margriet Sitskoorn'. Ze zou in een artikel in het tijdschrift *Neuropraxis* grote delen hebben overgeschreven van een in 1999 in *The Harvard Brain* gepubliceerd artikel van Erin Clifford, en verwees daar ook niet naar in de literatuurlijst. Het stuk bevatte bovendien letterlijk vertaalde passages uit twee artikelen in *Scientific American*, opnieuw zonder bronvermelding. Ze zou ook hebben geplagieerd in een artikel over de cognitieve vermogens van ouderen in hetzelfde nummer van *Neuropraxis*.

Sitskoorn leek zich van geen kwaad bewust. De neuropsychologe verweerde zich in *Vrij Nederland* door te stellen dat ze in een oerversie van het artikel wel bronnen had vermeld, maar dat deze er op verzoek van de redactie van *Neuropraxis* uit waren verwijderd. De redactie van *Neuropraxis* reageerde verontwaardigd en stelde dat die eerste versie slechts één referentie had bevat. Sitskoorn kon deze gang van zaken ook niet meer bewijzen, want de oerversie zou op een intussen afgedankte computer hebben gestaan.

Hoofdredacteur Bert van Dien bestempelde Sitskoorns verweer in *Vrij Nederland* als 'sprongen van een kat in het nauw'. Hij had in zijn blad al een 'Nota Bene' aan de publicaties gewijd, waarin hij schreef dat deze 'letterlijke vertalingen van tekstgedeelten afkomstig uit artikelen die ten onrechte niet vermeld staan in de literatuurlijst' bevatten. Daarmee had hij zich nog op de vlakte gehouden, zei hij tegen *VN*. 'Kort en goed noemen wij dat in gewoon taalgebruik plagiaat. Het is kwalijk als je zoiets doet. Andere mensen zitten zich uit de naad te werken, terwijl dit handig knip- en plakwerk is.'

Sitskoorn gaf in *Vrij Nederland* verklaringen variërend van verdwenen voetnoten tot standaardformuleringen die onmogelijk anders opgeschreven konden worden. Ze vond dat letterlijk vertalen zonder aanhalingstekens te gebruiken door de beugel kan, als er maar een verwijzing bij staat. Ze gaf in *VN* wel toe dat ze in haar boek *Het maakbare brein*, waarin dezelfde zinnen te vinden waren als in *Neuropraxis*, een fout had gemaakt door niet te verwijzen naar de genoemde Clifford. Dat wilde ze herstellen in een volgende druk.

Sitskoorn sprak het vermoeden uit dat dit haar nu overkwam omdat ze veel in de publiciteit was geweest. 'Ik krijg ook te maken met jaloezie en rare mailtjes.'

Neuropraxis-redactielid Mijna Hadders-Algra, hoogleraar Ontwikkelingsneurologie in Groningen, zei in *VN* dat ze 'stomverbaasd was dat iemand zo evident kon overschrijven'. Ze vond dat de zaak 'consequenties zou moeten hebben' en dat haar werkgever zich daar maar eens over moest buigen. 'Maar dit gedrag is mijns inziens niet verenigbaar met de functie van universitair hoofddocent.'

De Commissie Wetenschappelijke Integriteit van het UMC Utrecht startte een onderzoek. De uitkomst daarvan werd met argusogen afgewacht door de Universiteit van Tilburg, waar Sitskoorn op de nominatie stond om deeltijd hoogleraar Klinische neuropsychologie te worden. In oktober had de CWI zijn oordeel klaar: de werkwijze van Sitskoorn was 'onaanvaardbaar'. De CWI stelde dat de UU een zeer streng beleid voerde wat betreft plagiaat door studenten, en dat van wetenschappelijk medewerkers op dit punt daarom een voorbeeldfunctie mocht worden verwacht. De CWI liet de Raad van Bestuur weten 'dat deze kwestie niet zomaar kan passeren'. De Raad van Bestuur liet Sitskoorn daarna weten dat zij een berisping zou krijgen. Sitskoorn was het niet eens met het oordeel van CWI en RvB en ging in beroep bij het LOWI. De RvB wachtte het oordeel van het LOWI af, alvorens definitief te beslissen over de sanctie.

Deze procedure duurde de Universiteit van Tilburg te lang. De Tilburgse rector magnificus prof.dr. Frank van der Duyn Schouten legde in *Vrij Nederland* uit waarom zijn universiteit Sitskoorn per 1 februari 2008 alvast had benoemd tot hoogleraar. Hij beweerde dat het oordeel van de Utrechtse commissie erop neerkwam dat er geen sprake was van het willens en wetens toe-eigenen van andermans intellectuele eigendommen, maar dat er wel wat aan te merken was op haar gedrag. 'We delen deze conclusie in zijn dubbelheid.' Op de vraag van *VN* of het morele gezag van Sitskoorn door deze affaire niet te veel was aangetast om nog het goede voorbeeld te kunnen geven aan studenten, zei Van der Duyn Schouten: 'Niet zodanig dat deze mevrouw voor het leven ongeschikt is voor het hoogleraarschap.'

De Universiteit Utrecht reageerde geïrriteerd op deze uitspraak, omdat Van der Duyn daarmee de zorgvuldige procedure aan zijn laars lapte en voor zijn beurt sprak. De Raad van Bestuur wilde nu juist het advies van het LOWI afwachten alvorens zelf een definitief besluit te nemen.

Bij het LOWI koos Sitskoorn de aanval. Alsof ze voor de rechter stond bracht ze allerlei procedurele bezwaren in tegen haar behandeling door het UMC Utrecht. Ze stelde onder meer dat de *Nederlandse Gedragscode Wetenschapsbeoefening* helemaal niet van toepassing was op haar publicaties, omdat *Neuropraxis* geen wetenschappelijk tijdschrift was en haar boek populair-wetenschappelijk van karakter was.

Het LOWI oordeelde dat het bij de beoordeling of iets wetenschappelijk plagiaat is niet uitmaakt in welk soort medium het komt. Hooguit is er verschil in de uitgebreidheid van verwijzingen naar andermans werk, maar zulke verwijzingen kunnen nooit geheel worden weggelaten. Het LOWI achtte het plagiaat overtuigend bewezen in een van de artikelen en bestempelde dit als 'schending van wetenschappelijke integriteit'. In het boek had Sitskoorn 'onzorgvuldig' gehandeld. Het LOWI oordeelde op 7 mei 2008, waarna de Raad van Bestuur een definitief oordeel kon vellen.

Het UMC Utrecht publiceerde op 25 juni 2008 een persbericht over de zaak, met de mededeling dat Sitskoorn was berispt. Het UMC Utrecht stelde ook dat het LOWI had geoordeeld dat Sitskoorn niet te kwader trouw had gehandeld, wat door de gehele vaderlandse pers werd overgenomen.

Het LOWI had echter helemaal geen uitspraak gedaan over opzet. 'Of X niet de opzet of de bedoeling had de normen van wetenschappelijke integriteit te schenden met het plegen van plagiaat, doet in de opvatting van het LOWI niet ter zake voor de vraag of sprake is van plagiaat en derhalve van schending van wetenschappelijke integriteit.' Waarmee het LOWI niet wilde zeggen dat alle slordigheden die een wetenschapper begaat integriteitsschendingen zijn. Dat geldt bijvoorbeeld niet voor een enkele zin die zonder aanhalingstekens en zonder bronvermelding letterlijk wordt overgenomen. Maar bij Sitskoorn ging het om zo veel tekstgedeelten dat dat niet meer kon worden verklaard met 'onzorgvuldig, slordig, ondoordacht werken'. Een wetenschapper blijft altijd verantwoordelijk voor correcte bronvermelding, zo meende het LOWI.

In februari 2009 vertrok Sitskoorn bij het UMC Utrecht na uitbreiding van haar aanstelling als hoogleraar in Tilburg.

In 2012 laat Sitskoorn weten dat zij geen behoefte heeft om te reageren op de weergave van haar zaak in dit boek.

Tussen de Russen

Op 21 februari 2008 verscheen in het universiteitsblad *Delta* een onalledaags bericht. De rector van de Staatsacademie voor Kunsten en Architectuur te Jekaterinenburg, prof.dr. Alexander Starikov, zou bij de rector magnificus van de TU Delft, prof.dr.ir. Jacob Fokkema, een klacht hebben ingediend over 'ongeautoriseerd gebruik van teksten uit Russische publicaties'. Dat stond in een e-mail die *Delta* had gekregen uit Rusland van ene Olga Tuchs. De klachten gingen over het proefschrift *Avant-garde between east and west: modern architecture and townplanning in the Urals 1920-30* van dr. Tatyana Budantseva, die op 17 december 2007 aan de faculteit Bouwkunde was gepromoveerd. Volgens Tuchs zou Budantseva omvangrijke fragmenten hebben gekopieerd uit andere boeken, zonder aanhalingstekens en bronvermeldingen.

Promotor prof.dr. Franziska Bollerey had al voor de promotie gehoord dat Budantseva ook in eerder werk slordig zou zijn omgegaan met citaten. Er waren brieven uit het buitenland gekomen van de Russische onderzoekster Tokmeninova van de Oeral Staatsacademie en van de Duitse onderzoekster Astrid Volpert. Bollerey had op verzoek van de Delftse conrector met de copromotor, architectuurhistoricus dr. Otakar Macel, naar de aangevochten passages gekeken, na overleg met de promovenda, maar ze waren tot de conclusie gekomen dat er geen sprake was van plagiaat. Plagiaat was het overnemen van *intellectueel eigendom* van anderen zonder bronvermelding, meenden ze. Bovendien waren deze klachten afkomstig uit kringen die eerder om andere redenen conflicten hadden gehad met de promovenda. Het College van Promoties liet de promotie gewoon doorgaan.

Daarmee was de kous niet af, want begin februari 2008 overhandigde dr. Ivan Nevzgodin, onderzoeker bij Bouwkunde, ook een Rus, een stapel kopieën aan prof.ir. Wytze Patijn, decaan bij Bouwkunde, die moesten aantonen dat er wel degelijk sprake was van plagiaat in het proefschrift. Omdat deze teksten deels uit Russische boeken kwamen belandden ze bij copromotor Macel, die opnieuw concludeerde dat er geen sprake was van plagiaat. 'De aangetroffen passages zijn korte passages over feitelijkheden. Het zijn encyclopedische of bibliografische gegevens die nauwelijks anders te verwoorden zijn. Zoals: "Deze vesting is van 1634." De fragmenten zijn twee tot drie zinnen lang.' Ook waren de geciteerde werken volgens Macel terug te vinden in de literatuurlijst. Na dit oordeel werd een bijeenkomst tussen rector, conrector, decaan en promotor afgeblazen.

De rector kwam alsnog in actie nadat eind februari bovengenoemde brief van prof.dr. Alexander Starikov, rector magnificus van de Oeral Staatsacademie, op zijn bureau belandde. Starikov verzocht om een onderzoek naar plagiaat en gaf aan welke drie onderzoekers Budantseva zou hebben overgeschreven, onder wie hijzelf. Voor het eerst in de geschiedenis van de TU Delft werd nu de integriteitscommissie aan het werk gezet, onder leiding van prof.dr. M.J. van den Hoven. De commissie moest eerst de Russische passages in het Engels laten vertalen om een oordeel te kunnen vellen. Er werd een externe deskundige ingeschakeld, prof.dr. M.C. Kuipers uit Maastricht. Zij oordeelde dat Budantseva 'nauwlettender' de bronnen had kunnen vermelden, zodat de gebruikte informatie beter traceerbaar was. Maar soms vermeldde ze die bronnen wel en er was ook een literatuurlijst met de bewuste bronnen. Het geheel verdiende volgens Kuipers geen 'schoonheidsprijs'.

In een tweede ronde trok klager Nevzgodin, die optrad namens de rector uit de Oeral, de onafhankelijkheid van deskundige Kuipers in twijfel omdat zij copromotor was geweest van het proefschrift. Bovendien bleek ze tijdens de procedure in de race voor een hoogleraarschap in Delft, dat ze ook kreeg. De CWI vroeg nu ook nog advies aan prof.dr. E.R.M. Taverne van de Rijksuniversiteit Groningen. Deze architectuurhistoricus kwam in december 2008 tot de conclusie dat er bij vijf passages sprake was van tekstplagiaat.

De CWI nam deze conclusie over en stelde dat Budantseva inbreuk had gemaakt op de wetenschappelijke integriteit. Aan conceptueel plagiaat (overnemen van ideeën of intellectueel eigendom van anderen) had Budantseva zich niet schuldig gemaakt en daarom bleef de inhoud van het proefschrift overeind: het was een zelfstandige proeve van bekwaamheid.

De CWI oordeelde dat Budantseva voor de vijf passages een addendum met een concrete bronvermelding moest toevoegen in de elektronische versie van haar proefschrift, dat bovendien zes maanden op de website van de faculteit moest komen.

Budantseva ging niet in beroep, bracht de gewenste correcties aan in haar proefschrift, maar bleef het pertinent oneens met het oordeel. Dat gold ook voor decaan Patijn en de promotoren. 'Plagiaat is het bewust pronken met andermans veren om er beter van te worden,' aldus copromotor Otakar Macel in *NRC Handelsblad*. Wat Budantseva had gedaan bestempelde hij als 'slordig randverschijnsel'. Deskundige Kuipers zei in *NRC Handelsblad*: 'De kwestie is dat enkele geleerden zich gepasseerd voelden omdat ze niet als bron zijn vermeld.'

Budantseva wil in 2012 niet meer op de zaak ingaan en laat het bij de mededeling dat de plagiaatbeschuldigingen de climax vormden van langdurige persoonlijke vetes.

De man uit Dubai

Dr. Sandra van Thiel, tegenwoordig hoogleraar Publiek management aan de Radboud Universiteit Nijmegen, werd er in 2008 door een collega van de London School of Economics op gewezen dat ze was geplagieerd in een artikel in *Journal for Leadership Studies*. De auteur, de Egyptenaar Mohamed Behery van de University of Dubai, had uit een artikel dat Van Thiel in 2002 met dr. Frans Leeuw had gepubliceerd in het tijdschrift *Public Performance & Management Review* één alinea letterlijk en twee min of meer geparafraseerd overgenomen, inclusief hun referenties, maar zonder referentie naar hun artikel.

Van Thiel nam contact op met de redactie van *JLS*, dat de tijd nam om de zaak uit te zoeken. Uiteindelijk kreeg ze te horen dat het artikel zou worden 'geroyeerd'. Wat dat precies betekende was niet helemaal duidelijk.

Intikken van het artikel in Google in 2012 leidde nog steeds naar een abstract van het artikel op de website van *JLS*. Daarin staat onder-

aan vermeld dat het is teruggetrokken, met de boodschap dat de redactie gelooft dat de auteur 'te goeder trouw' heeft gehandeld en 'niet
werd beschuldigd van enige vorm van wetenschappelijk wangedrag'.
Het artikel is nog steeds tegen betaling (of als abonnee) te downloaden van de site, maar dan voorzien van het watermerk 'retracted', met
een link naar een bericht waarin de terugtrekking wordt toegelicht.
Behery's artikel bevat veel meer alinea's die zonder ordentelijke bronvermelding van anderen waren overgenomen, blijkt na wat googlen
van tekstblokken.

De Egyptenaar laat in 2012 eerst weten dat hij nog nooit van Sandra van Thiel heeft gehoord en geen idee heeft waar het over gaat. In
een tweede e-mail erkent hij zijn plagiaat, maar vraagt begrip omdat
hij onder enorme publicatiedruk zou hebben gestaan bij zijn werkgever. Hij doet vanuit Dubai een dramatische oproep om zijn plagiaat
in het belang van zijn gezag bij zijn kinderen vooral niet aan de grote
klok te hangen.

Van Thiel is niet onder de indruk van de manier waarop Behery de
'zieligheidskaart' uitspeelt. 'Uiteraard is het voor hem onplezierig als
bekend wordt wat hij heeft gedaan, zowel privé als in zijn werk, maar
dat had hij destijds moeten bedenken. Er kunnen cultuurverschillen
zijn, maar in de academische wereld gelden universele mores: plagiaat is altijd fout.'

Groninger plagiators

Bij mijn onderzoek in database PubMed kwamen twee retracties
naar boven vanwege plagiaat door Groningse onderzoekers. *Naunyn-
Schmiedeberg's Archives of Pharmacology* had in 2008 een reviewartikel
over astma teruggetrokken van prof.dr. Dirkje Postma, prof.dr. Huib
Kerstjens en dr. Nick ten Hacken vanwege overnames zonder bronvermelding uit twee artikelen, van respectievelijk 60, 11 en 23 regels
tekst. *British Journal of Urology International* had in 2009 een artikel
over erectiestoornissen teruggetrokken van promovenda drs. Helena
Nugteren, prof.dr. Willebrord Weijmar Schultz en dr. Mels van Driel.
Op vragen hierover aan de zes bovengenoemde auteurs kwam aanvankelijk geen reactie.

De Rijksuniversiteit Groningen verklaarde net als bij de zaak-Van-
denbossche alles privé.

De afdeling Voorlichting van het UMC Groningen bleek wat ruimere opvattingen over privacy te hebben. Over de retractie van Nugteren, Weijmar Schultz en Van Driel kwam uiteindelijk bericht dat 'ons bekend [is] dat het betreffende artikel door de onderzoekers is teruggetrokken omdat bleek dat een paragraaf tekst was opgenomen, afkomstig uit een reviewartikel in *Journal of Sexual Medicine* zonder adequate referentie. Het betreft hier een jammerlijke vergissing gebaseerd op miscommunicatie tussen de auteurs en had zeker niet mogen gebeuren. Na constatering hiervan door de auteur van het oorspronkelijke artikel hebben [de auteurs] hun artikel direct teruggetrokken en brieven naar de editor van zowel *BJUI* als *JSM* gestuurd en hun oprechte excuses aangeboden, alsook aan de auteur van het oorspronkelijke artikel. Over deze zaak hebben gesprekken plaatsgevonden tussen de individuele onderzoekers en de decaan [prof.dr. F. Kuipers, FvK] en de ombudsman research [prof.dr. G. Scherphof, FvK] van het UMC. De onderzoekers zijn ernstig berispt met vermelding in het personeelsdossier.'

In de bijlagen stuurde het UMC de bewuste artikelen en de correspondentie met de redacties mee.

De zaak was in 2010 aan het rollen gebracht door de auteur van het artikel in *Journal of Sexual Medicine*, de Israëlische seksuologe Talli Rosenbaum. Zij had op de website van de European Society for Sexual Medicine een abstract zien staan van het artikel. Dat interesseerde haar vanwege haar eigen publicatie in 2007, en ze had het zich laten toesturen door Nugteren. Nadat Rosenbaum had ontdekt dat hele paragrafen van haar artikel woord voor woord waren overgenomen zonder aanhalingstekens (er werd wel een keer verwezen naar haar artikel, maar alle verwijzingen en ideeën in het stuk waren bijna identiek aan de hare), had ze advies gevraagd aan hoofdredacteur Irwin Goldstein van *JSM*. Deze nam op zich om de zaak verder af te wikkelen met *British Journal of Urology International* en de auteurs, om juridische stappen voor Rosenbaum te voorkomen. Rosenbaum ontving een excuusbrief van Van Driel, waarin hij erkende dat er te veel 'overeenkomsten' waren. Hij zei dat het manuscript oorspronkelijk was bedoeld als 'framework' voor verder onderzoek en niet voor publicatie. 'Het idee om te publiceren kregen we later, en dat was de belangrijkste reden dat we het opnieuw verwoorden van de tekst van ons manuscript hebben veronachtzaamd. We hebben uw zinnen niet opzettelijk misbruikt.' Van Driel meldde ook dat de paper zou worden teruggetrokken en verontschuldigde zich.

Rosenbaum vond de excuusbrief geen recht doen aan de ernst van de zaak. Ze was ook niet te spreken over het retractiebericht dat uiteindelijk pas in maart 2011 verscheen. Daarin stond dat de retractie was ingegeven door 'substantiële overlap' tussen de twee papers in plaats van ronduit van plagiaat te spreken, zoals *BJUI*-hoofdredacteur John Fitzpatrick wel had gedaan in de correspondentie met de auteurs. 'Mij werd echter geadviseerd dat deze tekst afdoende was,' zegt Rosenbaum in 2012.

Ook bij de andere plagiaatzaak, het in 2008 teruggetrokken artikel in *Naunyn-Schmiedeberg's Archives of Pharmacology* van prof.dr. Dirkje Postma, prof.dr. Huib Kerstjens en dr. Nick ten Hacken, bleef antwoord lang uit. Na de derde e-mail aan Kerstjens over de zaak (eerste auteur Postma reageerde aanvankelijk op geen enkele e-mail) antwoordde hij dan toch. 'Het artikel dat u noemt is inderdaad teruggetrokken zoals publiekelijk op internet (in PubMed en in het tijdschrift zelf) is aangegeven. (...) Zoals in de retractie is weergegeven werd dit artikel teruggetrokken omdat hierin beschrijvende tekst overeenkwam met dat van een ander overzichtsartikel, terwijl een referentie naar dit werk ontbrak. Dit had uiteraard nooit mogen gebeuren. Nadat dit door de editor van het tijdschrift was voorgelegd, is dit meteen besproken met de decaan van de faculteit [prof.dr. F. Kuipers, FvK], de rector van de universiteit [prof.dr. F. Zwarts, FvK] en mede-auteurs. Tevens zijn collega onderzoekers in ons onderzoeksgebied in de faculteit Medische wetenschappen ingelicht. Er is een brief naar de editor van het tijdschrift gestuurd, na afstemming met de decaan en medeauteurs. Hierin is aangegeven dat het ongepast is dat er letterlijke tekstdelen van dit stuk zijn opgenomen zonder de referentie aan te geven. Door de universiteit is een commissie ingesteld met in- en externe deskundigen. Die commissie heeft hetzelfde gevonden, en dus plagiaat vastgesteld, en de universiteit heeft een berisping gegeven. Tevens heeft de decaan in onze aanwezigheid dit besluit aan de onderzoekers uit onze onderzoeksgroep en de collega's van de afdeling kenbaar gemaakt. Het moge duidelijk zijn dat we deze fout ontzettend graag hadden voorkomen,' aldus Kerstjens, mede namens de coauteurs Dirkje Postma en Nick ten Hacken.

Kerstjens versie van de gebeurtenissen wijkt enigszins af van die van editor dr. Martin Michel van *Naunyn-Schmiedeberg's Archives of Pharmacology* (het oudste farmacologietijdschrift ter wereld). Michel, ten tijde van de affaire hoogleraar Farmacologie bij het AMC, kan om vertrouwelijkheidsredenen niet in detail treden, maar zegt teleurgesteld te zijn geweest omdat het plagiaat aanvankelijk werd ontkend. 'Dat viel niet vol te houden, omdat er ook een tikfout mee was gekopieerd.' Deze aanvankelijke ontkenning wordt in 2012 desgevraagd ontkend door de auteurs.

De onderzoekscommissie die de rector en de decaan in 2008 instelden bevatte ook vertegenwoordigers van de KNAW, vanwege de betrokkenheid van prof.dr. Dirkje Postma, die het jaar daarvoor door de KNAW in Groningen tot Akademiehoogleraar was benoemd (een topbaan met vijf jaar lang 200.000 euro salaris plus onderzoeksbudget).

Een woordvoerder van de KNAW meldde mij in december 2011 dat het KNAW-bestuur de afgelopen jaren niet was geconfronteerd met voorbeelden van wetenschappelijk wangedrag. Dat de zaak-Postma op bestuursniveau onbekend was, verklaart de KNAW in 2012 aldus: 'De KNAW als institutenorganisatie heeft voor haar medewerkers een "Klachtenregeling Wetenschappelijke Integriteit KNAW". De KNAW als Genootschap heeft voor haar (potentiële) leden geen procedure voor het melden van fraudegevallen. Er zal ook geen procedure worden gemaakt, wat impliceert dat de KNAW voor haar (potentiële) leden inzake fraudegevallen naar bevind van zaken zal handelen.'

De Indiase downloader

In 2009 klopte een opgewonden aio aan bij dr. Erik Frijlink, hoogleraar Farmaceutische technologie en biofarmacie aan de Rijksuniversiteit Groningen. Hij had bij een computersearch een overzichtsartikel ontdekt in *Pakistan Journal of Pharmaceutical Sciences,* dat hij herkende als de inleiding van het proefschrift van collega dr. Dirk Jan van Drooge, die daarop in 1996 was gepromoveerd. De vier auteurs (eerste auteur K. Dhirendra) waren verbonden aan Manipal University in India.

Nadere bestudering wees uit dat de Indiërs alleen de volgorde van de paragrafen wat hadden veranderd. De teksten waren identiek en ook de tabellen en plaatjes waren compleet overgenomen. Ze concludeerden dat de Indiërs het proefschrift hadden gedownload uit de database van de Rijksuniversiteit Groningen, die vrij toegankelijk is via internet, en daarna met knippen en plakken hun eigen artikel hadden gefabriceerd. Frijlink meldde de zaak bij de juridische dienst van de universiteit, maar die liet de zaak op zijn beloop, wat hem nogal verbaasde. 'Zelf zouden we graag actie hebben ondernomen, maar zonder juridische ondersteuning is dat lastig.' Hij liet de zaak daarom rusten.

Op mijn e-mail over deze kwestie aan eerste auteur Dhirendra komt geen reactie. E-mails aan coauteurs Lewis en Udupa leiden tot de instelling van een onderzoekscommissie, die dezelfde week nog plagiaat vaststelt. Lewis laat weten: 'Dhirendra was in 2009 een student van me. Hij heeft mij als corresponding author onder het artikel gezet zonder mij daarover in te lichten en ik heb het artikel niet gecontroleerd.' Zij kondigde in april 2012 aan het artikel te zullen terugtrekken. Dat was een half jaar later, bij het ter perse gaan van dit boek, nog niet gebeurd.

De Koreaanse beginner

Neuroloog dr. Rob Rouhl van Maastricht UMC kwam in 2009 een artikel tegen van de Koreanen K.H. Jung en J.K. Roh in *Journal of Clinical Neurology*. Daarin herkende hij lange passages die letterlijk afkomstig waren uit een artikel dat hij zelf een jaar eerder in *Stroke* had gepubliceerd. Hij legde de zaak voor aan de redactie van *Stroke*, die de redactie van dit Koreaanse blad (een uitgave van de Korean Neurological Society) op de hoogte stelde. De eerste reactie van de auteurs was een variant op de bekende uitvlucht: er was zo weinig literatuur over dat het alleen maar verwoord kon worden zoals Rouhl en collegae dat hadden gedaan.

De Koreanen gaven het plagiaat pas toe nadat het was bevestigd na onafhankelijk onderzoek. De redactie van *Journal of Clinical Neurology* liet weten dat dit niet door de beugel kon en beloofde het plagiaat in het blad aan de kaak te zullen stellen en een rectificatie te plaatsen.

Deze rectificatie is onvindbaar op de website, maar blijkt bij navraag wel te zijn gepubliceerd in de vorm van een 'Notice of concern' van de toenmalige hoofdredacteur en nederige verontschuldigingen van de auteurs. Auteur Keun-Hwa Jung gaat nog dieper door de knieën in een persoonlijke e-mail aan mij, waarin hij nogmaals zijn verontschuldigingen aanbiedt aan Rouhl en *Stroke*. 'Ik heb een erg moeilijke tijd doorgemaakt door deze fout. De uitgevers en de leden van onze neurologische vereniging hebben geëist dat ik een excuus-brief zou schrijven aan de lezers en de tijdschriften. Ik weet heel goed dat deze straf te licht was voor de fout die ik gemaakt heb. De uitgever heeft gezegd dat dit is gebeurd omdat ik een beginner zonder ervaring en kennis was, en dat mijn wangedrag voort leek te komen uit een onopzettelijke vergissing. Het tijdschrift was op dat moment nog in ontwikkeling en nog niet klaar voor ethisch onderwijs aan beginners. Ik heb zeker geleerd van dit onfortuinlijke incident en zal me voortaan houden aan de academische regels.'

De nieuwe hoofdredacteur van *Journal of Clinical Neurology* vindt al deze boetedoening nog niet afdoende, want hij besluit de beslissing van zijn voorganger te overrulen en trekt het artikel alsnog terug in de editie van 30 juni 2012.

De verkeerde reviewer

De Wageningse ecoloog Patrick Jansen kreeg in 2011 van *International Journal of Biodiversity* een artikel opgestuurd over de verspreiding van boomzaden. Hij moest beoordelen of het geschikt was voor publicatie. Hij herkende het meteen als een artikel dat hij zelf in 2007 met de Franse onderzoeker Pierre-Michel Forget had gepubliceerd in *Conservation biology*. De auteur, wiens naam Jansen niet kende omdat het stuk was geanonimiseerd, had bijna 90% van de tekst gekopieerd, zo bleek nadat Jansen het artikel door het plagiaatdetectieprogramma Turnitin had gehaald. Ook de analyses, tabellen en illustraties waren overgenomen. Het tijdschrift wilde eerst de naam van de plagiator niet vertellen. Die kreeg Jansen pas te horen toen het blad het stuk vanwege plagiaat afwees.

Jansen had op dat moment zelf met coauteur Forget (wiens va-der een bekende privé-detective was) al uitgevogeld dat het ging om de Congolese onderzoeker Serge Valentin Pangou, directeur van de Study and Research Group on Biological Diversity in Brazzaville. Dat konden ze zien aan de referenties die waren toegevoegd vergeleken met hun stuk: de Congolees had zichzelf het vaakst aangehaald. Via abstracts van andere artikelen van Pangou ontdekten ze nog veel meer plagiaatgevallen. Minstens negen publicaties die Pangou tussen 2006 en 2011 had geschreven bestonden deels of geheel uit plagiaat. De artikelen werden stuk voor stuk teruggetrokken door de diverse tijdschriften.

Tegen *Science* zei Pangou dat hij niet moedwillig had geplagieerd. Hij erkende 'verkeerd gebruik van bibliografieën', wat hij 'diep betreurde'. Hij gaf ook toe dat hij coauteurs had opgevoerd die van niets wisten, zoals *Science* had ontdekt.

Collega's stelden Forget tijdens zijn intensieve speurtocht naar meer plagiaatgevallen de vraag of hij de Afrikaanse wetenschap niet schaadde door het wangedrag van een hooggeplaatste wetenschapper als Pangou aan de kaak te stellen, zo meldde *Science*. 'Plagiaat is een internationaal probleem, geen Afrikaans,' antwoordde Forget, die ervan overtuigd zei te zijn dat zijn actie ten goede zou komen aan de jonge generatie Afrikaanse wetenschappers.

Plagiaat onder de PubMed-radar

De Amsterdamse ontwikkelingspsycholoog dr. Mike Cohen kreeg in 2011 bezoek van een van zijn promovendi. Ze had een artikel bij zich dat ze was tegengekomen in het Koreaanse wetenschappelijke tijdschrift *International Journal of Digital Content Technology and its Applications*. De stijl ervan deed haar aan Cohen denken. Cohen kende het artikel niet, wat hem verbaasde omdat hij de literatuur goed volgt. Het bleek echter om een tijdschrift te gaan dat niet is opgenomen in database PubMed. Toen hij begon te lezen herkende hij inderdaad zijn eigen stijl. Toen hij ook nog een figuur herkende die hij had gebruikt in een artikel in *Journal of Neuroscience*, werd hem duidelijk wat er aan de hand was: meer dan 80% van het artikel was daaruit gekopieerd, inclusief statistische gegevens. Hij stelde de hoofdredacteur van *Journal of Neuroscience* op de hoogte, die de zaak liet afwikkelen door de juridische dienst. Het artikel werd verwijderd van de site, zonder mededeling van de retractie, alsof het nooit was gepubliceerd. Enige weken later kreeg Cohen per e-mail excuses van de Chinese auteurs, van wie er een de schuld op zich nam. 'Ik weet niet of er sancties zijn ondernomen tegen de auteurs, wat mij betreft was de zaak opgelost,' zegt Cohen in 2012.

Epidemioloog dr. Gerard Swaen van Dow Chemical ontdekte in 2012 bij toeval dat een artikel dat hij in 2011 had gepubliceerd in *Journal of Clinical Epidemiology* (JCE) in vrijwel gelijke bewoordingen verscheen in *International Journal of Academic Research* (IJAR), dat werd uitgegeven in Bakoe, Azerbeidzjan. De plagiator was de Iranese wetenschapper dr. Aref Amirkhani, associate professor epidemiologie aan Islamic Azad University, Teheran Medical Branch.

Hoofdredacteur prof.dr. André Knottnerus van JCE nam contact op met Amirkhani. De Iranees vertelde dat een van zijn studenten het onder zijn naam had ingestuurd, zonder dat aan hem te melden. Hij zei ervan te zijn uitgegaan dat dit uit respect voor hem was gebeurd. 'Natuurlijk heb ik dit niet gewild, want ik zeg studenten altijd dat ze artikelen aan mij moeten voorleggen voordat ze die opsturen, zodat ik alles kan controleren.' Amirkhani liet Knottnerus weten dat hij de hoofdredacteur van IJAR (niet te vinden in database PubMed) zou vragen om het artikel terug te trekken.

Knottnerus verzocht de hoofdredacteur van IJAR om de terugtrekking gepaard te doen gaan van een bericht met uitleg. Hij vroeg Amirkhani om de naam van de student, zodat hij hem kon aanspreken op zijn plagiaat. Ook wilde Knottnerus de zaak melden aan de universiteit in Teheran, zodat die sancties zou kunnen nemen. Op de e-mail aan Amirkhani kreeg Knottnerus geen reactie, wat twijfel deed rijzen of de student wel bestond.

Ook de redactie van IJAR reageerde niet, waarna Knottnerus nogmaals een e-mail stuurde, waarin hij nu ook dreigde om de organisatie achter IJAR op de hoogte te stellen van de zaak. Nu kreeg hij een summier bericht van de uitgever, dat het artikel al was verwijderd van de site. Knottnerus drong opnieuw aan op een bericht op de site en in de gedrukte versie over de reden van de terugtrekking van het artikel en kreeg daarna een link naar een 'Editorial note' van hoofdredacteur J. Jafarov opgestuurd, waarin de terugtrekking werd toegelicht. Het bevatte geen woord over de bewuste student; Jafarov meldde alleen dat er volgens Amirkhani sprake was van 'onzorgvuldig gebruik van materiaal'.

In juni 2012 is dit bericht niet meer te vinden op de website, waarna Knottnerus het blad verzoekt het terug te zetten, zodat via internet traceerbaar blijft dat er een probleem is geweest met een artikel van

Amirkhani. Ook vraagt hij het blad het nummer op te sturen waarin het bericht is opgenomen. Dat opsturen gebeurt, maar het bericht keert niet terug op de site.

De zaak roept bij Knottnerus de vraag op of in PubMed opgenomen tijdschriften niet vaker (ongewild) een podium bieden voor plagiators. Een terechte vraag, gezien ook de Chinese ervaring van zijn collega Cohen.

2. In de publicatiezeepbel

Druk om te publiceren put wetenschappers uit. Dat was begin 2012 een van de verrassende uitkomsten van onderzoek onder 437 medisch hoogleraren in Nederland door de psychiaters drs. Joeri Tijdink (VUmc) en dr. Ton Vergouwen (Sint Lucas Andreas Ziekenhuis) en internist prof.dr. Yvo Smulders (VUmc). Meer dan de helft (54%) van deze hoogleraren gaf aan de publicatiedruk te hoog te vinden; 39% twijfelde door het bestaan van publicatiedruk sterk aan de validiteit van onderzoeksresultaten van hun collega's wereldwijd; 33% vermoedde dat sommige wetenschappers hun data al dan niet opzettelijk verfraaien onder deze druk; 24% stelde dat publicatiedruk de wetenschap 'ziek' maakt. Er heerste onder deze hoogleraren duidelijk enig cynisme over de wetenschap, zo concludeerden de onderzoekers.

Een grote publicatiedruk blijkt veelal samen te gaan met emotionele uitputting en depersonalisatie, kenmerken van een burn-out: 24% van de Nederlandse medische hoogleraren voldeed aan de criteria voor een burn-out; bij assistenten-in-opleiding tot specialist was dat 21%; voor de totale beroepsbevolking ligt dit tussen de 8 en 11%. 'Burn-out onder medische professionals leidt niet alleen tot persoonlijk lijden, maar leidt ook tot verminderde arbeidsprestaties en brengt de patiëntenzorg in gevaar,' waarschuwden de onderzoekers in een (in september 2012) nog ongepubliceerde versie van hun artikel. Ze stelden ook vast dat medisch hoogleraren ondanks alle druk opvallend bevlogen bezig blijven met hun vak: ze scoorden bovengemiddeld hoog op vragen over vitaliteit en toewijding.

Het onderzoek was beperkt tot medisch hoogleraren, maar er is weinig reden om aan te nemen dat wetenschappers in andere vakgebieden minder druk ervaren. Uit een VSNU-rapport over de Nederlandse universiteiten uit mei 2012 blijkt dat Nederlandse wetenschappers tussen 2000 en 2010 meer tijd in het geven van onderwijs zijn gaan steken, terwijl er daarnaast meer wetenschappelijke publicaties worden gevraagd. De financiering van hun onderzoek komt steeds minder rechtstreeks via de eigen universiteit (eerste geldstroom), maar moet worden binnengehaald in competitie met andere wetenschappers via subsidies. Daarvoor moeten wetenschappers aanvragen schrijven en de energie en tijd die dat vraagt gaat ten koste van het doen van onderzoek zelf. Bovendien wordt een steeds geringer percentage van de onderzoeksvoorstellen beloond. Extra belast worden hoogleraren en docenten ook door de gestage groei van het aantal promovendi (tussen 2000 en 2010 steeg het aantal proefschriften van 2360 naar 3700). Het aantal promovendi dat zij begeleiden is daardoor de afgelopen tien jaar met 40% gestegen. Daar komt nog eens bij dat er om het wetenschappelijk personeel te kunnen laten groeien, is bezuinigd op ondersteunend personeel. Dat heeft de werkdruk bij zowel wetenschappelijk als ondersteunend personeel verhoogd. Desalniettemin is de groei van het aantal publicaties (27%) de afgelopen tien jaar groter geweest dan de groei van het personeel (22%). Onder wetenschappers in de gezondheidszorg is die groei nog sterker (48%, bij een toename van 36% aan personeel). Nederlandse wetenschappers (in totaal 17.776) produceerden in 2010 68.539 artikelen voor wetenschappelijke tijdschriften, gemiddeld vier per jaar. Daarmee behoren Nederlandse wetenschappers tot de productiefste ter wereld. Volgens de VSNU-cijfers produceren alleen de Zwitsers meer artikelen.

Aantallen zeggen niets over het belang van publicaties, maar ook kwalitatief scoren Nederlandse universiteiten uitstekend. De invloed van publicaties wordt onder meer bepaald aan de hand van de zogenaamde citatie-impactscore. Nederland zit met een score van 40% ruim boven het wereldgemiddelde en staat, na Zwitserland en Denemarken, derde op de wereldranglijst. De VSNU waarschuwde echter dat de rek er langzaam maar zeker uit aan het gaan is en dat de bezuinigingen zullen leiden tot verminderde wetenschappelijke productiviteit.

Veel wetenschappers wijzen mij tijdens mijn onderzoek op bovenstaande achtergronden. Ze zien fraudegevallen als randverschijnsel van fundamentelere problemen in het Nederlandse wetenschapsbedrijf en -beleid. 'Hoewel gevallen van fraude zeker voorkomen en aan het licht gebracht horen te worden, lijken zij meer een symptoom van de problemen dan de echte oorzaak,' schrijft Hans Radder, hoogleraar Filosofie van wetenschap en techniek aan de Vrije Universiteit. 'Die oorzaak zie ik primair liggen in de structuren van het huidige wetenschapsbedrijf en -beleid.' Structuren die volgens hem 'corruptiebevorderend' zijn.

Hij krijgt bijval van de Amsterdamse antropologe prof.dr. Annemarie Mol: 'Hoewel fraude het beslist verdient om te kijk gezet te worden, zijn er andere dingen die het dagelijks leven in de wetenschappen minstens zo zeer belasten. De grootste "fraude" is in zekere zin het feit dat de hiërarchie tussen wetenschappers op dit moment gekoppeld wordt aan accountancysystemen. Wie heeft het meeste publicaties in het Web of Knowledge? Wie het meeste citaties? Dat soort tellingen bevorderen sommige takken van wetenschap boven andere, bevorderen nieuwe vormen van calculerend gedrag, gaan niet over inhoud.

De volgende is het idee dat wetenschap "producten" moet opleveren (in plaats van "problemen" helpen oplossen of "vragen" aan de orde stellen of "nieuwe perspectieven" aanreiken). Dat gedoe met die producten levert ons uit aan de industrie (of transformeert delen van de universiteit tot industrie). Het risico van het verzamelen van casussen waarbij de regels overtreden worden, is dat de regels zo in orde lijken.'

Een vergelijkbare observatie doet prof.mr. J.M.H.F. Teunissen, hoogleraar Staats- en bestuursrecht aan de Open Universiteit. In zijn perceptie is niet 'bedrog' het probleem, 'maar het feit dat als gevolg van financiële prikkels (waaronder de promotiebonussen en de noodzaak/behoefte om financiële bronnen bij departementen/bedrijven aan te boren) de eisen die aan wetenschappelijk onderzoek worden gesteld, feitelijk in neerwaartse zin zijn bijgesteld'.

Bovengenoemde promotiepremies zijn sinds 2009 nog lucratiever geworden: 90.000 euro per afgeleverde promovendus voor alle vakgebieden. Teunissen voorspelt dat de hogere promotiepremies zullen leiden tot veel meer dissertaties. 'Dat bedrag gaat doorgaans grotendeels naar de desbetreffende faculteit, vaak naar de vakgroep van de hoogleraar die als promotor is opgetreden. Zeker in een tijd waarin hoogleraren worden aangemoedigd om te zoeken naar alternatieve inkomsten kan dat leiden tot perverse prikkels. Ik vermoed dat er de komende tijd steeds meer dissertaties zullen verschijnen die in feite niet meer zijn dan "opgepimpte" scripties.' Teunissen vraagt zich af of de beoordelingscommissies (promotiecommissies), waarin ook wetenschappers van andere universiteiten/faculteiten zitten, voor voldoende tegendruk zullen zorgen 'omdat die andere hoogleraren eveneens onder druk staan om binnen hun eigen vakgroep te zorgen voor meer dissertaties'.

Radder noemt deze directe koppeling van de beoordeling van wetenschappelijke resultaten aan een financiële beloning 'uiterst problematisch'. Het zet volgens Radder 'in tijden van bezuinigingen en begrotingstekorten (...) een expliciete, maar onwenselijke, druk op de beoordelaars van (...) proefschriften. Een dergelijke druk is direct in strijd met veel ethische codes voor goed wetenschapsbedrijf.'

Een Rotterdamse hoogleraar signaleert dat er ook vóór de verhoging van promotiebonussen al wat schortte aan de kwaliteitsbeoordeling van proefschriften. Als voorbeelden noemt deze hoogleraar (die geen vijanden wil maken en dus liever anoniem blijft) de dissertaties van de buitenpromovendi Paul Scheffer (Tilburg), Chris van der Heijden (UvA) en Annejet van der Zijl (UvA), die ondanks de uitstekende stijl wetenschappelijk te licht werden bevonden in pers en vaktijdschriften. 'Er wordt druk uitgeoefend op commissies om dissertaties goed te keuren. De universiteiten – met name geesteswetenschappen – worden enorm gekortwiekt. De verleiding is dan groot om door de knieën te gaan. Het is geen fraude maar wel een factor die averechts werkt op de kwaliteitsbewaking.'

Herman van den Bosch, hoogleraar Managementwetenschappen aan de Open Universiteit, stelt vast dat er vaak op safe wordt gekoerst bij promoties. Daardoor mist hij nogal eens methodologische diepgang, diepgravend speurwerk en maatschappelijke inspiratie in proefschriften. 'Promovendi en leden van promotiecommissies letten vaak in de eerste plaats op de aanwezigheid van overwegend goed uitgevoerd statistisch onderzoek en acceptatie door buitenlandse tijdschriften. Dat is geen bedrog, maar leidt er wel toe dat een enorme hoeveelheid geld twijfelachtig wordt besteed.'

Hoogleraar Ontwikkelingspsychopathologie Reinout Wiers van de Universiteit van Amsterdam signaleert een andere onwenselijke vorm van financiering: een subsidie voor 30 maanden van de Nederlandse organisatie voor gezondheidsonderzoek en zorginnovatie ZonMw, terwijl de aio 48 maanden nodig had voor het onderzoek. De ontbrekende 18 maanden zouden worden uitgekeerd na het behalen van positieve resultaten in de eerste fase van het onderzoek. 'Wij zouden dus een aio of andere medewerker een tijdelijk contract moeten geven dat alleen verlengd wordt in geval er positieve resultaten gemeld worden. We zijn met de casus-Stapel onder de ene arm en Popper onder de andere arm naar Den Haag gegaan, in de verwachting dat deze uit wetenschappelijk oogpunt evident onwenselijke belonings-structuur gerepareerd zou worden (elke wetenschapper waarmee we hierover spraken kon het nauwelijks geloven), maar helaas: ZonMw bleef bij haar standpunt. Om geen wetenschappelijke fraude uit te lokken (woordvoerder ZonMw: "Dat is niet ons probleem, dat is het probleem van de universiteit") nemen we nu zelf het risico en de betreffende aio heeft een normaal contract gekregen.'

Bovenstaande ongewenste 'perverse prikkels' betreffen promovendi, maar ze bestaan ook in andere vormen binnen de wetenschap. Bij het tenure-track-systeem dat de meeste universiteiten hanteren krijgen nieuw aangestelde talentvolle wetenschappers een aantal jaar om zich te bewijzen voordat ze een vaste aanstelling of een bevordering krijgen. Daarvoor moeten postdocs onder meer voldoen aan expliciete publicatie-eisen, bijvoorbeeld minstens vijf publicaties in vooraanstaande internationale tijdschriften als eerste auteur of drie publicaties als eerste auteur en vier publicaties als coauteur in de laatste vijf jaar (eisen van de faculteit Gedrags- en maatschappijwetenschappen in Groningen). 'Om op veilig te spelen kiezen de auteurs veelal voor een mainstream kwantitatieve aanpak: theoretische verantwoording, vragenlijst uitzetten, data verwerken met geavanceerde statistische methoden en conclusies trekken. Het resultaat is vaak vrij triviaal en bovenal niet of nauwelijks van enige waarde voor de samenleving, laat staat de innovatie waaraan wetenschap zou moeten bijdragen,' zegt bovengenoemde Van den Bosch.

Publicatiedruk heeft op alle niveaus binnen onderzoeksgroepen ongewenste effecten voor de keuze van het type onderzoek. Klinisch psychologe dr. Nel Draijer, UHD bij de vakgroep Psychiatrie van het VUmc ziet een tendens om vooral behandelingen te toetsen waarover snel oordelen mogelijk zijn. 'Ik werk zelf in een gebied – namelijk dat van de persoonlijkheidsstoornissen en complex getraumatiseerde patiënten – waarbij behandelingen lang duren, minstens drie jaar. Onderzoek daarnaar is voor subsidiegevers weinig interessant, omdat het duur is en het lang duurt voordat er data zijn. Bij het opstellen van behandelrichtlijnen zijn er dan weinig studies beschikbaar. Van NIMH – de belangrijkste Amerikaanse subsidiegever – is bijvoorbeeld bekend dat ze slechts onderzoekssubsidie verstrekken voor behandelonderzoek naar interventies van maximaal twintig zittingen. En als je niet oppast stelt men concluderend dat evidence based interventies ontbreken en dat dus niet bekend is wat werkt en voor zorgverzekeraars kan dat weer betekenen dat men dan langdurige behandelingen niet meer financiert (zoals in Nederland de psychoanalyse is overkomen). Publicatiedruk is dus ook van invloed op het soort onderzoek waar men zich op richt – in dit geval op kortdurende interventies bij enkelvoudige (As I) stoornissen zoals angst en depressie en niet op de persoonlijkheidsstoornissen. Dat is niet frauduleus, geen wangedrag, maar beïnvloedt door z'n opportunisme hele onderzoeksscholen en uiteindelijk ook ons beeld van de werkelijkheid.'

Vele wetenschappers wijzen op de negatieve invloed van 'managementdenken' op het universitaire klimaat. 'Managers komen meestal niet uit het vak maar moeten wel oordelen over wetenschappers,' zegt hoogleraar Vloeistofmechanica Guus Stelling van de TU Delft. 'Ze willen cijfers, zoals aantallen publicaties, aantallen citaten, Hirschindexen en noem maar op. De wetenschapper houdt van zijn werk, wil het houden en zorgt dus voor goede scores.'

Volgens de Delftse hoogleraar leidt de druk om te scoren tot het 'Rocky 6-effect': 'Papers die vrijwel hetzelfde zijn worden in diverse journals geplaatst. Wie goed speurt vindt veel voorbeelden. Geen bedrog, maar wel een gevolg van de tijdgeest. Mijd risico, zoek uit hoeveel publicaties je uit één idee kunt halen, dat komt steeds meer voor. Het leidt tot ontzettend veel geschrijf waarvan heel veel totaal overbodig is. Naar mijn idee is dit een groter probleem in de huidige wetenschap dan af en toe eens een suffe psycholoog die zijn eigen cijfers verzint.'

Zwaan kleef aan: coauteurs

Er zijn diverse manieren om het aantal publicaties te vergroten. Een manier om wetenschappelijk aan de weg te timmeren zonder extra inspanning is het optreden als coauteur van een artikel waaraan men niet of nauwelijks heeft bijgedragen. Tussen 1960 en 2008 is het gemiddelde aantal coauteurs in de bètawetenschappen in de VS gestegen van 1,67 naar 4,7. Die groei is voor een belangrijk deel het gevolg van de steeds complexer wordende onderzoekspraktijk, waarin voor eenlingen geen plaats meer is. In wetenschapsgebieden als wiskunde en sociale wetenschappen is de groei van het aantal coauteurs wat minder sterk geweest.

Het record staat op 2926 auteurs bij een publicatie in de hoge-energie-fysica. In de medische hoek is het record een klinische trial waarbij 972 auteurs samen 41.021 patiënten onderzochten.

Veel tijdschriften hebben richtlijnen opgesteld voor coauteurschappen, die erop neerkomen dat elke coauteur in staat moet zijn om een praatje te houden over de hoofdlijnen van het artikel. Wie dat niet kan hoort niet bij de coauteurs te staan en verdient hooguit een plek in de acknowledgements. In de praktijk wordt daar lang niet altijd de hand aan gehouden.

De discussie over het coauteurschap leefde in 2011 weer op in Nederland naar aanleiding van de zaak-Poldermans. Deze Rotterdamse cardioloog bleek 200 artikelen te hebben gepubliceerd met de Leidse cardioloog Jeroen Bax. Een Leidse onderzoekscommissie ging na of er mogelijk ook in die gezamenlijke publicaties onregelmatigheden te vinden waren. Wat vooral verbazing wekte was Bax' enorme productiviteit. Hij publiceerde gemiddeld 110 artikelen per jaar; in zijn recordjaar 2009 liefst 138 artikelen, elke tweeënhalve dag één. Poldermans en Bax schreven dit hoge aantal publicaties toe aan hun grote aantal promovendi. De inbreng van Bax bleek te bestaan uit meedenken in de conceptuele fase van het artikel en uit het redigeren van de concepttekst. Door het ontbreken van elektronische versies van concepten kon de commissie slechts bij enkele publicaties met zekerheid vaststellen dat Bax voldoende aan het ontwerp, de dataverzameling, de analyse of het concept van het artikel had bijgedragen om met recht als coauteur te kunnen worden opgevoerd. De kwestie was voor het LUMC reden om strengere regels te formuleren voor het coauteurschap. Decaan Klasen van het LUMC voerde een gesprek met Bax en vertelde hem dat het best een onsje minder mocht met het aantal publicaties.

Ook andere instellingen, zoals het AMC, scherpten de regels aan. Een van hun cardiologen 'verdiende' bijvoorbeeld vaak coauteurschappen vanwege zijn goede beheersing van het Engels, reden voor collega's van andere universiteiten om hun concept naar hem op te sturen.

Ongeveer een kwart van de klachten bij integriteitscommissies heeft te maken met ruzies over (niet toegekende) coauteurschappen. Van integriteitsschendingen is daarbij meestal geen sprake, vaak speelt op de achtergrond een arbeidsconflict en gaat het meer om zondigen tegen academische mores. Het onderzoek voor dit boek leverde vele voorbeelden op van bedenkelijk gedrag rond coauteurschappen. Een greep daaruit:

'Het meest storende wangedrag dat ik ben tegengekomen was dat een hoogleraar wiens naam met een B begon zijn medewerkers dwong altijd de alfabetische auteursvolgorde aan te houden in plaats van op zwaarte van de bijdrage te beslissen.' (hoogleraar, RUG, naam begint met een B.)

'Een geval van een onderzoeker die zijn data alleen beschikbaar stelde aan andere onderzoekers als hij coauteur mocht zijn, zonder verder een bijdrage van enig belang te leveren. Door die coauteurs (onder wie ik) geaccepteerd.' (hoogleraar, VU)

'Coauteurs die op een artikel moeten omdat 1) ze voor de data "betaald" hebben 2) ze opdracht hebben hun H-index op te krikken 3) ze vereerd zijn om erbij genoemd te worden. Heel vaak gaat het om mensen die niets van de gebruikte methodologie snappen of er ook maar iets zinvols over kunnen navertellen. "Ik hoop niet dat ik hier later over ondervraagd word."' (UHD, VUmc)

'Al te enthousiast gebruik van het materiaal van promovendi door hoogleraren, waardoor promovendi credits en (eerste) auteurschappen door de neus worden geboord. Mij werd wijsgemaakt dat als je eenmaal in een bepaalde volgorde had gepubliceerd dat je beter die volgorde kon aanhouden. Dus ik was tweede auteur van artikelen waar ik eerste auteur van had moeten zijn. En ik heb ook weleens auteurschappen gemist: dan werd ik op zijn best geacknowledged, terwijl ik grote delen of meer geschreven had.' (hoogleraar, Universiteit Maastricht)

Onderstaand voorbeeld van een UHD laat zien dat coauteurkwesties totaal kunnen ontsporen. 'Enkele jaren geleden gebruikte mijn superieur in een artikel ideeën van mij om iets te beargumenteren dat volgens mij wetenschappelijk onjuist was. Ik wilde daarom niet als coauteur vermeld worden bij dat artikel. Mijn superieur stuurde het artikel daarna met een promovendus, zonder mij als coauteur, naar een tijdschrift. Een andere bij het werk betrokken collega heeft ook afgezien van het coauteurschap. Ik besloot toen zelf mijn ideeën op te schrijven en een artikel op te sturen naar hetzelfde tijdschrift. Toen ik mijn superieur hiervan op de hoogte stelde vroeg hij het bestuur mij te dwingen mijn artikel terug te trekken. Onder zware druk van het faculteitsbestuur (het argument was dat ik de belangen van de promovendus schaadde) heb ik mijn artikel daarna teruggetrokken.'

De auteursvolgorde bij publicaties wordt steeds belangrijker. Meestal heeft de eerste auteur het leeuwendeel van het werk gedaan (in de experimentele natuurwetenschappen is dat vaak een promovendus of postdoc), onder leiding van de laatste auteur. De plekken van de overige coauteurs zijn minder van belang. In de praktijk wordt de volgorde in de auteurslijst vaak bepaald door machtsverhoudingen, en tradities binnen een onderzoeksgroep. Een wetenschapper uit de technische hoek (anoniem met het oog op mogelijke repercussies) deelt de volgende ervaringen:

'Ik heb jarenlang als UD gewerkt in een vrij grote groep waar het gebruikelijk was dat een van de hoogleraren bij vrijwel alle publicaties werd toegevoegd als laatste auteur, terwijl de persoon die de ideeën had geleverd, de fondsen had verworven, het onderzoek en het verwerken tot publicatie had begeleid (in het algemeen een U(H)D) als tweede auteur werd vermeld. In de meeste gevallen had de laatste auteur/hoogleraar niet veel meer gedaan dan de laatste versie van het manuscript nog eens kritisch doorlezen, en zelfs dat niet altijd. Deze gang van zaken wordt mijns inziens mede in de hand gewerkt door een rare kant van het Nederlandse promotierecht dat zegt dat alleen een hoogleraar als promotor kan optreden. Dit geeft hoogleraren automatisch een rol bij veel onderzoeksprojecten waar ze verder weinig mee te maken hebben.

Een keer meende ik dat het bij een publicatie over een ideetje dat een aio en ik samen hadden gehad en uitgewerkt, niet nodig was een hoogleraar als coauteur te vermelden. Nadat dit manuscript de peer-review-procedure van het tijdschrift al was gepasseerd, en geaccepteerd voor publicatie, kwam de aanstaande promotor van de aio toevallig achter het bestaan van dit manuscript. Hij heeft toen dringend aangegeven dat hij als coauteur vermeld wilde worden. Nadat we deze "correctie" aan het tijdschrift hadden doorgegeven kregen we hierover nog kritische vragen van de editor, waar we met een smoes op hebben moeten reageren. Zo werd de betreffende hoogleraar ook van deze publicatie laatste auteur.'

Hij zegt veel nadeel te hebben ondervonden van deze omgang met coauteurschappen. 'Ik merk dat veel van wat ik in het recente verleden heb gedaan, wordt toegeschreven aan de betreffende hoogleraren. Zo zie ik geregeld in jury- en referee-commentaren op onderzoeksvoorstellen dat ik niet heb laten zien dat ik een leidende rol heb gespeeld in onderzoek. In de huidige situatie van hoge aanvraagdruk, en lage honoreringspercentages is zo'n kritiekpunt vaak funest. Zo was dit een aantal jaar geleden bijvoorbeeld het belangrijkste motief bij de afwijzing van mijn NWO-Vici-aanvraag.'

De wetenschapper neemt het de hoogleraren in kwestie niet persoonlijk kwalijk, en wil ze niet aan de schandpaal nagelen. 'Wat is gebeurd was vrij normaal, niet alleen in deze onderzoeksgroep. Mijn pech is dat een groot deel van mijn publicatielijst is bepaald door de "ouderwetse" gang van zaken, terwijl deze nu met terugwerkende kracht volgens de "moderne" betekenis van auteursvolgorde wordt geïnterpreteerd.'

Salamiwetenschap
Wetenschappelijke tijdschriften zijn gespitst op een vorm van klein bedrog die spottend wordt aangeduid als 'salamiwetenschap': de resultaten van één onderzoek (de salami) worden in plakjes gesneden en over zo veel mogelijk verschillende publicaties verdeeld, terwijl het ook in één artikel had gekund. De kunst bij deze publicatie in stukjes en beetjes, is het vinden van de 'Kleinst Publiceerbare Eenheid' (Least Publishable Unit). Een variant op salamiwetenschap bestaat uit het hergebruik van al gepubliceerd werk, dat wordt aangevuld met wat nieuwe gegevens, om de indruk te wekken dat het om nieuw onderzoek gaat. De term hiervoor is *meat extension*.

Een andere variant is dubbelpublicatie. Dat wordt ook wel aangeduid als 'zelfplagiaat' (selfplagiarism), een ongelukkige term omdat plagiaat per definitie het stelen van andermans werk betreft. Een artikel verschijnt dan zowel in een algemeen tijdschrift als in een specialistisch tijdschrift, of in een nationaal en een internationaal tijdschrift, of in een tijdschrift en in het verslag van een conferentie.

De Leidse hoogleraar dr. A.F.J. van Raan, oprichter en tot 2010 directeur van het Centrum voor Wetenschappelijke en Technologische Studies, vindt publiceren van hetzelfde werk in meer bladen goed te rechtvaardigen zolang het niet gaat om oneigenlijke methoden om de publicatielijst te verlengen. 'Wij publiceren zelf regelmatig over hetzelfde onderzoek in tijdschriften voor vakgenoten en in tijdschriften voor het vakgebied waar ons onderzoek over gaat. Wij moeten nu eenmaal verschillende wetenschappelijke communities bedienen. Daar is niets mis mee. Wetenschappers hebben soms ook strategische redenen om snel de belangrijkste resultaten te publiceren, om duidelijk te maken dat ze de eerste zijn. Dan publiceren ze een algemeen, wat korter verhaal in bijvoorbeeld *Nature*, en een gedetailleerder verhaal in een specialistisch tijdschrift. Goede referees en editors halen salamiwetenschap die puur bedoeld is om het aantal papers op te krikken er wel uit en geven zo'n auteur een waarschuwing.'

Criterium voor tijdschriftredacties is of er in een aangeboden artikel helder wordt verwezen naar een vergelijkbare publicatie in een ander tijdschrift. Een redactie kan dan zelf beslissen of de publicaties elkaar in de weg zitten. Ontbrekende verwijzingen wijzen op kwade trouw, met als enig motief het verlengen van de publicatielijst.

De ongewenste gevolgen van salamiwetenschap blijken uit onderstaand verhaal.

*

De Utrechtse epidemioloog dr. Geert van der Heijden deed in 2003 onderzoek naar de effecten van bypasschirurgie met en zonder het gebruik van een hartlongmachine. Hij wilde weten welke verschillen er waren in sterfte en optreden van hartinfarcten of hersenbloedingen tussen deze twee methodes voor hartoperaties. Bij gebruik van de in 1956 geïntroduceerde hartlongmachine wordt het hart stilgezet en zorgt de machine dat het bloed van de patiënt blijft stromen en van zuurstof wordt voorzien. Na de komst van apparatuur om een kloppend hart te opereren stapten veel chirurgen over op deze nieuwe off-pump methode. Deze operaties waren technisch uitdagender en eervoller voor chirurgen, en ook financieel lucratiever. Al snel heerste de overtuiging dat off-pump ook veiliger was voor patiënten.

Van der Heijden was benieuwd in hoeverre dat werd ondersteund door wetenschappelijk onderzoek. Ter voorbereiding op een artikel zocht hij onder meer contact met de Italiaanse arts prof.dr. Gianni Angelini van de Bristol Royal Infirmary om details te horen over zes studies die Angelini met zijn Italiaanse collega prof.dr. Raimondo Ascione (ook van de Bristol Royal Infirmary) had gedaan naar dit onderwerp. Eén studie bevatte 204 patiënten, een andere 100 en nog weer een andere 104; en dan waren er ook nog drie studies gedaan bij subgroepen, zoals oudere diabetespatiënten. Deze subgroepen bleken echter gelicht uit de twee trials met 100 en 104 patiënten. In de gepubliceerde artikelen was dit allemaal niet duidelijk aangegeven, vermoedelijk omdat publiceren anders moeilijker zou zijn geworden vanwege het verwijt van salamiwetenschap. Het ongewenste effect hiervan was dat door het dubbeltellen van patiënten een vertekening in het voordeel van off-pump chirurgie was ontstaan.

Toen er in 2003 een meta-analyse verscheen over on- en off-pump chirurgie van de Italiaan dr. Alessandro Parolari van de Universiteit van Milaan in *The Annals of Thoracic Surgery* besloot Van der Heijden een reactie te schrijven. Parolari had niet alleen niet gesignaleerd dat de zes studies van Angelini er feitelijk maar twee waren, maar hij had ook allerlei studies gemist door onvoldoende grondig literatuuronderzoek. Dat had Van der Heijden al vaker gezien bij meta-analyses, die wetenschappers graag schrijven omdat deze veel geciteerd worden en dus ook weer goed zijn voor de publicatielijst, een andere vorm van 'impact factor driven' publiceren. Grondig literatuuronderzoek wil er door die focus op de publicatielijst weleens bij inschieten.

In de 'Letter' die Van der Heijden hierover stuurde aan *The Annals of Thoracic Surgery* signaleerde hij deze tekortkomingen en gaf aan hoe het effect on- en off-pump zou zijn na doorvoering van een correctie voor deze inzichten. Dat stuk was pijnlijk voor de man achter de zes studies die er feitelijk twee waren, Angelini, maar dat had Van der Heijden opgelost door Angelini als coauteur te vragen in plaats van dit gegeven in een noot te vermelden als 'personal communication' van Angelini aan hem. Daarmee maakte Angelini meteen schoon schip voor zijn verhulde dubbelpublicaties. Bleef staan dat het artikel ook pijnlijk was voor Parolari, die zich immers niet goed had verdiept in de achtergronden van Angelini's studies en allerlei andere studies over het hoofd had gezien.

Dat was weer pijnlijk voor de reviewers die dit artikel vóór publicatie hadden moeten beoordelen op kwaliteit en voor de editor van het tijdschrift. De reviewers van *The Annals of Thoracic Surgery* waren lovend over de Letter, onder meer omdat Van der Heijden de valkuilen van meta-analyses liet zien en omdat zijn inzichten belangrijk waren voor de oordeelsvorming over de patiëntveiligheid van de twee methoden. Ze adviseerden om ook een begeleidend editorial te wijden aan deze twee thema's.

Editor dr. L. Henry Edmunds van de University of Pennsylvania overrulede dit oordeel van de reviewers echter. 'Uw analyse is fantastisch en zeer goed gedocumenteerd,' schreef hij aan Van der Heijden, 'maar is gericht tegen een groep onderzoekers en heeft daarom wat kenmerken van een persoonlijke vete. (...) Ik wil *The Annals* niet openstellen voor uitgebreide kritiek op elkaars bijdragen. Bovendien past het format van uw artikel niet in de formats van *The Annals*. (...) U pleit voor een up to date analyse. Waarom maakt u die niet, om die te publiceren als origineel artikel? (...) Ik hoop dat u begrip hebt voor mijn argumenten, hoewel ik er zeker van ben dat u het er niet mee eens zult zijn.'

Van der Heijden was het er inderdaad mee oneens. 'De editor gebruikte een vals argument om onwelgevallige informatie weg te wuiven. Ik wist niet eens wie Parolari was. Zowel de editor als de reviewers hebben zitten slapen, en mijn methodologie leverde resultaten op die indruisten tegen een aantal belangen. De off-pump methode was op dat moment nog een cash cow waarop veel kaarten werden gezet, met het oog op academische eer en extra inkomsten. De editor had de auteur een erratum moeten laten schrijven of hij had onze Letter kunnen plaatsen met een reactie van Parolari erbij. Ik vermoed dat de editor ook last had van "cognitieve bias", onze bevindingen druisten in tegen zijn eigen opvattingen over de off-pump methode.'

Van der Heijden volgde wel het advies op om een eigen meta-analyse te maken van de bestaande literatuur. Die publiceerde hij in een blad met een heldhaftiger redactie, *European Journal of Cardiothorac Surgery*. Na verwijdering van ondeugdelijke studies en de dubbelpublicaties van onder meer Angelini (die bij dit artikel geen coauteur was) bleek dat er geen significante verschillen waren tussen sterfte, hartinfarcten en hersenbloedingen bij de twee methodes. Inmiddels is uit nieuwere studies gebleken dat relatief gezonde jongere mensen het beste af zijn met off-pump operaties, maar er zijn aanwijzingen dat dit juist niet geldt voor ouderen uit risicogroepen, zoals diabetes-patiënten. Op basis van overtuiging in plaats van op harde wetenschap kiezen voor off-pump zou dus weleens ongewenste effecten kunnen hebben op individueel niveau.

De citatiefixatie

Veel deelnemers aan mijn onderzoek klagen dat wetenschappers steeds meer worden beoordeeld op aantallen publicaties en vooral op het aantal verwijzingen naar die publicaties in artikelen van collega's (citaties).

Grootste steen des aanstoots blijkt de H-index, vernoemd naar de fysicus Jorge E. Hirsch, die deze maat voor de prestaties van een wetenschapper in augustus 2005 introduceerde in een artikel op de fysica pre-print website arXiv.org en daarna in het prestigieuze tijd-schrift *Proceedings of the National Academy of Sciences of the United States of America.*

De H-index werd in korte tijd zeer populair omdat deze de presta-ties van een wetenschapper samenvat in één simpel getal. Dat cijfer wordt berekend door het aantal publicaties te combineren met het aantal citaties dat elk artikel afzonderlijk heeft gekregen. Als iemand één artikel heeft gepubliceerd dat één of meer keer is geciteerd dan is de H-index 1; bij twee artikelen die elk minstens twee keer zijn geci-teerd is de H-index 2; bij 25 artikelen die elk minstens 25 keer zijn ge-citeerd is de H-index 25. Als iemand 30 artikelen heeft gepubliceerd, waarvan zes artikelen elk zes keer of meer zijn geciteerd dan is de H-index 6. In de formulering van Hirsch: 'Een wetenschapper heeft index H als H van zijn of haar in totaal N publicaties ten minste H maal geciteerd zijn in andere publicaties, en de andere (N-H) publica-ties minder dan H maal geciteerd zijn.'

Volgens hoogleraar Van Raan van het Centrum voor Wetenschaps-en Technologiestudies (CWTS) zijn er cruciale problemen met het ge-bruik van de H-index. 'De grootste tekortkoming is dat hij ongeschikt is voor de vergelijking van vakgebieden, en zelfs van deelgebieden binnen een groot vakgebied. Binnen één klein vakgebied kan het een geschikte maat zijn, maar dan is het van groot belang hoe ruim je dat vakgebied definieert. De H-index is absoluut niet geschikt voor benoemingsprocedures of keuzes bij onderzoeksfinanciering.'

Volgens Van Raan wordt de H-index geregeld misbruikt. 'Bijvoorbeeld bij quick-and-dirty evaluaties binnen faculteiten, waar politieke besluiten worden genomen die met behulp van de H-index de schijn van objectiviteit krijgen. Dat hoort niet. Soms trekken mensen die in zulke reorganisatieprocedures terechtkomen bij ons aan de bel met de boodschap: "Help me, ik ben ge-H-indext! Kunnen jullie mij VanRanen?"' Daarmee doelen ze op de eigen methode die het CWTS heeft ontwikkeld voor het wegen van de prestaties van (groepen) wetenschappers en universiteiten. (De term 'VanRanen' is bedacht door Ronald Plasterk.)

De methodes van het CWTS zijn volgens Van Raan rechtvaardiger en objectiever, en mathematisch consistent, wat de H-index niet is. 'Onze methode bevordert de *publish or perish*-mentaliteit niet. Bij ons scoor je niet per definitie beter als je veel publicaties hebt; wat telt is of het goede, veel geciteerde publicaties zijn. Wij corrigeren ook voor zelf-citaties, het aantal keren dat wetenschappers verwijzen naar eigen werk. De H-index telt zelfcitaties mee, maar het gaat om je impact op andere wetenschappers. Wij veroordelen zelf-citaties niet, meestal zijn die functioneel, maar soms kom je excessen tegen van wetenschappers bij wie 40 tot 60% van de citaties zelfcitaties zijn. Daarom is het goed om ze apart te houden in de tellingen.'

Het CWTS heeft in 2012 een belangrijke ontdekking gedaan die het gebruik van impactscores binnen diverse (en waarschijnlijk vrijwel alle) medische vakgebieden op losse schroeven zet. 'Binnen de cardiologie en de neurologie vonden we een duidelijk verschil in de impactscores van fundamentele en klinische onderzoekers. Klinische onderzoekers scoren daar significant veel lager. Dat betekent dat als de prestaties van een clinicus worden afgewogen tegen het gemiddelde van het hele vakgebied, hij/zij te laag uitkomt. Clinici moeten dus met andere maatstaven worden beoordeeld dan fundamentele onderzoekers.'

Van Raan beschouwt zichzelf weliswaar als missionaris van de wetenschap van de bibliometrie, maar blijft wijzen op de beperkingen.

'Op individueel niveau sturen op impactscores is om statistische redenen sowieso gevaarlijk, ook met onze methode; en op groepsniveau moet je impactcijfers altijd combineren met oordelen van peers over de kwaliteit. Dat maakt het ook transparant. Wij waarschuwen altijd voor citatiefundamentalisten, die juist geen gedoe willen met peers vanwege mogelijke vriendjespolitiek. We kunnen het nu allemaal meten zonder tussenkomst van peers, zeggen ze, maar zo eenvoudig is het niet.'

Van Raan wijst er ook op dat citatie-analyse niet goed werkt bij de sociale- en geesteswetenschappen, en bij een deel van de technische wetenschappen. 'Voor het beoordelen van de afdeling Geschiedenis moet je niet bij ons zijn, maar wel voor bijvoorbeeld Taalkunde, want dat is een "hard" vak (in termen van publiceren in internationale tijdschriften). Nu de Science Citation Index/Web of Science (WoS) ook boeken gaat opnemen biedt dat wel nieuwe perspectieven voor toepassing van de bibliometrie binnen die wetenschapsgebieden. Die leent zich inmiddels ook beter voor de computer sciences, omdat de WoS ook proceedings waarin die wetenschappers veel publiceren, is gaan opnemen. Bij Google Scholar zitten er al boekhoofdstukken in, maar niemand weet hoe dat proces in elkaar steekt, wat de citatie-uitkomsten onbetrouwbaar maakt.'

Hoogleraar Kindergeneeskunde Edmond Rings van het UMC Groningen vindt het focussen op citaties ongewenst. 'Er wordt erg eendimensionaal naar publicaties gekeken, terwijl het er in mijn vakgebied ook om gaat of je een goede dokter bent en of de patiënten er iets aan hebben. Die H-index is in een paar jaar tijd omarmd als de *holy grail* om dingen transparant en beter te maken. Wetenschappers die handig zijn en goed schrijven zullen er wel bij varen, maar of de maatschappij en de patiënten erbij gebaat zijn is maar sterk de vraag. Als je scherp op cijfertjes gaat beoordelen, krijg je excessen, zoals universiteiten die hun wetenschappers gaan leren hoe ze hun impactscore kunnen verbeteren. Waar ben je dan mee bezig?'

Ook kinderlongarts Bart Rottier van het UMC Groningen ergert zich aan de doorgeslagen impactcultuur. In zijn ziekenhuis krijgen wetenschappers extra punten voor publicaties in toptijdschriften, maar juist puntenaftrek voor publicaties in bladen die qua impactfactor bij de onderste 25% behoren. 'Dat leidt ertoe dat onze onderzoekers zich gaan afvragen of ze een artikel misschien maar helemaal niet moeten publiceren,' zegt Rottier. 'En dat betekent dat bepaalde informatie niet gedeeld wordt.' Rottier probeert al enige tijd een paper in hoger gewaardeerde bladen gepubliceerd te krijgen en stuit bij editors op dezelfde fixatie op impactscores. 'Ik kreeg te horen: "Uw paper is nogal technisch en die worden slecht geciteerd en dat verlaagt de impactfactor van ons blad." Op deze manier ontstaat er een soort zeepbel die niets meer van doen heeft met waar het om gaat: verspreiden van kennis.'

Rottier is niet de enige met dit soort ervaringen. Gerenommeerde wetenschappelijke bladen eisen dat bij revisie van een bijna geaccepteerd artikel nog referenties worden toegevoegd uit dat specifieke blad. Prof.dr. J.C. Kluin-Nelemans, hoofd van de afdeling Hematologie van het UMC Groningen, kreeg van de redactie van *Thrombosis and Haemostasis* te horen dat het blad het erg belangrijk vond om verwijzingen op te nemen naar eerder gepubliceerde artikelen over hetzelfde onderwerp in dat tijdschrift en kreeg het verzoek om de laatste twee jaargangen even door te nemen. 'Daarmee beoogt het tijdschrift op volstrekt oneigenlijke gronden haar citatie-index op te krikken. Ik heb daartegen geprotesteerd en kreeg als verweer te horen dat ze wel ergere voorbeelden wisten van tijdschriften, die zelfs eigenhandig alvast referenties toevoegen en verzoeken die aan het ingestuurde artikel toe te voegen.'

Bijzonder hoogleraar Bibliotheekwetenschap Frank Huysmans maakte mee dat de editor van een tijdschrift de redactieleden suggereerde om er onder collega's voor te pleiten dat zij vaker artikelen uit het betreffende tijdschrift citeren. 'Zo zou de indexering van het tijdschrift in de citatie-index niet op het spel komen te staan. Ik heb de indruk dat strategisch handelen om maar hoger te scoren op die indicatoren hand over hand toeneemt. Als die indruk klopt, is dat wel zorgelijk voor de ontwikkeling van de wetenschap, aangezien deze meting van wetenschappelijke kwaliteit dan wel erg ver van de werkelijkheid af komt te staan.'

Bovengenoemde observaties van Nederlandse wetenschappers worden bevestigd door een artikel in *Science* in februari 2012 over een onderzoek onder 56.000 wetenschappers in de sociale en businesswetenschappen. Daarvan had 20% ervaring met dit soort druk door tijdschriften, onder wie veel jongere wetenschappers. Het merendeel van de wetenschappers (81%) gaf aan deze druk ongepast te vinden en bovendien schadelijk voor het aanzien van het blad, maar meer dan de helft (57%) bleek van plan daar voortaan rekening mee te houden voor het inzenden van een manuscript, om de kans op acceptatie groter te maken.

De Amsterdamse cardioloog prof.dr. Arthur Wilde (AMC) en de Utrechtse elektrofysioloog dr. Tobias Op 't Hof (Universiteit Utrecht) signaleren vergelijkbare praktijken bij cardiologische tijdschriften. 'In de top-10 van de toonaangevende tijdschriften in de cardiologie staan twee tijdschriften, waarvan de "impact factor" met liefst 33 en 57 procent is opgeblazen door zelfcitaties,' zei Op 't Hof in maart 2012 in *NRC Handelsblad*. Zijn collega Wilde waarschuwt daarin dat 'het systeem van publiceren en citeren aan het doldraaien is'.

Ook Van Raan bevestigt het bestaan van 'journal impact engineering'. 'Natuurlijk probeer je als editor van een tijdschrift je impactfactor te verhogen, via het opnemen van betere publicaties en het afwijzen van minder goede, maar er zijn inderdaad voorbeelden van pervers gedrag, zoals een editor die in editorials veel verwijst naar artikelen in het eigen tijdschrift, in de wetenschap dat die meetellen bij de berekening van de impactfactor. Dat is simpelweg op te lossen door editorials niet meer mee te tellen. Maar intussen krijgen editors dat in de gaten, en verschuift de strategie van editorials naar de categorie "overzichtsartikelen". Dit is met ons volledig geautomatiseerde bestand eenvoudig aan te pakken door overzichtsartikelen met een significant hoog aantal verwijzingen naar het eigen tijdschrift weg te laten, een soort zelfcitatiecorrectie. Ik blijf geloven in de waarde van bibliometrie.'

Publicatiedruk maakt ziek, publicatiedruk werkt corruptiebevorderend. Publicatiedruk, voortkomend uit de structuur van het academische bedrijf en beleid, is het echte probleem, gevallen van fraude zijn slechts een symptoom, aldus VU-filosoof Henk Radder aan het begin van dit hoofdstuk. Van Raan zegt een redelijke vorm van publicatiedruk 'niet verkeerd' te vinden. 'Gedreven onderzoekers leggen zichzelf zo'n druk op, met plezier. Wie echt mooi werk doet, gaat er helemaal voor. We gaan toch niet terug naar de tijd waarin nogal wat wetenschappers maar wat rondleuterden?'

Dr. Erik van Schooten, docent Methoden en technieken van sociaal-wetenschappelijk onderzoek aan de Universiteit van Amsterdam, vat alle bovengenoemde problemen samen in de volgende analyse en schetst een oplossing voor ontsporingen: 'Bij financiering op basis van output-indicatoren (bijvoorbeeld publicaties) kun je voorspellen dat mensen als calculerende burgers lucratief gedrag gaan nastreven, en dus veel publiceren, beter zes snippers dan één lang en goed artikel. Als ik alleen credits krijg voor publicaties in internationale bladen, dan publiceer ik niet meer in Nederlandse tijdschriften. Ook blijkt uit onderzoek dat intrinsieke motivatie (om je werk gewoon goed te doen) afneemt als de extrinsieke groter wordt (beloningen, output-indicatoren etc). Wil je minder fraude, dan moet je de output-financiering afschaffen en onderzoek niet commercieel laten doen. Geef onderzoekers relatief lage salarissen (dat is nu al zo, enkele topplaatsen uitgezonderd), zodat er alleen echt intrinsiek gemotiveerden op de onderzoeksbanen afkomen.'

Van Raan ziet niets in Van Schootens oplossingen: 'Op die manier verdwijnen de meeste talenten naar de industrie. Publieke wetenschapsbeoefening dient een behoorlijk betaalde baan te blijven. Verder gaat het niet om óf publiceren in internationale bladen, óf in Nederlandse, maar om beide, dus niet óf-óf maar én-én. Het is volstrekt normaal, zeker in de natuurwetenschappen en de medische vakgebieden, dat gedreven onderzoekers hun mooie en belangrijke onderzoeksresultaten zowel voor een internationaal forum als ook in de eigen nationale omgeving (bijvoorbeeld beroepsbladen) publiceren. Ik ken ook geen empirisch bewijs dat publicatie-wangedrag op grote schaal voorkomt. Dan zouden wij dat in onze dagelijkse praktijk voortdurend moeten tegenkomen, en dat valt dus erg mee.'

De wereld achter retracties

Het is pijnlijk voor wetenschappers om een artikel te moeten schrappen van de publicatielijst omdat er iets mis mee is. Bij mijn speurtocht naar integriteitsschendingen vond ik in PubMed en Web of Science in totaal 30 retracties van Nederlandse auteurs. De toelichtingen die tijdschriften publiceerden over deze retracties (voor zover aanwezig) waren vaak vaag over de achtergronden. De helft van de retracties bleek bij navraag niets te maken te hebben met ernstige integriteitsschendingen. Onderzoekers hadden bijvoorbeeld zelf onopzettelijke fouten ontdekt in hun werk waarna hun conclusies niet meer klopten; of een uitgever had een artikel per ongeluk twee keer gepubliceerd. Achter sommige retracties gingen ingewikkelde geschiedenissen schuil, met een ander karakter dan plagiaat en vervalste/verzonnen data.

Bij mijn zoektocht kwam onder meer een publicatie naar boven van onderzoekers van het LUMC. Het betrof een artikel uit 2005 in *Journal of Thoracic and Cardiovascular Surgery* van Ignacio Malagon met zes co-auteurs, allen medewerkers van de afdeling Anesthesiologie, over het gebruik van dexamethason bij hartchirurgie van kinderen. De verklaring voor het terugtrekken eind 2006, op verzoek van de hoofdredacteur, luidde dat het onderzoek niet was uitgevoerd zoals aangegeven in de paragraaf 'Methoden'. Na onafhankelijke beoordeling van de resultaten op basis van de werkelijke opzet van de studie, bleek dat deze te zwak waren om getrokken conclusies te rechtvaardigen.

Wat had hier gespeeld? Was deze retractie te rijmen met de mededeling aan mij van begin december 2011 dat er bij het LUMC de afgelopen twintig jaar geen gevallen van wetenschappelijk wangedrag zijn geweest?

Dat valt niet eenvoudig te achterhalen, omdat eerste auteur Malagon naar Engeland is verhuisd en geen van de andere auteurs op e-mails reageert. Navraag binnen de afdeling leert dat het toenmalige afdelingshoofd, prof.dr. Jack van Kleef, intussen met pensioen is. Van Kleef wil wel kwijt dat hij betrokken is geweest bij een 'geval van wetenschappelijk wangedrag', maar zegt dat hij de bewuste periode heeft 'afgesloten'.

Omdat er proefpersonen (kinderen) betrokken waren bij het onderzoek zou de Centrale Commissie Mensgebonden Onderzoek (CCMO) meer kunnen weten. Die commissie houdt toezicht op de bescherming van proefpersonen betrokken bij medisch-wetenschappelijk onderzoek, door te toetsen of het voldoet aan de wettelijke bepalingen en of het onderzoek wel bijdraagt aan de voortgang van de medische wetenschap. Daar blijkt de publicatie inderdaad bekend. Algemeen secretaris dr. Marcel Kenter meldt dat Malagon in 2003 tot tweemaal toe een onderzoeksvoorstel had ingediend, dat was afgewezen omdat het niet aan de strenge regels voldeed. Toen er in augustus 2005 een publicatie verscheen in het bewuste tijdschrift merkte de CCMO op dat deze studie sterk leek op de twee afgewezen onderzoeksprotocollen, terwijl de publicatie meldde dat het onderzoek zou zijn goedgekeurd door een lokale Medisch Ethische Toetsings Commissie (METC). De CCMO vroeg Malagon om een toelichting en vroeg om een kopie van het positieve oordeel van de METC.

In zijn reactie gaf Malagon aan dat de opzet van het onderzoek anders was geweest dan gemeld. Hij had geen experimenteel onderzoek gedaan, zoals in het artikel stond, maar had een statusonderzoek gedaan op basis van bestaande patiëntgegevens. Daarvoor is geen goedkeuring van een METC vereist. De METC van het LUMC bleek het onderzoek ook nooit te hebben beoordeeld. De CCMO liet Malagon in oktober 2006 weten dat de gepubliceerde versie in strijd was met de regels van de Wet medisch-wetenschappelijk onderzoek met mensen, ook al was het onderzoek dan in werkelijkheid anders uitgevoerd. De CCMO verzocht hem de bewuste publicatie in het tijdschrift terug te trekken onder vermelding van een correctie. Dit verzoek ging in kopie naar afdelingshoofd Van Kleef en naar het bestuur van het LUMC.

Malagon meldde de editor van het tijdschrift dat er een fout in het artikel was gemaakt en dat hij daarvoor zijn verontschuldigingen aanbood, aldus LUMC-decaan prof.dr. Eduard Klasen in een toelichting in 2012. De Spanjaard mocht daarna een herschreven artikel insturen met een correcte beschrijving van het onderzoek. Dit artikel vonden de reviewers ongeschikt voor publicatie omdat het statistisch niet overtuigend was. Het oorspronkelijke artikel werd in december 2006 teruggetrokken. Het LUMC liet een disciplinair onderzoek doen door prof.dr. F.C. Breedveld en prof.dr. E.C. Klasen. Zij concludeerden dat er geen sprake was geweest van 'kwade opzet', maar Malagon werd wel schriftelijk berispt voor zijn onzorgvuldige publicatie. Hij werd bovendien voor twee jaar onder extra supervisie geplaatst bij zijn onderzoek, aldus Klasen. Kort daarna verliet Malagon het LUMC en emigreerde later naar Engeland. Hij reageert niet op vragen om toelichting via e-mail en sociale media.

*

Bij mijn retractiesearch in PubMed stuitte ik ook op een in 2009 teruggetrokken artikel dat drie jaar daarvoor was verschenen in *Journal of Child Psychology*. Drie jaar is opvallend. Op de achtergrond bleek hier een arbeidsconflict te spelen tussen twee van de auteurs, prof. dr. Frank Verhulst en dr. Alfons Crijnen van de afdeling Kinder- en jeugdpsychiatrie van het Erasmus Medisch Centrum. Laatstgenoemde had het manuscript, dat mede gebaseerd was op zijn werk, niet onder ogen gekregen voor publicatie en had kritiek op de weergave van het onderzoek. Dat was mogelijk oplosbaar geweest via een correctie, maar toen de auteurs het daarover oneens bleven nam hoofdredacteur Tony Charman in arren moede zelf het besluit tot retractie. De zaak was extra pijnlijk omdat Verhulst ten tijde van de gewraakte publicatie hoofdredacteur van het tijdschrift was geweest.

Crijnen had al in 2008 een klacht ingediend bij de integriteitscommissie en bij het LOWI. De besturen van de Erasmus Universiteit en het Medisch Centrum legden Verhulst, lid van de Gezondheidsraad, een berisping en 'aanvullende maatregelen' op vanwege 'verwijtbare omissies', waarbij de integriteitscommissie (CWI) niet expliciet uitsprak of er sprake was van wetenschappelijk wangedrag. Volgens het LOWI moest daar echter sprake van zijn, gelet op de bewoordingen van de CWI. Het LOWI maakte bezwaar tegen de manier waarop Verhulst en enkele andere auteurs de omissies hadden aangeduid bij de hoofdredacteur van *Journal of Child Psychology*, en bij nog een ander tijdschrift: 'by no means intentional'. Het LOWI zei ervan uit te gaan dat in verdere correspondentie de term 'unintentional' niet meer zou worden gebruikt omdat er 'sprake moet zijn geweest van bewust handelen en/of nalaten door prof.dr. Frank Verhulst'.

In 2012 blijkt de zaak nog altijd gevoelig te liggen. Verhulst vindt het verbazingwekkend dat het LOWI hem niet heeft gehoord (al was Crijnens klacht gericht tegen de afhandeling van de zaak door het Erasmus MC), maar geeft meteen toe dat hij niet kan bewijzen dat er geen opzet in het spel was bij de omissies. Hij zegt dat hij Crijnen heeft uitgenodigd voor een gesprek, op verzoek van de Collegevoorzitter van de EUR, maar dat Crijnen daar niet op in is gegaan. Crijnen zegt van geen uitnodiging te weten.

*

Een merkwaardig verhaal stak achter een retractie in *Anaesthesia* in 2010. Anesthesioloog dr. Peter Rosseel van het Amphia Ziekenhuis in Breda kreeg in februari van dat jaar drukproeven opgestuurd van een artikel over Jehova Getuigen die een hartoperatie hadden ondergaan zonder bloedtransfusie. *Anaesthesia* had de drukproeven naar Rosseel gestuurd omdat er geen reactie was gekomen van de eerste auteur van het artikel, de Egyptische dr. Samia El Azab, die het stuk in juli 2009 had aangeboden voor publicatie. Rosseel en twee andere artsen stonden als coauteur bij de publicatie, maar ze wisten van niets.

Rosseel kende El Azab wel, want zij had van 2000 tot 2003 in het Amphia Ziekenhuis gewerkt en hij was coauteur geweest van enkele artikelen in het proefschrift waarop ze aan de Vrije Universiteit was gepromoveerd. Daarna was El Azab teruggekeerd naar Egypte.

Rosseel liet de redactie weten dat hij in 2002 wel met El Azab had gesproken over een mogelijke gezamenlijke publicatie waarbij gebruik zou worden gemaakt van de cardiochirurgische database over Jehova Getuigen, maar een besluit over die publicatie was acht jaar geleden nooit genomen. El Azab had kennelijk de door Rosseel gemaakte statistische data meegenomen bij haar vertrek en was daarmee zelf zonder toestemming aan de slag gegaan en had het manuscript ingestuurd zonder het voor te leggen aan de door haar opgevoerde coauteurs.

Rosseel schreef *Anaesthesia* dat hij niet begreep dat een respectabel blad artikelen publiceerde zonder ook de coauteurs te benaderen. Omdat Rosseel door drukte wat traag had gereageerd was het artikel intussen al gepubliceerd.

Hoofdredacteur prof.dr. Steve Yentis liet weten dat El Azab een verklaring had meegestuurd dat alle coauteurs het artikel hadden gezien en goedgekeurd en dat de redactie dat vanwege de tijdrovendheid nooit controleerde. Yentis kondigde aan El Azab ter verantwoording te zullen roepen en wilde ook weten of de inhoud van het artikel wel door de beugel kon. Nadat hoofdredacteur Yentis niets meer hoorde van El Azab werd het artikel in augustus 2010 teruggetrokken, mede vanwege inhoudelijke tekortkomingen. Yentis liet Rosseel weten dat hij niet bang hoefde te zijn dat de publicatie die hij nog altijd in de pen had zitten over dit onderwerp nu geen kans meer zou maken.

Als gevolg van deze zaak paste *Anaesthesia* het redactiebeleid aan en vraagt nu e-mailadressen van alle coauteurs en stuurt hun allemaal een bevestigingsbrief na acceptatie van het artikel.

El Azab laat in 2012 weten dat zij geen fraude of bedrog heeft gepleegd. Dat in de retractie stond dat de redactie geen reactie van haar had gekregen begrijpt ze niet, want ze zegt Yentis in juli 2010 een e-mail te hebben gestuurd waarin ze alles heeft uitgelegd en stuurt die ook mee als bewijs. El Azab vertelde Yentis in deze e-mail dat ze de data niet zelf had geanalyseerd maar in 2002 van Rosseel had gekregen en dat ze op basis daarvan een concept had geschreven onder supervisie van Rosseel. Hij zou het daarna insturen naar een vooraanstaand tijdschrift, maar El Azab had er verder niets meer over gehoord. In 2003 had Rosseel haar laten weten dat hij meer patiënten wilde toevoegen uit de database en dat hij de data daarna wilde heranalyseren.

El Azab, tegenwoordig werkzaam aan Al-Azhar University in Cairo, schrijft dat ze Rosseel jaar in jaar uit was blijven vragen naar de publicatie, zonder resultaat. Eind 2009 was ze het zo zat dat ze de publicatie uit 2002 had ingestuurd. 'Ik voelde me bedrogen door Rosseel. Ik had een maand werk gestopt in het schrijven en verzamelen van bronnen voor dat artikel en dat bleek allemaal voor niets te zijn geweest. Hij had me dankbaar moeten zijn dat ik hem een artikel leverde waarvoor hij een minimale inspanning had hoeven te doen.'

Rosseel vindt de verklaring van El Azab onzinnig. 'Dr. El Azab heeft bij haar activiteiten in Breda niets te maken gehad met het betreffende onderwerp, noch met de statistische analyse; wel wilde ze de publicatie helpen schrijven en zij is hier heel hardnekkig in geweest. Dat dr. El Azab besloten heeft – vanuit wat zij blijkbaar interpreteert als impasse maar wat mijns inziens eigenlijk een beleefd neen op de druk van harentwege was – om dan maar op eigen houtje aan de hand van inmiddels verouderde gegevens alsnog het beoogde artikel af te werken en het op eigen houtje in 2010 (!) in te zenden als eerste auteur zonder enig verder inhoudelijk overleg, laat ik voor haar rekening,' aldus Rosseel in 2012.

Hij wijst erop dat in het artikel niet was vermeld in welke periode de operaties waren uitgevoerd. 'Hieruit was dan gebleken dat het om zeer gedateerde data gaat.' Rosseel laat in het midden of El Azabs gedrag bestempeld moet worden als wetenschappelijk wangedrag. 'Zeker lijkt mij dat zij de in de wetenschap geldende usances en nauwgezetheid niet heeft gerespecteerd. Het betreft hier oneigenlijk en onrechtmatig gebruik van klinische gegevens en schending van vertrouwen.'

*

In 2010 verscheen op de website van *Agricultural Water Management* een opvallende tekst over de terugtrekking van een artikel van Nederlandse en Palestijnse wetenschappers over water- en gewasbeleid op de West Bank, 'Optimizing irrigation water use in the West Bank, Palestine': 'This article has been retracted at the request of the Editor-In-Chief. (...) Reason: During the second revision of the manuscript, the authors modified Figure I (changing the label from 'Israel' to 'Historical Palestine'), apparently with the goal of inserting a political statement into a scientific journal. The authors did not inform the editors or the publisher of this change in their manuscript.' Daarmee hadden de auteurs volgens de hoofdredacteur gezondigd tegen de normen van het peer-review-systeem, dat is gebaseerd op vertrouwen en integriteit.

Auteur dr. Pieter van der Zaag, hoogleraar Water resource management aan de TU Delft en werkzaam bij het Unesco-IHE Institute for Water Education in Delft, was verrast toen de redactie hem woedend ter verantwoording riep. De wijziging was hem niet opgevallen en ook de Palestijnse coauteur Dima Nazer wist van niets. Ze bleek bij de revisie te hebben gewerkt in een verkeerd bestand. Er moest iets zijn misgegaan met het laden van landkaartjes uit een database, wat deze vrouw had uitbesteed aan haar zoon omdat ze nogal onhandig was met computers. Van der Zaag stelde de redactie voor de fout te corrigeren door een simpel erratum te plaatsen, maar de redactie ging daar niet mee akkoord, trok het volledige artikel terug, en plaatste zonder overleg bovenstaande tekst waarin de auteurs van politieke motieven werden beschuldigd bij het wijzigen van het bijschrift van 'Israël' in 'Historisch Palestina'. 'Mijn Palestijnse collega was ontdaan, omdat ze van Palestijnse kant ook al kritiek had gekregen op de inhoud van het artikel. Uit ons onderzoek bleek dat er wel wat zuiniger met water kon worden omgesprongen op de Westbank.'

Van der Zaag en de anderen waren op hun beurt woedend dat de redactie hen zonder bewijs beschuldigde van politieke intenties. Toen de tijdschriftredactie deze beschuldiging weigerde in te slikken zochten de auteurs het hogerop in de organisatie van Elsevier. Dat leidde er eind 2010 uiteindelijk toe dat *Agricultural Water Management* op de website de toevoeging 'apparently with the goal of inserting an political statement into a scientific journal' schrapte uit de toelichting over de retractie.

Van der Zaag bleef na de retractie met de vraag zitten wat hij aan moest met zijn artikel nu het teruggetrokken was en geen deel meer uitmaakte van de wetenschappelijke literatuur. Met de inhoud van het artikel is niets mis, volgens hem. Het bevat wetenschappelijke data en analyses waar beleidsmakers op de Westbank hun voordeel mee zouden kunnen doen. Maar hoe zit het met de auteursrechten op het artikel? Die hebben de auteurs immers overgedragen aan Elsevier bij de publicatie in *Agricultural Water Management*. Vallen die rechten te-rug aan de auteurs nu het artikel in feite ongepubliceerd is? Dat zijn vragen waarmee de auteurs nog altijd tobben en die hen ervan hebben weerhouden het bij een ander tijdschrift aan te bieden.

3. Valse kennis

Met de introductie van het experiment in de moderne wetenschap is ook ruimte ontstaan voor fraudeurs. De Engelsman Charles Babbage (1791-1871), de vader van de computer, maakte al in 1830 speciale studie van de knoeipraktijken van sommige van zijn collega's. In zijn boek *Reflections on the decline of science in England* gaf hij een indeling van fraudevormen die met enige aanpassing nog altijd goed bruikbaar is.

Babbage kon de eerste vorm van fraude die hij onderscheidde, foppen (*hoaxing*), nog enigszins billijken. Een voorbeeld van zo'n fopperij noemde hij de vondst in 1788 van een nieuw soort schaalamoebe door de Maltezer ridder M. Gioenia, die dit dier als eerbetoon aan zichzelf *Gioenia Sicula* had gedoopt. Gioenia beschreef het organisme nauwgezet en leverde er ook schetsen bij. Hij had de anatomie van de amoebe echter uit zijn duim gezogen en was alleen nieuwsgierig naar de gevolgen van zijn grap. De kern van hoaxing is dat de fraudeur zijn fopperij uiteindelijk onthult, om een lange neus te kunnen trekken naar degenen die erin getuind zijn.

Bij Babbages tweede categorie, vervalsen (*forging*), is wel sprake van boze opzet. De vervalser beweert dat hij waarnemingen heeft gedaan die in feite nooit hebben plaatsgevonden en hoopt met zijn verzinsels wetenschappelijk carrière te maken.

Een derde categorie is *trimming*, 'het hier en daar bijknippen van kleine stukjes van die waarnemingen die het meest naar boven afwijken van het gemiddelde, en ze vastplakken aan te kleine waarnemingen'. De trimmer sust zijn geweten over dit gesjoemel door zichzelf voor te houden dat het gemiddelde van de waarnemingen in elk geval hetzelfde is gebleven.

De *cook* (kok) gaat volgens Babbage avontuurlijker om met zijn gegevens. Voor *cooking* – de vierde categorie – bestaan diverse recepten. Een ervan is 'het doen van talloze observaties waaruit alleen die gekozen worden die overeenstemmen of bijna overeenstemmen. Als een honderdtal waarnemingen wordt gedaan, moet de kok veel pech

Charles Babbage (1791-1871)

hebben wil hij er niet vijftien of twintig uit kunnen pikken die geschikt zijn om op te dienen.'

Uitkomst biedt soms ook het berekenen van waarnemingen volgens twee verschillende formules. 'Het verschil in de constantes die in deze formules worden gebruikt heeft soms een hoogst gelukkig effect op het bevorderen van overeenstemming tussen strijdige uitkomsten,' schreef Babbage spottend.

Een moderne indeling van fraudevormen geeft de Amerikaanse bioloog Carl J. Sindermann in *Winning the games scientists play*:

- 'Masseren: uitgebreide transformaties of andere manoeuvres uitvoeren om niet-overtuigende gegevens overtuigend te doen lijken;
- Extrapoleren: grafieken opstellen op grond van te weinig meetpunten of toekomstige trends voorspellen gebaseerd op onbevestigde veronderstellingen over de variatie in gemeten factoren;
- Gladstrijken: gegevens weggooien die te veel afwijken van de verwachte of gemiddelde waarden;
- Tendentieus weergeven: moedwillig beklemtonen en selecteren van bepaalde trends in de gegevens, en daarbij andere trends negeren of weglaten die niet passen in het gewenste of verwachte patroon;
- Knoeien: meetpunten creëren om onvolledige verzamelingen van gegevens of waarnemingen te vergroten;
- Vervalsen: volledige verzamelingen gegevens creëren, zonder hulp van experimenten of waarnemingen.'

De vraag is of alle bovenstaande praktijken even laakbaar zijn. Van beroemde wetenschappers zoals Isaac Newton (1642-1727) en Robert Millikan (1868-1953) is bijvoorbeeld bekend dat ze gegevens hebben 'gekookt', waardoor sommigen hen als fraudeurs bestempelden. Newton probeerde zijn meetwaarden in overeenstemming te brengen met zijn theorie over de snelheid van het geluid; die gegevens weken zo'n twintig procent af van de voorspelde waarde. Newton wist nog niet dat de geluidssnelheid ook wordt beïnvloed door de temperatuur, iets dat pas tweehonderd jaar later werd ontdekt, en probeerde de verschillen weg te werken totdat de theorie klopte met de experimenten. Hij betrok er bijvoorbeeld factoren bij als de waterdamp in de lucht en de ruimte die luchtmoleculen innemen. (Lavoisier ontdekte pas rond 1770 dat lucht bestaat uit een mengsel van gassen.)

De Amerikaanse wetenschapper David Goodstein ziet echter niets kwalijks in Newtons werkwijze: 'Elke wetenschapper doet dat soort dingen vandaag de dag. Als je een theorie hebt die niet helemaal overeenkomt met het experiment, gis je wat de kleine discrepantie kan veroorzaken. Dat is precies wat Newton deed. Achteraf bekeken zijn Newtons stoplappen geestig en dat is de manier waarop mensen echt te werk gaan. Maar fraude is het niet.'

Ook Robert Millikan is volgens Goodstein ten onrechte geboekstaafd als fraudeur. Millikan kreeg in 1923 de Nobelprijs voor natuurkunde voor zijn accurate bepaling van de lading van het elektron (en voor de bepaling van de constante van Planck). Hij deed dit door het meten van oliedruppeltjes. In zijn publicaties beweerde hij al zijn metingen te openbaren, maar uit zijn notitieboeken bleek later dat hij wel degelijk gegevens had achtergehouden. Een hem welgevallig resultaat duidde hij aan met: 'Schoonheid, publiceren.' Bij een minder fraai resultaat schreef hij op: 'Erg laag, iets mis.' Millikan ging vervolgens echter heel precies na wat er kon zijn misgegaan en noteerde dat ook in zijn persoonlijk verslag. Hij ging dus wel degelijk integer te werk, en er zou niets aan de hand zijn geweest als hij de buitenwacht duidelijk had gemaakt hoe zorgvuldig hij te werk was gegaan bij het weggooien van slechte resultaten. Goodstein voegde hier nog een interessante observatie aan toe: 'Natuurlijk zocht hij niet even hardnekkig naar een reden om "goede" resultaten te kunnen weggooien. Dat is het werkelijke punt waarop zijn resultaten vertekend zijn. Dit soort vertekening is in alle wetenschappelijk onderzoek ingebouwd. Ook al nemen we bewerkelijke voorzorgen om dit soort onbewuste vertekeningen te voorkomen, zoals dubbelblindtests, dan nog sluipt het in onze wetenschappelijke resultaten. Maar het is onverantwoord om het fraude te noemen.'

Er zijn ook wetenschappers die beweren dat onderzoekers *altijd* claims op tafel leggen die ze op grond van de feiten nog niet echt waar kunnen maken. 'Het interessante van onderzoek verrichten is immers: wat zijn de beloften die er in zitten,' schreef wetenschapsfilosoof/chemicus Arie Rip in *de Volkskrant*. 'Door deze manier van werken leun je vaak tegen "bedrog" aan. Je mag dan niet zeggen dat de betrokkenen slechte intenties hadden.' Volgens Rip is de chaos op de grens van de wetenschap alleen te ordenen door 'massage' van gegevens, een term die min of meer overeenkomt met 'koken' en 'trimmen'. Bij goed onderzoek móét je juist gegevens weggooien. 'Overdreven geformuleerd: dingen die je niet kunt verklaren moet je toeschrijven aan de storingen van je meetapparaat, dat is een bekende regel. Sjoemelen met gegevens komt aan de koffietafel van de onderzoekers regelmatig ter sprake. Maar dan in woorden als: je moet niet alle claims geloven die een onderzoeker doet. Daarmee wordt eigenlijk bedoeld: dat is geen bedrieger, maar een onderzoeker die hard masseert,' aldus Rip.

Hij waarschuwde dat onderzoekers wel goed moeten weten wát ze weggooien, want er is een grijs gebied waarin gegevens zo diffuus kunnen zijn dat de keus iets arbitrairs krijgt. Dat alles neemt niet weg dat er een grens gepasseerd kan worden waarna massage overgaat in zware mishandeling van de resultaten en niet meer te verdedigen is.

'Als je erop uit bent om de data te martelen tot ze bekennen, zal je waarschijnlijk een soort bekentenis krijgen – zelfs als de data volkomen onschuldig zijn,' schreef de Amsterdamse methodoloog Wagenmakers recent op het nieuwsblog van de Nederlandse Vereniging voor Psychonomie naar aanleiding van de fraudezaak van sociaal-psycholoog Diederik Stapel. Wagenmakers stelde dat veel wetenschappers (niet alleen sociaal-psychologen) voorafgaand aan hun studies niet vastleggen volgens welke methode ze de data gaan analyseren als de experimenten eenmaal zijn uitgevoerd. Ze passen hun analyses aan de data aan, waardoor veel wetenschap eigenlijk explorerend (exploratory) onderzoek is, dat nog nadere bevestiging behoeft via toetsend (comfirmatory) onderzoek, waarbij wél zeer strikt vooraf behoort te worden vastgelegd welke analysemethoden op de data worden losgelaten.

Wagenmakers pleitte daarom voor een voorregistratie van studies, zoals in de geneeskunde al gebeurt bij trials voor geneesmiddelen, zodat volstrekt helder is hoe een studie is opgezet, wat en hoe er wordt gemeten bij hoeveel mensen (proefdieren, verbindingen, cellen et cetera), vóór het begin van de studie. Dat betekent niet dat wetenschappers geen aanvullende analyses meer zouden mogen loslaten op een-maal verkregen data, maar die zijn alleen richtinggevend voor verder onderzoek. Pas als het effect dat werd gezien in de explorerende fase ook optreedt na onderzoek dat met recht toetsend mag heten, kan worden gesproken van een reëel effect.

Bij explorerend onderzoek is bovendien extra waakzaamheid ge-boden door de factor geloof. Mensen zijn er van nature toe geneigd om bevestiging te zoeken voor hun ideeën in plaats van open te staan voor de weerlegging daarvan. Dit fenomeen heet 'bevestigingsbias'. Wetenschappers geloven net als gewone stervelingen soms het liefst wat hun het beste uitkomt en hebben moeite met het erkennen van hun ongelijk. Omdat meetresultaten zelden eenduidig zijn, speelt ge-loof onvermijdelijk een rol bij de beoordeling van de eigen theorieën. Het zou ook niet goed zijn als een wetenschapper zich door de minste of geringste onduidelijkheid zou laten ontmoedigen en zijn theorieën zou laten vallen. Aan creatieve oplossingen voor problemen ligt altijd een zekere vasthoudendheid ten grondslag. Sommige wetenschap-pers geloven echter zo rotsvast in hun eigen theorie dat ze zich niet meer kunnen laten overtuigen door resultaten die deze weerspreken en vallen ten prooi aan zelfbedrog. Juist vanwege het bestaan van de 'bevestingsbias' is het noodzakelijk om zeer strikt de hand te houden aan het onderscheid tussen explorerend en toetsend onderzoek.

Wetenschappers kunnen natuurlijk ook onopzettelijke fouten maken of onopzettelijk belangrijke factoren over het hoofd zien. De weten-schapsgeschiedenis kent veel van dat soort dwalingen.

De grens tussen zelfbedrog en bedrog is niet altijd even makkelijk te trekken, maar elke wetenschapper zal erkennen dat de grens wordt overschreden als resultaten voor een deel of in zijn geheel worden ver-zonnen, bijvoorbeeld door het opvoeren van een niet-bestaande pati-entengroep, of als informatie die niet strookt met het eigen onderzoek opzettelijk wordt genegeerd, zonder te melden dat deze informatie terzijde is geschoven.

In het volgende historische overzicht uit de Nederlandse weten-schapsgeschiedenis keren de hierboven geschetste fenomenen in bonte verscheidenheid terug.

De assistente van Fritz Kögl

Zelden zal een wetenschappelijke carrière dramatischer zijn verlopen dan die van de Utrechtse chemicus Fritz Kögl (1897-1959). Voor de Tweede Wereldoorlog waren zijn collega's in binnen- en buitenland ervan overtuigd dat hij de Nobelprijs zou krijgen, maar na de oorlog werden zijn twee belangrijkste theorieën verbrijzeld, doordat de experimenten waarmee ze waren bevestigd plotseling niet meer herhaalbaar bleken.

Fritz Kögl was in 1930 uit Göttingen naar Utrecht gehaald als opvolger van de Zwitser prof.dr. Leopold Ruzicka. Hij raakte meteen al sterk geïnteresseerd in het onderzoek van de Utrechtse botanici prof.dr. F.A.F.C. Went en dr. F.W. Went jr. De laatste had in 1926 aangetoond dat de lengtegroei van hogere planten door een of meer groeistoffen wordt geregeld, maar was er nog niet in geslaagd deze stof(fen) uit plantaardig materiaal te isoleren en de chemische structuur ervan te bepalen. Kögl wilde proberen deze auxines op te sporen in menselijke urine. Hij vermoedde dat ze daar in voldoende hoeveelheden zouden voorkomen, omdat mensen via hun voedsel veel plantengroeistoffen binnenkrijgen.

Kögl sloeg aan het werk, geassisteerd door dr. A.J. Haagen Smit (1900-1977) en *Fräulein* dr. Hanni Erxleben (1903-2001), een zeer vaardig experimentator, die met hem uit Duitsland was overgekomen. Zij vulde Kögls kwaliteiten goed aan, want die was minder handig in het doen van proeven. Hij was vooral de man van de ideeën. De samenwerking tussen het drietal leek al in korte tijd een daverend succes te worden.

In 1933 werden in Kögls laboratorium aan de Catharijnesingel twee auxines geïsoleerd uit menselijke urine en maïskiemolie. Ze werden auxine a en auxine b gedoopt omdat ze qua chemische structuur nauw aan elkaar verwant waren.

In 1934 ontdekten Kögl, Erxleben en Haagen Smit nog een derde groeistof, die zij heteroauxine doopten. Deze stof was onder de naam alfa-indolazijnzuur al in de jaren tachtig van de vorige eeuw op vrij eenvoudige manier gesynthetiseerd door een andere chemicus, maar die had er geen idee van gehad dat hij daarmee een plantengroeistof in handen had. Kögl concentreerde zich verder op auxine a en auxine b. In 1936 isoleerde hij ook nog de stof biotine, een vitamine, uit gedroogde dooiers van eendeneieren. Hij gaf in de oorlogsjaren een chemische structuur hiervoor aan, maar die bleek uiteindelijk niet geheel juist. Hierdoor ging de latere Nobelprijswinnaar V. du Vigneaud in 1943 met de eer strijken.

De ontdekking van de plantengroeistoffen veroorzaakte veel opschudding en bewondering binnen de chemische wereld. Kögl, Haagen Smit en Erxleben werden in korte tijd gevestigde namen. Haagen Smit ging in op een aanbod uit de Verenigde Staten om hoogleraar te worden en verliet Nederland.

In 1937 begonnen verhalen de ronde te doen dat Kögl voor zijn ontdekking van auxine a en b, heteroauxine en biotine de Nobelprijs zou krijgen. Inmiddels verspreidde zich echter ook een ander ge-

dr. Hanni Erxleben (1903-2001) met naast haar in zwart pak prof. dr. Fritz Kögl (1897-1959)

rucht. Kögl zou op het punt staan een ontdekking te publiceren, waarbij die van de groeistoffen totaal in het niet viel. Op 28 mei 1938 gaf Kögl aan de Koninklijke Nederlandse Akademie van Wetenschappen (KNAW) een verzegeld manuscript in bewaring, waarin hij zijn nieuwe theorie ontvouwde. Over deze theorie, die inmiddels ook door experimenten leek te zijn bevestigd, hield hij in 1939 een voordracht bij de KNAW, die hem een donderend applaus opleverde, een zeldzaamheid in dit gezelschap van deftige en gereserveerde geleerden. Hij dacht niet minder dan het raadsel van het ontstaan van kanker te hebben opgelost! In datzelfde jaar liet Kögl zich naturaliseren tot Nederlander, wat Erxleben in 1937 al had gedaan.

De gedachte die Kögl had ontwikkeld in *Zur Aetiologie der malignen Tumoren* was geniaal van eenvoud. De groei van tumoren zou veroorzaakt worden door de aanwezigheid van een onnatuurlijke stof in de celeiwitten. In een gezonde cel worden eiwitten opgebouwd en afgebroken door enzymen volgens een harmonisch natuurlijk systeem. Kögl vermoedde dat deze enzymen echter geen raad wisten met de afbraak van een eiwit met een niet-natuurlijke bouwsteen. Zo'n eiwit zou zich dus kunnen vermenigvuldigen en uiteindelijk ongeremd groeien.

Hanni Erxleben toonde vervolgens met haar vaardige handen in het lab aan dat de eiwitten in tumorweefsel behalve het natuurlijke linksdraaiende glutaminezuur inderdaad ook het niet-natuurlijke rechtsdraaiende glutaminezuur bevatten. De Engelsman A. Chibnal slaagde er in 1940 niet in de opzienbarende resultaten te reproduceren, maar Kögl weet dit aan het gebruik van een verkeerde methode. Ook vijf andere vooraanstaande buitenlandse laboratoria slaagden er niet in de Utrechtse uitkomsten te herhalen. Erxleben reisde daarom zelf af naar Duitsland om bij de chemicus H. Fischer haar proeven te herhalen. Over de uitkomst hiervan werd door Erxleben bij terugkomst geheimzinnig gedaan.

Inmiddels was de Tweede Wereldoorlog uitgebroken en de communicatie met andere wetenschappers werd steeds moeilijker voor Kögl, omdat hij alleen nog in Duitstalige bladen kon publiceren. Met het nazisme had Kögl niets op. Hij weigerde dan ook een Duits aanbod om in Berlijn hoogleraar te worden.

Hanni Erxleben daarentegen had zich al in 1938 tot het nazisme bekeerd en zou in de oorlogsjaren veel optrekken met NSB'ers en Duitse officieren. De meeste medewerkers van het lab gingen haar daarom uit de weg, maar 'Frau Direktorin', zoals ze spottend werd genoemd, had niet het karakter om zich daar wat van aan te trekken. Aan haar schrikbewind over het lager geplaatste laboratoriumpersoneel kwam een eind op Dolle Dinsdag (5 september 1944) toen ze naar Duitsland vluchtte. Ze keerde tot opluchting van velen niet meer terug.

Het onderzoek in Kögls lab kwam na Dolle Dinsdag min of meer stil te liggen en dat zou ook na de oorlog nog een tijd zo blijven. Kögl stortte zich zodra dat mogelijk was opnieuw op onderzoek naar de auxines a en b. Vlak voor de oorlog was het zijn medewerkers plotseling niet meer gelukt ze aan te tonen in urine, maar Kögl was een stugge volhouder. Een groot aantal promovendi ging aan de slag om auxine a en b te vinden, maar ze faalden stuk voor stuk. Ze vonden wel steeds heteroauxine.

Kögl bedacht allerlei verklaringen voor het uitblijven van resultaten. Hij gaf af op de experimentele vaardigheden van zijn promovendi, die de vergelijking met Erxleben niet konden doorstaan. Verder speculeerde hij dat de samenstelling van het voedsel misschien was veranderd, waardoor er niet langer auxine in de urine terechtkwam. Hij stapte over op urine van studenten van een kloosterseminarie en van boeren, in de veronderstelling dat hun voedingspatroon sinds de jaren dertig niet was veranderd. De plattelanders kregen als dank voor hun dagelijkse melkfles vol urine een vergoeding. In 1951 liep de toevoer van urine via een doofstommeninstituut en een strafgevangenis. Eenmaal is een circus bezocht om de urine van een olifant op te vangen, omdat de urine van zo'n grote planteneter misschien een hogere en daardoor makkelijker aantoonbare auxineconcentratie zou bevatten. Het mocht allemaal niet baten.

Kögls promovendi hielden zich onder de tegenslagen op de been met galgenhumor. Een van hen verzuchtte, toen ook in de urine van de seminariestudenten weer geen spoor van auxine te vinden was: 'Zelfs de goddelijke voorzienigheid ziet geen kans het onderzoek ten goede te keren.' Promovendus L.C. Post werd eind jaren vijftig opgebeurd met grapjes over zijn naamgenoot Peter Post, de wielrenner. De collega's hingen boven zijn destillatieapparaat krantenkoppen als 'Post valt terug na roekeloze start', 'Vechter Post krijgt geen kans', en 'Post geeft op'. Volgens Post gaven deze drie koppen op frappante wijze de ontwikkelingen van het onderzoek weer. 'Kögl heeft zich van commentaar onthouden tot de laatste krantenkop. Toen heeft hij me verzocht dit soort defaitistische grappen niet te laten hangen,' zei Post terugblikkend.

Het ontzag voor de strenge, veeleisende Kögl was dermate groot dat niemand openlijk aan hem durfde te twijfelen. Sommigen klaagden informeel bij dr. G.J.M. van der Kerk, die als directeur van het Organisch Chemisch Instituut van TNO sinds 1946 op hetzelfde adres was gehuisvest en zelf bij Kögl was gepromoveerd. Van der Kerk besprak de problemen met prof.dr. E. Havinga, een wat oudere leerling van Kögl, die inmiddels hoogleraar was geworden in Leiden. Deze deelde de twijfels over het auxineonderzoek, maar durfde zijn leermeester er toch niet mee te confronteren. Van der Kerk overwoog nog prof.dr. H.R. Kruyt, de toenmalige voorzitter van TNO en zijn hoogste baas, in te schakelen, omdat die als oud-hoogleraar in Utrecht zeer goed bevriend was met de familie Kögl. Hij vreesde echter dat diens respect voor Kögl zo groot was dat hij met een onderhoud over deze kwestie alleen maar zijn eigen relatie met Kruyt zou verstoren, en besloot uiteindelijk te zwijgen.

De al genoemde promovendus L.C. Post durfde als enige zijn mond open te doen. Hij had als bijnaam 'The last post' gekregen, omdat het Kögl erg veel moeite had gekost nog een promovendus aan te trekken voor zijn auxineonderzoek. Post ontpopte zich echter als een échte lastpost, want hij waagde het de grote Kögl rechtstreeks te vragen of diens auxineonderzoek geen trekjes van een cultus begon te krijgen. Kögl reageerde op deze voor hem ongehoorde brutaliteit alleen met: 'Wij spreken ons nog.' De twee zouden elkaar echter nooit meer spreken, want Kögl kreeg kort daarop een hersenbloeding.

Buitenlandse chemici hadden gekozen voor diepgravend onderzoek naar heteroauxine, dat Kögl als oninteressante bijvangst had beschouwd. Dit indolazijnzuur, zoals het nu meestal wordt genoemd, bleek in kleine hoeveelheden de groei van planten te stimuleren, maar in grotere hoeveelheden daarop juist remmend te werken. Dat maakte het bijzonder geschikt voor toepassingen in de land- en tuinbouw. Na de oorlog zijn op basis van indolazijnzuur en daarvan afgeleide structuren diverse middelen ontwikkeld voor de bestrijding van onkruid, waaraan de industrie miljoenen heeft verdiend. Kögl bleek met zijn onderzoek naar auxine a en b op het verkeerde paard te hebben gewed.

Ook met het kankeronderzoek heeft Kögl in en na de oorlog moeilijke tijden doorgemaakt. Zijn medewerkers slaagden er ook hierbij niet in de proeven van Erxleben te reproduceren. Kögl bereed ook tegenover hen zijn stokpaard dat de mensen niet meer konden werken zoals voor de oorlog en prees Erxleben wat dat betreft steeds de hemel in. Promovendus W.Th.J.M. Hekkens besloot daarom eerst de technieken van Erxleben onder de knie te krijgen voordat hij aan de slag ging, zodat Kögl hem daarover geen verwijten kon maken. Het lukte hem desondanks niet om d-glutaminezuur, de veronderstelde veroorzaker van kanker, te isoleren uit tumorweefsel.

De scheidingsmethoden waren in de tussentijd sterk verbeterd. Hekkens ontmoette op een buitenlands congres een Duitse chemicus die een methode had ontwikkeld waarmee onnatuurlijke aminozuren konden worden aangetoond. Terug in Utrecht ging hij met deze methode aan het werk en bedacht een waterdichte test om Kögl te overtuigen. Hekkens liet een (hem onbekende) hoeveelheid onnatuurlijke bouwstoffen door een analist in een mengsel stoppen. De analist schreef deze hoeveelheid op een briefje dat in gesloten envelop naar Kögl ging. Hekkens onderzocht vervolgens het mengsel en slaagde erin dit getal (binnen een zekere foutengrens) vast te stellen. Toen de Duitse methode op tumorweefsel werd toegepast was er echter opnieuw geen onnatuurlijk glutaminezuur te vinden. Het was een zware teleurstelling voor Kögl, die nu moeilijk meer om de conclusie heen kon dat zijn revolutionaire kankertheorie, die hij zo had gekoesterd, onjuist was.

Tijdens een ziekteperiode van Kögl halverwege de jaren vijftig deden Hekkens en enkele andere medewerkers een onthutsende ontdekking. In het laboratorium lagen in een kast die Kögl altijd zorgvuldig op slot hield een aantal oude preparaten van Erxleben, met etiketten erop die aangaven dat ze enkel d- of l-glutaminezuur bevatten. De medewerkers maakten van de gelegenheid gebruik om ze te onderzoeken met een toen nieuwe techniek, de papierchromatografie, waarmee hele kleine hoeveelheden van een preparaat volstonden voor een analyse. De preparaten bleken in tegenstelling tot de vermelding op het etiket onzuiver en bestonden uit veel meer aminozuren dan alleen d- of l-glutaminezuur.

De medewerkers vertelden niets over deze vondst aan Kögl. Wel ging een van hen op bezoek bij Erxleben, die in Duitsland lerares was geworden op een middelbare meisjesschool en niet meer actief was in de scheikunde. Deze ontmoeting bracht echter geen opheldering over de vraag of hier sprake was geweest van kwade opzet. De groep rond Hekkens heeft zijn bevindingen nooit gepubliceerd, ook al omdat de kankerhypothese van Kögl elders toch al was weerlegd.

Kögl overleed in 1959, na twee hersenbloedingen, op 61-jarige leeftijd. Na zijn dood werd met grote terughoudendheid gesproken over zijn verdiensten voor de scheikunde. De man tegen wie zo velen hadden opgekeken en die door iedereen ondanks de problemen die waren gerezen rond zijn werk werd beschouwd als een genie, was vrijwel met lege handen gestorven. Hij had in zijn laatste jaren nog één succes gekend en dat was de bepaling van de structuur van muscarine, het giftige bestanddeel van de vliegenzwam. De terughoudendheid werd vooral ingegeven door het angstige vermoeden dat er iets heel erg scheef heeft gezeten in het lab voor organische chemie toen Kögl en Erxleben daar de scepter zwaaiden.

De problemen met het herhalen van de resultaten van Erxlebens experimenten hadden echter ook gunstige neveneffecten gehad. Het laboratorium was een van de modernste van Europa geworden, doordat Kögl voor zijn jacht op de auxines steeds de allernieuwste technieken en apparaten had aangeschaft. Zijn medewerkers hebben zich, misschien juist door het uitblijven van resultaat, toch kunnen ontwikkelen tot uitstekende en kritische chemici, meende prof.dr. D.H.W. den Boer, een van de vele bronnen die ik in 1992/1993 raadpleegde voor de reconstructie van deze zaak: 'Het steeds weer aanpakken van de problematiek leidde tot grondigheid en diepgang van het onderzoek.'

Volgens oud-promovendus dr. O.A. de Bruin was Kögl ook wel degelijk zeer kritisch ten opzichte van publicaties van zijn medewerkers. 'Ze werden uitgeplozen en hij haalde er altijd de zwakke plekken uit. Ook de eigen proeven die "mislukten", dat wil zeggen die niet het gewenste resultaat gaven, werden tot in detail kritisch bekeken. Daar hebben zijn leerlingen veel van geleerd. Maar Kögl was te ijdel om bij (vermeend) succes óók zo kritisch te zijn.'

Zeven jaar na Kögls dood werd de affaire van de auxines opgerakeld door de neven drs. J.F.G. en dr. J.A. Vliegenthart. Zij onderzochten in 1966 met een massaspectrometer een elftal andere preparaten uit de archiefkast van Kögl, ook weer geëtiketteerd door Erxleben. Het opzienbarende resultaat hiervan presenteerden zij aan een collegezaal gevuld met studenten, afgestudeerden en medewerkers van de verschillende vakgroepen van de faculteit Natuurwetenschappen aan de Universiteit van Utrecht. Auxine a en b bestonden niet, zo concludeerden de Vliegentharts. Geen van de monsters bleek de samenstelling te hebben die op het etiket was aangegeven. Hoe Kögl en Erxleben (en Haagen Smit) ooit activiteit hadden kunnen waarnemen van auxine a en b, was hun daarom een raadsel.

De resultaten van het onderzoek werden dit keer niet geheim gehouden, zoals bij de analyse van Hekkens en de zijnen zo'n tien jaar daarvoor, maar opgestuurd naar de redactie van het chemische tijdschrift *Recueil de Travaux Chimiques des Pays-Bas*. De voorzitter van de redactie, prof.dr. G.J.M. van der Kerk, zocht contact met Erxleben om haar de gelegenheid te geven in *Recueil* te reageren op het artikel. Erxleben reageerde tijdens een telefoongesprek zeer kribbig op de uitnodiging en dreigde Van der Kerk 'maatregelen' te zullen nemen. Op een schriftelijke herhaling van de uitnodiging ging ze niet in. Wel ontkende Erxleben dat ze tussen 1931 en 1944 met de preparaten had geknoeid.

Opvallend is dat ook prof.dr. A.J. Haagen Smit, de derde betrokkene bij de schijnbaar succesvolle experimenten uit het begin van de jaren dertig, uiterst negatief reageerde op de publicatie in *Recueil*. Haagen Smit is tot zijn dood in het bestaan van auxine a en b blijven geloven.

De conclusie dat Erxleben haar baas gedurende vele jaren hardnekkig heeft bedrogen met de auxine-experimenten lijkt onontkoombaar, ook al durft niet iedereen die te trekken. De meest plausibele verklaring lijkt dat Erxleben bij de eerste experimenten onzorgvuldig heeft gewerkt en ten onrechte meende dat ze zuivere auxine a of b had geïsoleerd. In feite werd de biologische activiteit die zij waarnam vermoedelijk veroorzaakt door een verontreiniging met heterooauxine. Later moet ze haar fout hebben ontdekt, maar toen waren de resultaten al gepubliceerd en durfde ze het blijkbaar niet aan Kögl (en Haagen Smit) te vertellen. Het enige dat haar toen nog restte was een systematische, jarenlang volgehouden vervalsing van de experimenten. Erxleben liet weliswaar ook anderen proeven doen, maar stond er altijd op zelf de finishing touch aan te brengen in haar privélaboratorium, waar ze geen pottenkijkers duldde.

De Duitse biochemicus Konrad Bloch, Nobelprijswinnaar en emeritus hoogleraar aan Harvard University, kwam in 1988 in *Interdisciplinary Science Reviews* met een andere verklaring, en betichtte Erxleben ook van vervalsing van de kankerexperimenten: 'Auxine a en b, als ook de d-aminozuren in tumoreiwitten waren volledige vervalsingen, uit wraak door de assistente verzonnen. Haar amoureuze avances waren door haar baas afgewezen. Men kan zich alleen verbazen over het vernuft waarmee deze gestoorde geest niet alleen haar superieur maar ook de hele wetenschappelijke wereld gedurende vele jaren heeft bedrogen. Deze vervalsingen waren duidelijk niet door een amateur verzonnen maar door een briljant en technisch zeer competent iemand.'

Bloch heeft het verhaal over Erxlebens' amoureuze motieven vermoedelijk ooit gehoord van Kögls promovendus prof.dr. J.J. Boldingh, die meende dat er een 'perfide haat/liefdeverhouding' tussen Erxleben en Kögl bestond. Wat haar motieven ook zijn geweest, de andere promovendi uit de jaren vijftig die geworsteld hebben met de auxines zijn eveneens overtuigd van het bedrog van Erxleben. Post zei in 1992: 'Erxleben moet de boel geflest hebben, er is geen alternatief mogelijk.'

Dat alternatief was er volgens de Belgische plantenfysioloog prof. dr. K. Buffel echter wel degelijk. Buffel was zelf sinds 1950 in zijn laboratorium vergeefs op zoek geweest naar de auxinen, maar wierp zich desondanks in 1986 op als verdediger van Kögl en Erxleben: '[D]e totale som van feiten en argumenten in Kögls artikelen straalt zoveel overtuiging en ongedwongenheid uit, dat elke insinuatie van onwetendheid of fraude niet serieus kan worden genomen. Het is werkelijk te veel gevraagd om zich een auteur en verschillende medewerkers voor te stellen die honderden kwantitatief reproduceerbare meetwaarden verzinnen, zoals smeltpunten, optische rotaties, percentagebepalingen van C, H en N, gepubliceerd over verscheidene jaren, zonder ergens verstrikt te raken in interne tegenspraken of ten minste ernstige onwaarschijnlijkheden. Daarom geloven we dat de totale incompatibiliteit met de moleculaire structuren die de Vliegentharts vonden (1966) vrij duidelijk wijst op een of andere preparaatverwisseling, waarvan deze auteurs niet op de hoogte hoeven te zijn geweest omdat die misschien vele jaren voor hun analyses heeft plaatsgevonden.'

Volgens J.A. Vliegenthart, die in 1958 thuis bij de zieke Kögl de sleutel van de archiefkast kreeg en daar vervolgens de resterende auxinepreparaten en de laboratoriumjournaals van Erxleben aantrof, is zo'n verwisseling echter uitgesloten.

Buffel stelde in zijn artikel wel een andere structuurformule voor auxine b voor dan Kögl had gegeven, want diens formule leek hem onjuist. Bovendien sprak hij de verwachting uit dat Kögls auxines vroeg of laat in plantenextracten zullen worden gevonden. Dat dit in al die jaren niet was gelukt, verklaarde de emeritus hoogleraar als volgt: 'Het lijkt niet eenvoudig om een onopvallende maar systematische verandering in de voeding uit te sluiten (zoals substitutie van boter door margarines?) en/of speciaal een veranderde industriële behandeling van ruwe voedingsmaterialen, die een snellere inactivatie van auxine a/b veroorzaakt.'

Auxine a en b zijn in 2012 nog altijd niet aangetoond in plantenex-tracten. Wel heeft de Japanner M. Matsui, die in 1966 al auxine b had gesynthetiseerd volgens de formule van Kögl, in 1988 het auxine b volgens Buffels nieuwe formule gesynthetiseerd. Matsui stelde echter net als in 1966 vast dat het gesynthetiseerde materiaal geen biologi-sche activiteit veroorzaakte. Buffel hield waarschijnlijk net als Kögl angstvallig vast aan een dierbaar hersenspinsel.

Had Bloch gelijk toen hij in 1988 suggereerde dat Erxleben ook heeft gefraudeerd met het kankeronderzoek? De al eerder genoemde oud-medewerker Hekkens durfde desgevraagd die conclusie na al die jaren niet te trekken, maar de Duitse chemicus H. Fischer, bij wie Er-xleben in de oorlog haar proeven heeft herhaald, was ervan overtuigd. Fischer openbaarde op het 34ste colloquium van de Gesellschaft für Biologische Chemie in 1982 dat Erxleben hem toen in de maling heeft genomen. Hij was erachter gekomen dat zij bij het chemische bedrijf I.G. Farben in het Duitse Elberfeld een kilo zuiver d-glutaminezuur had laten synthetiseren, zogenaamd voor 'vergelijkingsdoeleinden'. Fischer was er echter zeker van dat Erxleben het d-glutaminezuur had gebruikt om er haar tumorweefselpreparaten mee te verrijken. Oud-medewerker Hekkens had in 1953 echter aangetoond dat met de methode die Erxleben gebruikte ook door het hydrolyseren d-gluta-minezuur werd gevormd. Een onopzettelijke fout van Erxleben was daarom toch niet uit te sluiten.

Toen Konrad Bloch kennisnam van Fischers opvatting, gingen zijn gedachten terug naar de dag in 1939 dat het tijdschrift waarin Kögl zijn revolutionaire theorie ontvouwde, binnenkwam bij de afdeling Biochemie van de Columbia Medical School. Prof. G.L. Foster, specia-list in de aminozuurchemie, stormde met het artikel het laboratorium binnen en riep dat het een vervalsing moest zijn. Foster onderzocht daarna het experimentele deel van het artikel en stelde vast dat be-paalde analytische gegevens niet klopten. Niemand, ook Bloch niet, schonk echter geloof aan Fosters beschuldiging. De man die op het punt stond de Nobelprijs te krijgen, kon eenvoudigweg geen fraudeur zijn. De frêle Hanni Erxleben zag iedereen over het hoofd.

Na mijn reconstructie van de zaak in 1992/1993 verscheen er in 1997 nog een studie van de Amerikaanse chemicus S.G. Wildman over het auxineraadsel in *Plant Growth Regulation*. Dat op sommige punten nogal speculatieve artikel leverde geen nieuwe inzichten op. Wel had Wildman ontdekt dat diverse naoorlogse correspondentie met Haagen Smit, Went en Erxleben over de kwestie in het bezit was van J.A. Vliegenthart. Laatstgenoemde weigerde hem daar echter inzage in te geven, met het argument dat de brieven nooit bedoeld waren voor publicatie en er toestemming van de auteurs nodig was (Erxleben leefde toen nog, wat Vliegenthart mogelijk wist). Wildman ergerde zich aan dit standpunt en schreef dat deze brieven met ander bewaard gebleven materiaal thuishoren in het archief van de Universiteit Utrecht, toegankelijk voor onderzoekers.

In 2012 is het materiaal in bezit van de erven-Vliegenthart, die ook mij desgevraagd geen inzage willen geven in de brieven, uit respect voor het standpunt van hun overleden vader.

De avonturen van Anthonie Stolk

De dubbelpromotie van Anthonie Stolk (1916-1996) was voorpaginanieuws op 7 juni 1950. Het *Utrechts Nieuwsblad* noemde de prestatie van de gereformeerde Rotterdammer 'een zeer zeldzaam feit in de annalen der wetenschap'. Hij was een dag eerder in de geneeskunde gepromoveerd op onderzoek naar gezwellen, ontwikkelingsstoornissen en ontstekingen bij amfibieën, reptielen en vissen, vergeleken met de mens. Zijn tweede, biologische, proefschrift ging over hormonale zwangerschapsverschijnselen bij de gup, het populaire aquariumvisje.

De Vrije Universiteit bood hem meteen een professoraat aan bij de net opgerichte medische faculteit. Hij had dan wel niet helemaal de juiste papieren voor de leerstoel voor Histologie en microscopische anatomie die hij zou gaan bezetten, maar getalenteerde calvinistische medici waren dun gezaaid in die tijd. Stolk werd de vierde hoogleraar aan de net opgerichte medische faculteit van de VU. De jonge, 34-jarige hoogleraar leek een uitstekende keuze. Stolk mocht dan nogal schuw zijn – hij keek mensen nooit aan als hij met hen sprak of als hij college gaf, en hij zat meestal alleen op zijn kamer – maar artikelen schreef hij bij de vleet. De ongeveer dertig artikelen die Stolk jaarlijks produceerde verschenen ook nog eens in respectabele tijdschriften, zoals *Nature*, *The Lancet*, *Experientia* en *Proceedings* van de Koninklijke Nederlandse Akademie van Wetenschappen. Stolk hield zich voorna-

melijk bezig met het bestuderen van tumoren bij vissen en amfibieën.

De omvang van zijn productie werd
vanaf 1957 nog groter. Onder het pseudoniem Carol Brubaker schreef hij een
reeks spannende boeken over Centraal-
Afrika. Stolk beleefde bloedstollende
avonturen op zijn vakantiereizen, getuige
de volgende achterflaptekst: 'Liet dr. Brubaker in *Tamtams van leven en dood* de
lezer de meest geheime en wonderlijke
riten meemaken in een merkwaardige
nederzetting, beschreef hij in *Aktaion in*
de wildernis een expeditie in de wildernis,

Anthonie Stolk (1916-1996)

waarbij het doel was de bongo, een bosantiloop, op de plaat te krijgen,
wat met allerlei vreemde avonturen gepaard ging, in dit nieuwe boek
Trawanten van de luipaard vertelt de schrijver ons hoe hij toevallig
in aanraking kwam met een geheim genootschap, een zogenaamde
"luipaard"-organisatie en hoe het hem lukte de rituele moorden die
de leden van dit genootschap op het oog hadden, te voorkomen.' De
gidsen en inlanders in boeken spraken een krom taaltje, waardoor ze
de sfeer ademden van *Kuifje in Afrika*: 'Bwana dit niet belangrijk zijn.
Nzongo zijn nederige vrouw. Nzongo niet weten van leeuw Simba.
Bwana niet verder spreken.'

Deze avonturenromans waren geïllustreerd met 'authentieke' foto's, gemaakt door de schrijver. Opvallend was dat Stolk zelf niet op
foto's stond en dat deze vaak erg vaag waren. Collega's hadden het
idee dat ze in dierentuinen waren genomen en meenden te zien dat
plattegronden van dorpen waren ingetekend in microscopische plaatjes van weefsel. Ze fronsten hun wenkbrauwen over deze bijzondere
nevenactiviteit van Stolk, maar lieten hem zijn gang gaan, ook omdat
hij zo'n vriendelijke man was.

Het bestuur van de medische faculteit begon pas bedenkingen
over Stolk te krijgen toen de Organisatie ter Verbetering van de Binnenvisserij (OVB) eind 1962 een klacht indiende over werk dat Stolk
voor de OVB had gedaan. Het ging om een onderzoek naar visziekten
in verband met het uitzetten van nieuwe vis voor de binnenvisserij.

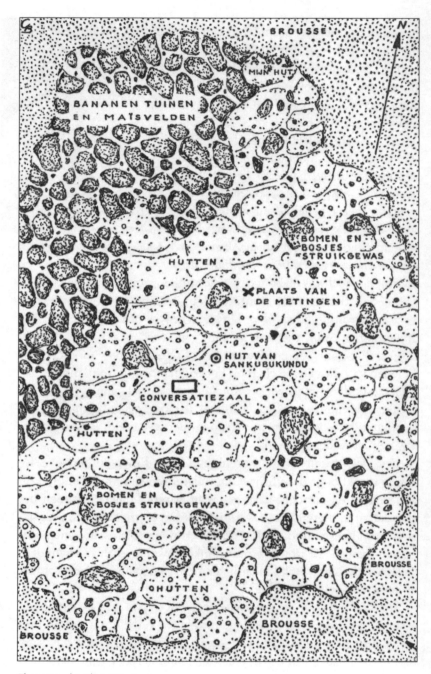

Plattegrond nederzetting

Stolk had de vijf jaar daarvoor in totaal 14.000 bacteriologische onderzoeken van vissen ingestuurd, waarvan de gegevens tegenstrijdig bleken te zijn. De OVB vermoedde dat Stolk het onderzoek helemaal niet had uitgevoerd en de resultaten had verzonnen. Hij had hiervoor echter wel een honorarium van in totaal (omgerekend) 30.000 euro opgestreken. Dit geld eiste de OVB nu terug.

Tot ontsteltenis van het faculteitsbestuur bleek er ook iets niet in de haak met een advies dat Stolk had uitgebracht aan het farmaceutische bedrijf Ulcerpax over een middel op basis van zoethout dat maagzweren zou kunnen bestrijden. Volgens Stolks rapport zou Ulcerpax 70d op 1828 ratten zijn beproefd en zou het in 97 procent van de gevallen een gunstige werking hebben gehad. Uit de stukken die het faculteitsbestuur vond in het laboratorium van Stolk bleek echter dat er maar zo'n 180 ratten waren getest, en dat de positieve werking van het middel bovendien veel te gunstig was voorgesteld. Het middel was mede op grond van Stolks advies op de U.A.-lijst (Uitsluitend Apothekers-lijst) geplaatst en Ulcerpax had een circulaire naar de Nederlandse medici gestuurd, met daarbij gevoegd een positieve publicatie van Stolk uit *Proceedings* van de Koninklijke Nederlandse Akademie van Wetenschappen (KNAW).

Dat was nog niet alles, want ook de firma Brocades uit Haarlem beklaagde zich over een advies van Stolk. Hierbij ging het om een middel tegen vaatziekten dat Stolk beweerde te hebben getest op liefst 23.000 vissen. Ook hierover was een studie van hem door de KNAW gepubliceerd. Het faculteitsbestuur ontdekte in Stolks laboratorium-logboeken dat hij maar 600 vissen had onderzocht.

Stolk werd ter verantwoording geroepen door het College van Curatoren van de VU. Hij ontkende alle beschuldigingen, beweerde dat hij zo veel experimenten had kunnen verrichten door soms nachtenlang door te werken en zei dat hij thuis nog meer schriften met gegevens had. De curatoren machtigden het faculteitsbestuur daarop binnen 24 uur samen met Stolk een onderzoek in te stellen om nog meer gegevens te vinden. Dit leverde niets op en Stolk werd twee maanden met verlof naar huis gestuurd. Hij mocht niet meer in zijn lab komen.

De curatoren vroegen zich af wat er nu verder met Stolk moest gebeuren. Was hij ontoerekeningsvatbaar of een doortrapte bedrieger? Ze namen contact op met prof.dr. Joh. Booij, bij wie Stolk intussen onder psychiatrische behandeling was. Booij was weliswaar psychiater, maar oefende zijn praktijk nauwelijks nog uit sinds hij hoogleraar Farmacologie en neurobiochemie was geworden aan de VU. Prof.mr. W.F. de Gaay Fortman, de rector magnificus, vond het een ongelukkige situatie dat Booij behandelend geneesheer was van een directe collega. Booijs laboratorium grensde nota bene aan dat van Stolk in de Prins Hendriklaan.

De diagnose die Booij voorlegde aan de curatoren was verrassend: Stolk zou vroegtijdig aan het dementeren zijn. Booij baseerde die conclusie op een klinisch psychologisch onderzoek dat zou zijn verricht in de Amsterdamse Valeriuskliniek. Het intelligentiequotiënt van Stolk zou begin jaren zestig sterk zijn afgenomen en hij zou op de rand van schizofrenie leven. Röntgenfoto's toonden afwijkingen in de frontaalhersenen, met name in de bouw van de hersenholte. In psychiatrische inrichtingen had 7 procent van de patiënten een dergelijke kwaal, zo stelde Booij. Het zou in het geval van Stolk kunnen gaan om een geval van posttraumatische dementie, meende hij, want Stolk had in 1949 een auto-ongeluk gehad, waarna hij zes maanden was behandeld.

De curatoren verbaasden zich erover dat ze niet eerder over Stolks ziekte waren ingelicht en vonden het verstandig om een andere medicus bij de zaak te betrekken. Ze namen contact op met prof.dr. J.J.G. Prick, hoofd van een kliniek in Nijmegen waar Stolk op eigen verzoek tijdelijk was opgenomen. Deze stelde een mildere diagnose dan Booij en zei nog te willen nagaan of Stolk met behulp van een therapie voor een andere functie aan de VU geschikt te maken zou zijn.

De Gaay Fortman vertrouwde de zaak niet en stelde voor Stolk oneervol te ontslaan. De curatoren vonden daarentegen dat Stolk eervol ontslag wegens ziekte moest krijgen, zodat hij vervroegd met pensioen kon, en daar ging De Gaay Fortman uiteindelijk mee akkoord. De Gaay Fortmans wantrouwen was terecht, want later zou blijken dat Booijs diagnose totaal onjuist was.

Een van de overwegingen van de curatoren om Stolk eervol te ontslaan was dat zijn aftocht zo geruislozer kon plaatsvinden. De nog jonge medische faculteit van de VU wilde negatieve publiciteit liever vermijden. De betrokkenen kregen daarom door de faculteitsbestuurders een spreekverbod opgelegd. De buitenwacht kreeg door deze maatregel inderdaad geen lucht van Stolks geknoei met onderzoeksresultaten.

De apotheker G. Paris durfde begin 1963 als enige buitenstaander openlijk te twijfelen aan Stolks werk. In *Pharmaceutisch Weekblad* uitte hij kritiek op de opzet van Stolks onderzoek naar het dropextract Ulcerpax 70d. Paris viel overigens niet over het gigantische aantal van 1828 ratten dat Stolk beweerde te hebben getest. Andere apothekers namen het voor Stolk op in *Pharmaceutisch Weekblad*. Ze vonden dat het niet aanging 'dat wij op een onplezierige wijze kritiek op een hoogleraar van een medische faculteit uitoefenen'. Paris hield vast aan zijn standpunt dat het onderzoek onvoldoende gefundeerd was. De redactie verklaarde de discussie hierna voor gesloten.

Deze publiciteit leidde er wel toe dat het faculteitsbestuur druk uitoefende op KNAW-lid prof.dr. M.W. Woerdeman, op wiens voorspraak Stolks publicaties in *Proceedings* waren verschenen. Met succes, want in mei 1963 bracht Woerdeman op een vergadering de volgende tekst van Stolk in: 'Tot mijn grote spijt moet ik bekennen (...) dat heronderzoek en controle van experimenten, vermeld in mijn artikel [over Ulcerpax 70d, FvK] hebben getoond dat tijdens deze experimenten enkele betreurenswaardige verzuimen zijn gemaakt, zodat de gepubliceerde conclusies, hoewel volgens mijn beste weten betrouwbaar, niet geheel worden gedekt door de resultaten van de genoemde experimenten.' Stolks artikel over cycloplasmol, het geneesmiddel voor vaatziekten, werd vreemd genoeg niet teruggetrokken in deze *Proceedings*.

Pharmaceutisch Weekblad berichtte niet over de terugtrekking van het onderzoek naar Ulcerpax 70d. Het geneesmiddel, alleen maar getest door Stolk, bleef tot 1981 verkrijgbaar in Nederland, ook al vond het weinig aftrek. Toen de firma Ulcerpax failliet ging moesten grote voorraden met de gemeentereiniging worden meegegeven.

Wat was de waarde van de talloze andere publicaties die Stolk tijdens zijn dienstverband aan de VU schreef? 'Ik kan mij niet voorstellen dat die kwalitatief betrouwbaarder zijn. Ik zou weleens willen weten waar hij de tijd vandaan had moeten halen om al die onderzoeken te doen. Hij had nauwelijks staf en leefde in een isolement,' zei prof. dr. F.C. Stam, emeritus hoogleraar aan de VU, mij desgevraagd in 1993. Volgens de Science Citation Index werden Stolks artikelen sinds de jaren zestig geregeld door wetenschappers uit binnen- en buitenland aangehaald, zonder dat zij Stolks onderzoek hadden overgedaan.

Meestal werd Stolk aangehaald omdat hij een bepaald type tumor zei te hebben aangetroffen bij een weinig onderzochte vis.

Alleen in *Canadian Journal of Fisheries and Aquatic Sciences* verscheen in 1987 een overzichtsstudie over tumoren bij walvisachtigen, waarin ook vier artikelen van Stolk werden geëvalueerd. Slechts één tumor die Stolk beweerde te hebben gevonden bleek ook door een andere onderzoeker te zijn aangetroffen. Het bestaan van vier andere tumoren die Stolk zei te hebben ontdekt was 'waarschijnlijk, maar onbevestigd'. Liefst acht van zijn tumorvondsten vielen volgens de auteurs in de categorie 'omstreden'.

Dit doet de vraag rijzen welk deel van de onderzoeksresultaten die Stolk tussen 1950 en 1964 in enkele honderden artikelen heeft gepubliceerd door andere wetenschappers is bevestigd. De KNAW heeft de vele tientallen artikelen die Stolk heeft geschreven voor *Proceedings* nooit kritisch tegen het licht gehouden.

Stolk zou na zijn ontslag nog veel opzien baren. De voortijdig gepensioneerde en 'demente' hoogleraar was in de loop van 1963 blijkbaar weer opgeknapt, want in dat jaar schreef hij een boekje voor de AO-reeks, een serie populaire boekjes waar hij al eerder aan had meegewerkt. Tot ergernis van de VU-bestuurders kreeg Stolk voor *Primitief gedrag*, zoals het boekje heette, op 19 februari 1964 in Amsterdam de eerste Jacob van Maerlantprijs uitgereikt, voor het beste populariserende werk uit de duizenddelige reeks.

De chef van de afdeling Volksontwikkeling van het ministerie van Onderwijs, Kunsten en Wetenschappen hield bij de prijsuitreiking een speech, en Stolk kreeg (omgerekend) 225 euro en een kunstwerk. *De Telegraaf* hield een interview met de prijswinnaar, waarin hij werd getypeerd als een 'moderne geleerde die zijn studeervertrek durft ontvluchten en niet zweert bij de boekenkast alleen'. De journalist somde het grote aantal activiteiten van Stolk op: hoogleraar in de medicijnen (Stolk had kennelijk gezwegen over zijn ontslag), bioloog, dichter, romancier, fotograaf, volkenkundige, globetrotter en vroeg Stolk hoe hij zo veel tegelijk kon doen. Die haalde eerst verlegen zijn schouders op, zei toen 'Het is prettig om wat onder handen te hebben' en deed na 'Mijn vader heeft het me van huis uit meegegeven' de volgende uitspraak: 'Thuis wilden ze graag dat ik jurist zou worden, maar daar had ik weinig zin in. Ik voelde meer voor biologie, maar dat vonden ze maar zozo. Ik kon mijn zin toch doorzetten en deed er, om de studie voor thuis meer allure te geven, medicijnen bij. Ja, dat ging best. In mijn vakantie schreef ik. Eerst poëzie. Later begon ik ook aan verhalen, steeds in mijn vakanties. Ik heb nu twee dichtbundels gepubliceerd en zes of zeven – dat weet ik niet uit mijn hoofd – romans. Onder pseudoniem. Nee, ik zeg niet welk.'

Stolk vertelde de journalist dat hij het niet goed vond als mensen zich te veel in één onderwerp specialiseren. Op reis waren veel dingen te leren die niet in boeken stonden, zei Stolk, die de sympathie van de journalist duidelijk wist te winnen. Hij maakte wel een verstrooide indruk, want Stolk bleek zich te hebben vergist in de zaal waar het interview zou plaatsvinden. Die verstrooidheid deed er echter niet toe, stelde *De Telegraaf*, want in de wijde wereld wist Stolk zijn weg heel goed te vinden. 'Ik wilde als jongen eerst zeeman worden. Nu combineer ik de wetenschap met het reizen en andersom. Je moet altijd bezig zijn. In Afrika heb ik dierenfotografie gedaan op safari. Al reizende ontmoet je vreemde volken. Ik kwam in contact met pygmeeën. Die vind ik toch zo enorm interessant, dan wil ik alles van hen weten. Zo is het met alles, overal waar ik kom. Ook hier, dicht bij huis. Ik moet weleens oppassen dat ik me niet te veel verdiep,' aldus Stolk.

Ruim een half jaar later, op 10 oktober 1964, kwam Stolk opnieuw in het nieuws, nu in een interview naar aanleiding van een reis die hij zou hebben gemaakt naar het Amazonegebied. *De Telegraaf* kreeg van Stolk een opzienbarend verhaal te horen over een nederzetting van zestiende-eeuwse Chibcha-indianen, die hij zou hebben gevonden in de ondoordringbare jungle in Zuid-Colombia. Stolk zei er enkele weken opgravingen te hebben gedaan en er ruwe smaragden, beelden, kruiken en twee merkwaardige klompvormige schoenen met bijzondere afbeeldingen te hebben opgedolven. Hij deed tegen zijn interviewer erg laconiek over de ontdekking van deze schat: 'Ik was naar het zuidelijke Amazonegebied gegaan voor een foto- en filmexpeditie naar zeldzame planten en dieren. Onderweg vond ik de resten van deze Chibcha-indianen en toen ben ik verder gaan zoeken. Ik ben geen archeoloog, maar als je er zo met je neus op gedrukt wordt... Je zou het inderdaad een schat kunnen noemen als je het materialistisch zou bekijken, maar daar heb ik geen behoefte aan. Ik voel er niet voor om de kunstvoorwerpen die ik gevonden heb te verkopen. Die bewaar ik thuis, veilig in de kluis. Daar heb ik nu eenmaal plezier in.'

Stolk zei enkele kunstvoorwerpen tijdelijk voor onderzoek te hebben afgestaan aan de Universiteit van Bogota, en kondigde aan in het begin van het volgende jaar terug te gaan om verdere opgravingen te doen. Begin 1965 verscheen een boek over zijn 'ontdekkingsreis', getiteld *Nacht van de gier*. Het bevatte eenendertig foto's en was net als de Brubakerboeken geschreven in de stijl van een spannend jongensboek. Het staat vol met stereotiepe beschrijvingen van onbetrouwbare, schietgrage Zuid-Amerikanen, die niet van de drank af konden blijven. Het was bepaald geen realistisch verslag van een belangwekkende ontdekking van een oude stad in de jungle.

Stolk ging in het boek zelfs op vrijersvoeten met een achttienjarig indiaans meisje dat hij naakt vastgebonden aan een boom aantrof in het oerwoud. Alicia, zoals het meisje heette, bleek een nazaat van de Chibcha-indianen. Zij viel al snel voor de charmes van haar redder, mi amor Stolk. 'Kus me nog één maal, mi amor. Je adem is als de koelte. Ongemerkt gaat ze door de avond. Er zingt misschien nog één vogel en dan is het stil,' zo zou Alicia in het Spaans gezegd hebben.

Er was geen journalist die twijfelde aan de ontdekking, want Stolks zegetocht door de media ging ongehinderd voort. Op 2 juli 1965 verscheen in *De Telegraaf* het bericht dat Stolk weer terugging naar de overwoekerde nederzetting in de jungle. De krant meldde dat hij het afgelopen jaar lezingen had gehouden en boeken had geschreven om zijn reis te financieren. Het ging om een particuliere expeditie, waarvoor hij geen enkele steun kreeg. Het beginpunt van zijn reis zou Colombia zijn. 'Eenvoudig is de reis vandaar niet, want om op de plek waar ik de schat heb gevonden te komen, moeten we wekenlang met een soort kano's over woeste rivieren trekken,' liet Stolk weten. Eind september vertrok hij volgens *De Telegraaf* naar Zuid-Amerika om grote houten en stenen beelden op te halen die hij het jaar daarvoor niet had kunnen meenemen.

Op 16 december 1965 werd in diverse kranten zijn terugkeer in Nederland gemeld. *Nieuws van de Dag* tekende uit Stolks mond het volgende op over de avonturen die hij met zijn inlandse helpers had meegemaakt: 'De stad bleek groter dan we eerst dachten (...) Wel vergelijkbaar met de Mayasteden bij Yucatan in Mexico. We hebben van alles gevonden: zeker honderd beeldjes en beelden, messen, vaatwerk, schalen en allerlei gebruiksvoorwerpen. We konden al die dingen als bloembollen uit de grond halen.' Stolk was gefotografeerd met enkele van zijn vondsten. Tegen *Het Vrije Volk* verklaarde Stolk een privé-museum te willen openen in een Amsterdams grachtenpand om zijn vondsten tentoon te stellen.

Journalisten hadden nog altijd geen twijfels, gegrepen als ze waren door zijn blijkbaar onweerstaanbare charme. Jan Liber van *Het Vrije Volk* liet Stolk onder het genot van een kopje koffie met speculaas vertellen over de beeldjes die hij had gevonden: 'Zeker 5000 jaar oud. Daar hebben ze tegenwoordig prachtige methoden voor. Die beeldjes, daar zagen ze heel fijne celdeeltjes vanaf die zo dun zijn als vliesjes en die leggen ze onder de microscoop en dan kunnen ze precies zeggen hoe oud die weefsels zijn.'

Tussen de speculaasjes door vertelde Stolk wat hij had gegeten in de jungle: 'We hadden wel wat in blik bij ons, maar je wilde ook wel-eens wat vers hebben. We schoten apen. Die zijn goed te eten en we aten ook blaren van bomen. We keken eerst wat de apen aten, want wat die eten, kan een mens ook eten. Vis was er natuurlijk in overvloed.'

De bestuurders van de VU lazen al deze verhalen tandenknarsend. Storend vonden ze vooral dat Stolk nog steeds in verband werd ge-bracht met de Vrije Universiteit. Daarom liet De Gaay Fortman op 25 februari 1966 aan *De Telegraaf* weten, nadat daarin weer een stuk over Stolk was verschenen, dat deze ten onrechte de titel van professor voerde. Stolk had deze titel verloren toen hij zijn leerstoel opgaf.

Stolk bleef onverstoorbaar als professor door het leven gaan en ging op 28 juni 1966 voor de derde keer naar Zuid-Amerika. Aan *Het Vrije Volk* vertelde hij kort voor zijn vertrek dat hij het grote materiaal dat hij tijdens de tweede expeditie van 1965 had opgegraven, wilde bergen. Hij had een aantal grote beelden, in lengte variërend van een tot twee meter, in de jungle moeten achterlaten, omdat het transport ervan onmogelijk was. Die wilde hij nu met vlotten van balsahout, aan elkaar gebonden met henneptouwen en lianen, vervoeren over de Amazone. Stolks voor-beeld daarbij was de avontuurlijke wetenschapper Thor Heyerdahl, die met een vlot van balsahout naar Polynesië was overgestoken.

Eind september 1966 zocht Stolk de pers weer op. Hij had dit keer teleurstellend nieuws: de beelden die hij had willen bergen waren verdwenen. Het *Helmonds Dagblad* van 13 oktober 1966 meldde dat Stolk niet wist waar de grote beelden waren gebleven: 'Hij gelooft niet dat andere blanken tot "zijn" gebied (dat hij angstvallig geheim houdt) zijn doorgedrongen en de beelden hebben meegenomen. Hij vermoedt dat indianen in de buurt ze hebben meegenomen om ze stuk te slaan en te offeren aan hun godheden.'

De journalist van het *Helmonds Dagblad* was de eerste die zich afvroeg waarom Stolk zo jong met emeritaat was gegaan: 'Hij komt er aarzelend mee voor de draad. Hoewel hij het zelf niet over zijn lippen krijgt, geeft hij toe, dat hij van zijn professoraat allengs meer "de zenuwen" kreeg tot hij in 1958 op last van andere dokters dan hij ermee op moest houden. Sindsdien is hij tot zijn grote plezier een vrij man, die doet wat hij wil, zijn eigen expedities betaalt en straks directeur zal zijn van zijn eigen museum, al zal hij daar ook wel om de haverklap "uitvliegen".'

Stolk zou hierna geen nieuwe reizen meer maken naar zijn mysterieuze stad. Wel verscheen er nog een tweede boek over zijn reizen, opnieuw met allerlei foto's.

Volgens medewerkers van het Rijksmuseum voor Volkenkunde in Leiden die zich in 1993 desgevraagd over de foto's bogen, waren sommige grafbeeldjes inderdaad afkomstig uit het grensgebied van Colombia en Ecuador. Van andere voorwerpen was de herkomst echter onduidelijk. Eén beeld deed hen sterk denken aan kunst uit Costa Rica. Stolks vroegere amanuensis Van der Hout had een eenvoudig antwoord op de vraag naar de herkomst van de beelden: 'Die kun je in Zuid-Amerika gewoon kopen in indianendorpen.' Het is wellicht overbodig te vermelden dat er nooit een verloren stad is gevonden in het zuiden van Colombia. Het zal ook geen verbazing wekken dat Stolk zijn museum aan de Amsterdamse grachten nooit heeft gerealiseerd.

Stolk deed er het zwijgen toe toen ik hem in 1993 benaderde voor *Valse vooruitgang,* waarin zijn verborgen geschiedenis voor het eerst werd onthuld. Hij overleed in 1996 op 79-jarige leeftijd te Noordwijk.

De stille promotie van Wolf Bleek

Sjaak van der Geest is waarschijnlijk de enige Nederlandse wetenschapper die een fors deel van zijn academische oeuvre onder pseudoniem heeft gepubliceerd. Voor zijn publicaties over hekserijbeschuldigingen binnen een grote familie in het Ghanese dorp Kwahu-Tafo voelde hij zich genoodzaakt de naam Wolf Bleek te voeren. In de antropologie gebeurt het vaker dat de informanten geanonimiseerd worden om hen te beschermen, maar dat middel leek Van der Geest in dit geval onvoldoende omdat bewoners en dorp ook via zijn naam eenvoudig te achterhalen waren. Consequentie van zijn onderzoeksethiek was dat internationale tijdschriften zijn artikelen weigerden. Die vonden een pseudoniem in combinatie met anonieme bronnen onacceptabel omdat zijn beschrijvingen dan totaal oncontroleerbaar waren en net zo goed verzonnen konden zijn. Pas toen hij de waarheid verzweeg en niet meer meldde dat Bleek een pseudoniem was, accepteerden redacties zijn artikelen.

Het proefschrift waarop Van der Geest in 1976 promoveerde aan de Universiteit van Amsterdam, ging ook over Kwahu-Tafo, onder meer over abortuspraktijken. Ook dat gebeurde onder pseudoniem, eveneens uniek in de Nederlandse universiteitsgeschiedenis. 'Mijn promotie was een vreemde aangelegenheid, omdat veel collega's zich niet geroepen voelden om naar de promotie te gaan van ene Bleek van wie ze nog nooit gehoord hadden,' vertelde Van der Geest mij in 2006 een interview.

Zijn ethische principes, die hem paradoxaal genoeg dwongen tot bedrog, veroorzaakten een dilemma. 'Want een andere code in de antropologie zegt dat je de resultaten van je onderzoek teruggeeft aan de mensen zelf. Bij mijn afscheid van Kwahu-Tafo was er een groepsfoto gemaakt om als aandenken in de vergaderruimte van het dorp op te hangen. Toen de dorpsoudste tegen mij zei: "Heel mooi zo'n foto, maar het boek is belangrijker," wist ik al dat ik het boek niet zou gaan geven, niet zozeer omdat ze me kwalijk zouden nemen wat ik allemaal had opgeschreven, maar omdat de respondenten in de problemen zouden komen. Ik had hun bovendien beloofd dat niemand te weten zou komen wat ze me allemaal verteld hadden.'

Van der Geest, die later hoogleraar Medische antropologie aan de Universiteit van Amsterdam werd, bleef altijd een nostalgisch verlangen houden naar het dorp dat zo veel voor hem betekend had. 'Ik was me intussen bezig gaan houden met de positie van ouderen in de samenleving. Ik wilde laten zien dat Afrikanen veel positiever omgaan met ouderdom dan wij in het Westen. Dat daar respect en betrokkenheid bestaat voor oude familieleden en dat ze niet worden weggestopt in een verzorgingstehuis.'

In 1994 besloot hij terug te gaan naar de mensen die hij toen al twintig jaar niet meer gezien had. Het boek over de hekserij durfde hij nu wel mee te nemen. Diverse belangrijke figuren waren inmiddels overleden, ook het toenmalige hoofd van de familie. 'Ik heb het boek na aankomst officieel overhandigd aan het nieuwe familiehoofd, die indertijd een van mijn beste informanten was en goed Engels sprak. De volgende dag kwam hij grijnzend naar me toe en zei dat hij zichzelf ontdekt had in het boek. Toen realiseerde ik me dat ik waarschijnlijk te voorzichtig was geweest.'

Bij het ouderenonderzoek pakte hij het anders aan, wat makkelijker was omdat dat onderwerp veel minder pijnlijke elementen bevatte. 'Ik heb mijn informanten gevraagd of ze wilden dat ik een schuilnaam voor ze gebruikte. Ze waren verbouwereerd dat ik die vraag überhaupt stelde. Als oudere wil je herinnerd worden, voortleven; en dat doe je in je goede werken, in het huis dat je gebouwd hebt, in je kinderen, maar ook in het werk van een antropoloog die jou interviewt en met foto's en al in een internationaal tijdschrift zet. Daarom heb ik de artikelen die ik hierover publiceerde steeds opgedragen aan een van die oude mensen uit Kwahu-Tafo.'

Het beschermen van informanten is een basisprincipe in de antropologie, maar het brengt tegelijkertijd een element van oncontroleerbaarheid in waar vanuit andere wetenschapsgebieden vreemd tegenaan wordt gekeken. 'Mijn Ghanese supervisor, die socioloog was, stond mij zelfs niet toe om voor het dorp een schuilnaam te gebruiken. Wetenschap moet accuraat en controleerbaar zijn. Maar zo zit ons vak niet in elkaar. Wij zitten, overdreven gesteld, dichter bij de roman. Wij proberen levensecht te beschrijven, weer te geven wat er speelt in een gemeenschap, waarom mensen doen wat ze doen en hoe ze zelf hun leven zien, het insidersperspectief. Malinowski, een van de aartsvaders van de antropologie, schreef dat het erom gaat "to grasp the native's point of view, his relation to life, to realise *his* vision of *his* world".'

In de verderop volgende paragraaf over VU-hoogleraar Mart Bax komt het gebruik van pseudoniemen in de antropologie opnieuw aan de orde.

De val van Henk Buck

De Eindhovense chemicus Henk Buck van het Laboratorium voor Organische Chemie bracht groot nieuws op 12 april 1990: hij had een nieuwe methode gevonden om het aidsvirus te bestrijden en een medicijn was onder handbereik, zo meldde hij op televisie. Het was het begin van een geschiedenis met een dramatische afloop. Het was ook de eerste zaak waarbij beschuldigingen van wetenschapsfraude in de media kwamen en onderzoekscommissies moesten beoordelen wat er mis was gegaan. Twintig jaar later raakten de gemoederen nog steeds verhit over details, zo merk ik bij mijn reconstructie.

De Amsterdamse viroloog Jaap Goudsmit van het Laboratorium voor Humane Retrovirologie, die sinds anderhalf jaar met Buck samenwerkte en nu samen met hem in het Amerikaanse tijdschrift *Science* publiceerde over de nieuwe methode, was in april 1990 niet erg te spreken over Bucks televisieoptreden. 'Dit had nooit zo, op deze volstrekt overdreven wijze, naar buiten mogen komen. Waar dat aan ligt? Ja, puur overenthousiasme van collega Buck,' klaagde Goudsmit destijds tegen *De Telegraaf*. Ook andere aidsdeskundigen waren ongelukkig met Bucks uitspraken, en vonden dat hij geen ijdele hoop had mogen wekken. Buck trok zich weinig aan van deze kritiek en verklaarde dat een 'dorpshoogleraartje uit De Peel', zoals hij zichzelf noemde, nu eenmaal niet zo snel serieus wordt genomen.

Op Bucks presentatie mocht dan veel aan te merken zijn, de methode die het sluwe aidsvirus in bedwang zou kunnen krijgen, was een wonder van elegantie. Hij had een verfijning bedacht van de zogenaamde antisense RNA-techniek, waarmee erfelijke eigenschappen van een plant of een dier kunnen worden uitgeschakeld. Zo was het wetenschappers van de Vrije Universiteit bijvoorbeeld al gelukt erfelijk materiaal van een petunia uit te schakelen, zodat die niet paars maar wit werd. Dit lukte door het deel van de sense-DNA-streng die de erfelijke informatie voor de kleur paars bevat, af te plakken met een stukje antisense-DNA. Buck wilde hetzelfde principe toepassen op stukjes RNA van het aidsvirus. Hij maakte stukjes antisense-DNA die precies het spiegelbeeld waren van het virus-RNA.

Bucks eigenlijke vondst was dat hij op dit antisense-DNA kleine methylgroepen had aangebracht, waardoor de fosfaten hiervan geen elektrische lading meer hadden. Hierdoor kon het antisense-DNA de

cel binnendringen om het virale RNA op te sporen tussen het menselijk DNA, zonder zelf te worden aangevallen door enzymen die in actie
komen als ze vreemd DNA ontdekken. Als Bucks 'fosfaatgemethyleerd
DNA' zich eenmaal had gehecht aan het aidsvirus-RNA was dat geblokkeerd en kon het zich niet meer vermenigvuldigen en verspreiden
door het lichaam. Bovendien leek het menselijk DNA ongevoelig voor
het fosfaatgemethyleerde DNA.

Goudsmits team had Bucks stof in laboratoriumproeven getest, en geconstateerd dat al bij heel lage doses het verloop van de HIV-infectie in
menselijke cellen werd geblokkeerd. De remming was zelfs een van
de sterkste die ooit in experimenten met mogelijke anti-aidsmiddelen
was gevonden.

In *Het Parool* verscheen de zaterdag na Bucks televisieoptreden
echter een verontrustend bericht. De Leidse hoogleraar Organische
chemie dr. J.H. van Boom wees erop dat in laboratoria waargenomen
biologische effecten soms worden veroorzaakt door een verontreiniging en niet door de experimentele stof zelf. 'Zelfs bij een heel kleine
verontreiniging is het al moeilijk voor honderd procent te zeggen dat
het jouw verbinding is die het doet. Je moet verduveld zeker zijn van
je zaak, anders kan het zijn dat je iets de wereld in brengt dat in feite
een doodgeboren kindje is.'

Buck verdedigde zich tegen deze kritiek door te stellen dat een ge-
renommeerd blad als *Science* niet zomaar een artikel accepteert. Van
Boom bracht hier tegenin dat een algemeen blad als *Science* minder
hoge eisen stelt aan de uitwerking van de chemische details van een
publicatie en dat aan de chemische vaktijdschriften overlaat.

Vijf dagen later had *Het Parool* een tweede primeur. Een hoogleraar uit Bucks vakgroep, prof.dr. C.A.A. van Boeckel, bleek een maand
voordat Buck de publiciteit zocht twee brieven aan het bestuur van
de TU Eindhoven te hebben geschreven, waarin hij stelde dat de samenstelling van Bucks stof erg onzuiver was, zoals bleek uit eerdere
analyses van Bucks promovendus Morris Moody. Ook hem had Bucks
manier van optreden in de media gestoord.

Van Boeckel drong erop aan dat de samenstelling van Bucks stoffen snel openbaar zou worden gemaakt: 'Het is onjuist dat Buck
steeds spreekt over "mijn stof" terwijl hij niet eens weet wat hij in

handen heeft.' Hij liet verder weten zich te zullen beraden op zijn positie als hoogleraar voor één dag in de week aan de TU Eindhoven als er niet serieus naar de zaak gekeken werd. De kritiek van Van Boeckel was echter in de ogen van het College van Bestuur verdacht, omdat hij naast zijn hoogleraarschap ook vier dagen in de week werkte bij het farmaceutische bedrijf Organon in Oss, en een alternatief voor Bucks methode probeerde te ontwikkelen. Het College meende daarom dat op de achtergrond een strijd om octrooien speelde en deed het volgende bericht uitgaan: 'Het College van Bestuur betreurt deze polemiek. De wetenschappelijke discussie hoort plaats te vinden in de daartoe geëigende organen. De wetenschappelijke integriteit van prof. Buck (...) is boven alle twijfel verheven.' Van Boeckel nam daarna ontslag.

In Amsterdam bleef Goudsmit Buck intussen ook onvoorwaardelijk steunen: 'De spullen die ik van Buck heb gekregen zijn prima, en ik heb geen enkele reden om aan zijn werk te twijfelen. Ik stel toch ook mijn kwaliteitseisen?'

In juni konden de bestuurders van de TU Eindhoven de kop echter niet langer in het zand steken, omdat er inmiddels een aantal onderzoekers van Bucks vakgroep waren opgestapt, onder wie de tweede auteur van het artikel in *Science*, dr.ir. L.H. Koole. Daarop stelde ing. A.A.G. van Mierlo, de directeur-beheerder van de faculteit Scheikundige technologie, een commissie samen die bestond uit drie hoogleraren uit de faculteit: prof.dr. Emmo Meijer, prof.dr.ir. Carl Cramers en vice-decaan prof.dr. Piet Lemstra. De commissie-Lemstra sprak met een aantal personen uit de inmiddels versplinterde vakgroep: (oud) deeltijdhoogleraar Stan van Boeckel en zijn promovendus, het staflid dr.ir. Leo Koole, twee promovendi van Buck en Jaap Goudsmit.

In augustus 1990 deed de commissie-Lemstra in een vertrouwelijk rapport verslag aan het College van Bestuur. Dit deed daarop een persbericht uitgaan met onder andere de volgende inhoud: 'De uitspraken van de Eindhovense hoogleraar prof.dr. H.M. Buck over de toepasbaarheid van zogenaamd fosfaatgemethyleerd DNA in de strijd tegen aids blijken voorbarig te zijn geweest. Tot op heden is niet bewezen dat waargenomen remmingen van het aidsvirus conform de theorie van Buck zijn toe te schrijven aan fosfaatgemethyleerd DNA. (...) Daardoor is ook niet te bewijzen, dat de in Amsterdam geconstateerde blokkerende werking van dit materiaal op het aidsvirus is toe te schrijven aan fosfaatgemethyleerd DNA. Slechts via nadere analyses is te achterhalen, hoe de geconstateerde effecten wel verklaard kunnen worden. Een mogelijkheid is dat deze toegeschreven moeten worden aan onbedoelde producten van de in Eindhoven gevolgde synthesemethode. Geconcludeerd mag dan ook worden dat deze methode ongeschikt is gebleken om fosfaatgemethyleerd DNA van voldoende lengte te produceren,' aldus het persbericht van 30 augustus 1990. Buck reageerde dat de conclusies van de commissie-Lemstra discutabel waren.

De commissie-Lemstra had vastgesteld dat al in het voorjaar van 1989 enkele promovendi waren gaan twijfelen aan Bucks methode. Van Boeckel was daarom begonnen met de ontwikkeling van een alternatief. Buck had deze kritiek echter genegeerd en wilde ook niets horen over de ontwikkelde alternatieve methode. De commissie vond dit slecht management van Buck, maar voerde als verzachtende omstandigheid aan dat hij door de mogelijke commerciële toepassingen en octrooiafspraken onder grote druk stond.

Buck had zich te veel laten meeslepen door de stroomversnelling waarin het onderzoek was geraakt. 'Toen de redactie van *Science* vervolgens ook nog bereid bleek de aan haar voorgelegde rapportage van de onderzoeksresultaten te publiceren, ontstond een sfeer, waarin kritiek nauwelijks nog bespreekbaar was,' zo concludeerde de commissie volgens een persbericht van de TUE. Overigens werd in het rapport van de commissie-Lemstra door een promovendus van Buck gemeld dat ook het volgens de alternatieve methode-Van Boeckel gesynthetiseerde fosfaatgemetyleerd DNA geen biologische activiteit vertoonde. Dit werd bevestigd door de latere commissie-Koumans.

De besturen van de TUE en van Bucks faculteit beraadden zich na kennisname van het rapport op de situatie. Hoewel de bestuurders zeiden niet te twijfelen aan Bucks goede bedoelingen, vonden ze toch dat hij had gefaald als leider van zijn onderzoeksteam. Ze concludeerden dat hij zijn functie van voorzitter van de vakgroep Organische chemie moest neerleggen. Het bestuur zou nog met Buck bespreken welke positie hij in de vier jaar die hem scheidden van zijn emeritaat binnen de faculteit zou kunnen innemen, want zijn wetenschappelijke expertise als organisch chemicus moest behouden blijven voor de universiteit.

De details van wat zich tussen januari 1989 en april 1990 had afgespeeld rondom Buck hield het College van Bestuur van de TU Eindhoven geheim, tot woede van de universiteitsraad, die het College ervan verdacht eigen fouten te willen verdoezelen. Als compromis werd er een tweede, onafhankelijke commissie aan het werk gezet, onder leiding van prof.ir. Wim Koumans.

Goudsmit had de samenwerking met Buck intussen opgezegd. Hij was vooral boos dat Buck hem nooit had verteld dat er al zo lang twijfels bestonden over de zuiverheid van het testmateriaal. Pas twee maanden na de publicatie in *Science* had hij te horen gekregen dat het fosfaatgemethyleerde DNA niet aan te tonen was in het door hem gebruikte testmateriaal. Nu de werkelijke waarde van Bucks materiaal was gebleken, nam Goudsmit het initiatief een wetenschappelijke correctie aan te bieden aan *Science,* die was ondertekend door zowel Goudsmit als Buck.

Het Parool publiceerde een artikel waarin Buck door zijn promovendi werd betiteld als 'een pure dictator'. 'Buck besliste alles van bovenaf. Wij mochten van elkaar niet weten waar we mee bezig waren. Iedereen werkte op een eilandje. Zoiets als werkoverleg, toch heel normaal in een onderzoeksgroep, was hier bij de DNA-groep ondenkbaar,' klaagde een promovendus. Achter de rug van Buck om was er wel degelijk overleg binnen de vakgroep, maar dit ontging hem niet, vertelde een andere promovendus: 'Er liep altijd iemand over de zalen om voor Buck te controleren waar we mee bezig waren, en welke stoffen we gebruikten voor onze proeven.' Buck maakte zelf ook een dagelijkse ronde door zijn laboratorium. Zijn medewerkers verstijfden op zulke momenten, bang als ze waren op hun falie te krijgen: 'De ene keer was het een potje dat open was blijven staan, de andere keer had je alleen je haar niet gekamd.'

In zo'n klimaat was er moed voor nodig om kritiek te uiten, aldus *Het Parool.* Enkele promovendi hadden Buck al in het voorjaar van 1989 verteld dat veel kleinere DNA-moleculen niet waren gemethyleerd, en de lange DNA-moleculen zelfs helemaal niet. Buck zou hun hebben verboden om het werk van anderen af te kraken.

In het najaar van 1989 had het laboratorium een apparaat voor controle-experimenten gekocht. De promovendi ontdekten dat Buck ten onrechte volhield dat zijn stof gemethyleerd was. 'We zijn naar zijn kamer gegaan, en hebben alle gegevens op tafel gelegd. Urenlang hebben we daar gezeten om Buck en Van Genderen uit te leggen wat het betekende. (...) Uiteindelijk ontaardde het in een scheldpartij, waarin Buck ons probeerde te intimideren. We moesten onze mond houden over die analyses. "Als je nog eens met zoiets aankomt, dan zetten we een punt achter je promotie," kregen we te horen,' zo vertelden zij aan *Het Parool*.

Een maand later ontdekte de moleculair bioloog dr. Henk Kocken, die een half jaar eerder in het Eindhovense lab een site-specifieke blokkering had vastgesteld van een geselecteerd gen van een *E.coli* met fosfaatgemethyleerd DNA zoals ook gebruikt bij Goudsmit, bij een experiment met een ander apparaat, een NMR-machine, dat wat Buck bestempelde als gemethyleerde DNA-moleculen in feite giftige bijproducten waren: 'Toen ik met (aio) Morris Moody die plaatjes zat te bekijken, zag Van Genderen ons discussiëren. Buck werd erbij gehaald. Hij verbood ons om nog met de NMR te werken, of over de gevonden resultaten te praten.'

In het bewuste artikel in *Science* stonden ook twee spectra afgedrukt die waren gemaakt met de NMR-machine. Volgens de promovendi konden die nooit zo zijn gemeten door Marcel van Genderen, die deze metingen zou hebben uitgevoerd. Een van de promovendi zei tegen *Het Parool*: 'De druk in de groep om resultaten te vinden die de theorieën ondersteunden was zodanig dat het niet ondenkbaar is dat dit spectrum is "gegenereerd".' Van Genderen weigerde *Het Parool* uitleg te geven over de precieze totstandkoming van dit spectrum. In 2012 wil hij daar desgevraagd nog steeds niet op ingaan.

Ook de commissie-Koumans, die in december 1990 uiteindelijk rapport uitbracht, had zich gebogen over dit spectrum. Wie hiervoor verantwoordelijk was liet zij in het midden, maar de conclusie was wel dat het hier ging om een 'toevallig afwijkend resultaat, selectief gekozen uit een groot aantal overigens onbruikbare meetresultaten, een atypisch resultaat dus. In de ogen van de commissie grenst dit zeker aan vervalsing.'

Buck zelf had zich al die tijd niet kunnen verdedigen in de Nederlandse pers. Hij was met ziekteverlof gegaan en had in oktober om vroegtijdige uittreding gevraagd. Bovendien had hij lange tijd een spreekverbod opgelegd gekregen door het College van Bestuur. In december 1990, een week na verschijning van het rapport-Koumans, kregen twee *Trouw*-journalisten hem uiteindelijk te spreken. 'Ik begrijp niet waarom voor mij op geen enkele wijze naar verzachtende omstandigheden is gezocht, wel voor de directeur van de faculteit en voor het College van Bestuur,' zei Buck. 'Waarom figureren in het rapport alleen de hoofdpersonen, en dan vooral Van Boeckel en Buck? (...) Terwijl een laboratorium een gemeenschap van mensen is, met een collectieve verantwoordelijkheid. (...) Collectieve schuld is in dit rapport individuele schuld geworden. Bucks schuld. Ik kan niet alleen verantwoordelijk gesteld worden, want op die manier komt het erop neer dat ik vervalsing heb gepleegd met een van de meetresultaten. Ik zou een meetresultaat te mooi om van te dromen uit een reeks van onbruikbare hebben gelicht. Wie heeft daar op zijn 61ste nog behoefte aan? (...) Goed, ik heb die controle achterwege gelaten, maar ik niet alleen. Namen noem ik niet, want dan is weer de ene schuldig of de andere. Ik schiet niet terug, maar die vervalsing...'

Buck beklaagde zich er ook over dat zijn verdiensten voor de wetenschap er bekaaid afkwamen in het rapport. 'Met een zinnetje over begenadigd docent, enthousiasme en veel promovendi dekken ze achttien jaar af. Wat overblijft is de dictator, de man die iedereen doodsloeg, dat is genoeg om te zeggen "Gaan".'

Hij vond ook dat Goudsmit hem te snel had laten vallen. '(...) hij benaderde mij vanuit een machtspositie want hem trof geen enkele blaam. Zijn naam moest gezuiverd worden.'

Buck excuseerde zich wel voor de valse verwachtingen die hij bij aidspatiënten had gewekt.

Behalve Buck sneuvelden er meer mensen door de affaire. Prof.ir. M. Tels, de rector magnificus van de TU Eindhoven, werd begin 1991 weggestuurd door de universiteitsraad, die vond dat hij onvoldoende aandacht had besteed aan kritische signalen die hem hadden bereikt uit de vakgroep van Buck. Van Genderen overleefde de veldslag in de vakgroep als enige. Van Mierlo, directeur-beheerder van de faculteit, bleef eveneens op zijn stoel zitten, hoewel ook hij lange tijd geluiden had genegeerd dat Bucks onderzoek niet deugde.

In 1991 spande Buck een rechtszaak aan tegen de TU Eindhoven waarin hij eiste dat hij weer in dienst zou worden genomen en zou worden gerehabiliteerd als wetenschappelijk onderzoeker. In september 1992 sloot de TU Eindhoven een geheime regeling met Buck, die zijn juridische acties daarna staakte. De TU Eindhoven rehabiliteerde hem in elk geval niet.

In dezelfde maand verschenen in *Trouw* twee artikelen die wel eerherstel voor Buck leken in te luiden. Het eerste was een interview met dr. Leo Koole, tweede auteur van het artikel in *Science*, die zei dat Buck geen vervalser was. 'De bevooroordeelde commissie-Koumans beschuldigt Buck ervan dat hij één mooi meetresultaat heeft geselecteerd uit een reeks van onbruikbare en dat dat aan vervalsing grenst. Die aantijging slaat nergens op, dat had elke kenner van de techniek waar het hier om gaat aan de commissie kunnen uitleggen.'

Koole vond vooral het beeld dat Bucks medewerkers in *Het Parool* hadden geschetst, eenzijdig. 'Positieve kanten van de man zijn categorisch verzwegen. Zijn medewerkers schilderden zichzelf af als zielenpoten die niets tegen de tiranniserende Buck durfden zeggen. Zo was het niet, al die jaren.'

Drie dagen later kwam Buck zelf aan het woord in *Trouw*. Hij bleek te popelen om weer aan de slag te kunnen. 'Ze zijn me verschuldigd dat ik het werk kan afmaken. Waarom mag ik dat niet? Ik heb mijn fouten als mens erkend, maar ik zie niet in waar ik als wetenschapper faalde. (...) De beschuldiging van fraude is onheus en gemaakt op wetenschappelijk onhoudbare gronden,' zei Buck, die bovendien stelde voortdurend controle-experimenten te hebben uitgevoerd. Hij zou Goudsmit zelfs hebben voorgesteld nog vlak voor de perspresentatie in april 1990 een controle-experiment te doen.

Deze voorstelling van zaken stoorde prof.dr. Stan van Boeckel en prof.dr. Emmo Meijer, lid van de commissie-Lemstra. Ze zetten hun visie uiteen tegenover *Chemisch Weekblad* en *Elsevier*. Van Boeckel bracht zijn dagboek in, waarin precies stond opgetekend wanneer hij Buck voor het eerst had geconfronteerd met zijn twijfels. Die bleek hij vanaf april 1989 herhaalde malen te hebben geuit, maar Buck werd volgens Van Boeckel alleen maar boos en verwierp elke kritiek op zijn methode.

Over de kwestie of er nu wel of niet fraude was gepleegd, zei Van

Boeckel, die goed bekend was met de NMR-techniek: 'Tja, wat noem je precies fraude? Hij heeft bij zijn oorspronkelijke artikel in *Science* alleen dat gedeelte van het NMR-spectrum getoond dat zijn verhaal ondersteunde.' Uit de rest van het spectrum was volgens Meijer te concluderen dat Bucks materiaal niet zuiver was. Van Boeckel noemde Buck nog net geen leugenaar: 'Steeds over gemethyleerd DNA praten terwijl je weet dat er van alles aan mankeert, is niet bepaald de waarheid spreken.' Deze gedachtengang vond geen weerklank bij prof. dr. Robert Kaptein, hoogleraar NMR-spectroscopie van de RU Utrecht. Hij zei in *Trouw* van 1 februari 1994: 'Uit de NMR-spectra kun je niet afleiden dat de stof verontreinigd is. Daar waren deze experimenten ook niet voor bedoeld.'

Hoe verging het Goudsmit verder na de val van Buck? Die was er in de ogen van veel chemici nogal genadig afgekomen met de correctie in *Science*, waartoe hij zelf het initiatief had genomen. Deze correctie gold alleen het chemische gedeelte, en niet het virologische gedeelte. Dit vond wetenschapsjournalist Felix Eijgenraam van *NRC Handelsblad* raadselachtig. Immers, hoe kon Goudsmit in zijn laboratorium een biologische remming hebben gemeten, veroorzaakt door een waardeloze stof? De krant legde de kwestie in september 1990 voor aan vier virologen. Deze concludeerden dat het virologische werk van Goudsmit 'fragmentarisch', 'slecht onderbouwd' en 'allesbehalve overtuigend' was. Hiermee geconfronteerd kondigde Goudsmit na enkele dagen beraad aan ook het virologische deel van het *Science*-artikel terug te zullen trekken. In oktober 1990 volgde retractie van het gehele artikel, met een door alle auteurs ondertekende toelichting.

Het bestuur van de Universiteit van Amsterdam, Goudsmits werkgever, vond dat er nu een officieel onderzoek moest komen naar de kwaliteit van Goudsmits werk. De uitslag hiervan luidde in februari 1991 dat het virologisch onderzoek 'niet op wetenschappelijk verantwoorde wijze' was uitgevoerd. Verder meldde de commissie dat het hier ging om 'een misstap van een groep die in het verleden heeft laten zien tot goed onderzoek in staat te zijn'. Het bestuur van de medische faculteit eiste garanties dat dit in de toekomst niet meer zou gebeuren, maar Goudsmits kop hoefde niet te rollen.

In 1992 blikte Goudsmit terug op de affaire in *Folia*, het universiteitsweekblad van de Universiteit van Amsterdam: 'Er zijn hier op het lab door mijzelf grote fouten gemaakt. (...) Daarvoor wil ik de verantwoordelijkheid geen moment ontlopen. (...) [We hebben] aan de kwaliteitscontrole van het product zélf, en zoals later bleek de contaminaties in het product, niet genoeg aandacht besteed. Iets wat je normaal wel doet.'

Dat dit niet was gebeurd, kwam volgens Goudsmit omdat het onderzoek van Buck maar zijdelings te maken had met het andere onderzoek in zijn laboratorium. Daaruit zei Goudsmit lering te hebben getrokken: 'Ik concentreer me voortaan op een aantal hoofdlijnen. Kleine probeerseltjes doe ik niet meer. Daar ben ik met de neus op de feiten gedrukt.'

In december 1993 bracht het televisieprogramma *Nova* verrassend nieuws: Buck zou zijn gerehabiliteerd. Dat bleek volgens Nova uit een 'geheime' overeenkomst tussen Buck en de TU Eindhoven en uit twee artikelen van Buck in *Proceedings* van de KNAW. De primeur van *Nova* verdampte echter snel. De TU had inderdaad een 'akte van dading' opgesteld met Buck, maar alleen om een einde te maken aan de procedures die Buck had aangespannen tegen de universiteit. Onderdeel van de afspraak was dat de partijen verder niet meer naar buiten zouden treden over de affaire, op straffe van een boete van 50.000 gulden. In de overeenkomst stond weliswaar dat het universiteitsbestuur geen bewijzen had dat Buck metingen had vervalst, maar dat hadden de onderzoekscommissies ook nooit beweerd. Met een rehabilitatie had de overeenkomst niets te maken, zo weersprak een woordvoerder van de TU Eindhoven de interpretatie van *Nova*/Buck.

De artikelen van Buck in *Proceedings* bevatten een aantal opmerkelijke passages en noten. Hij beschuldigde onder anderen zijn medewerker Marcel van Genderen, een van de coauteurs van het gewraakte stuk in *Science*, van fraude. Van Genderen reageerde verbaasd, omdat hij niet begreep waarom de redactie van *Proceedings* hem niet om commentaar had gevraagd op deze ernstige aantijging. De passage was echter ook voor de redactie nieuw. Buck bleek in de drukproeven van zijn artikel nog allerlei wijzigingen te hebben aangebracht, die de redactie niet meer onder ogen waren gekomen, maar door Buck rechtstreeks aan de drukker waren doorgegeven. De KNAW liet vervolgens de gehele oplage van *Proceedings* vernietigen. Buck mocht deze artikelen in 1996/1997 alsnog publiceren in *Proceedings*, zonder de toevoegingen.

Buck bleef ook in de jaren daarna op zoek naar eerherstel. In 2001 stapte hij naar de Raad voor de Journalistiek om zich te beklagen over twee artikelen die ten tijde van de affaire waren verschenen in *Het Parool*. Hij vond dat de resultaten van het onderzoek met fosfaatgeme-thyleerd DNA te negatief waren afgeschilderd; hij verzette zich tegen het verwijt van wetenschappelijke fraude met het spectrum in *Science*; en was boos dat een medewerker hem in *Het Parool* had vergeleken met de Roemeense dictator Ceaucescu. De Raad verklaarde alle klachten ongegrond.

In 2004 publiceerde Buck een artikel waarin hij aan de hand van een twintigtal NMR-spectra aangaf waarom de commissie-Koumans een onjuiste conclusie had getrokken met de aanduiding van het gewraakte NMR-spectrum in *Science* als 'grenzend aan vervalsing'.

In 2009 beklaagde Buck zich bij de Nationale Ombudsman over de weergave van de zaak-Buck/Goudsmit in de KNAW-publicatie over wetenschappelijk wangedrag *Wetenschappelijk onderzoek: dilemma's en verleidingen*. De KNAW verwijderde daarna de passage uit de webversie van de publicatie en staakte verspreiding van de papieren versie, maar gaf daar geen ruchtbaarheid aan. Buck eiste daarna dat de KNAW de verwijdering bekendmaakte, maar daar gaf de KNAW geen gehoor aan. De Ombudsman, die het gedrag van de KNAW onbehoorlijk vond, oordeelde vervolgens dat de KNAW door overleg had kunnen voorkomen dat Buck zou vallen over het geschetste beeld, al was de zaak volgens de Ombudsman niet denigrerend beschreven in *Wetenschappelijk onderzoek: dilemma's en verleidingen*. Ook gaf de Ombudsman de KNAW het advies om met Buck na te gaan hoe de KNAW-leden konden worden geïnformeerd over het schrappen van de zaak uit het boek. De KNAW stuurde de leden vervolgens in maart 2011 een brief met een samenvatting van het rapport van de Ombudsman en een verwijzing naar diens website. Het KNAW-bestuur legde uit dat er geen ruchtbaarheid was gegeven aan de aanpassing van de brochure omdat het het oprakelen van de zaak-Buck niet in het belang achtte van Buck en de KNAW.

In september 2011 laaide de zaak opnieuw op na een afscheidsinterview met prof.dr. Piet Lemstra, in het universiteitsblad *Cursor*. Lemstra noemde daarin details uit het nooit geopenbaarde rapport van de commissie-Lemstra. Hij beweerde onder meer dat Buck gezinsleden zou hebben bevoordeeld binnen de faculteit. Buck stapte hierna naar de Commissie Wetenschappelijke Integriteit van de TUE, maar deze nam de zaak niet in behandeling. Een oplossing werd gevonden door ook Buck (inmiddels 82) een interview aan te bieden in *Cursor*. Hij weersprak Lemstra's beweringen over zijn familie en zei nu eindelijk eens een punt achter de affaire te willen zetten. Desalniettemin begon Buck in het interview opnieuw over de rol van Goudsmit, waardoor Van Boeckel zich genoodzaakt zag te reageren met een ingezonden brief. Na nog een rondje ingezonden brieven sloot de redactie de discussie.

Gezien alle gevoeligheden lijkt het mij in 2012 verstandig om een concept van mijn reconstructie (voor een belangrijk deel al gepubliceerd in *Valse vooruitgang*) voor te leggen aan Buck, Van Boeckel en Goudsmit. Dat doe ik met enige aarzeling en ik bereid me voor op eindeloos gesoebat over details. De uitwisseling met Buck verloopt vriendelijk. Hij beperkt zich tot enkele correcties en nuttige toevoegingen. Wel ontstaat er discussie tussen Buck en Van Boeckel over de vraag of andere groepen er uiteindelijk wél in zijn geslaagd om langere fosfaatgemethyleerd DNA-fragmenten te maken. Het antwoord luidt: ja, maar niet van de lengte die Buck in 1990 in handen dacht te hebben.

Goudsmit reageert niet op mijn e-mails.

De verbleekte inkt van Ronald Grossarth-Maticek

De Joegoslavische wetenschapper Ronald Grossarth-Maticek publiceerde tussen 1972 en 1986 opzienbarende artikelen over het verband tussen de persoonlijkheidsstructuur van mensen en de kans op het krijgen van kanker of hart- en vaatziekten. Als psychologische factoren inderdaad een rol zouden spelen bij de ontwikkeling van deze ziektes, zou dat grote consequenties hebben voor de behandeling. Zijn werk trok onder meer de aandacht van de wereldberoemde Britse psycholoog Hans Eysenck, die er een bevestiging in zag van zijn eigen opvattingen over persoonlijkheid en ziekte. Eysenck begon daarna samen met Grossarth-Maticek te publiceren. De Brit stelde dat psychotherapie gericht op persoonlijkheidsverandering en vermindering van stress zou kunnen leiden tot vermindering van kanker en hart- en vaatziekten.

Ook de tabaksindustrie had grote interesse in de resultaten van

Grossarth-Maticek omdat zij deze kon gebruiken om te betogen dat roken op zichzelf niet slecht was, maar pas gevaarlijk werd in combinatie met bepaalde persoonlijkheidskenmerken en stress. Het Verband der Deutschen Zigarettenindustrie gaf Grossarth-Maticek aanvankelijk subsidie, maar kreeg gaandeweg twijfels over zijn data. Met steun van de industrie werd er in 1985 een onafhankelijke internationale onderzoeksgroep opgericht, die de data moest heranalyseren. Lid van deze onderzoeksgroep was de Nederlandse medisch psycholoog prof.dr. Henk van der Ploeg van de Vrije Universiteit/Rijksuniversiteit Leiden. Van der Ploeg c.s. besloten al het ruwe materiaal opnieuw in te voeren. Daarvoor gebruikten ze de fotokopieën met gecodeerde antwoorden van de psychosociale interviews die Grossarth-Maticek had gehouden met de deelnemers aan zijn onderzoek in Heidelberg. Zij betrokken ook lijsten met namen, adressen en doodsoorzaken bij het onderzoek.

Er bleek inderdaad een verband te bestaan tussen persoonlijkheid en sterfte, maar alleen voor de periode 1977-1981 en niet voor de periode 1982-1986. Grossarth-Maticek gaf als verklaring voor deze tegenstrijdigheid dat er per ongeluk bestanden waren verwisseld. Hij leverde een nieuwe lijst, maar daarop bleek bij vrijwel alle overleden personen de doodsoorzaak te zijn gewijzigd en vaak ook het jaar van overlijden.

Van der Ploeg reisde naar Heidelberg om via een steekproef in overlijdensaktes te achterhalen of de eerste of de tweede lijst met overlijdensgegevens juist was. Dat was mogelijk omdat de inkt van de viltstift op de geanonimiseerde fotokopieën was vervaagd, waardoor de namen en adressen van de deelnemers weer leesbaar waren geworden. Deze exercitie leidde tot de conclusie dat de eerste lijst de juiste was, wat betekende dat het verband tussen persoonlijkheid en sterfte helemaal niet bewezen was. Van der Ploeg confronteerde Grossarth-Maticek met zijn bevindingen, maar deze kwam met steeds nieuwe verklaringen, die ook keer op keer onjuist bleken. Van der Ploeg concludeerde in 1991: 'Het lijkt alsof in Heidelberg vooral administratieve interventies levensverlengend werken.'

In 1993 publiceerde Van der Ploeg in het tijdschrift *Psychological Inquiry* nieuwe fraudeverdenkingen over Grossarth-Maticek. Hij had ontdekt dat antwoorden van 110 proefpersonen twee keer voorkwamen. Van der Ploegs Duitse collega Hermann Vetter, statisticus, stelde bij een analyse van andere gegevens vast dat het patroon te mooi was om waar te kunnen zijn en concludeerde dat ze kunstmatig geproduceerd moesten zijn.

In hetzelfde nummer stond geen artikel van Grossarth-Maticek zelf. Zijn reactie was ingebed in een artikel van Hans Eysenck, die door zijn gezamenlijke publicaties met Grossarth-Maticek niet onpartijdig in de zaak stond. Eysenck trok met veel retoriek van leer tegen Van der Ploeg/Vetter, die hij afschilderde als 'muggenzifters' en als 'pedant' en 'sadistisch'. Hij stelde Grossarth-Maticek op één lijn met Semmelweiss, die ook veel kritiek had geoogst met zijn verklaring voor de sterfte van vrouwen in het kraambed (vuile handen) en uiteindelijk pas ver na zijn dood gelijk had gekregen. 'Duizenden vrouwen stierven doordat de orthodoxie de rebel en het genie niet apprecieerden. Ik zou denken dat we moeten voorkomen dat Grossarth-Maticek, wiens boodschap de hoop bevat dat kanker en hart- en vaatziekten niet onvermijdelijk zijn, Semmelweiss' lot moet delen.'

De redactie van *Psychological Inquiry* hield zich op de vlakte en sprak geen oordeel uit over de kwestie, uit angst voor juridische problemen. De studies van Grossarth-Maticek bleven daardoor een rol spelen in de literatuur over het mogelijke verband tussen persoonlijkheid en kanker.

Pas in 2010 verscheen in *American Journal of Epidemiology* een studie die de discussie definitief lijkt te hebben beslecht. Onderzoek onder bijna 60.000 Zweden en Finnen over een periode van 30 jaar toonde geen verband aan tussen persoonlijkheidskenmerken en het ontstaan van kanker en de overlevingskansen. De Groningse onderzoekers Adelita Ranchor, Robbert Sanderman en James Coyne concludeerden op basis hiervan in 2011 in hetzelfde tijdschrift: 'Auteurs moeten stoppen met het citeren van de data van Grossarth-Maticek zonder de expliciete vermelding dat deze data onbetrouwbaar zijn verklaard.'

Grossarth-Maticek doet nog altijd onderzoek, maar na het overlijden van zijn medestander Eysenck in 1997 was zijn rol in de reguliere wetenschap uitgespeeld. Hij heeft zijn aandacht het afgelopen decennium verlegd naar de behandeling van kanker met een maretakpreparaat (Iscador), zonder daarover spectaculaire claims te doen.

De hormonen van H.

In december 1993 verscheen in *Proceedings of the National Academy of Sciences (PNAS)* een onopvallend bericht. Acht Nederlandse wetenschappers meldden dat het artikel dat zij in mei 1992 in dat blad hadden gepubliceerd, essentieel onjuiste gegevens bevatte. Deze correctie vormde de afsluiting van een geval van wetenschappelijke fraude bij het Laboratorium voor Moleculaire Immunologie van het Centraal Diergeneeskundig Instituut (CDI) van de Dienst Landbouwkundig Onderzoek. De zeven coauteurs waren misleid door de eerste auteur van het artikel, biochemicus H. De zaak werd geheim gehouden maar nadat ik er in 1994 lucht van had gekregen wilden de betrokkenen meewerken aan een reconstructie van de zaak voor *de Volkskrant*, onder de voorwaarde dat ik een initiaal zou gebruiken.

H. was in 1989 aangesteld bij het CDI in Lelystad om een onderzoek te doen dat uiteindelijk moest leiden tot de ontwikkeling van een 'prikpil' voor mannen.

De hypothese van de onderzoeksgroep onder leiding van prof. dr. R.H. Meloen was dat de mannelijke vruchtbaarheid kan worden onderdrukt door het hormoon FSH (follicle-stimulating hormone) te neutraliseren met peptiden. De geslachtsdrift zou daarbij onaangetast blijven. H. kreeg de opdracht om zulke peptiden op te sporen, op basis van een bij het CDI ontwikkeld moleculair model. Meloen: 'H. kwam al snel bij mij met opzienbarende resultaten. Ze zei niet alleen remmende peptiden te hebben gevonden die de werking van FSH blokkeren, maar ook peptiden die de werking van FSH juist nabootsen. Ze kon het zelf ook nauwelijks geloven en bood uit zichzelf aan om de experimenten diverse keren te herhalen. Weer met succes. We hebben daarna alle peptiden nog een keer nagemaakt om er zeker van te zijn dat het niet om een verontreiniging ging. Toen ook dat overwegend positief uitpakte hebben we meteen octrooi aangevraagd.'

De onderzoekster hield vervolgens op diverse internationale symposia lezingen over haar resultaten. H.'s naam kwam boven een artikel te staan dat werd opgestuurd naar het toptijdschrift *PNAS*. Ook de farmaceutische industrie raakte geïnteresseerd, door de lucratieve mogelijkheden van peptiden die het dure recombinant-FSH kunnen vervangen. Het CDI sloot een voorlopig contract met een bedrijf, dat de peptiden wilde gaan testen in zijn eigen laboratorium.

Inmiddels was H. korter gaan werken bij het CDI omdat ze was verhuisd. Tussen juli en november 1991 lukte het de assistent van H. niet meer de experimenten met succes uit te voeren. Bij de afdeling Endocrinologie en Voortplanting van de Erasmus Universiteit Rotterdam, die enkele controle-experimenten uitvoerde met door H. aangeleverde peptiden, waren de proeven in juli 1991 wel succesvol geweest. De assistent vroeg de stoffen uit Rotterdam op en verkreeg nu wel goede resultaten in Lelystad.

In april 1992 ging dr. J.W. Slootstra, de opvolger van H., aan het werk. H., die toen alleen nog freelance verbonden was aan het CDI, werkte hem in. In diezelfde maand vroeg het bedrijf waarmee het CDI een overeenkomst had gesloten om hulp, omdat ze moeite hadden de door H. gevonden resultaten te reproduceren. H. hield daarna een voordracht voor het bedrijf waarin ze haar werk en resultaten nog eens uitlegde. In Lelystad deed ze samen met Slootstra en haar vroegere assistent een experiment ter controle van de door het bedrijf uitgevoerde experimenten. Ook dit viel weer positief uit. Het waren de laatste experimenten die H. zou uitvoeren bij het CDI en ze vertrok nu definitief. Ze liet wel 'magazijnoplossingen' achter voor Slootstra. De publicatie van het artikel in *PNAS* op 1 mei 1992 leek een waardige afsluiting van de verbintenis tussen H. en het CDI.

Slootstra's experimenten wilden in de zomer van 1992 maar niet lukken. Ook het bedrijf waarmee het CDI in zee was gegaan, liet in september 1992 weten dat de resultaten nog steeds negatief waren. Voor het eerst ontstond nu argwaan over H.'s werk binnen het CDI. Slootstra kreeg van zijn baas Meloen opdracht om alle laboratoriumjournaals door te werken die H. had bijgehouden in de periode februari 1989-april 1992. Na maandenlang gepuzzel ontdekte Slootstra daarin talloze onvolkomenheden. H.. had de ruwe gegevens zodanig gemanipuleerd dat de peptiden leken te werken. De manipulaties zaten verborgen in tussenstappen in de berekeningen, en daarom was dit niemand opgevallen. Verder bleken de magazijnoplossingen FSH te bevatten, in plaats van de gesynthetiseerde peptiden die de werking van FSH nabootsen. Slootstra en Meloen begrepen nu ook waarom de controle-experimenten in Rotterdam wel waren geslaagd: ook daaraan moest H. volgens hen FSH hebben toegevoegd.

In januari 1993 vonden twee gesprekken plaats tussen Meloen, directeur prof.dr. C.J.G. Wensing en prof.dr. J.A. Grootegoed van de Erasmus Universiteit, een van de coauteurs van het artikel in *PNAS*. Het drietal confronteerde H. met haar eigen laboratoriumjournaals en zij erkende dat de resultaten moesten zijn vervalst. Ze zei zich echter niet te kunnen herinneren dat zij dat had gedaan en stelde dat zij de veranderingen onbewust moest hebben aangebracht. Directeur Wensing raadde haar daarom aan professionele hulp te zoeken. Het CDI wendde zich vervolgens tot het bedrijf waarmee het zaken deed. Het bedrijf ging ermee akkoord dat het CDI een jaar extra onderzoek zou doen naar biologisch actieve peptiden ter compensatie van de geleden schade.

Het CDI liet de afwikkeling van de fraudezaak evalueren door een onafhankelijke commissie, mede om geloofwaardig te blijven tegenover subsidiegever NWO, die later veel geld heeft gestoken in vervolgonderzoek. Ook deze commissie concludeerde dat H. zich schuldig had gemaakt aan wetenschappelijke fraude. H. verliet de wetenschap en emigreerde later naar het buitenland. Tegenwoordig is zij lerares biologie.

De Nederlandse Organisatie voor Wetenschappelijk Onderzoek NWO zette het onderwerp fraude naar aanleiding van deze affaire op de agenda van het overleg met de KNAW en de Vereniging van Samenwerkende Nederlandse Universiteiten VSNU. Als resultaat daarvan verscheen in oktober 1995 de *Notitie inzake wetenschappelijk wangedrag*. Daarin stonden een aantal globale procedures waarop betrokkenen kunnen terugvallen om de beroering rond fraude- en plagiaatgevallen in goede banen te leiden. Verder gaf de notitie aanbevelingen om dit soort zaken te voorkomen: normbesef bijbrengen in het onderwijs, jonge onderzoekers beschermen en protocollen opstellen voor het uitvoeren van en publiceren over experimenten.

De verzonnen data van Herman Gelmers

Het farmaceutische bedrijf Boehringer Ingelheim startte in 1985 een grote internationale studie naar dipyridamol, een geneesmiddel ter voorkoming van een herhaald herseninfarct. Neuroloog dr. Herman Gelmers van het Twenteborg Ziekenhuis in Almelo kreeg een plek in het 'Publishing and Protocol Committee' van deze ESPS 2-studie (Second European Stroke Prevention Study) en leverde ook zelf deelnemers aan het onderzoek via zijn praktijk. Het was een lucratieve opdracht, die 1500 dollar opleverde per patiënt die het testtraject voltooide.

In 1992 kreeg Boehringer tijdens het monitoringsproces van de data uit totaal 60 centra argwaan over de grote hoeveelheid patiënten die Gelmers had geleverd: 438. Wat ook opviel was dat deze patiënten hun dagelijkse medicatie zo trouw innamen en dat data waarop sommige onderzoeken zouden zijn uitgevoerd niet konden kloppen. Boehringer bestudeerde hierna bloedmonsters die Gelmers pas na veel aandringen afstond en kwam tot de conclusie dat zijn gegevens gefabriceerd moesten zijn. Het bedrijf verbrak in 1993 de banden met Gelmers en verwijderde zijn data uit de studie.

Gelmers mocht de 657.000 dollar die hij had opgestreken houden, maar Boehringer diende wel een klacht in bij de directie van het Twenteborg Ziekenhuis en bij de Inspectie voor de Gezondheidszorg. De ziekenhuisdirectie deed een onderzoek, maar nam genoegen met de verklaringen van Gelmers. De Inspectie zag geen kans een oordeel te vormen zonder inzage in de patiëntendossiers en had daardoor onvoldoende bewijs om de zaak door te spelen naar het Openbaar Ministerie en het Medisch Tuchtcollege.

Omdat in 1995 ook internationaal geruchten begonnen te circuleren over deze zaak liet de Nederlandse Vereniging voor Neurologie (NVN) op aandringen van enkele leden een onderzoek instellen naar de toedracht. Een commissie onder leiding van de Maastrichtse neuroloog prof.dr. J. Troost wist de identiteit van 425 van de 438 patiënten te achterhalen en concludeerde na een steekproef onder een deel daarvan dat Gelmers alleen hun namen had gebruikt, maar dat ze niet werkelijk hadden deelgenomen aan het onderzoek. Gelmers moest alle data hebben verzonnen. De commissie ontdekte dat ook Gelmers' bijdrage aan drie andere farmaceutische studies twijfels hadden opgeroepen. Bij twee studies waren zijn data om die reden uit de eindanalyse geschrapt. De commissie deed naar deze verdenkingen geen nader onderzoek.

Bovenstaand rapport werd tot woede van de onderzoekscommissie niet openbaar gemaakt omdat het bestuur bang was voor juridische consequenties. Het onderzoek van de commissie-Troost had wel als effect dat Gelmers zijn lidmaatschap van de neurologenvereniging opzegde en opstapte bij het Twenteborg Ziekenhuis, dat het rapport eveneens niet te zien kreeg.

Ook de Inspectie voor de Gezondheidszorg moest lang aandringen voordat zij in 1999 eindelijk inzage kreeg in het rapport. Daarna werd de zaak alsnog voorgelegd aan het Medisch Tuchtcollege en het Openbaar Ministerie. Het Tuchtcollege schorste Gelmers in 2001 voor één jaar, maar zijn carrière was op dat moment al verwoest want geen enkel ziekenhuis wilde nog met hem werken. Zonder verbinding met een ziekenhuis kon hij als neuroloog geen praktijk houden. Het enige werk wat hij nog kon doen was keuringsrapporten schrijven voor verzekeringsmaatschappijen.

Bij de rechtbank Almelo werd in 2002 duidelijk dat Gelmers ook had gefraudeerd met zijn belastingaangifte en de inkomsten uit het geneesmiddelenonderzoek had verzwegen. Hij had zich laten uitbetalen in cheques, die hij deels in het buitenland had verzilverd. Gelmers kreeg hiervoor een boete van 130.000 gulden of 180 dagen hechtenis bij niet betalen daarvan. Voor het verzinnen van de data kreeg Gelmers geen straf meer, omdat de rechtbank meende dat hij privé en maatschappelijk al genoeg gestraft was. De rechtbank hield er ook rekening mee dat Gelmers volgens een psychiatrisch rapport enigszins verminderd toerekeningsvatbaar moest zijn geweest.

De zaak-Gelmers had grote invloed op de gedachtenvorming over de aanpak van wetenschappelijk wangedrag. Dr. E.C. Klasen, directeur Medische Wetenschappen van de Nederlandse Organisatie voor Wetenschappelijk Onderzoek (NWO), die op persoonlijke titel zitting had gehad in de commissie-Troost, was ontevreden over de wijze waarop de commissie had moeten opereren. Hij vormde vervolgens een denktank met vooraanstaande figuren uit de medische en farmaceutische hoek, onder wie prof.dr. A.J.P.M. Overbeke, hoofdredacteur van het *Nederlands Tijdschrift voor Geneeskunde*, en prof.dr. D.D. Breimer, hoogleraar Farmacologie in Leiden en voorzitter van de sectie Geneeskunde van de KNAW.

Zij vonden dat er een meldpunt voor ontspoorde wetenschap, zoals fraude en plagiaat, moest komen bij de Koninklijke Nederlandse Akademie van Wetenschappen (KNAW). Hun aanbevelingen leidden mede tot de oprichting in 2003 van het Landelijk Orgaan Wetenschappelijke Integriteit (LOWI), een gezamenlijk initiatief van de KNAW, VSNU en NWO. Het LOWI geeft advies over gevallen van vermeend wetenschappelijk wangedrag die niet tot een oplossing zijn gekomen binnen een universiteit, NWO- of KNAW-instituut na behandeling door een interne commissie. Het bestuur van de instelling in kwestie kan op basis van dat advies alsnog een oordeel vellen over de zaak.

Ook deed de denktank van Klasen voorstellen voor acties in de preventieve sfeer. De zaak-Gelmers had aangetoond dat er goede regelgeving ontbrak voor het doen van wetenschappelijk onderzoek in perifere ziekenhuizen. Ze stelden voor om erkenningsprocedures in te voeren voor afdelingen waar dat soort onderzoek gebeurt. Het toezicht op deze ziekenhuizen door de Centrale Commissie voor medisch wetenschappelijk onderzoek is sindsdien verscherpt. Farmaceutische bedrijven monitoren de aangeleverde data vandaag de dag zorgvuldiger en frequenter dan in de tijd van de ESPS 2-studie.

De argwaan van Edmond Rings

Kinderarts dr. Edmond Rings, tegenwoordig hoogleraar Kindergeneeskunde in Groningen, vertrok na zijn promotie in 1999 naar de Verenigde Staten om als postdoc te gaan werken aan de University of Pennsylvania in Philadelphia. Hij kon daar onderzoek gaan doen in een lab van de afdeling Maag-, darm- en leverziekten bij de vooraanstaande onderzoeker Peter Traber. Rings werd ingewerkt door de Franse postdoc Olivier Lorentz, die bijna klaar was met zijn onderzoek en weer zou terugkeren naar Frankrijk. De Fransman had op basis van dat onderzoek al een artikel gepubliceerd in *The Journal of Biological Chemistry* en zou ook nog een artikel insturen naar *Nature*. Voor dat artikel moesten nog wat laatste experimenten worden uitgevoerd en Rings kreeg van Traber te horen dat hij coauteur zou worden, als beloning voor zijn hulp aan Lorentz in het slotstadium.

Lorentz moest nog een proef uitvoeren voor het *Nature*-artikel en vertelde Rings dat hij dat in het weekend ging doen en het wel alleen afkon. De maandag daarna liet hij de spectaculaire resultaten van de proef zien aan Rings, en begon meteen aan het maken van de bijbehorende grafieken.

Rings had van Lorentz geleerd hoe dergelijke proeven moesten worden uitgevoerd en wilde die dag ook zo'n experiment doen voor zijn eigen onderzoekslijn. Daarvoor had hij een reagens nodig dat bewaard werd in de vriezer. Hij kon het daar aanvankelijk niet vinden, maar ontdekte het flesje uiteindelijk onder een dikke laag ijs. Rings vond dat vreemd, want Lorentz moest het flesje de dag daarvoor nog gebruikt hebben en de dikke laag ijs kon er onmogelijk in die korte tijd op zijn gekomen. Hij vroeg of er nog een tweede flesje was, maar dat bleek niet zo te zijn. Rings werd argwanend, maar wist aanvankelijk niet goed raad met de situatie. Lorentz functioneerde immers als zijn begeleider, leek de afgelopen jaren goed werk te hebben verricht en een concept van de *Nature*-publicatie was al goed bevonden door medewerkers van het onderzoeksinstituut.

Na het vertrek van Lorentz besloot Rings zijn twijfels te delen met de Canadese postdoc François Boudreau, coauteur van Lorentz' artikel in *The Journal of Biological Chemistry*, die ook coauteur zou worden van het *Nature*-artikel. Boudreau vertrouwde de zaak ook niet en de twee bestudeerden de grafieken en plaatjes die Lorentz had gemaakt. De Fransman bleek de bijbehorende data kant-en-klaar te hebben aangeleverd bij Traber, die laatste auteur zou worden van het artikel. De ruwe data, voor zover die er waren, waren bijgewerkt en verfraaid. De grafieken en plaatjes bleken grotendeels met behulp van gefabriceerde data te zijn gemaakt.

Ze stapten naar Traber, die een onderzoek instelde. Daaruit bleek dat niet alleen het artikel voor *Nature*, maar ook het artikel in *The Journal of Biological Chemistry* met behulp van verzonnen data en gephotoshopte plaatjes tot stand was gekomen. De uitkomsten waren ook niet te reproduceren via echte experimenten. Het artikel in *The Journal of Biological Chemistry* werd teruggetrokken met een verklarende tekst, die niet duidelijk maakte dat er gefraudeerd was. 'The authors have been unable to reproduce the data in Figs. 1, 3, A and B, 4C and 5 using the conditions described in the paper, and therefore the paper is retracted.' Lorentz zocht nog een paar keer contact met Rings, maar die hield dat af. 'Ik was boos dat hij mijn vertrouwen had misbruikt en me in zo'n moeilijke positie had gebracht,' zegt Rings desgevraagd. 'Ik was met vrouw en kinderen naar de VS verhuisd en had alles achter me gelaten in Nederland. Ik kon totaal niet inschatten wat het aankaarten van deze zaak bij Traber voor mijzelf zou betekenen. Ik had ook buiten mijn schuld meegesleurd kunnen worden, omdat immers ook de positie van Traber in het geding had kunnen komen. Hij was als begeleider verantwoordelijk en de conclusie had kunnen zijn dat hij beter toezicht had moeten houden. De zaak is

Traber overigens niet aangerekend en hij heeft verder carrière kunnen maken binnen de universiteit.'

Rings kan alleen maar speculeren over de motieven van Lorentz voor deze fraude. 'Ik vermoed dat het te maken had met de prestatiedruk op zulke Amerikaanse instituten. Je moet daar in korte periode veel resultaat laten zien. Van buitenlandse postdocs wordt verwacht dat ze zich maximaal uitsloven. Je hebt daar geen vakantie en het licht in het lab gaat nooit uit. Er is grote competitie met andere instituten. Lorentz had een heel charmante kant en hij was superhandig. Ik heb alle technieken van hem geleerd. Ik vermoed dat hij het weerbarstige van dit soort biologisch onderzoek niet aankon; dat hij de hoge verwachtingen waaraan hij meende te moeten voldoen niet onder controle had en in paniek is geraakt.'

Traber bevestigt het verhaal van Rings desgevraagd. 'Frauderen met data is in mijn ogen de ergste overtreding in de wetenschap en we hebben de zaak snel en grondig aangepakt.'

Lorentz bleef na zijn terugkeer naar Frankrijk actief in de wetenschap, maar zijn laatste publicatie stamt uit 2007. In 2012 is hij verbonden aan het Institut de la Vision. Na vragen per e-mail laat hij weten te zullen terugkomen op de zaak, maar dat gebeurt niet.

De informanten van Mart Bax

In 2002 verscheen ter gelegenheid van het afscheid van Mart Bax als hoogleraar Politieke antropologie aan de Vrije Universiteit in Amsterdam een bundel artikelen van studenten en collega's, onder de titel *Het regime van Mart Bax. Opstellen voor de meester-antropoloog.* Bax werd daarin een 'nagenoeg onovertroffen veldwerker' genoemd. Dr. Caroline Hanken memoreerde dat Bax in 1989 bij een tentamen had geïnformeerd of ze zelf nog een vraag had. Ze had gezegd: 'Je hebt dat onderzoek onder de kloosterlingen in Brabant zelf verricht en wat het verhaal niet vertelt, maar waar ik toch wel nieuwsgierig naar ben, is het volgende (...) geloofden de monniken nu zelf in hun ritueel? Dachten ze werkelijk dat ze een heilige vernederden door zijn beeld van zijn sokkel te halen, in te pakken en met doornen te behangen? Is er tijdens je onderzoek nou nooit iets over doorgeschemerd van wat ze er zelf echt van vonden?'

Hanken, die later zou promoveren bij Bax, beschreef hoe de hoogleraar uit het raam had gestaard, korzelig was geworden en afgemeten had geantwoord dat dit 'geen relevante vraag' was. Ze had zijn antwoord besproken met medestudenten. 'Wilde hij er geen antwoord op geven, of kón hij dat niet? Een van de oudere studenten opperde dat Mart wellicht bang was om zich te compromitteren. Als hij zijn onderzoek onder de Brabantse geestelijken wilde voortzetten, dan zou verdere medewerking moeilijk worden als bleek dat hij zijn informanten in een vreemd daglicht stelde. Hij moest dus voorzichtig zijn met zijn uitspraken. "Ja, misschien is dat het wel," zeiden de anderen.'

In haar artikel gaf Hanken ook een interessante analyse van de rol die Bax zelf speelde in zijn werk. 'Leest men de artikelen van Mart in chronologische volgorde, dan is er een ontwikkeling te bespeuren naar een steeds sterkere aanwezigheid van zijn eigen persoon. Net als in detectives, waarin veelal een doortastend personage tracht een samenleving te doorgronden om erachter te komen wie de misdaad heeft begaan, ontpopt hij zich in zijn artikelen steeds meer als een literair personage dat op zoek is naar de oplossing van zijn antropologische probleem.'

Hanken leek niet te beseffen welke belangrijke observatie ze daarmee deed over het werk van de hoogleraar.

Mart Bax had in 1989 zijn inaugurele rede aan de VU gewijd aan de bedevaartplaats Neerdonk, onder de titel *De vernedering van een heilige. Religieuze machtspolitiek in een Zuid-Nederlandse dorpsgemeenschap*. Bax beschreef daarin onder meer de pelgrimcultus rond de plaatselijke schutspatroon Sint Gerardus. Zeven jaar later wilde etnoloog dr. Peter Jan Margry van het P.J. Meertens Instituut in Amsterdam het dorp Neerdonk graag opnemen in een lexicon dat hij aan het maken was voor het project 'Bedevaartplaatsen in Nederland', maar hij stuitte op een probleem: Bax had niet de echte naam van het dorp genoemd, maar had het zelf Neerdonk gedoopt. Hij had daar in 1984 en 1985 onderzoek gedaan in een klooster en had gebruik mogen maken van het dagboek van een overleden pater en van kloosterannalen. 'Op uitdrukkelijk verzoek van de communiteit' had hij pseudoniemen gebruikt, zo legde Bax uit in de inleiding van zijn rede. Behalve de naam van het dorp was ook de naam van het klooster fictief.

Margry vroeg Bax twee keer (eerst in 1996 en nog eens in 2003, toen voor het supplementdeel van zijn bedevaartlexicon) om openheid te geven over de casus en de namen, het verhaal draaide tenslotte om gebeurtenissen die zich al eind negentiende eeuw hadden afgespeeld. Hij belde hem ook nog een keer op, met de vraag of hij dan zélf aan zijn toenmalige informanten kon vragen of ze wilden meewerken aan het bedevaartplaatsenproject. In november 2003 kreeg Margry een vriendelijke brief van Bax met de volgende tekst: 'Versneld door jouw telefoontje ben ik weer eens afgereisd naar Brabant en Limburg om daar een aantal oude bekenden te begroeten. Wat mij opviel na een paar jaar afwezigheid was dat men minder openlijk en ook minder relativerend is waar het de belangstelling van de buitenwereld betreft. Mijn algehele indruk omtrent hun houding was er een die meer leek op begin jaren zeventig.'

Bax vervolgde: 'Ik heb je verzoek – met toelichting – voorgelegd, maar zonder dat met zoveel woorden te zeggen, gaf men aan nu geen prijs te stellen op "openheid naar buiten". Later, in een persoonlijk gesprek, liet een informant mij weten dat mijn "speurwerk" niet als heilzaam voor de gemeenschap was ervaren (hetgeen ik al wist). Over mijn toenmalige hoofdinformant – inmiddels overleden – kreeg ik te horen [dat] die en publique zijn spijt had betuigd over de gevolgen (?) van zijn "vrijgevigheid en openheid". Kortom, het was (bedekt) nul op het rekest – hetgeen ik moet en wil respecteren. Sorry!'

Dat klinkt alsof Bax in zijn oratie een zeer gevoelige actuele kwestie had aangesneden, maar het ging om een zaak van 130 jaar geleden. Neerdonk was een plaatsje met 6000 inwoners met aan het markt-plein een bouwvallige kerktoren. Dat was het restant van een kerkje dat in 1879 was afgebrand. Deze brand was volgens de bevolking een straf van de plaatselijke schutspatroon Sint Gerardus Majella, die ver-toornd was geweest dat de bevolking een eeuwenoude band met hem had verbroken. Ze hadden de openbare verering die werd georgani-seerd door 'de paters van W. in de kapel van hun klooster Elzendal' vervangen door een liturgisch ritueel in het nieuwe houten kerkje. De paters hadden daarna de relieken en beelden van Sint Gerardus ritueel vernederd in het openbaar, waarmee ze volgens Bax 'het on-heil' afriepen over de 'ontrouwe gelovigen'. De 'kwade krachten' kre-gen vrij spel in het niet meer door de heilige beschermde Neerdonk en de kerk brandde af. Bax bespeurde in Neerdonk een machtsstrijd tussen de monniken van Elzendal, die eeuwenlang de zielzorg van de Neerdonkers hadden verzorgd, en het nieuwe bisdom. De vernedering van Sint Gerardus moest worden begrepen in het licht van Bax' centrale these: de strijd tussen het clericale reguliere regime (ordegeestelijken) en het opkomende clericale seculiere regime (diocesane geestelijkheid), een strijd die hij later ook in zijn boek over Medjugorje centraal plaatste.

Neerdonk was een belangrijk pelgrimsoord, zeker in de jaren na de brand, toen er volgens Bax 8000 pelgrims meer kwamen dan normaal. Het totale jaarlijkse aantal noemde hij niet, maar dat moesten er dan zo veel zijn geweest dat Neerdonk een prominente plaats zou verdienen in Margry's bedevaartlexicon, dat hoe dan ook zo compleet mogelijk moest worden.

Margry vond het antwoord van Bax verdacht en onbevredigend, juist ook omdat er meer gegevens in deze casus niet leken te kloppen. Hij had de oratie intussen ook ter bestudering voorgelegd aan archivaris Jan Peijnenburg van het Bisdom van 's-Hertogenbosch, waarbinnen Neerdonk moet worden gesitueerd. Peijnenburg signaleerde in augustus 2003 in een brief aan Margry diverse eigenaardigheden in de tekst, die Margry zelf ook al waren opgevallen: 'Het is een heel vreemd verhaal, en naar ik eerlijk meen, volstrekt fictief. Je hoeft Neerdonk echt niet in het bedevaartlexicon op te nemen, want er zitten zo veel tegenstrijdigheden in het verhaal dat ik er eerlijk gezegd geen touw aan kan vastknopen.'

Peijnenburg had zich het hoofd gebroken over de vraag om welke kerktoren het kon gaan. Hij kon echter geen kerk bedenken die in 1879 was afgebrand en vroeg zich bovendien af hoe het mogelijk was dat er midden negentiende eeuw nog een *houten* kerk was gebouwd. Dat gebeurde in die tijd niet meer vanwege brandgevaar. Vreemd vond Peijnenburg ook de datering van de vereringscultus voor de achttiende-eeuwse patroonheilige Gerardus. Deze was volgens hem pas sinds de twintigste eeuw bekend in het bisdom. De oudste Gerarduskerk was in 1907 gebouwd in Bergeijk-Weebosch.

Verwonderd had Peijnenburg zich verder over een door Bax gemelde ontmoeting tussen Willibrord en Gerardus. Hij noemde dat 'complete onzin: die twee heren leefden zo wat duizend jaren na elkaar'. Bovendien klopte de door Bax genoemde sterfdag van Gerardus niet. Die was overleden op 16 oktober 1755 en niet op 21 september. Het is maar een greep uit de ongerijmdheden die Peijnenburg aantrof. Hij eindigde zijn brief aan Margry met: 'Conclusie: van het verhaal klopt mijns inziens helemaal niets!'

Margry had de oratie ook nog voorgelegd aan de Tilburgse hoogleraar dr. Arnoud-Jan Bijsterveld, bekleder van de bijzondere leerstoel Cultuur in Brabant. Bijsterveld schreef in augustus 2003 in een brief aan Margry dat hij vermoedde dat Bax van verschillende bestaande verhalen één nieuw verhaal had gemaakt, 'dat echter met geschiedschrijving niets meer van doen heeft'. Volgens mij is het fake, al zitten er echte elementen in.' Bijsterveld kon zich ook niet voorstellen dat een strijd tussen de reguliere en seculiere bediening van een parochiekerk zo kon escaleren. Eigenaardig vond hij bovendien de uitzonderingspositie van de parochie Neerdonk, waar pastoors niet door de bisschop maar met pauselijke goedkeuring direct uit de gelederen van het klooster werden benoemd. Dat was volgens hem kerkrechtelijk onmogelijk.

Bijsterveld herkende elementen uit diverse plaatsen in Noordoost-Brabant: 'Van Velp, waar de kapucijnen vlak bij de oude kerk wonen, van Boxmeer, waar de karmelieten wonen in een klooster met de naam Elzendaal, van Sint-Agatha, met het klooster van de kruisheren, dat als enige in die regio echt teruggaat tot de Middeleeuwen.'

Bijsterveld dacht dat Bax zijn eigen 'Montaillou' had willen scheppen [het bergdorpje in de Franse Pyreneeën waarover Le Roy Ladurie een bestseller had geschreven, FvK]. Hij typeerde de tekst als 'een vorm van confabulatie die wat mij betreft de grenzen van wetenschappelijkheid zeker overschrijdt'.

Intussen had Margry ook ontdekt dat er al eerder twijfels waren geuit over Bax' oratie en zijn andere Brabantse studies. Marc Wingens had in zijn proefschrift over bedevaart van katholieke Nederlanders in de zeventiende en achttiende eeuw, waarop hij in oktober 1994 was gepromoveerd aan de Erasmus Universiteit in Rotterdam, de volgende stelling gewijd aan Bax' oratie: 'Het onder antropologen gangbare gebruik om informanten anoniem te laten en locaties van een gefingeerde naam te voorzien heeft als gevaar dat het, door de oncontroleerbaarheid van de gepresenteerde gegevens, als dekmantel kan dienen voor een ontoelaatbare vermenging van feit en fictie.'

In november 1994 had Gerard Rooijakkers in zijn proefschrift over volkscultuur in oostelijk Noord-Brabant eveneens een stelling gewijd 'contra M. Bax': 'Het gebruik van antropologen om, in navolging van klassieke Afrikaanse veldwerkstudies, ook bij historiserend Europees onderzoek hun "zegslieden" met pseudoniemen en mystificerende of zelfs fictieve bronverwijzingen te beschermen kan oneigenlijk worden gebruikt om het gebrek aan bronnen, de betwistbare interpretatie ervan en/of het aanpassen van empirie aan theorie te verdoezelen.'

Margry had het proefschrift van Rooijakkers ooit wel gelezen, maar daarbij de stelling en ook de giftige voetnoot die Rooijakkers aan de rede wijdde, over het hoofd gezien. Rooijakkers bleek zeven zegslieden te hebben geraadpleegd over de 'casus' Neerdonk en was tot de conclusie gekomen 'dat aan de authenticiteit van dit geval ernstig getwijfeld mag worden. (...) Het heeft er alle schijn van dat Bax in zijn inaugurele rede, onder het voorwendsel zijn zegslieden te beschermen, de empirie ter wille van zijn theorie heeft aangepast, hetgeen niet alleen voor historici maar ook voor antropologen, die zich baseren op veldwerk en archiefonderzoek, uit den boze is.'

Margry deed Peijnenburg en Bijsterveld in december 2003 verslag van Bax' reactie en van zijn uiteindelijke conclusie, nu hij kennis had genomen van alle standpunten. 'Alles wijst op een constructie van een casus op basis van losse elementen of "feiten" met betrekking tot de (klooster-)cultuur in Noord-Brabant en uit de algemene kerkgeschiedenis over eerdere perioden. Een casus die misschien geconstrueerd is om aan te sluiten bij zijn theorie inzake de religieuze regimes en de strijd tussen de seculiere en reguliere geestelijkheid.'

Margry schreef dat het hem er in de eerste plaats om te doen was geweest om te bepalen of Neerdonk een plaats verdiende in deel 4 van zijn bedevaartlexicon, maar dat hij het heiligdom nu definitief had afgeschreven. 'Blijft de vraag staan of je met deze kennis gewapend nog iets meer zou moeten doen en of je geschiedvervalsing of wetenschappelijke misleiding aan de orde zou moeten stellen. Immers, waar een inaugurele rede vaak programmatisch heet te zijn, zou dat misschien ook voor 's mans wetenschapsbeoefening in het algemeen kunnen gelden en a fortiori ook voor zijn andere publicaties. Ik weet het nog niet. (...) Ik wil er nog eens over denken. Misschien kan ik er eens een artikeltje aan wijden. Maar eerst zou ik dan ook eens willen weten wat de collega-antropologen hier aan de UvA/VU over zijn wetenschaps-beoefening kunnen zeggen.'

Margry stuurde zijn verslag ook naar dr. Jojada Verrips, hoogleraar Sociale en culturele antropologie van contemporain Europa aan de Universiteit van Amsterdam. Verrips hield ruggespraak met prof.dr. Jeremy Boissevain, bij wie Bax in 1973 was gepromoveerd aan de Universiteit van Amsterdam op een proefschrift over Ierland. Zij besloten dat de beste strategie was om Bax een brief te schrijven waarin hij direct werd geconfronteerd met de twijfels over zijn Brabantse publicaties, zodat hij alles kon uitleggen. Verrips schreef Bax uiteindelijk pas op 9 juni 2005 dat hij steeds meer geruchten hoorde dat Bax zijn verhaal over het Brabantse klooster had verzonnen, maar dat hij zich dat niet kon voorstellen. Hij vroeg of Bax hem wat nadere informatie over het klooster kon geven waarmee hij een tegengeluid kon laten horen aan Bax' critici. Verrips zei erbij dat hij het eigenlijk maar vreemd vond om deze vraag te moeten stellen.

Bax antwoordde op 19 juni 2005 met een vriendelijke brief, waarin hij zich niet gekwetst toonde. Hij vertelde hierin hoe hij via jarenlange bezoeken een vertrouwensrelatie had opgebouwd met de kloosterge-meenschap. Toen hij wat artikelen in concept klaar had, had hij ze voor commentaar opgestuurd naar zijn vertrouwenspersonen. Deze bronnen lieten hem weten dat het in die vorm eigenlijk niet gepubliceerd kon worden. De geestelijken suggereerden hem om wijzigingen aan te brengen waardoor de locatie niet meer te traceren was, bijvoorbeeld door de werkelijke heiligenverering te vervangen door een heiligen-verering in de buurt, die er wat op leek. Bax noemde dat een typisch katholieke oplossing. Bij andere manuscripten kreeg hij vergelijkbare adviezen voor wijzigingen aangereikt. Hij moest plechtig beloven dat hij de werkelijke bronnen altijd voor zichzelf zou houden en daar had hij zich altijd aan gehouden, omdat hij dat moreel verplicht was aan de kloosterlingen en omdat hij anders het klooster niet meer in zou kunnen bij volgende projecten.

Bax legde ook uit waarom de kloosterlingen zo geheimzinnig deden. Dat was omdat ze bang waren voor het bisdom; ze vreesden bijvoorbeeld dat het bisdom bepaalde archiefstukken zou opeisen als ze hoorden waar deze te vinden waren. En het had ook te maken met de gevoeligheid van het onderwerp. Hij legde Verrips uit dat de meeste onderzoekers geen idee hadden van deze problematiek omdat ze te oppervlakkig bezig waren met de materie. Aan het eind van de brief kwam Bax terug op Verrips' verzoek om munitie voor een tegengeluid. Hij vreesde dat zijn antwoord daarvoor weinig aanknopingspunten bood, maar zei dat dat waarschijnlijk toch onbegonnen werk was omdat de meeste wetenschappers in cirkels draaien en onvoldoende afstand houden van hun onderwerp. Wie een ander geluid laat horen, geldt al snel als de vijand. Daar zei Bax goed mee te kunnen omgaan, het stimuleerde hem juist. Aan het slot van zijn brief kondigde hij nog wat nieuwe publicaties aan, ook over Brabant, en sprak de verwachting uit dat die bij sommigen wel weer voor wat opwinding zouden zorgen en misschien ook als onwaar zouden worden bestempeld.

Verrips liet de brief lezen aan Margry. Ze wisten niet goed raad met dit antwoord. Het zou kunnen dat Bax feiten opzettelijk had gewijzigd om herkenning van informanten te voorkomen, maar dat had hij dan wel heel ver doorgevoerd. De kwestie bleef knagen.

Drie jaar verstreken. Op 10 augustus 2008 verscheen in het Kroatische dagblad *Jutarnji list* een kritisch artikel over het boek *Medjugorje: Religion, Politics, and Violence in Rural Bosnia*, dat Bax in 1995 had gepubliceerd over een dorp in Herzegovina dat zich tot drukbezocht bedevaartsoord (indertijd jaarlijks een miljoen pelgrims, inmiddels vijf miljoen) had ontwikkeld na beweerde verschijningen van Maria. Bax had er vanaf 1983 veldwerk gedaan, ook in de jaren van de burgeroorlogen na het uiteenvallen van Joegoslavië. Uit het artikel in *Jutarnji list* bleek dat de parochie in Medjugorje al in 1995 een persbericht had doen uitgaan dat onderdelen van het Bax' boek niet klopten. Dat ging met name om een 'kleine oorlog' die volgens Bax zou hebben plaatsgevonden in het pelgrimsoord. Van de 3000 inwoners zouden er bij een 'bloedvete' ongeveer 140 zijn vermoord, 60 van hen werden vermist en ongeveer 600 inwoners waren gevlucht. Diverse gebouwen zouden zijn beschadigd of verwoest. Pater Landeka, die van 1990 tot 2000 werkte in de parochie in Medjugorje, zei in het artikel dat hij zich Bax wel kon herinneren, maar het met hem alleen had gehad over een conflict tussen twee dorpen over de bouw van een kerk. Daarbij was tijdens een gevecht één dode gevallen, maar dat speelde in de jaren vijftig van de twintigste eeuw.

In het artikel kwam ook aan het woord dr. Mladen Ancic, hoogleraar Filosofie aan de Universiteit van Zadar en Mostar. Hij had na lezing van Bax' boek navraag gedaan in Herzegovina, maar niemand bleek iets te weten over deze 'kleine oorlog'.

De krant voerde ook de politicoloog Ivo Zanic op, die Bax' boek in 1998 had gerecenseerd voor *Budapest Review of Books*. Hij had toen een groot aantal 'moeilijk te begrijpen fouten' gesignaleerd. Het vreemde was dat Bax daarbij verwees naar boeken van zeer betrouwbare auteurs. Zanic: 'Er zijn maar twee conclusies mogelijk: of hij heeft die boeken onaanvaardbaar oppervlakkig gelezen, of hij heeft andere bronnen gebruikt en deze boeken alleen maar vermeld omdat ze geschreven zijn door algemeen erkende autoriteiten.'

Het artikel in *Jutarnji list* werd opgepikt door de Duits/Oostenrijkse pers. Op 27 augustus 2008 verscheen in *Frankfurter Rundschau/ Der Standard* een samenvatting van het stuk, aangevuld met commentaar van historicus Hannes Grandits uit het Oostenrijkse Graz. Hij had bij veldwerk in Herzegovina navraag gedaan, maar niemand wist iets van een 'kleine oorlog'. Hij had in Medjugorje ook geen kerkhof kunnen vinden dat overeenkwam met de beschrijving van Bax. 'Ik heb lang nagedacht of ik mijn bevindingen zou publiceren, maar ik was toen nog niet gepromoveerd en met zo'n publicatie zou ik ongetwijfeld zelf in een kleine oorlog zijn beland,' verklaarde Grandits zijn eerdere zwijgen over de zaak. *Frankfurter Rundschau/Der Standard* vroeg Bax om commentaar, maar deze wilde niets zeggen over Medjugorje. 'Ik heb dat achter me gelaten,' liet Bax weten.

Het Duits/Oostenrijkse artikel kwam begin september 2008 onder ogen van Verrips. Hij schreef Margry dat hij zich zorgen begon te maken over wat er mogelijk aan de hand was met Bax' boek. Hij meldde dat hij de kwestie had voorgelegd aan Oscar Salemink, op dat moment hoogleraar Politieke antropologie aan de Vrije Universiteit en afdelingsvoorzitter. Salemink had zich beziggehouden met de introductie van een nieuwe ethische code voor antropologen. Verrips liet Margry weten dat de tijd rijp was om definitief duidelijkheid te krijgen over de twijfels over Bax, desnoods zonder zijn medewerking.

Het leidde ertoe dat Margry Kroatische wetenschappers benaderde, onder wie de in het artikel in *Jutarnji list* aangehaalde Ivo Lucic, die is geboren en opgegroeid in Herzegovina, in een dorpje tien kilometer van Medjugorje. Lucic schreef Margry op 13 november 2008: 'Ik ben in detail bekend met alle gebeurtenissen die zich daar hebben afgespeeld. (...) Ik kan stellen dat de door Bax gemelde "kleine oorlog" nooit heeft plaatsgevonden. Er is geen conflict geweest tussen de lokale Kroatische bevolking tijdens de oorlog in 1991 en 1992. Er was ook geen conflict voor of na die periode. Als er geen oorlog was, hoe kunnen daar dan 300 inwoners van Medjugorje aan hebben deelgenomen? Er kunnen daarom ook geen 140 doden, 60 vermisten en 600 vluchtelingen zijn geweest. Er werd niemand vermoord. Niemand verdween; niemand werd zijn huis uit gejaagd. (...) Waar kreeg hij deze informatie? Ik kan geen goed antwoord bedenken!'

Margry had ook een uitwisseling met de eveneens in het artikel in *Jutarnji list* geciteerde Mladen Ancic. Hij legde Ancic uit dat hij met Verrips en Salemink een zwartboek aan het aanleggen was over Bax, waarin hij alle fouten, vergissingen, verzinsels en onjuiste verhalen ging documenteren. Als dat voldoende bewijs opleverde, wilde hij een dossier over Bax publiceren in een antropologisch tijdschrift.

Ancic schreef op 26 november 2008: 'Voor zover ik kan zien (...) heeft iemand gelogen tegen professor Bax over de "kleine oorlog" in Medjugorje en heeft hij nooit gecontroleerd of dit verhaal waar of verzonnen was. Om dit (fictieve) verhaal te kunnen interpreteren heeft hij zelfs de geschiedenis van de streek verzonnen (hij heeft het bijvoorbeeld over gebeurtenissen uit de twaalfde en dertiende eeuw terwijl er helemaal geen historische bronnen bestaan uit die periode).' Ancic vond het een goed idee om het werk van Bax aan de kaak te stellen in een antropologisch tijdschrift. Hij ergerde zich eraan dat Bax' bevindingen werden aangehaald in de wetenschappelijke literatuur, bijvoorbeeld in het gezaghebbende boek van de Amerikaanse socioloog Michael Mann over etnische zuiveringen, *The Dark Side of Democracy*.

In 2008 kreeg de Nederlandse pers geen lucht van deze buitenlandse discussie over Bax. Het idee van Margry, Verrips en Salemink om een gezamenlijk stuk te schrijven voor het internationale antropologische tijdschrift *Focaal*, bloedde dood. De twee antropologen bleven aarzelingen houden om deze pijnlijke kwestie in het openbaar aan te kaarten. Margry voelde er als niet-antropoloog weinig voor om er zonder steun van een antropoloog over te publiceren.

In februari 2010 ontstond er een nieuwe discussie over Bax' boek over Medjugorje op de katholieke website *Catholic Light*. De Zwitserse hoogleraar Dogmatiek dr. Manfred Hauke verwees in een interview nietsvermoedend naar het verhaal over de 140 doden, 60 vermisten en 600 verjaagde inwoners. Dat kwam hem op een felle reactie te staan van de Duitse theoloog Thomas Müller, die in 1994 voor zijn studie onderzoek had gedaan in Medjugorje. Müller had gesproken met een pater en bewoners die in 1992 ter plekke waren en hij had ook het kerkhof bezocht. 'Er is geen aanknopingspunt voor deze "kleine oorlog". Alle getuigen uit die tijd bevestigen dat die nooit heeft plaatsgevonden,' schreef Müller op *Catholic Light*. Hij had in 1994 ook geen sporen van oorlogshandelingen aangetroffen in Medjugorje. 'Als er daar twee jaar eerder een moordende kleine oorlog had gewoed, die ruim 5% van de bevolking had weggevaagd, dan waren de sporen duidelijk zichtbaar geweest, zoals in veel andere dorpen in Bosnië-Herzegovina en Kroatië. Maar er was toentertijd niet één door kogels doorzeefde huismuur. Dit bevestigden mij ook Duitse pelgrims die in 1992 en 1993 in Medjugorje verbleven.' Müller wees erop dat de oorsprong van Haukes verhaal Bax' boek over Medjugorje was.

Hauke reageerde geschrokken op de kritiek. Hij stelde dat Bax toch een serieuze wetenschapper was en dat het boek bij een serieuze uitgeverij was verschenen (VU University Press). Hij zei zich niet te kunnen voorstellen dat de Amsterdammer dit verhaal had verzonnen, maar wilde zich graag laten overtuigen dat de studie van Bax niet deugde. Hauke kreeg vervolgens ook kritiek te verduren van de Oostenrijkse arts dr. Christian Stelzer, die de inhoud van het artikel in *Frankfurter Rundschau/Der Standard* samenvatte.

Hauke kwam hierna nogmaals terug op de discussie waarin hij ongewild verzeild was geraakt. Het door Stelzer aangehaalde artikel was hem niet bekend geweest. Na lezing was hij zelf nader onderzoek gaan doen. Hij had via een Nederlandse priester contact gezocht met Bax en via een Kroatische kennis had hij de kanselier van het bisdom in Mostar benaderd. Laatstgenoemde liet weten dat in Herzegovina niets bekend was over de door Bax beschreven 'kleine oorlog' in Medjugorje. Van Bax zelf ontving Hauke een brief die hij mocht citeren. Bax schreef:

'Reacties van deze soort [hij refereert aan dr. Stelzers brief aan de redactie, Hauke] zijn mij niet volledig onbekend vanuit de ongeveer twee decennia werk die ik achter mij heb liggen. Ze komen bijna altijd van mensen die vanuit andere dan academische belangstelling geïnteresseerd zijn in een gebied, bijvoorbeeld vanuit religieuze interesse, "gelovigen". Gemotiveerd (in feite gehandicapt) door zo'n eenzijdig perspectief op de werkelijkheid, willen ze geen ander perspectief aanvaarden. Ze verwerpen dat verontwaardigd met classificaties als "onwaar", "leugen" etc. En ze denken dat ze empirisch kunnen bewijzen dat "het niet waar is". De namen van mensen, families, plaatsen en gebeurtenissen zijn incorrect. Een vruchtbare uitwisseling met zulke mensen – en er zijn er veel! – is moeilijk. Elke discussie dreigt te ontaarden in een "partizanenoorlog", wat ontmoedigend is. Ik herinner me het commentaar van een oudere collega over zulke situaties: "Stel nooit vragen over vuile was: ze ontkennen het gewoon." Ik ben me ervan bewust dat mijn werk fouten en gaten bevat: dat overkomt elke onderzoeker door onjuiste informatie en/of verkeerde interpretaties. Bovendien is het gebruikelijk in antropologische kringen om doelbewust enkele wijzigingen aan te brengen in de beschreven werkelijkheid in een aantal gevallen, om zichzelf en boven alles de informanten te beschermen. Helaas maakt mijn gezondheid het mij onmogelijk om op dit moment deel te nemen aan een verdere discussie. Ik vraag uw verontschuldiging daarvoor.'

Hauke vond het antwoord van Bax niet overtuigend en stelde dat de historische vraag daarmee niet 'boven alle twijfel' was opgehelderd. Hij schreef in de toekomst geen gebruik meer te zullen maken van Bax' beweringen over de 'kleine oorlog' in Medjugorje.

Ook deze buitenlandse discussie over Bax bereikte de Nederlandse pers niet.

Margry denkt pas weer aan de zaak als hij begin 2012 leest over mijn onderzoek. Ik bestudeer de zaak met behulp van zijn dossier en benader de mensen met wie Margry in het verleden reeds contact had gezocht. Wat betreft de oratie onderzoek ik ook nog de suggestie van een bron dat Neerdonk mogelijk niet in Noordoost-Brabant ligt, maar een pseudoniem is voor het West-Brabantse Roosendaal, waar tot 2002 een redemptoristenklooster gevestigd is geweest. Maar er zijn te veel lokale omstandigheden en historische feiten die niet kloppen. Mijn conclusie is dat de twijfels over het werk van Bax gerechtvaardigd zijn.

Op 2 april 2012 bezorg ik op het woonadres van de inmiddels 75-jarige Bax een brief met vragen over de door hem gebruikte informanten en bronnen in zijn publicaties over Brabant en Medjugorje. Ik vraag naar de werkelijke namen van zijn informanten in Medjugorje en ik vraag naar de werkelijke namen van personen, dorpen en kloosters in zijn oratie en in zijn artikelenbundel over Brabant, *Religieuze regimes in ontwikkeling*, waarin op diverse plaatsen wordt verwezen naar oncontroleerbare bronnen uit de negentiende eeuw. Ik stel Bax voor de werkelijke namen en de vindplaatsen van archieven en dagboeken eventueel te delen met een vertrouwenspersoon, mocht hij ze vanwege afspraken over vertrouwelijkheid met zijn bronnen niet met mij willen delen. Mijn brief blijft onbeantwoord. Dezelfde brief bezorgd per aangetekende post op 2 mei 2012 wordt geweigerd. Ik zoek talloze malen telefonisch contact, maar de telefoon in Huize Bax wordt nooit opgenomen. Een nieuwe brief van Verrips, die Bax nog één keer de kans wil geven om open kaart spelen, levert opnieuw een onbevredigend antwoord op. Op *nog* een brief van Verrips met aanvullende vragen komt geen reactie meer.

'Net als in detectives, waarin veelal een doortastend personage tracht een samenleving te doorgronden om erachter te komen wie de misdaad heeft begaan, ontpopt hij zich in zijn artikelen steeds meer als een literair personage dat op zoek is naar de oplossing van zijn antropologische probleem,' schreef Caroline Hanken in 2002 over haar leermeester. Hoeveel fictie er in het werk van Mart Bax zit, weet hij alleen zelf. Hij zwijgt echter als een oude monnik.

De kankerpatiënten van Jan Vranken

De Belgische anesthesioloog Jan Vranken zou in september 2002 promoveren op de impact van het verlichten van ernstige pijn op kwaliteit van leven bij terminale kankerpatiënten. Het onderzoek was deels uitgevoerd in het AMC, deels in het VUmc, waar Vranken tot 2001 had gewerkt. Het AMC blies de promotie af nadat dr. Jaap de Lange (tot zes maanden voor de promotie Vrankens promotor) en dr. Wouter Zuurmond (tot één week voor de promotie promotor), beiden hoogleraar Anesthesiologie in het VUmc, Vranken vier dagen voor de promotie beschuldigden van het verzinnen van patiëntgegevens. De onafhankelijke Ombudsman van het AMC, prof.dr. Chiel Janse, kwam enkele weken later tot de conclusie dat de gegevens van de AMC-patiënten niet verzonnen waren, maar over de VU-patiënten zei hij geen uitspraak te kunnen doen omdat hij de statussen van het VUmc niet had kunnen inzien. Deze inzage werd om juridische redenen geweigerd door De Lange. Het AMC besloot de promotie in een later stadium toch door te laten gaan, maar dan met alleen AMC-gegevens. VUmc-decaan prof. dr. Ed van der Veen ging daarmee akkoord, zonder ruggespraak te houden met De Lange en Zuurmond.

Dit tweetal vond deze uitkomst onacceptabel en zocht een ander platform voor hun klacht, nu hun eigen decaan zich zo passief opstelde. Daarbij stuitten ze op het probleem dat de aanpak van wetenschappelijke fraude in Nederland destijds nog in de kinderschoenen stond.

Ze stapten naar het nieuwe Landelijk Orgaan Wetenschappelijke Integriteit (LOWI), voor dit soort klachten opgericht door de Koninklijke Nederlandse Wetenschappen, universiteitenvereniging VSNU en onderzoeksorganisatie NWO. Het LOWI kon volgens het reglement alleen zaken bekijken die speelden na 1 mei 2003. De Lange en Zuurmond vonden een alternatief in de commissie Wetenschappelijke Integriteit Gezondheidsonderzoek (WIG), eigenlijk bedoeld voor buitenuniversitaire gevallen van wetenschappelijke oneerlijkheid, die de zaak vanwege de ermee gemoeide patiëntenbelangen wel wilde behandelen.

Er volgden gesprekken met De Lange, Zuurmond en Janse, maar Vranken weigerde met de commissie te praten op advies van zijn advocaat, de in imagoschade gespecialiseerde mr. Germ Kemper. Deze noemde de onderzoeksprocedure van de commissie-WIG 'ondoorzichtig'. Bovendien had de secretaris van deze commissie, prof.dr. John Overbeke, al een duidelijke mening laten optekenen in de geschreven media, enkele maanden voordat deze commissie zich eventueel zou gaan buigen over de zaak. Ten gevolge van deze weigering zei de commissie-WIG in februari 2004 geen juridische basis te zien om te kunnen beoordelen of Vranken wetenschappelijke fraude had gepleegd. Ook stelde de commissie vast dat voor het beantwoorden van die vraag onafhankelijk onderzoek naar de patiëntendossiers in het VUmc van het grootste belang was.

AMC-decaan prof.dr. Louise Gunning-Schepers drong bij VUmc-decaan prof.dr. Ed van der Veen aan op zo'n onderzoek, en hij liet weten dat het VUmc bereid was deze inzage te geven. Van der Veen gaf de Utrechtse anesthesioloog prof.dr. Hans Kerkkamp opdracht om na te gaan of de gegevens in Vrankens proefschrift correspondeerden met patiëntengegevens in het VUmc. Aan dit onderzoek werkte Vranken wel mee. Hij stelde dat 25 van de 85 patiënten afkomstig waren uit het VUmc, maar Kerkkamp kon er maar 13 vinden die *mogelijk* hadden deelgenomen. Hij trof in het VUmc geen documenten aan die bewezen dat deze 13 ook *feitelijk* waren opgenomen in de studie. Daarnaast stelde Kerkkamp vast dat hij van een belangrijk deel van deze lijst van 25 patiënten de statussen van de pijnbestrijding niet had kunnen terugvinden en inzien, terwijl ze volgens de computer wel aanwezig hadden moeten zijn. Deze ontbrekende statussen hadden kunnen aantonen dat Vrankens studie mede op die statussen was gegrond en dus niet (mede) op verzonnen patiëntengegevens zoals werd beweerd.

Er volgde een gesprek over deze bevindingen tussen Vranken, decaan Van der Veen, Kerkkamp en Van der Vegt, anesthesioloog en notulist. Vranken bekritiseerde Kerkkamps zoekmethode en stelde voor om verder te helpen zoeken binnen het VUmc. Op dat aanbod ging Van der Veen niet in omdat nieuw onderzoek in het VUmc niet nodig was, gezien het ontbreken van statussen. Hij stuurde Kerkkamps rapport, dat geen conclusies bevatte over mogelijke wetenschappelijke fraude, door naar de commissie-WIG, zonder melding te maken van Vrankens bezwaren. Het was inmiddels december 2005, drie jaar na het begin van de affaire. Vranken wilde inzage in het eindrapport, maar dat weigerde Van der Veen; het AMC gaf hem die inzage wel.

De commissie-WIG bestudeerde het rapport, maar deed geen nieuwe poging om Vranken te horen omdat deze in 2003 medewerking geweigerd had bij de behandeling van de klacht van De Lange en Zuurmond. Vranken had zo'n uitnodiging echter wel verwacht en was dan ook verrast dat hij via de pers moest vernemen dat de commissie-WIG in maart 2006 haar conclusie getrokken had. Het was 'aannemelijk' dat Vranken wetenschappelijke fraude had gepleegd, schreef de commissie aan Van der Veen. 'Het ontbreken van zo veel gegevens die alleen al op basis van patiëntenbehandeling aanwezig hadden moeten zijn, is daarvoor een duidelijke aanwijzing.'

De commissie adviseerde een kopie van haar rapport door te sturen aan het AMC. Dat deed Van der Veen inderdaad, maar dat vond de Raad van Bestuur van het AMC onvoldoende. Het AMC wilde een eindoordeel van het VUmc zélf over de fraudebeschuldigingen, zoals volgens het AMC ook was afgesproken. De VUmc-decaan bleek daartoe niet bereid en hield zich opnieuw afzijdig. Het AMC was mans genoeg om zelf conclusies te trekken uit de rapporten van Kerkkamp en WIG, vond het VUmc.

Het VUmc had ook juridische redenen om zich zo afzijdig te houden. Op de door Van der Veen en de commissie-WIG gevolgde procedure was immers wel wat af te dingen, want Vranken was tussentijds niet geïnformeerd en had onvoldoende gelegenheid tot wederhoor gekregen. Aangezien Van der Veen eerder de aanbevelingen van AMC-Ombudsman Janse zonder eigen onderzoek had geaccordeerd, zou een juridische procedure van Vranken tegen het VUmc kansrijk geweest zijn.

Het AMC zat intussen met een dilemma. Er lag een rapport op tafel van een commissie met respectabele wetenschappers, maar deze was niet door het AMC ingeschakeld. De formulering van deze commissie liet bovendien juridisch enige ruimte: een 'aanwijzing' dat fraude 'aannemelijk' is, is iets anders dan waterdicht bewijs. Ook was het nieuwe proefschrift van Vranken klaar, met nu alleen onberispelijke patiëntgegevens uit het AMC. Na rijp beraad besloot het AMC dat er onvoldoende basis was om Vranken het recht op promotie te ontnemen, nu het VUmc de conclusie van wetenschappelijke fraude niet voor zijn rekening wilde nemen. Vranken mocht in mei 2007 alsnog promoveren, bijna vijf jaar na het afblazen van de aanvankelijke promotie.

Voorzitter prof.dr. Pieter Drenth van de commissie-WIG reageerde verbaasd op deze uitkomst. Hij vermoedde dat het niet zou meevallen om een promotiecommissie te vormen, maar dat lukte het AMC wel degelijk. Klokkenluiders De Lange en Zuurmond reageerden onthutst op de laatste wending, maar ze waren ook murw geslagen. Ze hádden het plan om de zaak aan te kaarten bij het Regionaal Tuchtcollege, omdat immers ook het vertrouwen in de medische stand in het geding is bij frauduleus patiëntenonderzoek, maar zagen daar nu vanaf.

Het bestuur van het VUmc had geen behoefte aan verdere waarheidsvinding, bijvoorbeeld over de vraag of ook promotor Zuurmond blaam trof, wat deze zelf verre van zich wierp ('Ik heb geen opleiding gevolgd voor het begeleiden van oplichters.'). De voorlichter van het VUmc stelde dat er geen aanleiding bestond om de bevindingen van Kerkkamp en de commissie-WIG te melden aan de Inspectie voor de Gezondheidszorg, de waakhond voor goede patiëntenzorg. Verzonnen patiënten zijn geen echte patiënten, zo redeneerde het VUmc, er was geen sprake van verkeerde behandeling of het onthouden van de juiste behandeling aan patiënten in het VUmc. De Inspectie voor de Gezondheidszorg ondernam geen stappen na bestudering van de rapporten.

Door het uitblijven van duidelijkheid kende de affaire-Vranken (die ik vanaf 2004 volgde voor *NRC Handelsblad*) alleen verliezers. Vranken hield vol dat hij niet had gefraudeerd, maar alleen slordig was geweest. De conclusie van de commissie-WIG was voor hem een blijvende smet op zijn blazoen. Voor het AMC, dat door de invoering van een researchcode (zie de volgende paragraaf) als eerste Nederlandse instelling ernst maakte met het voorkomen en aanpakken van wetenschappelijke fraude in eigen huis, was het onbevredigend om een bul te moeten uitreiken aan een promovendus over wiens eerdere werk gerede twijfel bestond. Verliezers waren ook Zuurmond en De Lange. Zij hadden ervaren dat het uiten van beschuldigingen van wetenschappelijke oneerlijkheid kunnen terugslaan op de klokkenluider zelf. Met name De Lange voelde zich in de steek gelaten door het bestuur van het VUmc. Hij zou niet lang daarna ontgoocheld vervroegd met pensioen gaan.

De zaak-Vranken maakt duidelijk dat zorgvuldige procedures van het grootste belang zijn om onnodige beschadiging van betrokkenen te voorkomen. Het VUmc verzuimde een helder protocol te gebruiken bij de waarheidsvinding.

Was alles anders gelopen als het LOWI de zaak in behandeling had kunnen nemen? De reglementen van het LOWI voorzien in elk geval in een heldere procedure, met zorgvuldige hoor en wederhoor van klokkenluiders en beschuldigden, eventueel ondersteund door externe deskundigen. Maar uiteindelijk geldt ook dan dat het bestuur van de instelling waar de fraude heeft plaatsgevonden op basis van de LOWI-conclusies verantwoordelijkheid moet nemen. En dat is het punt waarop de zaak-Vranken ontspoorde.

Vranken werkt in 2012 niet meer bij het AMC en is nu anesthesioloog bij het Medisch Centrum Alkmaar. Hij is nog steeds wetenschappelijk actief: meer dan 20 publicaties sinds de promotie, waaronder in 2011 een artikel over neuropathische pijn met collega's van onder andere het AMC, in het vooraanstaande tijdschrift *Pain*. Vranken nu: 'In deze zaak zijn zonder afdoende bewijs beschuldigingen van fraude geuit, nota bene door hoogleraren die als promotor bij mijn promotie betrokken waren. Hierdoor is mij ten onrechte imagoschade toegebracht, die slechts ten dele is gerepareerd toen ik in het AMC mijn proefschrift heb kunnen verdedigen.'

De hierna volgende zaak maakt duidelijk dat ook na de komst van het LOWI waarheidsvinding na fraudebeschuldigingen een lastige opdracht bleef.

De slepende affaire rond Jose Moreno

Het Academisch Medisch Centrum (AMC) in Amsterdam voerde in 2001 als eerste Nederlandse instelling een researchcode voor wetenschappers in. Het ziekenhuis wilde onderzoekers duidelijk maken welke vormen van gedrag in de wetenschap onacceptabel zijn. Het accent lag daarbij op vervalsing, plagiaat en het schenden van privacy. De code bevatte ook een beschrijving van wat zorgvuldig en integer wetenschappelijk handelen dan wel is. Onderdeel van de code was bovendien een procedure voor melding van mogelijk wetenschappelijk wangedrag en de afhandeling daarvan. Wetenschappers die meenden dat de code was overtreden, konden voortaan terecht bij een 'Ombudsman wetenschap'. Met het oog op transparantie besloot het AMC bovendien om alle behandelde zaken in geanonimiseerde vorm openbaar te maken in een jaarverslag. Toenmalig Ombudsman prof.dr. Hans Pannekoek kreeg in 2003 een klacht binnen over vermeende fraude en misleiding. Het werd zijn eerste grote zaak, die zou uitlopen op een slepende affaire die vanwege voortdurende nieuwe ontwikkelingen jaar in jaar uit bleef terugkeren in de jaarverslagen.

Het AMC laat mij in 2012 weten de namen van de betrokkenen niet te kunnen verstrekken. Wel belooft het AMC meer openheid van zaken te geven als ik de namen via andere kanalen weet te achterhalen. Dat blijkt in dit geval niet al te moeilijk, omdat de zaak bij de Amsterdamse rechtbank is geweest. Het vonnis is te vinden in de databank van rechtspraak.nl via de trefwoorden 'wetenschappelijk wangedrag'. In het vonnis wordt het onderzoeksproject in kwestie expliciet genoemd, waardoor ik ook de namen van de betrokkenen kan traceren.

Centraal in de zaak staat de Spaanse kinderarts-endocrinoloog Jose Moreno, die sinds 1998 endocrinologisch onderzoek deed bij de afdeling Kindergeneeskunde van het AMC. Hij was daar op 11 april 2003 gepromoveerd onder promotor prof.dr. Jan de Vijlder, hoogleraar Pathobiochemie van de schildklier, en had zijn werk bij het AMC voortgezet met een Veni-subsidie van NWO voor talentvolle onderzoekers. Hij won in augustus 2003 twee prestigieuze prijzen voor zijn werk.

Copromotor dr. Carrie Ris-Stalpers werd na het emeritaat van De Vijlder in juni 2003 interim-hoofd van de onderzoeksgroep van Moreno. Zij stapte in september 2003 naar Ombudsman prof.dr. Hans Pannekoek vanwege gedragingen van Moreno die 'wetenschappelijk ontoelaatbaar' waren, aldus het jaarverslag. Moreno zou fictieve resultaten hebben weergegeven in een conceptpublicatie. Ook verweet Ris hem dat hij in zijn proefschrift ten onrechte had gemeld dat hij een hoofdstuk ter publicatie had aangeboden bij *Nature*. In een figuur in het proefschrift zou bovendien worden verwezen naar een niet bestaand monster. Verder zou hij in een artikel bestemd voor publicatie in *Hormone Research* een onjuiste beschrijving hebben gegeven van de gevolgde methodologie bij een experiment. Ook zou Moreno hebben voorgesteld om bij een experiment dat slechts één keer was uitgevoerd, alvast de foutbalken in te tekenen zodat hij het manuscript kon opsturen naar een tijdschrift. De resterende experimenten zou hij dan daarna wel uitvoeren. Dit was voor Ris-Stalpers aanleiding om, na overleg met De Vijlder, advies te vragen aan de Ombudsman, waarbij zij ook de andere punten inbracht.

Ombudsman Pannekoek onderschreef het oordeel van Ris-Stalpers en legde de zaak voor aan de Raad van Bestuur onder leiding van prof.dr. Louise Gunning-Schepers. Per 15 oktober 2003 ontzegde de Raad van Bestuur Moreno op advies van een ad hoc commissie de toegang tot het AMC. Hij mocht ook geen publicaties over zijn onderzoek doen uitgaan op naam van het AMC. NWO werd op de hoogte gesteld van de beslissing.

Moreno schakelde een advocaat in, die de beslissing van de Raad van Bestuur van het AMC aanvocht en voorstelde om in overleg tot een oplossing te komen. Hij kreeg daarbij steun van drie externe wetenschappers die desgevraagd hun oordeel hadden gegeven over de beschuldigingen van Ris.

De Spaanse hoogleraar dr. Juan Bernal van het Instituut voor Biomedisch Onderzoek in Madrid schreef: 'Op basis van wat ik heb onderzocht, beschouw ik de beschuldigingen en de straf van Moreno compleet buiten proporties. Ik geloof bovendien dat er sprake is van een duidelijke intentie om schade aan te richten. De verantwoordelijkheid voor de fouten begaan door dr. Moreno wordt gedeeld door zijn supervisors.'

Dr. Warner Simonides van het Fysiologisch Laboratorium van de Vrije Universiteit schreef: 'Ik kan niet instemmen met de zware beschuldigingen van "ernstig wetenschappelijk wangedrag" en "wetenschapsfraude" en ik zie geen dwingende reden om de wetenschappelijke integriteit van dr. J.C. Moreno in twijfel te trekken.'

De Rotterdamse hoogleraar Endocrinologie prof.dr. Theo Visser concludeerde: 'Van alle beschuldigingen lijkt er alleen bij de tweede sprake te zijn van een echte fout, en zelfs daarbij is er geen enkel bewijs dat deze fout werd gemaakt met de bedoeling om de lezer van het proefschrift te misleiden. Het is ongelooflijk dat het AMC op deze wijze heeft gehandeld en zo'n beschadigende maatregel heeft genomen op basis van deze onbewezen beschuldigingen.'

De tegenactie mocht niet baten, het AMC bleef bij zijn standpunt. Moreno stapte hierna naar de kantonrechter, een procedure die jaren in beslag zou nemen. NWO besloot Moreno's Veni-subsidie niet in te trekken zolang niet onomstotelijk vaststond dat Moreno in strijd met integriteitseisen had gehandeld. Hij kon met zijn onderzoek onderdak krijgen bij het Erasmus MC in de groep van bovengenoemde prof. dr. Theo Visser, en NWO en het bestuur van het Erasmus MC gingen daarmee akkoord.

Na de pleidooien bij de rechtbank liet de rechter in 2006 weten dat zijn deskundigheid tekortschoot. Moreno en het AMC besloten daarna de zaak voor te leggen aan het LOWI, dat in januari 2007 zijn oordeel bekendmaakte. Het LOWI vond dat Moreno de wetenschappelijke integriteit had geschonden door het fabriceren van resultaten in een hoofdstuk van zijn proefschrift en bovendien had gehandeld op een manier die op gespannen voet stond met professioneel en wetenschappelijk integer gedrag, wat had geleid tot verminderd vertrouwen in hem bij leidinggevenden. Met dit LOWI-oordeel in de hand kon de zaak worden voortgezet bij de rechtbank Amsterdam. Deze oordeelde op 23 januari 2008 aanzienlijk harder dan het LOWI en schaarde zich achter het AMC-oordeel dat Moreno zich herhaaldelijk wetenschappelijk had misdragen. Het AMC had Moreno terecht de toegang tot de laboratoria ontzegd.

De Spanjaard bleef van mening dat hem onrecht was gedaan en ging in hoger beroep. Bij deze procedure bracht het AMC nog meer (vermeende) voorbeelden van wetenschappelijk wangedrag in, door Ris-Stalpers gevonden in oude labjournaals en computerbestanden. Het hof wilde deze nieuwe zaken echter niet in de beschouwing betrekken en alleen een oordeel geven over het eerdere vonnis van de rechtbank Amsterdam. Tot ontzetting van Ombudsman Pannekoek wees het Hof Amsterdam op 22 december 2009 alle vier de oorspronkelijke verwijten aan Moreno's adres van de hand. Bij een foute tabel was volgens het Hof onvoldoende komen vast te staan dat Moreno de bedoeling had gehad om onjuiste gegevens te publiceren. Dat hij een door Ris-Stalpers aangewezen fout in een figuur in zijn proefschrift niet had hersteld ondanks zijn belofte daarover achtte het Hof bewezen, maar hij kreeg hier het voordeel van de twijfel omdat zijn vader in die periode was overleden. Ook zijn promotor De Vijlder gaf dat tijdens de hoorzitting als verklaring voor het niet corrigeren van die fout. Het Hof overwoog bovendien dat het kennelijk niet ernstig was geweest, want De Vijlder en Ris-Stalpers hadden de promotie gewoon laten doorgaan. Het Hof beaamde dat het vertrouwen in Moreno kon zijn afgenomen doordat hij ten onrechte had vermeld dat hij een hoofdstuk naar *Nature* had gestuurd, maar het ging veel te ver om hem daarvoor de toegang tot het AMC te ontzeggen. Ook de onjuiste weergave van een experiment in het artikel voor *Hormone Research* vond het Hof te zwaar veroordeeld. Het Hof vond dat Moreno onzorgvuldig was geweest, maar omdat hij wist dat Ris-Stalpers ook nog naar het artikel zou kijken en mogelijk wijzigingen zou voorstellen vóór publicatie, kon hij zich in de rug gedekt voelen.

Het Hof veegde dus alle punten van tafel, inclusief het enige punt dat het LOWI als integriteitsschending had gezien. Het vonnis van de rechtbank werd vernietigd en het AMC moest Moreno weer toegang verlenen. Van dat recht maakte Moreno geen gebruik omdat hij nog steeds in Rotterdam werkte en kort daarop naar Spanje terugkeerde, waar hij hoofd werd van het moleculair-biologisch laboratorium van het La Paz universiteitsziekenhuis in Madrid.

Het AMC schreef het arrest van het Hof toe aan ondeskundigheid in wetenschappelijke kwesties, maar kon niet anders dan zich erbij neerleggen.

De uiteenlopende oordelen van diverse instanties maken het lastig om een eindoordeel te vellen over deze zaak. Juridisch is het arrest van het Hof het sluitstuk, maar wetenschappelijk blijven er vragen bestaan. Wat behelst bijvoorbeeld de lijst met nieuwe voorbeelden van wetenschappelijk wangedrag die Ris-Stalpers had verzameld? In het arrest zegt het Hof de lijst niet te hebben meegewogen, omdat deze niet was ingebracht bij de zaak bij de Amsterdamse rechtbank. Ris-Stalpers wil mij deze lijst in 2012 desgevraagd niet laten zien. Daarvoor geeft zij de volgende reden: 'De procedure die de AMC-Ombudsman na mijn klachten over dhr Moreno heeft gevolgd, was buitengewoon zorgvuldig. Zakelijke gesprekken op basis van aantoonbare feiten, notulen, hoor en wederhoor. De lijst die ik heb gemaakt, bevat ook aantoonbare feiten maar die zijn niet getoetst in een procedure van hoor en wederhoor. Ik hecht enorm aan die zorgvuldige procedure en ik maak mijn lijst niet publiek totdat de daarbij behorende procedure heeft plaatsgevonden. Stel dat dhr Moreno zich toch weer wetenschappelijk binnen de AMC-grenzen gaat bewegen, dan start ik onmiddellijk een nieuwe procedure bij de AMC-Ombudsman. Mijn kruit nu verschieten zou dus ook erg onvoorzichtig zijn.'

Kinderarts-endocrinoloog dr. Tom Vulsma van het AMC, lid van de beoordelingscommissie van het proefschrift en coauteur van diverse artikelen van Moreno, heeft de zaak op de voet gevolgd. Hij toont zich in 2012 hevig verontwaardigd over de behandeling van Moreno. 'Mijn indruk is dat de Ombudsman en de Raad van Bestuur te veel gewicht hebben gegeven aan fouten en onzorgvuldigheden die bij veel onderzoek aan het licht komen als je alle details gaat napluizen. Men wilde laten zien dat het AMC een strenge bewaker is van de wetenschap, maar is compleet doorgeschoten. Op een gegeven moment kon het AMC-bestuur vanwege gezichtsverlies niet meer terugkomen op zijn standpunt. Moreno is daar mijns inziens op jammerlijke wijze slachtoffer van geworden. Ik ben blij dat hij is opgevangen door collega's bij het Erasmus MC en dat hij daar zijn werk voor NWO heeft kunnen voortzetten. Ik durf mijn hand voor hem in het vuur te steken. Naar de motieven van Ris-Stalpers kan ik alleen raden.'

Volgens Vulsma waren vier van de vijf beschuldigingen 'volstrekte flauwekul'. De enige overblijvende beschuldiging was volgens Vulsma terug te voeren op een slordige/verwarrende legendatekst bij een correct geïnterpreteerd experiment.

Ook promotor De Vijlder blijkt in 2012 niet gelukkig over de wijze waarop het AMC Moreno heeft behandeld: 'Men heeft mij wel verweten dat ik in eerste instantie geen partij heb gekozen, maar ik heb mij kortstondig onpartijdig opgesteld totdat er meer duidelijkheid was. Ik had al afscheid genomen toen het ging spelen. Wel wil ik zeggen dat dit een zeer onverkwikkelijke zaak is geweest. Er is volgens mij geen sprake van fraude.

Ik ben nooit door de commissie gehoord. Wel werd ik in die periode telefonisch herhaaldelijk opgebeld dat het hier toch echt fraude betrof. Van de vijf beschuldigingen aan Moreno's adres is er maar één echte fout. Echter als deze fout tijdig was onderkend en met betrokkenen was doorgesproken dan had dit, wellicht al voor de promotie, gecorrigeerd kunnen worden. Het ging om een fout waarvan Moreno geen echt voordeel had, dus waarom zou hij hebben moeten frauderen op dat punt. Dat de copromotor vijf maanden na de promotie met deze beschuldigingen kwam, kan ik nog altijd niet bevatten. Ik ben er zeer ontdaan van geweest. Misschien speelde afgunst een rol, Moreno had net twee prestigieuze internationale prijzen gekregen. Het artikel dat in *Nature*-format in het proefschrift was opgenomen is tengevolge van dit conflict nooit gepubliceerd. Ter voorkoming van het ontstane misverstand had overigens in het proefschrift moeten staan dat het de intentie was dit naar *Nature* te sturen in plaats van de suggestie te wekken dat dit al gebeurd was.'

De Vijlder wees erop dat de internationale gemeenschap van schildklieronderzoek Moreno nooit heeft laten vallen. 'Door deze affaire hebben alle betrokkenen veel schade opgelopen, maar wat mij betreft is met deze uitspraak van het Hof de zaak-Moreno gesloten.'

Moreno werkt in 2012 in Madrid: 'Dit was een nachtmerrie. Ik voelde me zes jaar lang heel klein in een gevecht tegen het AMC. Het is erg onredelijk dat het AMC mij na afloop elke vorm van compensatie of publieke rehabilitatie heeft geweigerd. Ik beschouw Nederland als mijn tweede vaderland en zou best weer willen werken in het AMC als de Raad van Bestuur mij volledig zou rehabiliteren. Voorwaarde is dan wel dat de procedures bij de Ombudsman worden aangepast aan internationale standaards.'

De Raad van Bestuur van het AMC stelt mij de aanvullende, niet door het Hof beoordeelde lijst met beschuldigingen kort voor de inleverdatum van dit boek toch in samenvatting ter beschikking. Moreno wordt ook nagedragen:

- 'Een geval van misleiding in een conceptartikel, gecorrigeerd voor publicatie;
- de bevinding dat een door Moreno gemaakt DNA-construct een elementaire fout bevatte (intern stopcodon) waardoor een fusieproduct in biologische zin voor 100% zeker nooit gemaakt kon worden, terwijl Moreno toch een plaatje geproduceerd heeft waarin het fusieproduct wordt aangetoond;
- onwaarheden in de Veni-subsidieaanvraag van Moreno, waarin hij onder andere door opgeven van een onjuiste promotiedatum onder een termijn van NWO wil uitkomen;
- een verzonnen punt in een grafiek in het hoofdstuk dat was aangeduid als "submitted to *Nature*", maar dat nooit elders is gepubliceerd;
- in een concepthoofdstuk van het proefschrift van Moreno een melding van een "700-fold increase of enzyme activity" terwijl dit in werkelijkheid (en op basis van de labjournaals) slechts 30-fold was.'

Promotor De Vijlder zegt over de aanvullende lijst: 'Al deze punten zullen weer getoetst moeten worden op hun juistheid en houdbaarheid. Het beste lijkt mij om deze punten, die weer een hele hoop discussie zullen opleveren, evenals het Hof niet in beschouwing te nemen. Wat me in deze lijst overigens opvalt is dat veel punten over conceptartikelen gaan. Conceptartikelen worden nu eenmaal nagelezen op eventuele onjuistheden en missers alvorens ze ter publicatie aan te bieden.'

Ik vraag Moreno's advocaat Versteeg hoe hij op deze punten heeft gereageerd in de procedure bij het Hof. Hij laat weten: 'Sommige van de door u genoemde punten lijken nieuw en zouden dan niet aan de orde zijn geweest in de procedure die geëindigd is met de uitspraak van het Hof. Ik vind het moeilijk om deze vraag zonder nadere onderbouwing van de punten te beantwoorden.'

Moreno zegt dat de punten nieuw voor hem zijn en kan er niet mee uit de voeten zonder onderliggende stukken. 'Het AMC laat opnieuw zien wat een slechte verliezers ze zijn. Ik heb het AMC indertijd niet voor de rechter gesleept om een schadevergoeding te krijgen omdat ik na deze procedures geen cent meer had en mijn advocaat niet nog meer geld kon betalen. Nu ik financieel weer op de been ben denk ik er serieus over om hierover alsnog advies in te winnen bij mijn advocaat.'

Tot slot dan maar het commentaar in 2012 op de zaak-Moreno van de voorzitter van de huidige Raad van Bestuur van het AMC, prof.dr. Marcel Levi: 'Het is ook na vele jaren toch echt duidelijk dat de heer Moreno op grotere en kleinere punten een loopje nam met de wetenschappelijke werkelijkheid. Het is voor hem plezierig dat hij van een aantal naaste collega's steun krijgt, maar ik vraag mij af of zij wel goed op de hoogte zijn van de veelvoud aan feiten en de vele discussies die daar met Moreno over zijn gevoerd. Het enige echte onafhankelijke en volledige onderzoek door mensen met verstand van zaken is wat mij betreft door het LOWI verricht en de conclusie van het LOWI was toch volledig ondubbelzinnig. Ik ben bang dat het voorleggen van dergelijke kwesties aan rechtbanken dikwijls tot juridische ingewikkeldheid leidt en dat men bovendien moeite heeft om de wetenschappelijke feiten op hun werkelijke waarde te wegen.'

De ratten van Yigal Pinto

De zaak-Moreno liep nog, toen in augustus 2009 een nieuwe beschuldiging over wetenschappelijke integriteitsschending binnenkwam bij AMC-decaan prof.dr. Louise Gunning-Schepers. De aantijgingen hadden betrekking op een absolute topwetenschapper die het AMC in 2008 had weten los te weken bij Maastricht UMC: hoogleraar Moleculaire biologie van hartfalen dr. Yigal Pinto, die eerder tot 2001 bij het UMC Groningen had gewerkt. Gunning-Schepers kreeg van haar collega-decaan bij het UMC Groningen, prof.dr. Folkert Kuipers, een brief waarin hij verslag deed van een melding die was binnengekomen bij de Groningse Ombudsman Wetenschap prof.dr. G. Scherphof.

Deze melding was gedaan door prof.dr. W.H van Gilst in samenwerking met dr. R.A. de Boer en betrof promotieonderzoek dat laatstgenoemde wetenschapper onder de hoede van Pinto had gedaan. Pinto en De Boer hadden samen gepubliceerd in Pinto's Groningse tijd. Van Gilst vertelde Scherphof dat de afdeling Cardiologie van het UMCG was benaderd door Pieter Muntendam van de firma B.G. Medicine, die de biomarker galectine-3 op de markt ging brengen als klinisch hulpmiddel bij de behandeling van hartfalen. Dat was voor De Boer naar zijn zeggen reden geweest om de onderzoeksresultaten die hij met Pinto op dat gebied had bewerkt nog eens te bestuderen en naast onderzoeksresultaten te leggen die Pinto na zijn vertrek uit Groningen uiteindelijk vanuit het Maastricht UMC had gepubliceerd. Hij had onder meer gekeken naar een artikel van Pinto en enkele andere onderzoekers in 2004 in *Circulation Research*. Daarbij was hem een tabel opgevallen over experimenten met acht ratten, die waarden bevatte die tot op twee decimalen nauwkeurig overeenkwamen met de gemiddelden van een selectie van slechts twee ratten uit een groter experiment dat De Boer met Pinto in 2000 had gedaan. De getallen konden daarom volgens Van Gilst niet afkomstig zijn uit Maastrichtse experimenten, maar moesten uit de Groningse experimenten komen. Van Gilst claimde dat de auteurs bewust het aantal ratten van twee naar acht hadden verhoogd om te suggereren dat ze die waarden wél zelf hadden gevonden. Ook in de patentaanvraag die Maastricht had ingediend op basis van dit onderzoek kwamen getallen voor die identiek waren aan getallen uit het experiment dat De Boer en Pinto destijds in Groningen hadden uitgevoerd en waarover ze ook eerder samen hadden gepubliceerd. Ook hiervoor gold volgens Van Gilst dat het zeer onwaarschijnlijk was dat die 'zelfstandig in Maastricht gegenereerd zouden kunnen zijn'. Conclusie van Van Gilst en Scherphof: 'Het artikel in *Circulation Research* bevat Groningse data zonder dat hier enige melding over is gedaan. De beschreven methode komt niet overeen met de in werkelijkheid gebruikte methode. Bovendien is de galectine-3 patentaanvraag mede gebaseerd op resultaten die uit het Groningse onderzoek zijn verkregen.'

Scherphof stelde verder in zijn brief aan de Groningse decaan (doorgestuurd aan AMC-decaan Gunning-Schepers): 'De feiten suggereren dat de heer Pinto meerdere malen onrechtmatig heeft gehandeld ten aanzien van de resultaten verkregen uit het in 2001 in Groningen uitgevoerde onderzoek. In hoeverre daarbij bovendien sprake is van wetenschappelijk wangedrag zou nader onderzocht dienen te worden.'

Van Gilst was betrokken geweest bij de begeleiding van het promotieonderzoek van zowel Pinto als De Boer. Ook na de promotie van beiden was er in vele projecten samengewerkt. Om deze reden besloot hij niet zelf in deze zaak te oordelen maar Ombudsman Scherphof te raadplegen. Scherphof vroeg geen commentaar aan Pinto voordat hij de decaan van het UMCG benaderde, omdat Pinto immers niet (meer) werkzaam was bij het UMCG. De UMCG-decaan sloeg Pinto eveneens over en benaderde zoals gezegd AMC-decaan Gunning-Schepers. Zij liet de kwestie uitzoeken door AMC-Ombudsman prof.dr. N. Leschot, geassisteerd door de inmiddels afgezwaaide AMC-Ombudsman Pannekoek, die goed ingevoerd was in dit onderzoeksgebied. De drie Ombudsmannen spraken met Van Gilst en De Boer, een gesprek met Pinto ging niet door. Hierna liet Gunning-Schepers de Groningse decaan Kuipers weten dat de klacht in de ogen van het AMC vooral betrekking had op een patentdispuut tussen het UMCG en de Universiteit van Maastricht, waarin het AMC geen partij was.

Het UMCG stapte daarna naar het LOWI, dat erop aandrong dat het AMC toch een meer gedetailleerd oordeel zou vellen omdat anders de klacht over de wetenschappelijke integriteit van hun eigen medewerker onopgehelderd zou blijven. Wetenschappelijke integriteit is volgens het LOWI persoonsgebonden en de instelling waar een wetenschapper op dat moment werkt heeft – volgens de richtlijnen van het LOWI – de plicht om klachten te onderzoeken. Op verzoek van prof.dr. Marcel Levi, die inmiddels als decaan Gunning-Schepers was opgevolgd, nam voormalig AMC-Ombudsman Pannekoek de klacht vervolgens alsnog in behandeling.

Pannekoek concludeerde dat er 'geen aanwijzing of bewijs voor wetenschappelijk wangedrag door publicatie van gefingeerde of onjuiste getallen' was. Ook de bewering van UMCG-Ombudsman Scherphof dat er mogelijk sprake was van gefingeerde experimenten achtte Pannekoek onbewezen. Wel vond hij het een 'inbreuk op de wetenschappelijke integriteit' dat De Boer niet als coauteur was opgevoerd bij het artikel in *Circulation Research*. Pannekoek had eerder al geschreven dat hij besefte dat de aanspraak van een Groningse onderzoeker op een coauteurschap bij dit artikel consequenties zou kunnen hebben voor de eigendomrechten van het Maastrichtse patent. Dat patent was immers mede gebaseerd op deze publicatie. Pannekoek meldde in zijn rapport dat 'geen inzicht is verkregen in de reden(en) voor de opmerkelijke tijdspanne tussen cruciale gebeurtenissen in deze zaak'. Hij doelde op het feit dat er bijna vijf jaar was verstreken tussen publicatie van het artikel in *Circulation Research* (juli 2004) en de eerste brief van UMCG-Ombudsman Scherphof over deze kwestie (april 2009). Pannekoek had niet kunnen vaststellen dat UMCG-medewerkers Pinto in de tussentijd hadden aangesproken op onregelmatigheden in de bewuste publicatie.

AMC-decaan Levi stuurde het rapport in februari 2011 door aan UMCG-decaan Kuipers. In een begeleidende brief vatte hij Pannekoeks bevindingen samen. Hij meldde dat hij het punt van de ontbrekende naam van De Boer bij het artikel in *Circulation Research* zou bespreken met Pinto en dat hij hem duidelijk zou maken dat hij in de toekomst zorgvuldiger moest omgaan met de vermelding van coauteurs.

Levi wees Kuipers erop dat Pannekoek ook enkele kritische opmerkingen had gemaakt over 'de rol van de Groningse onderzoekers bij de lopende patentdiscussie tussen het UMCG en de Universiteit van Maastricht'. Levi meldde in zijn brief bovendien dat het LOWI alleen bedoeld was voor kwesties van wetenschappelijke integriteit en dat die 'niet vermengd kunnen en mogen worden met privaatrechtelijke verhoudingen en afspraken'. Hij beklemtoonde dat het AMC geen partij wilde zijn in de 'patentdiscussie'.

Het UMCG nam geen genoegen met de conclusies van het AMC en richtte zich tot het LOWI. Decaan Kuipers herhaalde in mei 2011 in een brief aan het LOWI dat er volgens het UMCG wel degelijk sprake was van diefstal, fraude en datamanipulatie en voegde nu ook plagiaat toe aan de beschuldigingen. Daarop boog het LOWI zich alsnog over de zaak, besloot hierover een eigen onderzoek uit te voeren, en bracht in december 2011 advies uit.

Het LOWI oordeelde, mede op basis van de visie van twee externe deskundigen, dat de gewraakte tabel inderdaad door De Boer en Pinto gezamenlijk in Groningen gegenereerde gegevens bevatte, maar dat het in het artikel in *Circulation Research* beschreven onderzoek wel degelijk was verricht in Maastricht. Het LOWI achtte het 'manipuleren/opplussen/majoreren/fingeren van data niet bewezen, noch aannemelijk'. Ook zag het LOWI geen aanwijzingen dat Pinto de intentie zou hebben gehad om 'personen en/of de wetenschap te misleiden'. Dat vond het LOWI met name niet aannemelijk omdat de tabel 'niet dragend' was voor het in het artikel beschreven onderzoek en ook gemist had kunnen worden. De onafhankelijke experts hadden geconcludeerd dat de ongerijmdheden in de tabel waren veroorzaakt door slordigheid of een vergissing.

Het LOWI vond het wel 'verwijtbaar onzorgvuldig' dat Pinto 'te weinig toezicht' had gehouden 'op de juiste verslaglegging en feitelijke publicatie' van het verrichte onderzoek. Deze 'verwijtbare onzorgvuldigheid' was echter geen 'schending van wetenschappelijke integriteit'. Het LOWI achtte ook niet bewezen of aannemelijk gemaakt dat Pinto Groningse onderzoeksdata had gestolen. Ten tijde van Pinto's overgang van Groningen naar Maastricht bestonden er ook geen regelingen voor het meenemen van onderzoeksmateriaal naar een nieuwe werkgever. Het LOWI oordeelde dat een coauteurschap in de rede had gelegen, maar oordeelde ook dat Pinto met het onthouden hiervan de wetenschappelijke integriteit niet had geschonden. Het LOWI adviseerde om met *Circulation Research* te overleggen over een eventuele correctie van de ontbrekende auteursnaam (wat Pinto ook in gang zette). Het LOWI stelde tot slot dat als Pinto zorgvuldiger was geweest, hij had kunnen voorkomen dat hij in deze klachtprocedure verzeild was geraakt.

Daarmee was het integriteitsonderzoek afgerond, met als oordeel dat het handelen van Pinto weliswaar 'onzorgvuldig' en 'verwijtbaar' was, maar geen schending van de wetenschappelijke integriteit. Van Pinto had het LOWI het advies niet hoeven te anonimiseren en mocht het in hoofdletters worden verspreid in cardiologisch Nederland, want er waren intussen geruchten de ronde gaan doen over de zaak. LOWI-voorzitter Kees Schuyt vroeg zich, mede vanwege de zaak-Pinto, in februari 2012 tijdens een debat in De Balie in Amsterdam af of het LOWI de anonimisering van de adviezen wel moest handhaven.

Dat die geruchten circuleerden bewees een anonieme e-mail met afgeschermd IP-adres die ik eind 2011 toegestuurd had gekregen over Pinto, met de tekst: 'Nadat binnen de eigen organisatie was komen vast te staan dat deze cardiologische onderzoeker zich had bediend van ontoelaatbare onderzoekspraktijken is er door het AMC-UvA een "cover-up" actie gestart waardoor de feiten tot nu toe onder tafel zijn gebleven. Ingewijden hebben me echter verzekerd dat het hierbij gaat om een ernstige zaak waarvan men hoopt dat die door de pers wordt opgepikt.'

Pinto heeft naar eigen zeggen de motieven van de klagers altijd gewantrouwd. Hij vond zijn Groningse collegae wel erg gretig in het opeenstapelen van zware beschuldigingen over een zijns inziens on-beduidende tabel, nadat duidelijk werd dat er veel geld op het spel stond: het galectine-3 patent is naar schatting tussen 80-150 miljoen USD waard. Dat wekte bij hem de indruk dat de hele procedure vooral werd ingegeven door het gevoel de boot te hebben gemist. Ook uit de reacties van de Raad van Bestuur van het AMC en van Ombudsman Pannekoek bleek dat zij de intenties van de klagers niet vertrouwden. Ging het hun werkelijk om vermeende fraude of was het motief het patent geweest, zoals AMC-bestuurders suggereerden?

Mijn pogingen om daar helderheid over te krijgen stuiten op een muur van stilzwijgen bij ACS Biomarker, het bedrijf waarin Maastricht het galectine-3-patent heeft ondergebracht, en bij B.G. Medicine, de licentiehouder die de biomarker op de markt heeft gebracht. Pinto kan hier geen informatie over verstrekken omdat hij als aandeelhouder van ACS Biomarker geen openheid kan geven over zaken van B.G. Medicine.

Er komt ook geen antwoord op vragen aan het UMC Groningen over financiële banden tussen B.G. Medicine en de betrokken Groningse cardiologen. De Groningse onderzoekers De Boer en Van Veldhuisen reageren op geen enkele vraag. De twee onderzoekers nemen wel contact op met de redactie van *Current Heart Failure Reports* nadat ik dit blad heb gewezen op een ontbrekende opgave van potential conflicts of interest onder hun artikel over galectine-3. Ze laten de redactie volgens hoofdredacteur Carter Johns weten dat het hier een betreurenswaardige vergissing betrof, die ze in het eerstkomende nummer zullen corrigeren via een erratum, wat ook gebeurt. Overigens heeft het AMC sinds 2010 een belang van 33 procent in ACS Biomarker, wat Levi meldde tijdens de LOWI-hoorzitting.

Vragen aan het UMCG leveren onbevredigende antwoorden op. Er komt eerst een reactie via Voorlichting waarin wordt gesteld: 'Van een patentstrijd tussen UMCG en Maastricht is ons, en bij navraag ook bij CvB's van beide universiteiten, niets bekend.' Uit diverse correspondentie blijkt echter dat de (mogelijke) inbreng van het UMCG in onderzoek waar Maastricht patent op had gevraagd en gekregen, wel degelijk een item was. Het duidelijkste komt dit naar voren in een brief van UMCG-decaan Kuipers aan het LOWI van 4 mei 2011: 'Hoe het ook zij, de experimentele uitkomsten op grond waarvan het patent is toegekend, betreffen dus (deels) de experimenten uitgevoerd in Groningen, met Groningse inzet, zowel intellectueel als financieel. (...) Wij zullen ons uiteraard nader juridisch laten informeren in hoeverre het legaal is een patent aan te vragen met materialen die een andere partij (UMCG/RUG) toebehoren, zonder deze partij hierin te kennen en zonder een financiële regeling te treffen.'

Na nieuwe vragen over de 'patentkwestie' krijg ik een brief ondertekend door niet alleen de Groningse decaan Kuipers, maar ook door AMC-decaan Levi en de Maastrichtse decaan Scherpbier, waarin wordt herhaald dat er geen sprake is van een patentstrijd tussen Groningen en Maastricht en dat de uitspraak van het LOWI door Groningen en Amsterdam wordt geaccepteerd. Mijn vragen over de financiële banden tussen Van Veldhuisen/De Boer en B.G. Medicine worden in deze brief slechts vaag beantwoord, namelijk dat de regels in de cao zijn gerespecteerd. Op aanvullende vragen hierover komt geen antwoord meer.

Uiteindelijk meldt zich op eigen initiatief het Groningse hoofd Experimentele cardiologie prof.dr. Wiek van Gilst, die in een gesprek toelichting wil geven op de gang van zaken die heeft geleid tot zijn klacht bij het AMC en later bij het LOWI. Ook Van Gilst legt zich neer bij het oordeel van het LOWI, maar zegt te zijn geschrokken van de kwetsbaarheid van het zelfreinigend vermogen van de wetenschap. 'Als wij het publiek willen overtuigen dat er een betrouwbaar instrument is om de wetenschappelijke integriteit van onze onderzoekers te bewaken, dan zullen wij dit systeem drastisch moeten professionaliseren.' Verder wil hij nog eens duidelijk gezegd hebben dat er aan Groningse zijde geen enkele financiële overweging heeft meegespeeld en dat de enige beweegreden het vermoeden van schending van de wetenschappelijke integriteit is geweest.

Evenals bij de zaken rond Vranken en Moreno liet ook de zaak-Pinto bij betrokkenen een bittere smaak achter. Tien jaar goede bedoelingen van het AMC om klachten over schendingen van de wetenschappelijke integriteit onberispelijk af te handelen, liepen uit op een worsteling met de weerbarstige praktijk, met eigenlijk alleen verliezers. Geen van deze drie zaken heeft de onbetwijfelbare waarheid boven water gebracht. Zowel klagers als vrijgepleiten moeten constateren dat wanneer hun motieven, ongeacht de uitkomst van onderzoekscommissies, in twijfel worden getrokken, er altijd een vervelende mist blijft hangen. Was de researchcode van het AMC niet sterk genoeg? Of zijn zulke zaken onvermijdelijk door het bestaan van een grijs gebied waar de grens tussen al dan niet verwijtbare slordigheid en niet-integere wetenschapsbeoefening, niet goed is te trekken?

De opmerkzame lezer bij Sanquin

Een stafmedewerker van bloedvoorzieningsorganisatie Sanquin in Amsterdam ontdekte in 2008 bij literatuuronderzoek een verdacht plaatje in het tijdschrift *Arteriosclerosis, Thrombosis and Vascular Biology* (*ATVB*). Hij had de stellige indruk dat het met het beeldbewerkingsprogramma Photoshop in elkaar was gezet. Hij vond in een andere jaargang een tweede verdacht artikel van dezelfde eerste auteur, dr. Lian Zuo van Emory University in de VS. Omdat de Sanquinmedewerker niet verzeild wilde raken in een kwestie waar hij verder buiten stond, legde hij zijn verdenkingen voor aan Ombudsman prof.dr. Hans Pannekoek (destijds ook Ombudsman van het AMC). De Ombudsman kaartte het aan bij de hoofdredacteur van *ATVB*, die de zaak onder de aandacht bracht van de wetenschappelijk directeur van de American Heart Association (AHA), uitgever van het tijdschrift.

Pas een half jaar na zijn melding kreeg Pannekoek nader bericht van de hoofdredacteur. De AHA was naar de decaan van de medische faculteit van Emory University gestapt, die een onderzoekscommissie had ingesteld. De zaak lag gevoelig omdat deze zich afspeelde in de prestigieuze onderzoeksgroep van cardioloog R. Wayne Alexander, chairman van de geneeskundefaculteit en van het academisch ziekenhuis, die ook als coauteur bij de artikelen stond. De commissie betrok een derde artikel bij het fraudeonderzoek, gepubliceerd in *Circulation Research* in 2005, waarvan Zuo tweede auteur was. Dit artikel werd in 2010 teruggetrokken. Het tijdschrift meldde dat Zuo tegen de onderzoekscommissie had toegegeven dat hij diverse onderdelen van het artikel had vervalst. De commissie had ook andere vervalste elementen aangetroffen in het artikel, maar had niet kunnen vaststellen wie daarvoor verantwoordelijk was.

De twee artikelen in *ATVB* werden pas in 2011 teruggetrokken. Bij de retractie van een artikel uit 2004 stond vermeld dat het de commissie niet was gelukt om te achterhalen wie de diverse vervalste beelden daarin had gemaakt; bij de retractie van een artikel uit 2005 stond de bijzondere formulering dat het waarschijnlijker was dat Zuo wél verantwoordelijk was voor de daarin aangetroffen vervalste figuren dan dat hij dat niet was. Over disciplinaire maatregelen tegen Zuo en coauteurs werd niets bekendgemaakt, maar het ligt voor de hand dat Zuo ontslag kreeg.

Oud-Ombudsman Pannekoek blijkt als ik hem in 2012 benader onwetend van de ontwikkelingen na zijn melding. Hij had nooit meer iets vernomen uit de VS. 'Ik ben blij dat het zo netjes is afgelopen.' De rol van de opmerkzame Sanquinmedewerker is nooit in de publiciteit gekomen.

Psoriasisfraude bij TNO

In september 2008 biechtte een projectleider van TNO in Leiden aan zijn baas op dat hij vijf jaar lang gegevens had vervalst bij onderzoek naar de chronische huidziekte psoriasis. TNO had een muismodel ontwikkeld waarbij stukjes huid van patiënten op immunodeficiënte muizen konden worden getransplanteerd. Zulke muizen hebben geen afweersysteem, waardoor ze zeer geschikt zijn voor het testen van geneesmiddelen in de ontwikkelingsfase. De projectleider had als taak grote hoeveelheden data van laboratoriummedewerkers te analyseren en te interpreteren en daarover aan klanten (farmaceutische bedrijven) te rapporteren. Hij bekende dat hij in de vijf jaar dat hij dit werk deed in meerdere experimenten datagegevens had veranderd. Er verschenen geen publicaties op basis van deze experimenten, maar de resultaten zetten farmaceutische bedrijven wel op het verkeerde been omdat de geneesmiddelen in wording veelbelovender leken dan ze in feite waren. Beslissingen over vervolgonderzoek naar de onderzochte stoffen werden daardoor op onjuiste gronden genomen.

Waarom de onderzoeker fraude had gepleegd, werd niet duidelijk. Er was in elk geval geen sprake van geldelijk gewin. Niemand was ooit iets eigenaardigs aan hem opgevallen. De fraude met gegevens was al die jaren onopgemerkt gebleven omdat de projectleider zelf eindverantwoordelijk was voor de rapportage. Controle van deze rapportage gebeurde alleen op hoofdlijnen en naar de onderliggende ruwe data keek niemand meer. De zaak was voor TNO aanleiding om deze procedure aan te scherpen en voortaan ook de ruwe data mee te nemen in de controle van de rapportage.

Er waren veertien farmaceutische bedrijven betrokken bij de frauduleuze experimenten. Vijf daarvan gaven aan schade te hebben geleden. TNO compenseerde deze schade, zoals contractueel overeengekomen voorafgaand aan het onderzoek. Hoe hoog deze schadevergoedingen waren wil TNO in 2012 niet zeggen. Of de projectleider, die ontslagen werd, een schadeclaim heeft moeten betalen kan TNO niet zeggen op grond van privacyoverwegingen. Om die reden wil TNO ook niet zeggen of er aangifte is gedaan tegen de man.

De projectleider had zonneklaar gezondigd tegen de TNO Bedrijfscode die iedere TNO'er moet volgen. Daarvan zijn de kernwaarden: integriteit, onafhankelijkheid, professionaliteit en maatschappelijke verantwoordelijkheid.

Voor het psoriasismodel had de zaak geen gevolgen. Na een grondige validatiestudie stelde TNO het model opnieuw beschikbaar voor klanten.

De chips van Adrian Maxim

Dr. Bram Nauta, hoogleraar IC design aan de Universiteit Twente, was net aangetreden als hoofdredacteur van IEEE *Journal of Solid-State Circuits*, het belangrijkste tijdschrift ter wereld op het gebied van geïntegreerde elektronische schakelingen ('chips'), toen hij een e-mail kreeg van een medewerker van een groot elektronicabedrijf. Er was de medewerker iets eigenaardigs opgevallen in een artikel van de Amerikaans-Roemeense onderzoeker Adrian Maxim, werkzaam bij Silicon Laboratories, een concurrerend bedrijf. Twee stukjes van grafieken die de hoeveelheid ruis weergaven in twee verschillende satellietontvangerchips waren deels identiek, een onmogelijkheid omdat ruis volkomen willekeurige patronen heeft.

De medewerker volgde de publicaties van Maxim toch al met bijzondere aandacht, omdat een van diens eerdere artikelen ertoe had geleid dat zijn bedrijf had moeten stoppen met de ontwikkeling van een nieuw soort chip met twee tv-ontvangers erin. Maxim beschreef in zijn artikel hoe hij erin geslaagd was om zulke chips zonder storing te laten functioneren, terwijl het concurrerende bedrijf van de medewerker, waar zo'n 30.000 mensen werken, nog wel twee jaar nodig dacht te hebben en tegen die tijd kansloos zou zijn op de markt. Het bedrijf besloot dan ook om deze ontwikkelingspoot stop te zetten; deze beslissing had tientallen banen gekost en alle investeringen voor een flinke omzetstijging waren voor niets geweest.

Nauta bestudeerde de bewuste ruisgrafieken, kon geen verklaring bedenken voor de overlap, en schreef Maxim aan om opheldering te krijgen. Maxim legde uit dat hij een ingenieuze meetopstelling had gebruikt, waarbij de ruis op exact hetzelfde moment was gemeten en dat hij juist had willen aantonen dat dat kon. Hij nodigde Nauta uit om naar de VS te komen om zelf te zien hoe het werkte.

De Twentse hoogleraar vond dat antwoord ongeloofwaardig, omdat er niets over die speciale ruismeting in het artikel had gestaan en het bovendien volstrekt nutteloos was om dat te willen aantonen. Hij meldde de klokkenluider dat hij het zaakje niet vertrouwde, maar onvoldoende bewijs had.

Daarna stortte de klokkenluider zich op andere artikelen van Maxim die ruisgrafieken bevatten en ontdekte er een waar hetzelfde stukje ruis ook weer in opdook. Toen was er voor Maxim geen ontkennen meer mogelijk. Hij gaf toe dat hij had geknoeid met de ruisgrafieken in de bewuste publicaties, maar hield vol dat alle metingen echt waren gedaan. Nauta vond de bewijzen tegen Maxim nog te zwak en besloot met de klokkenluider verder in zijn artikelen te duiken. De Twentse hoogleraar ontdekte zelf een publicatie waarin een grafiek perfect symmetrisch zou moeten zijn, maar dat niet was. In een ander artikel kwam hij opnieuw het inmiddels vertrouwde stukje ruisgrafiek tegen.

Hij bekeek ook het artikel over de chip met twee tv-ontvangers, dat tot zo'n strop had geleid voor het bedrijf van de klokkenluider, en ontdekte daar bij uitvergroten van een foto hetzelfde stofje op wat twee verschillende stukjes chip zouden moeten zijn. Uiteindelijk vonden Nauta en de Amerikaan twaalf publicaties met vreemde grafieken en plaatjes erin. Daarmee geconfronteerd gaf Maxim toe dat hij deze twaalf onderzoeken had vervalst.

Nauta vroeg Maxim naar de e-mailadressen van alle coauteurs om die te kunnen inlichten. De coauteurs reageerden allen verrassend begripvol en vroegen hem Maxim niet te zwaar te straffen. Het bleken valse e-mailadressen te zijn; alle antwoorden kwam van Maxim zelf.

Toen zijn ontmaskering nabij was belde Maxim Nauta op zeker moment huilend op. Hij zei dat hij er een eind aan ging maken als Nauta de vervalsingen bekend zou maken. Nauta liet hem weten dat hij zijn penibele positie aan zichzelf te danken had en dat hij de integriteit van het vak boven alles stelde.

De zelfmoordaankondiging voelde als chantage. Nauta werd er ook onrustig van, omdat hij veel internationale conferenties bezoekt. Iemand die met zelfmoord dreigt kan ook op het idee komen om mij te vermoorden, redeneerde Nauta. Dat was voor hem aanleiding om de gegevens over Maxim met diverse mensen te delen.

Op een chipconferentie kwam Nauta Maxims baas bij Silicon Laboratories tegen en hij stelde hem op de hoogte. Maxim werd op staande voet ontslagen.

Nauta vond dat Silicon Laboratories ook wel wat te verwijten viel. Want het had daar toch verbazing moeten wekken dat Maxim zo veel publiceerde, in totaal tachtig artikelen; met een gemiddelde van één per maand. Het moest toch binnen het bedrijf bekend zijn dat Maxim wereldberoemd was in zijn branche en vanwege zijn publicaties op alle conferenties werd uitgenodigd? Vreemd vond Nauta ook dat het zijn bedrijf nooit was opgevallen dat hij publiceerde over onderwerpen waaraan hij nooit had gewerkt binnen het bedrijf.

Nauta liet Maxims baas weten dat hij geen zin had om alle 81 artikelen één voor één tegen het licht te houden en kondigde aan dat hij in zijn tijdschrift ging melden dat ze waarschijnlijk alle 81 vals waren. Dat vond Maxims baas onwenselijk met het oog op de belangen van Silicon Laboratories en hij nam de screening van de publicaties voor zijn rekening.

Van 16 van de 81 artikelen was niet vast te stellen of ze klopten, omdat die in dienst van een vorige werkgever waren gemaakt. Van de resterende 65 waren er 48 vals, 8 waarschijnlijk vals, 7 in orde en 2 waarschijnlijk in orde. Maxim had meetgegevens en foto's van chips vervalst en gerapporteerd over niet bestaande ontwerpen. De ideeën daarvoor stal hij van collega's die ze hadden gepresenteerd binnen het bedrijf, maar die niet in productie waren genomen. Maxim had diverse coauteurs verzonnen of voerde bestaande personen op als coauteur zonder hun medeweten.

Deze bevindingen werden op juni 2008 gepubliceerd in IEEE *Journal of Solid-State Circuits*, met een lijst van artikelen die wél correct waren. Tot Nauta's verbazing werd dit schandaal nooit opgepikt door de internationale pers, terwijl de schade als gevolg van deze fraude groot was. Behalve het bedrijf dat investeringen in een ontwikkelingspoot in rook op zag gaan en mensen moest ontslaan, ondervonden ook diverse promovendi dat ze hun werk niet gepubliceerd kregen in vooraanstaande wetenschappelijke bladen omdat Maxim hen al voor was geweest met succesvoller 'onderzoek'.

Ironisch was dat in de valse publicaties ideeën waren uitgewerkt voor schakelingen die echt werkten. Onderzoekers die dat werk herhaalden refereerden daarom geregeld aan Maxim. Om die reden werd besloten om de artikelen van Maxim wel te handhaven op de website van de IEEE (het Institute of Electrical and Electronics Engineers, uitgever van vele technologische bladen) maar met de vermelding dat ze vals zijn.

IEEE *Journal of Solid-State Circuits* kent strenge peer review. Nauta beaamde dat een reviewer de onregelmatigheden in de ruisgrafieken hadden kunnen opvallen, maar had er ook begrip voor dat reviewers grafieken niet stuk voor stuk gaan uitvergroten. Maxim wekte ook geen argwaan omdat hij ervoor zorgde dat zijn resultaten niet spectaculair beter waren dan bestaande schakelingen, maar slechts 10 procent. Bovendien waren het vaak ingewikkelde schakelingen die een jaar kosten om na te bouwen.

Nauta kende Maxim van conferenties. Hij vond hem slim en charmant en was onder de indruk van de manier waarop hij les gaf. 'Maxim begreep het vak door en door,' zei Nauta in 2012. 'Zijn drijfveren zijn mij nooit duidelijk geworden. Mogelijk voelde hij grote druk om in de voetsporen van zijn vader te treden, een gevierde wetenschapper in Roemenië.'

Maxim werkt momenteel in China en reageert niet op e-mails met vragen.

De kristallen van Ton Spek

De Utrechtse emeritus hoogleraar Kristal- en structuurchemie Ton Spek deed in 2009 een verbijsterende ontdekking met het door hem geschreven computerprogramma PLATON. Dat programma kan doorrekenen of de resultaten van röntgenkristallografisch onderzoek kloppen. Hij zette PLATON in om resultaten te controleren die waren gepubliceerd in het tijdschrift *Acta Crystallographica Section E*. Daarbij stuitte hij op vreemde resultaten in een artikel van de Chinezen Hia Zhong (chemicus) en Tao Liu (elektrotechnisch ingenieur) van Jinggangshan University, met diverse coauteurs. Toen Spek naar meer artikelen van dezelfde auteurs keek ontdekte hij een patroon. Na bestudering van de ruwe data waarop de gerapporteerde analyse was gebaseerd, kon met zekerheid systematische fraude worden vastgesteld. De Chinezen hadden handmatig gegevens gewijzigd om de indruk te wekken dat ze nog onbekende kristalstructuren hadden ontdekt. *Acta* trok 70 artikelen terug van Zhong en Liu, en hun universiteit zette hen op straat. Zhong verloor zijn lidmaatschap van de Communistische Partij en moest de bonussen terugbetalen die hij had gekregen voor zijn publicaties. 'In principe hadden peer reviewers dit al eerder moeten signaleren, maar zelfs op dat niveau is de kennis zo miniem geworden dat dit allemaal kon gebeuren,' zei Spek in het universiteitsblad *DUB*.

Acta trok in 2010/2011 nog eens vijftig artikelen terug van andere Chinezen. Twintig daarvan waren afkomstig van hooggeplaatste we-

tenschappers van Jinggangshan University: Yi-An Xiao, decaan Leven-
wetenschappen, en Hiao-Niu Fang en Yan Sui, decaan respectievelijk
vice-decaan bij Chemie. Dit drietal kon aanblijven, omdat er volgens
de universiteit alleen sprake was van slordigheid en niet van fraude,
aldus een artikel op de website van de Institute of Physica Asia-Pacific.

De International Union of Crystallography Journals (IUCr) riep andere chemische tijdschriften op om voortaan net als de IUCr ruwe experimentele data te bewaren, zodat het altijd mogelijk is om fraude (met
terugwerkende kracht) te ontdekken met software als die van Spek.

De affaire leidde tot kritische verhalen in de wetenschappelijke
bladen over het functioneren van de Chinese wetenschap. Chinese
universiteiten belonen wetenschappers die publiceren in hoog aangeschreven tijdschriften met bonussen of betere huisvesting, zonder
dat dit gepaard gaat met goed onderwijs in onderzoeksethiek. Een op
de drie onderzoekers van grote Chinese universiteiten of onderzoeksinstituten gaf toe zich schuldig te maken aan plagiaat, vervalsen of
verzinnen van data, zo bleek uit studies.

De onthutsende ervaring van Ed Roos

In januari 2011 trok een groep onderzoekers van het Nederlands Kanker Instituut twee artikelen terug. De eerste retractie werd gemeld in
British Journal of Cancer, ondertekend door dr. Ed Roos van de afdeling
Celbiologie. Hij meldde dat na grondig onderzoek was komen vast te
staan dat de belangrijkste resultaten van de publicatie, aangeleverd
door eerste auteur Joost Meijer, een promovendus, niet konden worden gereproduceerd. Roos had daarom als senior auteur besloten het
artikel terug te trekken. Coauteur Janneke Ogink was het eens met
deze stap, schreef Roos, en hij beklemtoonde dat er over haar bijdrage
geen enkele twijfel bestond.

De tweede retractie stond in *Cancer Research* en was ondertekend
door Roos, Ogink en drie andere auteurs. De naam van eerste auteur
Joost Meijer ontbrak, volgens het blad omdat de redactie er niet in
was geslaagd om zijn fiat te krijgen voor de retractie. Ook hier was
de boodschap dat het niet was gelukt om door Meijer aangeleverde
resultaten te reproduceren. Beide artikelen betroffen fundamenteel
onderzoek naar het mechanisme van uitzaaiing van kankercellen.

Het NKI had zelf in augustus 2010 op de website al gemeld dat de twee artikelen zouden worden teruggetrokken. Nadat de resultaten van Meijer niet reproduceerbaar waren gebleken had het NKI een onderzoekscommissie ingesteld. 'De commissie stelde vast dat de promovendus het onderzoek op een inadequate manier heeft uitgevoerd en gedocumenteerd, onder de academische standaard.' Er waren volgens het NKI geen patiënten betrokken bij het onderzoek en het terugtrekken van de artikelen had geen consequenties voor bestaande of toekomstige behandelingen.

Dit persbericht maakte niet duidelijk wat zich had afgespeeld in het NKI-lab. Roos is desgevraagd wat specifieker in een e-mail in 2012. 'De conclusie was dat manipulatie niet kon worden uitgesloten maar ook niet kon worden bewezen. Ik beschikte zelf over gegevens zoals de medewerker die mij had aangeleverd. In goed vertrouwen, gebaseerd op geen enkele negatieve ervaring in de dertig jaar waarin ik promovendi en postdocs heb begeleid, heb ik er ook nooit aan gedacht om de verslaggeving te controleren. Hiervoor had ik toestemming moeten vragen om in zijn computer te neuzen. Voor dat wantrouwen was geen aanleiding, dacht ik. Op zijn computer bleek geen adequate verslaggeving aanwezig te zijn, waardoor de gegevens niet te traceren waren op de apparatuur waarmee de waarnemingen waren gedaan. Mede daardoor kon manipulatie niet bewezen worden. Dit ontbreken van documentatie is wel aangemerkt als wetenschappelijk wangedrag, en mede ook omdat dus twee hoofdstukken teruggetrokken waren en daarom niet als gepubliceerde papers golden, is de betrokken promovendus niet gepromoveerd. Hij ontkent overigens iets verkeerd gedaan te hebben, maar heeft zich wel neergelegd bij het oordeel van de commissie.'

Het was een 'onthutsende ervaring' voor Roos. Hij stond op het punt met pensioen te gaan, maar zou dit project nog blijven begeleiden bij succesvolle uitkomsten. Door de problemen met de twee artikelen blies Roos het hele project af. Subsidiegever KWF Kankerbestrijding werd ingelicht en de subsidie teruggestort.

De affaire was voor het NKI aanleiding om de regels ten aanzien van verslaggeving aan te scherpen. 'Een probleem is dat de goede oude geschreven labjournaals steeds meer vervangen worden door digitale verslaggeving, die minder eenvoudig te controleren is. Daar zijn nu betere afspraken over,' aldus Roos.

Meijer, tegenwoordig niet meer actief in de wetenschap, gaat in

2012 niet in op een uitnodiging om zijn visie op de gebeurtenissen te geven. 'Ik heb gemerkt dat dingen die ik zeg toch verdraaid worden in de wetenschap.'

De datasets van Diederik Stapel

Het begon met een komkommertijdbericht op vrijdag 26 augustus 2011: denken aan vlees haalt de slechtste eigenschappen in mensen naar boven, zo meldden diverse kranten op gezag van de hoogleraren Sociale psychologie Roos Vonk (Radboud Universiteit) en Diederik Stapel en Marcel Zeelenberg van de Universiteit van Tilburg. Uit verschillende studies naar de psychologische betekenis van vlees zou blijken dat mensen minder sociaal worden als ze aan vlees denken en zich 'hufteriger' gaan gedragen. Ook zouden mensen eerder vlees kiezen als ze zich onzeker voelen.

Het persbericht waarop de kranten zich baseerden bevatte voorgekookte citaten van de drie onderzoekers. De mediagenieke psychologe Roos Vonk, oud-voorzitter van Wakker Dier, zei hierin niet verbaasd te zijn over de uitkomsten: 'Eerder onderzoek wees al uit dat vleeseters meer denken in termen van dominantie en hiërarchie dan vegetariërs. Vlees eten is een manier om jezelf te verheffen boven anderen.' Diederik Stapel, die de onderzoeksdata had verzameld, werd opgevoerd met de zinsnede: 'Het lijkt erop dat vegetariërs en flexitariërs beter in hun vel zitten, en ze zijn ook nog socialer en minder eenzaam.' Ook Zeelenberg deed een duit in het zakje in het persbericht: 'Net als de Hummer is vlees slecht voor het milieu en het klimaat. Het is ook slecht voor dieren, de Derde Wereld en onze eigen gezondheid. Maar mensen kunnen flink kwaad worden als je ze dat vertelt. Ze zijn erg gehecht aan hun biefstukje.'

De volgende reconstructie van de gebeurtenissen is gebaseerd op een artikel in *de Volkskrant* van 21 januari 2012. Zeelenberg, hoofd van de afdeling Sociale psychologie in Tilburg, zat zich te verbijten na het uitgaan van het persbericht. Hij had op woensdagavond 24 augustus tijdens een congres bezoek gekregen van drie jonge onderzoekers uit de groep van zijn collega Diederik Stapel. Tijdens een gesprek dat tot vroeg in de ochtend had geduurd, had het drietal het eindelijk aangedurfd om hun ernstige verdenkingen uit te spreken over diverse publicaties van Stapel, een internationaal gevierd wetenschapper, die prestigieuze prijzen had gekregen van de European Association of Social Psychology en van de US Society of Experimental Social Psychology. Stapel was op dat moment decaan van de Tilburg School of Social and Behavioral Sciences.

Onderzoeker 'Kees' (*de Volkskrant* hanteerde op verzoek pseudoniemen omdat het drietal in de toekomst niet geassocieerd wilde blijven worden met de zaak-Stapel) had zich er in de zomer van 2009 bij oefenonderzoekjes waarvoor Stapel de ruwe data had verzameld, over verbaasd dat de gemiddelde leeftijd van de geënquêteerde middelbare scholieren 19 jaar was. Stapel, daarmee geconfronteerd door Kees en wat medestudenten, had luchtig geantwoord dat hij het onderzoek dan waarschijnlijk indertijd op een hogeschool had uitgezet. Toen er ook nog enkele getallen onjuist waren gebleken, hadden de studenten dat afgedaan als tikfoutjes. De ingevulde vragenlijsten had Stapel niet meer kunnen laten zien, want die had hij vanwege ruimtegebrek weggegooid, zo vertelde hij Kees en diens medestudenten.

Najaar 2010 was Kees met zijn net in Tilburg aangestelde collega-onderzoeker 'Jesse' aan de praat geraakt over Stapel en had hem verteld over deze ervaringen. Jesse was daarom alert geweest toen hij enkele maanden daarna onder leiding van Stapel een studie met drie experimenten had opgezet over de invloed van de financiële crisis op de bereidheid van mensen om geld te doneren. Stapel had daarvoor data verzameld op scholen en had ze ter verdere analyse aan Jesse gegeven. Jesse was verrast geweest door de uitkomsten. 'Alles wat we in onze hypothese hadden voorspeld, was uitgekomen,' zei hij tegen *de Volkskrant*. 'En het was nog een groot effect ook. Ik dacht: zulke mooie uitkomsten, dat kan gewoon niet. Mij gebeurt het in elk geval nooit.'

Omdat Jesse de uitkomsten niet had vertrouwd, had hij in januari 2012 op de data een test losgelaten die aangeeft of de scores wel betrouwbaar zijn. Iemand die bang zegt te zijn voor spinnen moet logischerwijs ook de algemenere vraag 'Ben je weleens ergens bang voor?' bevestigend beantwoorden. De samenhang tussen zulke vragen kan worden uitgedrukt in een getal: Cronbachs alfa. Dit getal had boven de 0,9 moeten liggen, maar Jesse ontdekte dat de alfa in Stapels onderzoek 'echt belachelijk laag' was, kleiner dan 0,45. 'Dat kan er haast alleen maar op duiden dat de vragenlijsten willekeurig waren ingevuld,' zei hij tegen *de Volkskrant*.

Hij had zijn twijfels gedeeld met een buitenlandse vertrouweling, maar die had hem afgeraden om er werk van te maken omdat hij daar als nieuwkomer in Tilburg zelf de dupe van zou kunnen worden. Het ging tenslotte om een succesvol onderzoeker, die ook nog eens decaan was en bovendien bevriend was met rector magnificus prof.dr. Ph. Eijlander en afdelingshoofd Zeelenberg. Jesse had zijn twijfels daarna ook gedeeld met genoemde Kees en onderzoekster 'Kim'. Gedrieën hadden ze besloten het werk van Stapel nader te bestuderen. 'We zeiden niet met zo veel woorden: we gaan Diederik ontmaskeren,' zei Jesse tegen *de Volkskrant*. 'Maar we wilden weten of er meer van dit soort gegevens waren. En we beseften dat we onze vermoedens maar beter stil konden houden tot we het echt keihard konden bewijzen.'

Jesse had het onderzoek naar gelddonaties zelf twee keer herhaald en was er niet in geslaagd om dezelfde prachtige bevestigingen voor zijn hypothese te vinden. Dat had hij ook voorzichtig verteld aan Stapel, maar die had gezegd dat hij bij de publicatie van zijn onderzoek de eerste uitkomsten moest gebruiken. Stapel had daarna nooit meer geïnformeerd naar Jesses studie.

In de maanden daarna hadden Jesse, Kees en Kim berekeningen nagelopen in diverse onderzoeken van Stapel en waren daarbij op nieuwe onregelmatigheden gestuit. Ook had hun het verhaal van een promovendus bereikt die had ontdekt dat in een ongepubliceerde studie getallen in twee verschillende tabellen exact hetzelfde waren, wat onmogelijk was. Stapel had gezegd dat er een fout moest zijn gemaakt bij het invoeren van de cijfers en dat de studie moest worden overgedaan.

Het dossier van Jesse, Kees en Kim over Stapel was gegroeid en gegroeid. Op de avond van het congres hadden ze besloten, na het nodige te hebben gedronken, dat de tijd rijp was om Zeelenberg hun bevindingen voor te leggen. En zo geschiedde. Zeelenberg liet die nacht weten dat hij de kwestie zou bespreken met Stapel. Op vrijdag 26 augustus, de dag waarop in de kranten berichten begonnen te verschijnen over de hufterigheid van vleeseters, confronteerde Zeelenberg Stapel met de inhoud van het dossier van Jesse, Kees en Kim. Stapel ontkende alles.

De dag daarna betrok Zeelenberg rector magnificus Eijlander (tevens vertrouwenspersoon voor integriteitszaken) bij de zaak. Eijlander nodigde Stapel zondagmiddag 28 augustus uit voor een gesprek en sprak de dag daarna met Jesse en Kim. Op dinsdag 30 augustus had Eijlander een tweede gesprek met Stapel, die bleef ontkennen. De rector vroeg hem of hij hem kon meenemen naar de scholen waar hij een groot deel van de data voor zijn studies zou hebben verzameld, om twijfels weg te nemen of die scholen wel echt hadden deelgenomen, maar daar ging Stapel niet op in. Geen wonder, want de scholen bleken een verzinsel te zijn. Pas een week later, op dinsdag 6 september, gaf Stapel in bijzijn van zijn advocaat toe dat hij zich had schuldig gemaakt aan grootschalig gebruik van gefingeerde data.

Op woensdag 7 september 2011 maakte Eijlander bekend dat Stapel op non-actief was gezet. Hij vertelde dat de precieze omvang van de fraude nog niet bekend was, maar dat een commissie onder leiding van prof.dr. Willem Levelt (emeritus directeur van het Max Planck Instituut voor Psycholinguïstiek en oud-KNAW-president) daar onderzoek naar zou doen. De commissie zou ook kijken naar het onderzoek in Groningen, waar Stapel (geboren in 1966) tussen 2002 en 2006 hoogleraar was geweest, nadat hij in 1997 cum laude was gepromoveerd aan de Universiteit van Amsterdam. Eijlander meldde dat de motieven van Stapel nog onduidelijk waren. 'In een korte verklaring zei hij iets over de druk die je voelt om te presteren, maar dit was niet het moment om dat nader te bespreken. Hij was erg in verwarring, dit is ook een persoonlijk drama voor hem,' zei Eijlander op de persconferentie.

Roos Vonk was perplex door het nieuws. Ze schreef op haar website: 'Diederik Stapel was een van de beste sociaal-psychologen van Europa. Hij had een vlekkeloze reputatie, hij was een uitstekende docent en decaan en hij leek een toonbeeld van integriteit. Dat uitgerekend hij dit gedaan heeft, maakt het extra schokkend en laat zien hoezeer ook wij als psychologen ons volstrekt kunnen vergissen in mensen. Ik moet aannemen dat ook de "vleesdata" berusten op fraude.'

De Radboud Universiteit verwijderde het persbericht over de vleeshufters schielijk van haar website en stelde een commissie in die de rol van Roos Vonk bij dit waarschijnlijk frauduleuze onderzoek ging bestuderen.

De commissie-Levelt, die verder bestond uit prof.mr. M.S. Groenhuijsen en prof.dr. J.A.P. Hagenaars publiceerde op 31 oktober 2011 een

interim-rapport. Omdat het beoordelen van alle publicaties op mogelijke frauduleuze elementen nog veel meer tijd zou kosten, was gekozen voor een eerste overzicht van publicaties met verzonnen data of
verzonnen onderzoek. Het interim-rapport wierp ook licht op Stapels
werkwijze en op de onderzoekscultuur waarbinnen deze fraude mogelijk was gebleken. Bovendien deed de commissie aanbevelingen om
herhaling in de toekomst te voorkomen.

Het onderzoek had zich behalve tot de Rijksuniversiteit Groningen
ook uitgebreid tot de Universiteit van Amsterdam, waar Stapel had
gestudeeerd en was gepromoveerd. Elke universiteit had een eigen
onderzoekscommissie ingesteld. De Groningse bevindingen waren in
aparte kaders opgenomen in het rapport; de Amsterdamse commissie was nog niet klaar. De Groningse commissie bestond uit prof.dr.
E. Noort (voorzitter), prof.dr. H.E. Bröring (beiden RUG), en prof.dr.
J.M. Pieters (UT); de Amsterdamse commissie uit prof.dr. P.J. Drenth
(voorzitter), prof.dr. J.W. Zwemmer, prof.dr. L.A. de Klerk en prof.dr.
C.A.J. Klaassen (allen UvA).

De Amsterdamse commissie had zich gebogen over Stapels publicaties van 1994 tot en met 1999, met de nadruk op zijn promotieonderzoek; de Groningse commissie had de publicaties van 2000 tot en
met 2006 onder de loep genomen en de in Groningen door hem begeleide promotieonderzoeken; en de Tilburgse commissie de publicaties
van 2007 tot en met 2011 en de Tilburgse promotieonderzoeken.

De commissies volgden alle dezelfde werkwijze. Ze verzamelden
de publicaties inclusief (voor zover nog beschikbaar) de datasets, vragenlijsten, hypothesen en mailuitwisselingen. Ook vroegen ze Stapel
of hij zelf een lijst wilde maken van publicaties met gefingeerde data.
Die leverde hij voor de periode 1994 tot en met 2011. Stapel liet weten
dat hij om psychische en lichamelijke redenen niet in staat was om
ook nog een lijst op te stellen van boekhoofdstukken en proceedings
met gefingeerde data. De commissies interviewden een groot aantal klokkenluiders, (voormalige) promovendi, coauteurs, collega's en
(oud-)bestuurders. Stapel zelf was niet in staat om met de commissies te spreken. Wel kreeg hij via zijn advocaat een conceptversie van
het interim-rapport voorgelegd voor commentaar (zie verderop in
deze paragraaf).

Uit het interim-rapport van de commissie-Levelt bleek dat Stapel in elk geval al in zijn Groningse tijd, vanaf 2004, was begonnen met frauderen. Het ging om manipulaties met echte data, die hij wijzigde of aanvulde met verzonnen data zodat deze zijn hypotheses bevestigden. Ook had hij in Groningen al geregeld dataverzamelingen totaal verzonnen. Stapel bood in Groningen geregeld een promovendus of collega data aan met het verhaal dat hij die al in zijn Amsterdamse tijd had verzameld, maar nog niet had kunnen analyseren. In Tilburg bleek hij bij tientallen onderzoeken dataverzamelingen uit zijn duim te hebben gezogen. Daar begon hij te werken met vragenlijsten die hij beweerde te hebben uitgezet op een school of bij een groep proefpersonen, die niet bleken te bestaan of niet waren te traceren.

De commissies vonden geen aanwijzingen dat coauteurs van Stapels publicaties weet hadden of hadden kunnen hebben van deze datavervalsingen. Ook door Stapel begeleide promotieonderzoeken bleken verzonnen data te bevatten, zonder dat de promovendi dit wisten. Een Tilburgse promovenda stelde haar promotie om die reden voor de zekerheid uit. De commissies hadden zich afgevraagd of deze promovendi hun doctorsgraad wel konden behouden, maar zagen geen reden om die te ontnemen omdat Stapel promovendi (en coauteurs) 'op zeer geraffineerde wijze' had misleid. De commissies vonden wel dat de 'onzuiverheid' van de data in de dissertaties openbaar moest worden gemaakt, om te voorkomen dat andere wetenschappers zich in hun onderzoek zouden laten leiden door onjuiste conclusies en interpretaties.

Volgens het rapport hadden vóór Jesse, Kees en Kim al eerder drie jonge onderzoekers aan de bel getrokken over Stapels datasets. Tot wie deze klokkenluiders zich hadden gewend en wat er gebeurd was met hun meldingen, werd niet duidelijk. Er waren ook twee hoogleraren geweest die hadden vastgesteld dat Stapels data 'te mooi waren om waar te zijn'. Ook over hen meldde het rapport geen details. Later werd duidelijk dat een van hen prof.dr. Ad Vingerhoets was geweest (zie verderop).

Stapels multifraude had, door de aard van zijn onderzoek, geen ernstige gevolgen. Dat had anders kunnen zijn als het bijvoorbeeld om patiëntenonderzoek was gegaan. Wel waren vele collega's, met name jonge onderzoekers, de dupe geworden van zijn verzinsels. Zij ondervonden problemen bij de verlenging van tijdelijke contracten en bij het aanvragen van subsidies. Ook waren sommigen 'gedemoraliseerd' en anderen gestigmatiseerd, waarvan ze lang last zouden kunnen houden in hun verdere carrière.

Volgens Levelt c.s. had ook 'het geloof in de wetenschap en in het bijzonder in de Sociale psychologie (...) door toedoen van de heer Stapel een fikse deuk opgelopen'. De universiteiten van Tilburg, Groningen en Amsterdam hadden 'reputatieschade' geleden, aldus het rapport. En dan waren er nog wetenschappelijke tijdschriften die gepubliceerde artikelen zouden moeten terugtrekken en onderzoeksfondsen die subsidies hadden toegekend voor onderzoek gebaseerd op verzinsels, en collega-onderzoekers die financiële steun mogelijk aan hun neus voorbij hadden zien gaan omdat de geldverstrekkers hun kaarten liever op de immer succesvolle Stapel zetten.

De commissie had zich uiteraard afgevraagd hoe Stapel jarenlang had kunnen doorgaan met frauderen en de top in zijn vakgebied had kunnen bereiken. Dat was des te verbazingwekkender omdat zijn werkwijze om zelf data te verzamelen voor zijn promovendi en coauteurs ongebruikelijk was in het vak, wat sommigen ook wel was opgevallen. Daarvoor gaf de commissie twee verklaringen: 'De belangrijkste reden is gelegen in de geraffineerde werkwijze van de heer Stapel en het onbeschaamde gebruik dat hij maakte van zijn prestige, aanzien en macht. Een tweede factor die speelde was een gebrekkig functioneren van de wetenschappelijke kritiek, de hoeksteen van de wetenschap.'

Stapel maakte misbruik van het feit dat collega's en zeker promovendi en junior-onderzoekers hem onvoorwaardelijk vertrouwden als 'wetenschappelijke coryfee' van de afdeling Sociale psychologie en decaan van de faculteit. Hij had charisma, straalde leiderschap uit en was heel betrokken bij medewerkers en studenten. Veel promovendi kwamen bij hem thuis, aten met hem en gingen naar het theater met hem. Ze zagen Stapel als een soort vriend, wat een kritische houding bemoeilijkte. Juist door die nauwe banden kon zijn slimme systeem van datafabricage slagen.

De Tilburgse commissie schetste de vorm die Stapel het meest hanteerde: 'Hij ontwierp samen met een andere wetenschapper (doorgaans een research master student, een promovendus of postdoc, maar soms ook een senior collega), in intensieve één-op-één interactie, een theorie die intelligent en creatief aansloot op een onderzoeksvraag, welke veelal afkomstig was van de partner. Ter toetsing van die theorie werden ingenieuze experimentele manipulaties ontworpen en tot in detail voorbereid en op papier uitgewerkt. (...) De materialen voor het experiment, zoals precieze omschrijvingen van de experimentele set up, gedetailleerde instructies voor de proefleiders ter plekke, de stapels vragenlijsten, experimentele benodigdheden zoals plaatjes, belonend snoepgoed, etc. werden, na zorgvuldige bespreking, door de wetenschappelijke partner voorbereid in de benodigde hoeveelheden. Tevens produceerde de laatste vaak, op verzoek van de heer Stapel, een tabel met de verwachte empirische uitkomsten van alle te toetsen hypothesen. De materialen werden alle afgeleverd aan de heer Stapel, in veel gevallen achter in zijn auto geplaatst om naar de betreffende school te worden gebracht.'

Alles wees er dus op dat de experimenten daadwerkelijk zouden worden uitgevoerd. Maar dat gebeurde niet. Niemand had dat door omdat Stapel erop stond om ze helemaal alleen uit te voeren bij een groot aantal onderwijsinstellingen waarmee hij uitstekende contacten zei te hebben opgebouwd. In ruil voor hun medewerking beweerde hij voordrachten te houden en de scholen computers en beamers cadeau te doen. De dataverzameling onttrok Stapel totaal aan het zicht van derden. Hij vertelde dat deze data op de scholen zelf werden verwerkt en gecodeerd door assistenten die niemand ooit te zien kreeg. Deze data gingen altijd eerst naar Stapel, nooit naar zijn mede-onderzoekers. Stapel gaf hun enkele weken na het zogenaamde invullen van de vragen een (gefingeerd) databestand voor nadere analyse. Soms had Stapel de data ook al in tabellen gezet, compleet met gemiddelden, standaardfouten en betrouwbaarheidsintervallen. De co-onderzoeker kon bij wijze van spreken meteen aan de slag met het schrijven van het artikel.

Stapel leverde ook op andere manieren fictieve datasets. Als hij van een collega hoorde over diens lopende onderzoek, zei hij nog een ongebruikte dataset te hebben liggen die daar mooi bij aansloot. Hij stuurde kort daarna fictieve data op die de collega kon gebruiken voor een publicatie, met Stapel als coauteur. Soms voerde hij onderzoek ook alleen uit, met verzonnen data en assistenten. In het geval van het vleesonderzoek gaf hij Vonk de indruk dat hij het onderzoek samen met Zeelenberg en een assistent uitvoerde.

De fraudes bleven ook verborgen omdat Stapel zo berekenend te werk ging, niet alleen in de voorbereiding (bijvoorbeeld het snoepgoed dat hij klaar liet leggen in zijn auto) maar ook in het toevoegen van details over de scholen in de publicaties, waarvan de namen verder vaag werden gehouden. In zijn Tilburgse tijd stelde Stapel het liefst onderzoek bij scholieren te doen, en niet onder (psychologie) studenten zoals gebruikelijk in dit vakgebied, omdat deze door hun grotere naïviteit betere proefpersonen waren. Als promovendi of andere onderzoekers informeerden om welke scholen het ging kregen ze onduidelijke antwoorden. Stapel noemde vrijwel nooit de exacte locaties en als hij dat wel deed verbood hij anderen contact op te nemen met die scholen. Hij zei de scholen af te schermen omdat ze anders kopschuw zouden kunnen worden voor toekomstig onderzoek. Als promovendi te kritisch bleven liet Stapel weten dat hij twijfels had over hun geschiktheid voor het vak.

Ook in Groningen was Stapel al de 'Heer van de data', aldus de commissie aldaar. Hij hielp jonge onderzoekers soms op een manier die jaloezie wekte bij promovendi in andere onderzoeksgroepen door het 'vuile' werk voor hen op te knappen: uitvoeren van experimenten, invoeren van ruwe data en analyseren en interpreteren daarvan. In andere groepen golden die zaken als nuttige leermomenten en onderdeel van de proeve van bekwaamheid om zelfstandig onderzoek te doen. Stapel draaide het echter zo dat zijn jonge onderzoekers op deze wijze meer tijd hadden voor nuttiger zaken. Als 'Heer van de data' had Stapel daardoor alle gelegenheid tot manipulatie.

Eén keer kreeg Stapel het aan de stok met een jonge onderzoeker, die per se de ruwe data wilde inzien. Stapel zei dit te beschouwen als onacceptabele twijfel aan zijn capaciteiten en ervaring als hoogleraar, en de onderzoeker zag zich door Stapels houding genoodzaakt om op te stappen.

In zijn Amsterdamse tijd werkte Stapel nog niet met (verzonnen) scholieren, maar met (bestaande) eerstejaars studenten als proefpersoon. Omdat hij daar ook in zijn eentje de dataverzameling, -codering en -verwerking voor zijn rekening nam, had hij daar mogelijk ook al gefraudeerd. Deze data waren echter intussen vernietigd, wat vaststellen van fraude bemoeilijkte. De Amsterdamse commissie moest de bewuste publicaties daarom langs andere weg beoordelen op hun betrouwbaarheid, wat meer tijd kostte.

Alle vernuft ten spijt bleef het toch raadselachtig dat Stapel niet eerder door de mand was gevallen, vonden Levelt en de zijnen. 'Dat heeft niet alleen gelegen aan het genoemde ondenkbare van deze fraude zonder precedent, maar ook aan het falen van de rationele, systematische, inhoudelijke, methodologische en openbare kritiek, die de hoeksteen vormt van de wetenschap,' aldus het interim-rapport. De commissie wilde geen medeschuldigen aanwijzen – de fraudes waren uitsluitend Stapels werk gebleken – maar er waren wel diverse partijen die iets hadden kunnen doen met 'merkwaardigheden (...) die in een normale vitale wetenschappelijke wereld opgemerkt hadden moeten worden en soms ook opgemerkt zijn, maar dan zonder verder vervolg'. De commissie doelde met deze 'partijen' op researchmasterstudenten, promovendi, promotiecommissies, postdocs, junior en senior onderzoekers/collega's, collega's en bestuurders van het departement Psychologie, van de faculteit, van de universiteit, en op redacties en reviewers van tijdschriften.

In Tilburg wist bijvoorbeeld niemand binnen het departement dat niet de promovendus maar Stapel de dataverzameling voor zijn rekening nam. 'Blijkbaar kon de heer Stapel in de praktijk doen wat hij wilde, zonder systematisch, structureel overleg.' Dit had mogelijk kunnen worden voorkomen door elke promovendus twee begeleiders te geven.

Doordat de promovendi uit Stapels team geïsoleerd werkten hadden ze geen idee dat diens werkwijze afweek van de standaard binnen dit vakterrein. De leden van de promotiecommissies wisten eveneens niet dat promovendi hun data vaak niet zelf hadden verzameld en hadden dat ook niet gecontroleerd. Ze waren ook onvoldoende kritisch over de praktische uitvoerbaarheid van de beschreven experimenten in de diverse proefschriften. Sommige van die experimenten waren veel te ingewikkeld om op scholen te kunnen worden gedaan. 'Maar vragen hierover werden niet gesteld, men accepteerde eenvoudigweg dat de heer Stapel dit allemaal voor elkaar kreeg.'

Dat ook reviewers en tijdschriftredacties daar kennelijk geen vragen over hadden gesteld, vond de commissie-Levelt kwalijk. 'Het is geen overbodige luxe als tijdschriften eisen op internet een gedetailleerd rapport van de gevolgde onderzoeksprocedures ter beschikking te stellen.'

Het ernstigst vonden Levelt c.s. dat in de onderzoekscultuur rond

Stapel het wetenschappelijke basisprincipe van falsificatie vrijwel was losgelaten. Onderzoekers, zeker psychologen, weten uit ervaring dat hun aanvankelijke hypotheses niet worden bevestigd; en als dat wel gebeurt lukt het vaak niet om het effect opnieuw aan te tonen. Stapels hypothesen werden echter voortdurend bevestigd en ook nog eens met zeer overtuigende uitkomsten, wat al helemaal uitzonderlijk is in experimenteel onderzoek. Bij Stapel leidde het echter niet tot wantrouwen dat hij steeds resultaten vond die 'te mooi om waar te zijn' waren, maar werd dat juist als bewijs gezien van zijn enorme talent om experimenten te bedenken en uit te voeren. Onderzoekers die er niet in slaagden zijn experimenten te repliceren weten dat aan eigen onkunde. Of zulke replicaties vaak hadden plaatsgevonden was niet bekend omdat mislukte replicaties vrijwel onpubliceerbaar zijn; tijdschriften kunnen geen eer behalen aan dergelijke artikelen.

Reviewers merkten eigenaardigheden in de datapatronen niet op, onder meer omdat ze datasets vaak niet onder ogen kregen. Stapels fraudes waren in statistisch opzicht amateuristisch. Gewenste kolommen met data bleken met knip- en plakwerk tot stand te zijn gekomen. Bij zogenaamde onafhankelijke replicaties kwamen er precies dezelfde gemiddelden en standaarddeviaties uit rollen, wat zeer onwaarschijnlijk is. Allerlei standaardcontroles van data in de artikelen lieten reviewers achterwege.

Levelt c.s. stelden ook vast dat Stapels fraude mede mogelijk was door de cultuur binnen het (sociaal-)psychologisch onderzoek om data niet te bewaren in een openbaar archief, ook niet als tijdschriften die eis stellen bij publicaties. Openbare archivering maakt de kans op ontdekking van datafabricatie groter.

Dat Stapel in Tilburg zo lang zijn gang had kunnen gaan was volgens de commissie mogelijk mede veroorzaakt doordat de UvT zich niet hield aan de regels van het Landelijk Orgaan Wetenschappelijke Integriteit (LOWI) voor de vertrouwenspersoon van de universiteit. Het LOWI zegt dat deze functie onverenigbaar is met die van lid van het (College van) Bestuur, faculteitsdecaan, directeur van een onderzoekschool of onderwijs- of onderzoekinstituut. In Tilburg was de vertrouwenspersoon de rector magnificus, een van de belangrijkste bestuurders binnen de universiteit. Geen functionaris waar een jonge onderzoeker makkelijk naartoe stapt. Stapel stond bovendien op goede voet met het College van Bestuur. Het alternatief was een hoogleraar of andere bestuurder benaderen, maar ook het risico daarvan was voor een jonge onderzoeker moeilijk in te schatten omdat Stapel decaan was. De UvT miste volgens de commissie een onafhankelijke universitaire vertrouwenspersoon voor wetenschappelijke integriteit, buiten de bestuurslijn. Daardoor kon het gebeuren dat twee meldingen van drie klokkenluiders die in 2010 en 2011 binnenkwamen bij leden van de wetenschappelijke staf binnen de psychologie niet tot actie leidden. Pas de derde melding, van de drie klokkenluiders Jesse, Kees en Kim, kreeg in augustus 2011 wel een vervolg. In 2011 hadden ook twee collega-hoogleraren verdenkingen gehad over door Stapel aangeleverde data, zonder daar iets mee te doen. De commissie stelde 'dat de zes jonge klokkenluiders meer moed, alertheid en speurzin hebben getoond dan zittende hoogleraren'. Het was echter volgens Levelt c.s. niet zo dat enige functionaris binnen de UvT voor de zomer van 2011 al zulke sterke aanwijzingen had van Stapels wangedrag dat daar onderzoek naar had moeten worden gedaan.

Levelt c.s. deden aanbevelingen voor de afwikkeling van de zaak-Stapel. In de eerste plaats vonden ze dat universiteiten de door Stapel beschadigde wetenschappers 'genereus' moesten behandelen. Dat gold met name voor onderzoekers wier proefschriften frauduleuze data van Stapel bevatten. Mogelijk zouden zij een officiële verklaring moeten krijgen dat hun niets te verwijten viel en dat zij hun graad van doctor terecht hadden gekregen.

Zodra alle publicaties waren doorgelicht door de commissies, zouden de universiteiten de diverse tijdschriftredacties/uitgevers moeten informeren welke artikelen onbetrouwbaar waren. De commissies openden een openbare website, waarop het doorlichtingsproces te volgen was: www.commissielevelt.nl.

De universiteiten zouden ook de onderzoeksfondsen moeten informeren in hoeverre subsidies waren toegekend voor onderzoek met een frauduleus karakter; daarnaast zouden ze moeten nagaan of Stapel universitaire middelen wel rechtmatig had besteed binnen zijn onderzoeksgroep.

De commissie vond ook dat de Universiteit van Tilburg aangifte moest doen van valsheid in geschrifte c.q. oplichting. De voornaamste reden om dat te doen was dat Stapel 'ernstige schade' had toegebracht 'aan de goede naam en carrièrekansen van aan de heer Stapel toevertrouwde jonge wetenschappers'.

De doctorsgraad kon Stapel niet worden ontnomen, omdat daarvoor zou moeten worden aangetoond dat hij ook in zijn proefschrift had gefraudeerd, wat lastig was omdat de data waren vernietigd. De commissie suggereerde om na te gaan of de titel hem wel kon worden ontnomen vanwege 'uitzonderlijk wetenschappelijk onwaardig gedrag, in strijd met de aan het doctoraat verbonden plichten'.

Ook deden Levelt c.s. een aantal aanbevelingen voor de verbetering van de psychologische onderzoekspraktijk in Tilburg. Zij pleitten voor scherpere regels rond onderzoek, zonder in bureaucratie te vervallen. 'Vertrouwen blijft de basis van alle wetenschappelijke samenwerking.'

Nieuw benoemde stafleden zouden een gedragscode moeten ondertekenen. Aio's zouden een korte integriteitscursus moeten volgen over deze gedragscode. Ook zou de UvT een vertrouwenspersoon wetenschappelijke integriteit moeten aanstellen conform de LOWI-richtlijnen. Iedere student en medewerker zou op de hoogte moeten worden gesteld van het bestaan van de vertrouwenspersoon. Ook zou de UvT de bestaande klokkenluidersregeling moeten uitbreiden met bepalingen voor de bescherming van klokkenluiders die een mogelijke inbreuk op de wetenschappelijke integriteit melden.

Psychologisch promotieonderzoek zou voortaan door minstens twee supervisoren begeleid moeten worden. Promovendi zouden hun data zelf moeten verzamelen en analyseren; en de promotiecommissie moet controleren of dat daadwerkelijk is gebeurd.

De commissie deed ook aanbevelingen voor het wegnemen van 'een aantal kwetsbaarheden' binnen het psychologisch onderzoek aan de UvT. Psychologische wetenschappelijke publicaties zouden specificaties moeten bevatten over de aard en locatie van de dataverzameling en over de plek waar de ruwe data zijn opgeslagen en hoe ze toegankelijk zijn. De onderzoeksdata zouden minstens vijf jaar na publicatie gearchiveerd moeten blijven; niet alleen de ruwe laboratoriumdata, maar ook ingevulde vragenlijsten, band- en video-opnamen. De laatste aanbeveling aan de Tilburgse psychologen was om ervoor te zorgen dat replicatie van onderzoek (vóór publicatie) voortaan standaard zou worden.

Later zou duidelijk worden dat heel veel psychologen zich deze aanbevelingen mochten aantrekken, niet alleen in Nederland maar ook wereldwijd.

Stapel werd in het interim-rapport slechts opgevoerd in een bijlage. Deze bevatte de reactie die hij op 28 oktober 2011 had gegeven op de conceptversie van het interim-rapport: 'Met ontzetting en schaamte heb ik kennis genomen van het rapport. Mijn huidige gesteldheid staat mij echter niet toe dit rapport volledig te beoordelen op eventuele feitelijke onjuistheden. Ik hecht eraan te benadrukken dat de fouten die ik heb gemaakt, niet zijn voortgekomen uit eigenbelang. Ik herken me niet in het beeld dat wordt geschetst van een man die heeft geprobeerd jonge onderzoekers voor zijn karretje te spannen. Ik heb fouten gemaakt, maar was en ben oprecht betrokken bij het vakgebied van de sociale psychologie, bij jonge onderzoekers en bij overige collega's. Daarom heb ik spijt van het leed dat ik anderen heb aangedaan. Ik ben voorals-nog voornemens aanstaande maandag [de dag waarop het rapport zou worden gepresenteerd, FvK] een schriftelijke verklaring af te geven.'

Die verklaring kwam er en luidde als volgt: 'De laatste weken heb ik lang nagedacht of ik moet reageren en zo ja, wat ik dan moet zeggen. Het is moeilijk de juiste woorden te vinden. De commissie heeft gesproken. En nu moet ik en wil ik iets zeggen, hoe onmogelijk het ook is het juiste te zeggen.

Ik heb gefaald als wetenschapper, als onderzoeker. Ik heb onder-zoeksgegevens aangepast en onderzoeken gefingeerd. Niet een keer, maar meerdere keren, en niet even, maar gedurende een langere tijd. Ik realiseer me dat ik door dit gedrag mijn directe collega's in verbijs-tering en boosheid heb achtergelaten en mijn vakgebied, de sociale psychologie, in een kwaad daglicht heb gesteld. Ik schaam me daar-voor en ik heb daar grote spijt van.

Wetenschap is mensenwerk, het is teamwerk. Ik heb de afgelopen jaren enorm genoten van de samenwerking met talloze getalenteerde, zeer gemotiveerde collega's. Ik hecht eraan te benadrukken dat ik hen nooit op de hoogte heb gebracht van mijn oneigenlijk gedrag. Ik bied mijn collega's, mijn promovendi en de gehele academische gemeen-schap mijn oprechte excuses aan. Ik ben me bewust van het leed en het verdriet dat ik bij hen heb veroorzaakt.

Sociale psychologie is een groot, belangwekkend en solide vakgebied dat prachtige, unieke inzichten biedt in menselijk gedrag en daarom nog steeds veel aandacht verdient. Ik heb de fout gemaakt dat ik de waarheid naar mijn hand heb willen zetten en de wereld net iets mooier wilde maken dan hij is. Ik heb gebruik gemaakt van oneigenlijke middelen om de resultaten aantrekkelijk te maken. In de moderne wetenschap ligt het ambitieniveau hoog en is de competitie voor schaarse middelen enorm.

De afgelopen jaren is die druk mij te veel geworden. Ik heb de druk te scoren, te publiceren, de druk om steeds beter te moeten zijn, niet het hoofd geboden. Ik wilde te veel te snel. In een systeem waar er weinig controle is, waar mensen veelal alleen werken, ben ik verkeerd afgeslagen.

Ik hecht eraan te benadrukken dat de fouten die ik heb gemaakt, niet zijn voortgekomen uit eigenbelang. Ik besef dat er nog heel veel vragen zijn. Mijn huidige gesteldheid staat mij echter niet toe deze te beantwoorden. Ik zal nog diep moeten graven om te achterhalen waarom dit alles gebeurd is, wat mij hiertoe heeft bewogen. Ik heb hierbij hulp nodig die ik inmiddels ook heb gekregen. Hier wil ik het op dit moment bij laten.'

Na deze schriftelijke verklaring zou Stapel nooit meer ingaan op de vele verzoeken om interviews. Ook aan dit boek wilde hij niet meewerken. Stapels motieven bleven daardoor voer voor speculaties.

Schrijver/columnist Joost Zwagerman vroeg zich in *de Volkskrant* af of Stapel nu wel of niet wist waarom hij fraude had gepleegd. 'Telkens wanneer Stapel achter zijn computer weer nieuwe data had verzonnen, waren die data ook feitelijk en écht bestaand, is mijn vermoeden. Dat wil zeggen: hij wist wel dat hij die data uit zijn duim had gezogen, maar hij gelóófde dat ze authentiek en feitelijk waren. Dit geloof sterkte hem in de overtuiging dat hij niet alleen van nut, maar ook onmisbaar was voor zijn assistenten in opleiding met wie hij vriendschapsbanden onderhield. Daarom beschouwde hij zichzelf niet als bedrieger. Bedriegers maken de wereld lelijk, maar hij maakte de wereld van zijn studenten mooier en beter. Hij benadeelde niemand, maar hielp iedereen op weg – vond hijzelf.'

Zwagerman vermoedde dat Stapel leed aan pseudologica fantastica, een stoornis waarbij iemand door alle leugens uiteindelijk ook de weg kwijtraakt in zijn eigen leven: 'Je wordt je ergste tegenstander, namelijk de tegenstander die je niet kan doorvorsen en begrijpen, laat staan bestrijden, maar die jou tegelijkertijd hoog boven jezelf uittilt. Dáárom besloot Diederik Stapel zijn open brief met de mededeling dat hij niet weet wat hem heeft bewogen. De succesvolle Stapel werd verslagen door zichzelf, door een tegenstander die nóg meer succes had dan hijzelf: de liegende gestalte door wie hij op zeker moment definitief werd gegijzeld. Aan die gijzeling is nu een einde gemaakt. Natuurlijk, na de ontmaskering rest Stapel een intense schande en dito schaamte.'

Wetenschapsjournalist Martijn van Calmthout stelde in *de Volkskrant* dat uit het rapport-Levelt het beeld oprees van een wetenschapper 'die bijna als een acteur te werk ging. Hij maakte de juiste bewegingen en sprak de juiste teksten en bovendien liep de voorstelling altijd goed af: zijn hypotheses bleken steevast juist. En dat niet alleen: vaak waren ze ook spraakmakend, ook voor een breder publiek. Het leverde Stapel, en zijn universiteit, een sterrenstatus op. In dat succes moet de wortel van de fraude worden gezocht. Feiten zijn weerbarstig en geven onderzoekers – hoe briljant ook – lang niet altijd gelijk in hun hypothesen. Wetenschap is in die zin een permanente worsteling, en het lijkt erop dat Stapel die niet aankon. Op zoek naar meer spraakmakende inzichten verzon hij de bijbehorende feiten dan maar zelf.'

Een geheel aan Stapel gewijde aflevering van het televisieprogramma *Profiel* maake duidelijk dat Stapel ambities had gehad om acteur te worden, maar daarvan had afgezien vanwege onvoldoende talent.

Natuurkundige prof.dr. Marco de Baar vergeleek Stapel op zijn weblog Activescience met Goethes Faust, die zijn ziel uitleverde aan de duivel. 'Faust geniet veel aanzien, in het bijzonder bij zijn patiënten. Maar Faust heeft een enorm psychologisch probleem. De wetenschappelijke methode biedt hem geen voldoening meer. Het tempo van gedegen onderzoek is te traag voor hem. Hij wil spectaculaire resultaten, en hij wil ze snel! Wanhopig geworden van de zinloosheid van gedegen wetenschappelijke studies, grijpt Faust terug op de magie in de hoop oneindige kennis te verwerven. Maar ook dat gaat niet erg goed, en Faust overweegt zelfs even om zelfmoord te plegen. Mephistopheles herkent het lijden van Faust, en ziet zijn kans schoon. Hij laat Faust met bloed een contract tekenen. Faust krijgt nu alles wat hij wil, maar in het hiernamaals is Faust in het bezit van de Duivel.'

De Universiteit van Tilburg liet begin november weten dat zij het advies van de commissie-Levelt overnam om de functie van vertrouwenspersoon niet langer te laten uitoefenen door de rector magnificus. 'Voor een relatief kleine universiteit als de onze vonden wij het altijd beter dat de rector magnificus als wetenschappelijk geweten ook de middelen zou hebben om meteen in te kunnen grijpen als er iets fout zat,' aldus de woordvoerder van de UvT in *De Stem*. 'Nu gebleken is dat het bestaande systeem fraude niet heeft kunnen tegenhouden, gaan we onze organisatie op dit punt aanpassen.'

De Universiteit van Amsterdam startte in reactie op het rapport-Levelt een onderzoek naar de mogelijkheid om Stapel de doctorsgraad af te nemen. Stapel was de universiteit voor en leverde op 9 november 2011 zelf zijn getuigschrift in bij de Universiteit van Amsterdam. Hij liet in een schriftelijke verklaring weten dat hij vrijwillig afstand deed van zijn doctorstitel 'omdat hij van oordeel is dat zijn gedrag van de afgelopen jaren niet past bij de plichten die verbonden zijn aan het doctoraat', aldus een persbericht van de universiteit.

Was Stapel na die actie zijn titel werkelijk kwijt? In 1993 meldde de Universiteit Utrecht prof.dr. Piet Vroon en dr. André Klukhuhn dat inleveren van de doctorstitel onmogelijk is: eens gepromoveerd blijft gepromoveerd. De twee hadden hun bul geretourneerd uit protest tegen de toekenning van een eredoctoraat aan Albert Heijn door de Universiteit Nyenrode, wat hun stak omdat de grootgrutter nog nooit een wetenschappelijke prestatie had geleverd. Hij kreeg de titel volgens Vroon en Klukhuhn alleen maar omdat hij een leerstoel financierde in Nyenrode. Zij tooiden zich daarna met de titel *doctoraris*, 'iemand die doctor is geweest'.

In de week waarin Stapel zijn bul inleverde meldde de KNAW dat zij een commissie had ingesteld om te onderzoeken hoe wetenschappers uit diverse vakgebieden omgaan met data. Voorzitter werd socioloog/jurist prof.dr.mr. Kees Schuyt (voorzitter van het LOWI). In *NRC Handelsblad* legde Schuyt uit dat het onderzoek zich richtte op 'hoe in de diverse wetenschapsgebieden gegevens worden verzameld en hoe het staat met het beheer, de opslag, toegankelijkheid en archivering van die data' en uitdrukkelijk niet op mogelijkheden tot frauderen. Schuyt meende dat de diverse vakgebieden wel wat van elkaar konden opsteken. 'In de natuur- en scheikunde bijvoorbeeld wordt in het laboratorium een labjournaal bijgehouden van alles wat daar gebeurt. Als dat bij onderzoeken in de psychologie ook de gewoonte was geweest, had dat veel problemen kunnen voorkomen.' Op 12 december 2011 hield de KNAW bovendien een conferentie over dit onderwerp: 'Praktijken omtrent het delen van onderzoeksgegevens'. Deze bijeenkomst bevestigde de grote verschillen tussen disciplines en maakte duidelijk dat uniformering niet simpel was door met elkaar botsende (Europese) regelgeving over archivering en privacybescherming. Dagvoorzitter prof.dr. Pearl Dykstra concludeerde: 'Data beschikbaar maken is niet het beste medicijn tegen fraude maar maakt onderzoek wel beter.'

De zaak-Stapel had ook tot vragen geleid over de rol van Roos Vonk, verantwoordelijk voor het persbericht over het ongepubliceerde onderzoek over de 'vleeshufters'. De Radboud Universiteit had de commissie Wetenschappelijke Integriteit (voorzitter prof. E. van der Zweerde) na de eerste bekendmaking van Stapels grootschalige fraude in september 2011 opdracht gegeven om haar rol te belichten bij dit door Stapel verzonnen onderzoek. Vonk had na de bekendmaking weliswaar spijt betuigd over het persbericht, maar dat had rector magnificus prof.mr. Bas Kortmann onvoldoende gevonden.

Bijna een maand na de bekendmaking van het interim-rapport van Levelt c.s. meldde de Radboud Universiteit op 22 november 2011 in een persbericht dat Vonk op basis van het advies van de CWI was berispt vanwege 'onzorgvuldig professioneel handelen' bij het opstellen van het persbericht over het onderzoek naar de psychologische effecten van denken aan vlees. Gefraudeerd had zij niet, aldus de universiteit. Ze had nauwelijks inbreng gehad bij de opzet en uitvoering van het onderzoek, maar omdat ze als woordvoerder (en toekomstig coauteur) naar buiten was getreden was ze medeverantwoordelijk voor het (feitelijk nooit uitgevoerde) onderzoek, zo redeneerde de commissie. Het werd haar ook aangerekend dat ze voorbarig conclusies had getrokken uit niet door haarzelf verzamelde data, die ze ook niet had gecontroleerd. Ze had bovendien 'extra kritisch moeten zijn op haar eigen werkwijze' omdat algemeen bekend was dat zij tegenstander was van de bio-industrie. Volgens rector Kortmann had Vonk met het uitbrengen van het persbericht 'de wetenschap, de sociale psychologie en de Radboud Universiteit in diskrediet gebracht. (...) Bovendien heeft een hoogleraar een voorbeeldfunctie voor studenten en jonge onderzoekers.'

Vonk liet dezelfde dag een verklaring uitgaan waarin zij nog maar eens het boetekleed aantrok. 'Ik ben het eens met de commissie en het College van Bestuur dat het onzorgvuldig en onprofessioneel was om (...) als mede-onderzoeker en woordvoerder van dit onderzoek al zo snel een persbericht over de resultaten uit te brengen. Zoals ik eerder heb aangegeven, zie ik dat als een grote blunder. De resultaten die ik te zien kreeg, leken heel duidelijk en waren in lijn met wat we hadden verwacht op grond van eerder, buitenlands onderzoek. In mijn enthousiasme hierover en mijn vertrouwen op een gerenommeerde collega heb ik geen seconde getwijfeld aan de betrouwbaarheid, en me laten verleiden tot het naar buiten brengen van voorbarige conclusies. Deze kwestie heeft mij er weer aan herinnerd dat een wetenschapper altíjd moet twijfelen. Het publiek moet erop kunnen vertrouwen dat wetenschappers goed gecontroleerde feiten naar buiten brengen.'

Vonk schreef 'moeite' te hebben met sommige conclusies van de commissie, maar benoemde ze niet. Omdat de Radboud Universiteit weigerde het advies openbaar te maken (bijzondere universiteiten achten zich niet gebonden aan de Wet Openbaarheid van Bestuur – mogelijk ten onrechte gezien de geest van de wet, die openbare universiteiten wel verplicht om adviezen van CWI's openbaar te maken) bleef onduidelijk waar zij op doelde.

Vonk schreef ook dat ze veel had geleerd van deze ervaring. 'Ik heb mijn eigen "menselijke gebreken" pijnlijk in beeld gekregen. Het was een harde les, maar dat is soms nodig om tot ontwikkeling en zelfverbetering komen.'

Zeelenberg, de derde betrokkene bij het vleeshufteronderzoek, bleef buiten schot. UvT-rector Eijlander liet aan *NRC Handelsblad* weten dat naar zijn functioneren geen onderzoek was gedaan. 'Hij heeft enkel op de achtergrond een rol gespeeld. Wel heb ik hem gezegd dat hij oplettender had moeten zijn,' aldus Eijlander. Zeelenberg was tenslotte ook de man geweest die de verdenkingen van de drie klokkenluiders had voorgelegd aan Stapel op de dag dat het persbericht verscheen en was daarna naar de rector gestapt.

In de week van de berisping van Vonk deed de UvT, mede namens de Rijksuniversiteit Groningen, bij de Tilburgse recherche aangifte tegen Stapel vanwege oplichting en valsheid in geschrifte.

NWO liet in februari 2012 weten dat zij afzag van het terugvorderen van subsidies van Stapel. Hij had door de jaren heen in totaal 2,2 miljoen euro gekregen van NWO, maar dat geld was waarschijnlijk niet onrechtmatig besteed en grotendeels uitgegeven aan salarissen van jonge wetenschappers.

In de loop van 2012 bleven resultaten binnendruppelen van het doorlichten van de diverse publicaties van Stapel, die werden gemeld op de speciale website www.commissielevelt.nl. Eind september 2012 was de tussenstand aldus: het aantal als frauduleus beoordeelde artikelen en hoofdstukken uit proefschriften 54; bij nog eens zeven artikelen bestonden sterke aanwijzingen voor fraude; vijfentwintig retracties en nog vele in voorbereiding. Daarmee staat Stapel in de top-tien van grootste fraudeurs, een lijst die wordt aangevoerd door de Japanse anesthesioloog Yoshitaka Fujii, met 172 frauduleuze artikelen.

Op de website werd ook zichtbaar welke coauteurs slachtoffer waren geworden van Stapels fraudes. In het rapport-Levelt werden geen namen genoemd, behalve in de bijlagen, waar een lange lijst van gesprekspartners werd genoemd. Slechts weinigen van hen wilden in de pers reageren.

Vrij Nederland deed in december 2011 pogingen om betrokkenen tot reacties te verleiden, maar stuitte op grote zwijgzaamheid, niet alleen in Tilburg maar ook in Groningen. 'Stonden zijn oud-collega's eerder nog te trappelen om met hun mediagenieke collega in de krant te komen, over hun eigen rol in dit drama houden ze de lippen liever stijf op elkaar.' Deze zwijgzaamheid bleek zich ook uit te strekken tot buitenlandse onderzoekers met wie Stapel had gepubliceerd. 'Deze calamiteit domineert elke conferentie. Ik wil er niet meer over praten,' kreeg *VN* te horen van Hart Blanton, een hoogleraar Sociale psychologie in Connecticut, die met Stapel drie artikelen en een boek had geschreven. Tilburgse wetenschappers hadden het advies gekregen om niet met de pers te praten en de woordvoering over de zaak-Stapel aan de afdeling Voorlichting over te laten. De Tilburgse hoogleraar Gezondheidspsychologie Ad Vingerhoets noemde die instructies 'bezopen'. 'De universiteit gaat er prat op voor transparantie te staan, maar handelt er niet naar. Het is belangrijk dat mensen snappen wat er gebeurd is. Ik zou dat zelf ook willen weten.'

Vingerhoets was zoals gezegd een van de twee hoogleraren die twijfels hadden gehad over Stapels data, maar die daar niets mee hadden gedaan. In het rapport-Levelt werd hun de moed van de drie jonge klokkenluiders ten voorbeeld gesteld. Vingerhoets legde VN uit hoe de gang van zaken was geweest bij een onderzoek dat hij met Stapel had gedaan naar de bereidheid van kinderen om snoepjes te delen als ze een ander kind zien huilen. Stapel leverde op de gebruikelijke wijze kant-en-klare data aan, verzameld op scholen. 'Onze verwachtingen kwamen precies uit. Het was te mooi om waar te zijn. Ik dacht: Jezus, hoe kan dat? Zulke mooie resultaten heb ik nog nooit gehad.' Toen Vingerhoets de data opvroeg bij Stapel liet deze weten dat ze nog niet waren ingevoerd. Dat verbaasde Vingerhoets omdat Stapel hem al wel een ingewikkelde berekening had gestuurd: 'Ik dacht: hoe kun je die maken zonder dat de data zijn ingevoerd? Hé, wat is hier aan de hand?'

Vingerhoets vroeg zich vervolgens ook af hoe het onderzoek eigenlijk in de praktijk was uitgevoerd. 'Als je het goed deed, kon het niet klassikaal, maar moest het in groepjes van twee. Ik vond het wel onwaarschijnlijk dat ze op een school negentig leerlingen in duo's hadden getest.' Hij deelde zijn wantrouwen met een emeritus hoogleraar, maar die raadde hem af om de zaak aan te kaarten binnen de universiteit. Vingerhoets zei zijn twijfels na de zomervakantie te hebben willen voorleggen aan Stapel, maar daar was het niet meer van gekomen omdat Stapel toen al door de mand was gevallen. De hoogleraar zei tegen VN dat hij er geen spijt van had dat hij toch niet eerder aan de bel had getrokken, hoewel de commissie-Levelt hem dus gebrek aan moed verweet. 'Ik vind nog steeds dat ik het goed heb gedaan.'

In 2012 licht Vingerhoets toe dat hij in oktober 2011 al een presentatie had gehouden over het onderzoek voor collega's uit zijn vakgroep, kort nadat hij de data van Stapel had gekregen en daar nog mee in zijn 'nopjes' was geweest. 'De grote twijfels kwamen later toen ik ging schrijven en meer gegevens wilde hebben van Stapel. Maar Stapel liet in april/mei 2011 weten dat hij geen tijd had omdat een paar van zijn aio's hun manuscript aan het afronden waren, en zei dat hij er na de vakantie weer op terug zou komen. Ik had hem onder meer, als smoes, willen vragen naar de namen van de mensen die op de scholen het werk hadden gedaan, voor in de acknowledgements.'

In Groningen had *VN* wat meer succes met wetenschappers aan de praat krijgen. Die gesprekken wierpen ook wat meer licht op Stapels ambitieuze karakter.

De Groningse hoogleraar dr. Bram Buunk, die Stapel in 2000 had overgehaald om de overstap te maken van Amsterdam naar Groningen, vertelde dat zijn enthousiasme over het binnenhalen van 'supertalent' Stapel al snel was verdwenen. Zeker nadat Stapel een grote onderzoekssubsidie had gekregen van NWO, waarbij hij zou gaan samenwerken met Buunk. Toen Stapel zonder enige aanleiding afzag van deze samenwerking, had Buunk daar niets van begrepen. 'Achteraf denk ik dat Stapel geen pottenkijkers wilde. Hij was waarschijnlijk bang dat hij al die prachtige ontdekkingen die hij in zijn onderzoeksvoorstel had voorspeld, niet waar kon maken. (...) Als we wel hadden samengewerkt, dan had ik het denk ik wel ontdekt.'

De toenmalige Groningse decaan prof.dr. Bert Creemers vertelde *VN* dat Stapel primadonnagedrag begon te vertonen. 'Of het nu om bonnetjes of personen ging, hij uitte zijn klachten duidelijk. Hij had natuurlijk recht op goede ondersteuning, maar ik vond dat hij zich geen keizerlijke manieren zou moeten aanmeten en op een wat prettiger manier met zijn collega's moest omgaan. Ik dacht: dit is mijn lot dat ik af en toe zo'n hoogleraar heb, een jeune premier die je wat tot bedaren moet brengen.'

Creemers slaagde er echter niet in om Stapel in te tomen. Toen hij weigerde hem te bevorderen tot hoogleraar B, de hoogste rang, probeerde Stapel dat af te dwingen via het College van Bestuur. Zonder resultaat. 'Dat was uiteindelijk een reden voor hem om uit Groningen te vertrekken,' aldus Creemers in *VN*.

Het weekblad gaf ook meer inzicht in Stapels karakter via een interview met hoogleraar Stephen Reicher, die Stapel begeleidde toen hij begin jaren negentig studeerde aan de universiteit van Exeter. 'Ik mocht hem graag. Hij was ongelooflijk enthousiast. Breed geïnteresseerd, in kunst en literatuur. Zijn passie voor de wetenschap raakte me. Hij had alle ingrediënten om de top te bereiken.' Reicher vertelde dat hij opnieuw contact had gehad met Stapel in zijn Groningse tijd. 'Een van de dingen die ik altijd tegen mijn studenten, en ook tegen Diederik zei, is: je gaat de wetenschap niet in om beroemd te worden. Dat was bij hem veranderd. Hij was zijn oorspronkelijke passie en nieuwsgierigheid verloren en cynisch geworden.'

Stapels promotor Joop van der Pligt, bij wie hij in 1997 cum laude was gepromoveerd, vertelde een vergelijkbaar verhaal aan VN. 'Hij voldeed op fenomenale wijze aan het beeld van de beloftevolle wetenschapper. Hij was een primus inter pares met een enorme uitstraling. Sommigen vonden de competitie met Stapel wel wat hevig. Een deel ging niet meer mee lunchen omdat ze niet steeds wilden aanhoren hoe succesvol Diederik was. (...) Hij was verblind door ambitie, denk ik. Het is allemaal heel erg triest en heeft ook wel klinische proporties.'

Ook Buunk liet zich in VN uit over Stapels psyche: 'Hij heeft alle kenmerken van een narcist, een klassieke oplichter die aan de ene kant heel charmant kan zijn en aan de andere kant buitengewoon naar als hij zijn zin niet krijgt.'

In VN kwam voor het eerst een wetenschapper aan het woord die in twijfel trok of de doctorstitels van Stapels promovendi wel terecht waren verleend. 'Stel dat ik een atleet ben en mijn trainer dient me buiten mijn medeweten om doping toe,' zei dr. Eric-Jan Wagenmakers, hoogleraar bij de afdeling Methodologie van de psychologie van de Universiteit van Amsterdam. 'Ik kwalificeer me voor de Olympische Spelen en vervolgens word ik gepakt. Dan word ik echt wel gediskwalificeerd. Hoewel ik er geen schuld aan heb, is de prestatie niet eerlijk geweest. Als ik een proefschrift publiceer met gegevens die niet kloppen, hoeveel is die proeve van bekwaamheid dan nog waard?'

Wagenmakers, president van de Society for Mathematical Psychology, vatte in VN alvast de inhoud samen van een artikel dat hij in 2012 zou publiceren in *Perspectives on Psychological Science*. Stapels fraude mocht qua omvang uitzonderlijk zijn, maar legde volgens Wagenmakers wel een structureel probleem bloot binnen de psychologie wat betreft beheer en analyse van data. 'De affaire-Stapel is het beste wat de psychologie kon overkomen,' zei hij daarom tegen *VN*. Naar zijn mening bedienen veel meer psychologen zich van dubieuze praktijken, die hij typeerde als 'martelen van de data tot ze bekennen'. Als experimenten niet de gewenste uitkomsten hebben zetten deze psychologen de test net zolang voort tot ze een statistisch significant effect te pakken hebben. 'Bijna iedereen doet dit. Het is gewoon vals spelen en veel onderzoekers beseffen niet eens dat ze dat doen.' Wat ook veel voorkomt volgens Wagenmakers is het op alle mogelijke manieren analyseren van de data en dan vervolgens voor de publicatie de methode kiezen die de overtuigendste resultaten oplevert. De omgekeerde volgorde, aldus Wagenmakers. Datzelfde gold voor het achteraf bedenken van een theoretisch verhaal bij experimenten.

Uit Tilburgse kringen rond Stapel trad (buiten Vingerhoets) zoals gezegd niemand naar buiten, ook niet toen ik diverse slachtoffers van Stapel benaderde in de zomer van 2012. Een onderzoekster die een gat zag vallen in haar cv door diverse retracties van artikelen die ze met Stapel had gepubliceerd, liet alleen weten dat veel betrokkenen nog steeds aangeslagen waren. Zij nam kort daarop ontslag, teleurgesteld in de wetenschap.

Wel meldde zich in reactie op mijn mailenquête onder duizenden wetenschappers dr. Carel van Wijk, UHD bij de afdeling Communicatie- en informatiewetenschappen van de Tilburgse faculteit Geesteswetenschappen, en ook reviewer van sociaal-psychologische artikelen. 'Dat Stapel "ontmaskerd" is door op zijn databestanden de Cronbach's alpha te berekenen is eigenlijk te gek voor woorden,' aldus Van Wijk. 'Het betekent (i) dat tijdschriften blijkbaar niet om die controles hebben gevraagd, en (ii) dat Stapels coauteurs hun eigen onderzoeksgegevens niet hebben gecontroleerd. Men is direct "voor het effect gegaan". Deze nalatigheid reken ik ook de coauteurs van Stapel aan. Een onderzoeker die niet de eigen gegevens verzamelt, doet "blind" onderzoek. Een onderzoeker die niet de eigen gegevens controleert, is gewoon ontzettend stom bezig.'

Van Wijk wees er wel op dat diverse collega's na een eenmalige samenwerking met Stapel hadden afgezien van verder contact omdat de hele gang van zaken hun niet aanstond. 'Geen van de afhakers heeft de conclusie getrokken dat er systematisch iets fout zat, mijns inziens een terechte conclusie. De stap van "je werkwijze staat me niet aan" naar "je bedondert ons systematisch" is gewoon te groot.' Wie wel met Stapel in zee is blijven gaan, moet zichzelf volgens Van Wijk 'onprofessioneel gedrag verwijten'.

Ook redacties van gerenommeerde tijdschriften laten zich graag een rad voor ogen draaien, schreef Van Wijk. 'Als reviewer moet ik vaak de opmerking maken dat de instrumentatie (hoe er is gemeten en wat er is gemeten) onvolledig is gerapporteerd. Helaas maak ik (nog) te vaak mee dat redacties van tijdschriften deze eis naast zich neerleggen. Is maar onnodige rompslomp, haalt de vaart uit het betoog. En daarmee zet men de deur open voor charlatans als Stapel. Alle aandacht gaat naar de toetsing van effecten (waarschijnlijkheid uitkomst en sterkte van effect). Wat er nodig is om tot die resultaten te komen, een fatsoenlijke en betrouwbare instrumentatie laat men te gemakkelijk onbesproken.'

Wagenmakers en Van Wijk zagen hun standpunten in juni 2012 bevestigd na het naar buiten komen van de zaak-Smeesters (zie verderop), waarvan de kiem was gelegd in dezelfde sombere augustusmaand die Stapels ondergang zou inluiden. In deze maand was óók nog eens een verontrustende fraudezaak geboren in de *medische* hoek.

De pijnpatiënten van dr. Y

Ruim een week na het verschijnen van het rapport over de zaak-Stapel bracht het Universitair Medisch Centrum St. Radboud op 9 november 2011 een nieuwe fraudezaak naar buiten. Van harte ging dat niet, want de Raad van Bestuur had de zaak maandenlang stil gehouden tegenover de buitenwereld. Nadat het radioprogramma *Argos* vragen had gesteld, publiceerde het ziekenhuis alsnog een persbericht.

Op 12 augustus 2011 had de Nijmeegse promovendus X contact gezocht met zijn promotor, hoofd van het Pijnbehandelcentrum in het UMC St. Radboud. Hij had lang geaarzeld om de stap te zetten maar had geen andere keus gehad. X deed sinds 2008 onderzoek in het kader van het PainDETECT-project, een door farmaceut Pfizer gesubsidieerde studie om inzicht te krijgen in de betrouwbaarheid van vragenlijsten over pijnklachten van patiënten. Dit project was mede een initiatief van huisarts Y, die daarnaast in deeltijd in dienst was van het

UMC St. Radboud als senior-onderzoeker bij de afdeling Eerstelijnsgeneeskunde (deels betaald door Pfizer). Y was een van de begeleiders van het project en zou copromotor worden van X's proefschrift.

Het onderzoek zou worden uitgevoerd in zeven pijncentra van Nederlandse ziekenhuizen en in huisartspraktijken. De bedoeling was dat tien huisartspraktijken zouden deelnemen, maar de benaderde praktijken zagen daarvan af vanwege het tijdsbeslag. Uiteindelijk verzamelde Y alleen eigenhandig gegevens in zijn eigen praktijk. Daarnaast kwamen er resultaten van andere deelnemers aan het onderzoek, waarvoor de pijncentra de gegevens verzamelden.

Volgens de opzet van het onderzoek moesten twee artsen onafhankelijk van elkaar bij patiënten met chronische klachten een pijnmeting doen. De resultaten daarvan moesten ze noteren in artsenboekjes (A en B). X kreeg op zeker moment geen ingevulde artsenboekjes meer opgestuurd van Y en trok daarover herhaaldelijk aan de bel. Y stuurde ze uiteindelijk in juli 2011 op, nadat ook de promotor zich ermee had bemoeid.

Het viel X op dat veel van deze paren artsenboekjes met dezelfde pen en in hetzelfde handschrift waren ingevuld en dat handtekeningen van de betrokken huisartsen ontbraken. Omdat hij de zaak niet vertrouwde, stapte hij in augustus uiteindelijk naar zijn promotor, die zijn bedenkingen deelde. Ze vroegen Y om uitleg, maar deze ontkende aanvankelijk dat er iets mankeerde aan de verzameling van de gegevens voor de artsenboekjes.

Y gaf op 13 september 2011 (een week na de publicitaire storm van de zaak-Stapel) tegenover de promotor en het afdelingshoofd toe dat hij niet alleen de artsenboekjes A (bestemd voor de eerste onderzoekende huisarts) maar ook de artsenboekjes B (voor de tweede huisarts, die onafhankelijk van de eerste huisarts onderzoek moest doen) zelf had ingevuld. Hij bekende ook dat er helemaal geen tweede arts aan te pas was gekomen en dat hij een naam had gekozen van een collega-huisarts in zijn eigen praktijk.

Decaan prof.dr. F. Corstens werd op vrijdag 16 september 2011 door promovendus, beoogd promotor en afdelingshoofd ingelicht over de problematiek. De decaan verzocht Y om diezelfde middag nog bij hem te verschijnen. Y gaf toe dat onjuiste zaken hadden plaatsgevonden, waarop de decaan zei dat hij deze zo ernstig vond dat zijn dienstverband niet kon worden voortgezet. Diezelfde avond belde Y de decaan met de mededeling dat hij ontslag nam.

Y staakte hierna ook al zijn wetenschappelijke activiteiten. Hij trok zich terug uit landelijke (advies)commissies, verdween uit de redactie van een tijdschrift en trad terug als voorzitter van een congres.

De Raad van Bestuur van UMC St. Radboud gaf op 7 oktober 2011 een onderzoekscommissie opdracht de zaak te onderzoeken. Deze commissie stond onder leiding van epidemioloog prof.dr. G. Zielhuis. De commissie moest niet alleen kijken hoe deze fraude had kunnen plaatsvinden, maar moest ook nagaan of Y mogelijk eerder in de fout was gegaan met reeds gepubliceerd onderzoek. Ook moest de commissie beoordelen of het PainDETECT-project nog wel doorgang zou kunnen vinden. Bovendien wilde de Raad van Bestuur weten of de betrokken afdelingen Eerstelijnsgeneeskunde en Anesthesie hun kwaliteitssysteem voor het waarborgen van de integriteit van onderzoeksdata wel op orde hadden.

Journalist Hélène van Beek, medewerker van *Argos*, het radioprogramma voor onderzoeksjournalistiek van de VPRO/VARA/HUMANISTISCHE OMROEP, kreeg begin november 2011 lucht van de Nijmeegse fraude. Samen met *Argos*-eindredacteur Kees van de Bosch interviewde zij decaan Corstens, die schrok omdat de zaak naar buiten dreigde te komen. Hij deed de kwestie af als 'een kleinigheid'. 'Er is geen schade toegebracht aan de wetenschap,' zei Corstens. 'Het gaat om onzorgvuldigheden rond onderzoek, er is niet altijd gehandeld volgens het protocol. Maar we hebben het op tijd ontdekt.'

Volgens Corstens waren er geen 'valse handtekeningen gezet'. Hij omschreef de fraude nogal cryptisch als 'formulieren waren niet ondertekend door een tweede, onafhankelijke arts'. Wat de fraude precies inhield, wilde Corstens niet zeggen. Maar hij ontkende stellig dat de artsonderzoeker gegevens had gefingeerd. 'Wat in zijn voordeel spreekt, is dat hij niets heeft vervalst. De mate van kwaadaardigheid is dus vele malen lichter dan die affaire van de meneer in Tilburg. De vergelijking met Stapel gaat volstrekt mank. Wat Stapel deed was *absichtlich* frauderen. Publiceren over data die er niet zijn. Deze twee zaken met elkaar vergelijken, is vergelijken van een mug met een olifant.'

Voordat *Argos* als eerste over de fraude kon berichten, kwam UMC St. Radboud nog diezelfde week met een summiere persverklaring over de fraude waarin werd gesproken over het 'ontbreken van een tweede handtekening van een onafhankelijk arts', zonder toe te lichten waar het precies over ging.

In diezelfde tijd werden spoedbijeenkomsten gehouden binnen UMC St. Radboud waarin directe collega's van de fraude op de hoogte werden gebracht. Bepaald werd dat niemand hierover naar buiten mocht treden. De enige die het woord hierover mocht voeren was decaan Corstens.

Toen hij op de hoogte was van de fraude in zijn eigen ziekenhuis, stuurde de decaan het rapport over de zaak-Stapel van de commissie-Levelt per mail aan alle medewerkers/onderzoekers, met de begeleidende opmerkingen: 'Zeer geachte collega. Mij is de afgelopen weken vaak gevraagd of een Stapel-achtige affaire ook bij ons zou kunnen voorkomen. Helaas kan ik daar op basis van mijn ervaring niet eenduidig negatief op antwoorden. Het gisteren uitgekomen rapport van Prof. Levelt c.s. schetst in relatief weinig pagina's een zeer helder beeld. Ik beschouw dit rapport als verplichte leesstof voor allen die integriteit in de wetenschapsbeoefening hoog in het vaandel hebben. (...) Ik beveel lezing van het integrale, voorlopige rapport dan ook van harte bij u aan.'

De afwikkeling van de 'Nijmeegse fraude' duurde lang. De onderzoekscommissie stuurde op 7 december 2011 een interim-rapport aan de Raad van Bestuur, die pas op 10 april 2012 met het eindrapport naar buiten kwam. Gegevens in de artsenboekjes B bleken bij de meerderheid van de patiënten gefingeerd, hoewel Corstens dit had ontkend tegen *Argos*. Of de artsenboekjes A wel waarheidsgetrouw waren ingevuld, was volgens de commissie niet meer na te gaan omdat Y zijn notities zei te hebben weggegooid na het invullen van de artsenboekjes. Waarheidsvinding werd mede bemoeilijkt omdat de commissie om privacy-redenen niet in de medische dossiers van patiënten mocht kijken. Al met al had Y 'duidelijk in strijd gehandeld met de eisen van wetenschappelijke integriteit'. De veiligheid van de patiënten was hierdoor niet in gevaar gekomen, aldus de commissie. Over de gegevens uit de pijncentra in ziekenhuizen bestond geen twijfel.

Uit de door *Argos* opgevraagde correspondentie van de Commissie Mensgebonden Onderzoek (cмo) van uмc St. Radboud bleek dat voorzitter prof.dr. Frans Huysmans zich had afgevraagd of de 68 betrokken patiënten uit de huisartspraktijk überhaupt wel wisten dat ze mee hadden gedaan aan medisch-wetenschappelijk onderzoek. In dat geval hadden ze een informed consent formulier moeten ondertekenen, maar deze formulieren ontbraken in het dossier.

Voortzetting van het PainDETECT-onderzoek was na de ontdekking van de fraude in de huisartsenpraktijk ongewis. De promovendus dreigde de dupe te worden van het feit dat hij zo dapper was geweest om aan de bel te trekken toen hij de zaak niet vertrouwde, zo blijkt uit de cмo-correspondentie. Deze commissie, die goedkeuring moet verlenen voor wetenschappelijk onderzoek waarbij patiënten zijn betrokken, liet de promovendus weten dat de onderzoekspoot bij huisartsen pas mocht worden voortgezet na het nemen van maatregelen die herhaling moeten voorkomen. In september 2012 was dit deel van het onderzoek nog altijd opgeschort.

Y was als copromotor en begeleider betrokken bij nog vier andere promotieonderzoeken. Bij een van deze vier onderzoeken had Y ook gegevens aangedragen van een patiënt uit zijn praktijk. Deze gegevens werden voor de zekerheid terzijde geschoven, al was hier geen aanwijzing voor fraude. Bij de andere onderzoeksprojecten en publicaties waarbij Y betrokken was, achtte de commissie het 'onmogelijk of onwaarschijnlijk' dat er ondeugdelijke data waren verzameld. Deze promoties konden gewoon doorgaan en er hoefden geen publicaties te worden teruggetrokken.

Volgens de onderzoekscommissie had de senior-onderzoeker de fraude mede gepleegd omdat hij een grote druk voelde om al zijn onderzoeks-, onderwijs- en managementtaken in het uмc St. Radboud goed uit te voeren, ondanks of misschien wel dankzij zijn parttime aanstelling. 'In combinatie met een hoge ambitie en grote werkdruk in de constructie huisarts-/uмc-staflid, heeft betrokken senior-onderzoeker de verleiding niet kunnen weerstaan om de toegezegde prestatie langs de weg van gefingeerde data te leveren. Het is allicht deze grote druk die een verklaring vormt voor het handelen van de betrokken senior-onderzoeker. Behalve door individuele ambitie wordt de druk wellicht veroorzaakt door de vigerende beloningsprikkels voor onderzoekers, waaronder het moeten binnenhalen van financiële middelen en het publiceren over succesvol uitgevoerde studies.'

Prof.dr. P. Smits die prof. Corstens opvolgde als decaan, vond dat geen excuus: 'Het is geen *must* om twee banen te combineren. Hij ambieerde duidelijk een wetenschappelijke carrière, profileerde zich in het land en daarbuiten.'

De onderzoekscommissie was niet alleen vernietigend over de frauderende arts-onderzoeker, maar ook over gebrek aan kwaliteit van de betrokken afdelingen Eerstelijnsgeneeskunde en Anesthesiologie. Zij kregen er in het rapport flink van langs.

De systematische kwaliteitszorg en controle op de integriteit van wetenschappelijk onderzoek op beide afdelingen was onvoldoende. Projectleiders hoefden op beide afdelingen geen systematische verantwoording af te leggen aan de leiding. 'Formulieren die niet van een handtekening waren voorzien, werden toch geaccepteerd. Collega-onderzoekers hebben deze praktijk laten bestaan, zonder de voor de wetenschap noodzakelijke kritische houding aan te nemen en verificatie als routine in het proces in te bouwen.' Y functioneerde in isolement binnen de afdeling Anesthesiologie waar hij was gedetacheerd en hoefde geen verantwoording af te leggen. Het UMC St. Radboud scherpte de kwaliteitsborging rondom klinisch wetenschappelijk onderzoek naar aanleiding van deze kritiek verder aan.

Ook oud-decaan Corstens kreeg van de commissie in bedekte termen een veeg uit de pan. Het was de commissie 'opgevallen' dat het UMC St. Radboud niet had gehandeld volgens de procedures van de Radboud Universiteit voor melding en afhandeling van klachten over wetenschappelijke fraude. Corstens' opvolger Smits vindt deze kritiek onterecht, omdat Corstens over de afhandeling van de fraudezaak overleg heeft gevoerd met de voorzitter van het College van Bestuur van de Radboud Universiteit. De voorzitter heeft de decaan 'groen licht' gegeven om deze zaak autonoom af te wikkelen, wat Corstens vervolgens ook heeft gedaan, aldus Smits.

De VSNU en de KNAW zouden later, mede naar aanleiding van deze zaak, aandringen op de invoering van uniforme en heldere procedures bij universiteiten en UMC's.

Y heeft in 2012 geen behoefte om een toelichting te geven op de zaak, maar leest wel mijn concepttekst door op feitelijke onjuistheden.

De hartzorgstudies van Don Poldermans

Wetenschappelijk Nederland schudde nog op zijn grondvesten door de affaire-Stapel toen op 17 november 2011 een nieuwe zaak in de publiciteit kwam. Het ging ditmaal om internist prof.dr. Don Poldermans, met een kleine zeshonderd publicaties in wetenschappelijke tijdschriften een van de kopstukken van het Erasmus Medisch Centrum. Hij was eind jaren negentig, in nauwe samenwerking met biomedisch statisticus prof.dr. Eric Boersma van het Erasmus MC in Rotterdam en met cardioloog prof.dr. Jeroen Bax van het Leids Universitair Medisch Centrum, een onderzoeksproject begonnen dat moest leiden tot verminderde risico's voor patiënten die hart- en vaatoperaties ondergaan: Decrease (Dutch Echocardiographic Cardiac Risk Evaluation Applying Stress Echo). Dat resulteerde vanaf 1999 in publicaties in toptijdschriften, waaronder *The New England Journal of Medicine* en *JAMA*. Het leverde Poldermans in 2004 de leerstoel Perioperatieve cardiovasculaire zorg op. Hij werd ook voorzitter van een werkgroep van de European Society of Cardiology, waardoor hij een belangrijke rol speelde bij het opstellen van Europese richtlijnen voor hartzorg rondom operaties.

Eind mei 2011 rezen twijfels over het nieuwste onderdeel van dit project, Decrease 6, nadat vertrouwenspersoon dr. R. Juttman was benaderd door een promovendus die de patiëntgegevens van zijn baas niet vertrouwde. Dat was gebeurd nadat Poldermans een abstract met (naar idee van de promovendus onjuiste) data had willen insturen naar een congres van de European Society of Cardiology. Die twijfels bleken zo verontrustend dat de Raad van Bestuur van het Erasmus MC Poldermans in juli 2011 op non-actief stelde.

De Raad zette op 28 juli 2011 een commissie aan het werk, bestaande uit prof.dr. P.J. van der Maas, voormalig decaan Erasmus MC (voorzitter), prof.dr. B. Löwenberg, emeritus hoogleraar Hematologie Erasmus MC, prof.dr. R.J.G. Peters, hoogleraar Cardiologie AMC, prof. dr. A.J. Rabelink, hoogleraar Interne geneeskunde LUMC en mr. J.M. Oosting, hoofd Juridische zaken Erasmus MC. Deze commissie moest onderzoek doen naar mogelijke aanwijzingen voor wetenschappelijk wangedrag bij Decrease 6 en Poldermans' rol daarbij. Ook moest de commissie nagaan of zich mogelijk onregelmatigheden hadden voorgedaan bij eerdere Decrease-studies (2 t/m 5), en bij twee daarmee samenhangende studies.

De commissie verzamelde hierna allerlei documenten van deze studies: van dossiers van de Medisch Ethische Commissie tot CRF's (case report forms), patiëntendossiers en onderzoeksdatabases. Het Erasmus MC maakte op 17 november 2011 een beknopte versie van het commissierapport openbaar, die deels duidelijk maakte wat er was gebeurd maar ook veel in het vage liet.

Bij één studie (Decrease 6) bleek de procedure voor informed consent niet of niet op de juiste wijze te zijn uitgevoerd. Deze procedure moet voorkomen dat mensen tegen hun wil deelnemen aan wetenschappelijk onderzoek en moet ervoor zorgen dat mensen ook goed beseffen welk doel het onderzoek dient en welke risico's er mogelijk verbonden zijn aan deelname. Poldermans had volgens de commissie, als eindverantwoordelijke, het vertrouwen van 132 patiënten geschonden door hun geen schriftelijke toestemming te vragen voor bloedafname en het maken van een hartecho. De patiënten hadden door deze omissie 'het risico gelopen' dat ze werden onderworpen aan onderzoeken die anders niet zouden hebben plaatsgevonden. Bij hoeveel patiënten *daadwerkelijk* aanvullend onderzoek werd verricht maakte het rapport niet duidelijk (volgens een onbevestigde bron zou het om slechts vier patiënten gaan). De commissie beklemtoonde dat de patiënten er in elk geval geen schade van hadden ondervonden. Desalniettemin had Poldermans door het niet volgen van de informed-consentprocedure de wetenschappelijke integriteit geschonden, zo concludeerde de commissie. Wie de procedure op de werkvloer niet had(den) nageleefd, maakte het rapport niet duidelijk.

De commissie was nagegaan of de informed-consentprocedure mogelijk eerder was geschonden in een studie die Poldermans had uitgevoerd bij een groep van 384 patiënten (D2-studie) maar vond daar geen aanwijzingen voor. De commissie wees erop (ten overvloede, gezien het gebrek aan bewijs) dat het ook in dit geval zeer onwaarschijnlijk was dat patiënten hier schade van hadden ondervonden.

Het rapport sprak over de 'ongestructureerde werkwijze' van Poldermans, zonder helder te maken wat dat precies inhield. Door die manier van werken had de commissie niet goed kunnen vaststellen of de conclusies van diverse andere studies van Poldermans wel klopten. Ook de 'ongestructureerde werkwijze' bestempelde de commissie als wetenschappelijk wangedrag, omdat Poldermans als hoofdonderzoeker verantwoordelijk was voor de kwaliteit van de uitvoering.

De ernstigste beschuldiging van de commissie was 'datafabricage'. Bij de D6-studie zou Poldermans uitslagen van hartecho's op een afwijkende manier hebben genoteerd. Details hierover bevatte het rapport niet. Omdat hij deze afwijking van het onderzoeksprotocol niet had gemeld aan de Medisch Ethische Toetsingscommissie noemde de commissie ook dit wetenschappelijk wangedrag. De commissie vond geen bewijzen dat Poldermans onderzoeksuitkomsten had gemanipuleerd om mooiere resultaten te verkrijgen, wat de vraag deed rijzen wat de datafabricage precies om het lijf had gehad.

De commissie oordeelde hard over het feit dat Poldermans bij de D6-studie een abstract had ingestuurd naar de *European Society of Cardiology (ESC)*, terwijl hij zou hebben geweten dat de resultaten onbetrouwbaar waren. Dat abstract werd overigens nooit openbaar gemaakt omdat het werd afgewezen door de reviewboard voor de abstracts. Het rapport gaf geen schets van de precieze gang van zaken rond dit abstract en van de communicatie hierover tussen Poldermans en de promovendus. Op welk moment kreeg Poldermans te horen dat de promovendus twijfelde aan de data? Een ander volgens de commissie ondeugdelijk abstract was door een administratieve fout nooit ingediend bij de *American Society of Anesthesiology*. De D6-studie had verder nog niet tot publicaties geleid.

De commissie vond dat Poldermans als enige verantwoordelijkheid droeg voor bovengenoemde integriteitsschendingen. 'De hoofdonderzoeker werkte solistisch in een cultuur waarin kritische inhoudelijke discussie en gepaste controle marginaal waren. Door deze cultuur toe te laten en in stand te houden schoot hij tekort in zijn rol als hoofdonderzoeker, senior auteur en begeleider.' Promovendi zouden in een te kwetsbare positie zijn geweest om de werkwijze van Poldermans aan te kaarten. De commissie constateerde dat Poldermans kennelijk ook niet door afdelingshoofden en met hem samenwerkende senioronderzoekers was getoetst en gecorrigeerd voor 'het bevorderen en bewaken van een open, transparante en kritische onderzoekscultuur binnen diens onderzoeksgroep'. Ook op dit punt riep het rapport vragen op, omdat de commissie daarnaast een beeld van Poldermans zei' te hebben gekregen als 'een gedreven onderzoeker en een voor zijn promovendi stimulerende wetenschapper'.

De commissie sprak ook met Poldermans zelf, die 'een aantal onjuiste of tegenstrijdige' verklaringen zou hebben afgelegd en verklaringen die 'weinig geloofwaardig' waren. Poldermans had zijn werkwijze verdedigd en tekortkomingen 'vergoelijkt', waaruit volgens de commissie bleek dat hij niet kritisch naar zijn eigen werk kon kijken. Poldermans had wel spijt betuigd, schreef de commissie.

Het commissieadvies luidde om Poldermans de eindverantwoordelijkheid voor het wetenschappelijk onderzoek te ontnemen, vanwege schendingen van de wetenschappelijke integriteit en van het vertrouwen van patiënten van het Erasmus MC. Voortzetten van de bewuste D6-studie noemde de commissie 'ethisch en wetenschappelijk onverantwoord' vanwege de ontbrekende informed consent, 'wetenschappelijk wangedrag' bij de dataverzameling, datafabricage en insturen van onbetrouwbare abstracts. De commissie adviseerde nader onderzoek naar de betrouwbaarheid van de studies D4 en D5 vanwege 'ongerustheid' over daarbij gebruikte databases.

De commissie trok ook lessen voor het Erasmus MC uit de aangetroffen onregelmatigheden. Zij deed de aanbeveling om meer computersystemen te gebruiken die controle op data vergemakkelijken en om voorzieningen te treffen voor het archiveren van informed-consentformulieren en andere documenten. De commissie signaleerde niet dat dit allang een feit had moeten zijn als het ziekenhuis de in februari 2006 ingevoerde researchcode (gebaseerd op de VSNU-code) daadwerkelijk handen en voeten had gegeven.

Ook zou de Raad van Bestuur maatregelen moeten nemen om een integere onderzoekscultuur te bevorderen binnen het Erasmus MC, bijvoorbeeld via cursussen. Afdelingshoofden zouden voortaan moeten voorkomen dat senior-onderzoekers geïsoleerd onderzoek kunnen doen zonder systematische verantwoording en discussie met anderen.

Ook dat was kennelijk allemaal niet gebeurd na de omarming van de VSNU-code door het Erasmus MC.

Poldermans kreeg het commissierapport op 7 november 2011 voorgelegd en de Raad van Bestuur gaf hem twee weken de tijd om te reageren. Al na een week liet hij weten het eens te zijn met de conclusie dat hij persoonlijk verantwoordelijk was voor de schending van de informed-consentprocedure. Dat hij data zou hebben gefabriceerd ontkende hij ten stelligste. Nadat het EO-programma *De vijfde dag* lucht had gekregen van de zaak, maakte het Erasmus MC op 17 november 2011 op een persconferentie het ontslag van Poldermans bekend.

Poldermans trad alleen naar buiten via een woordvoerder, die aan *De Telegraaf* liet weten dat Poldermans 'diep geraakt' was en het enorm betreurde dat hij zijn baan als internist bij het Erasmus MC moest opgeven. De krant meldde dat Poldermans zijn straf te zwaar vond.

Tegen *NRC Handelsblad* weersprak Poldermans opnieuw de aantijging van datafabricage. Verder zweeg hij noodgedwongen, in afwachting van de uitkomsten van nader onderzoek naar de andere studies.

Opvallend aan de zaak was dat ook onderzoekers die nauw met Poldermans hadden samengewerkt zich vrijwel allemaal op de vlakte bleven houden. Vakblad *Medisch Contact* benaderde in april 2012 een groot aantal van hen. De enige die wel een beeld wilde schetsen van Poldermans was de gepensioneerde internist prof.dr. Paul Wilson, die hem had meegemaakt als student en arts-assistent in het Erasmus MC. 'Het ontbrak hem niet aan werkethiek en inzet, en ook de zorg voor zijn patiënten was prima,' zei Wilson tegen *Medisch Contact*. Wilson zei dat het voor medische wetenschappers tegenwoordig 'vrijwel onmogelijk is om alle regels bij grote onderzoeken perfect' te volgen. 'De medisch-ethische toetsing is de afgelopen decennia veel strikter en strenger geworden. Iemand die zijn manier van werken niet heeft aangepast, kan daardoor in de problemen komen.' Wilson noemde ontslag een te zwaar middel voor dergelijke overtredingen van de regels.

Hoogleraar Klinische epidemiologie prof.dr. Eric Boersma, die samen met Poldermans veel artikelen had gepubliceerd, liet zich tegen *Medisch Contact* slechts in vage bewoordingen uit over Poldermans, over wie hij 'volstrekt niet negatief' zei te zijn. *Medisch Contact* kon prof.dr. Jeroen Bax van het LUMC tot geen enkele uitspraak verleiden; alleen zijn vrouw werd geciteerd. Zij sprak over 'heksenjachten' op hoogleraren, wat erop wees dat in huize-Bax ook niet onsympathiek werd gesproken over Poldermans. Het LUMC had op dat moment al een commissie laten nagaan of Leidse onderzoekers (onder wie Bax) die met Poldermans hadden gepubliceerd zich aan integriteitsschendingen hadden schuldig gemaakt. Daarvoor waren geen aanwijzingen gevonden, wat de vraag deed rijzen waarom dat onderzoek eigenlijk nodig was geweest. Poldermans had in elk geval nooit met Leidse patiënten van doen gehad. Het onderzoek had zich ook gericht op het grote aantal coauteurschappen van Bax (met Poldermans). De commissie had echter geen aanwijzingen gevonden dat Bax ten onrechte was opgevoerd als coauteur (zie ook hoofdstuk 2, p. 121).

In april 2012 maakte Poldermans bekend dat hij weer aan de slag was gegaan als internist in het Ruwaard van Putten Ziekenhuis (RPZ) in Spijkenisse. De ziekenhuisleiding had gesprekken met hem gevoerd over de problemen bij het Erasmus MC, maar had daarin geen aanleiding gezien om hem niet aan te nemen, gezien zijn uitstekende staat van dienst als arts. Angst voor herhaling zei het RPZ niet te hebben, omdat Poldermans geen wetenschappelijk onderzoek zou gaan doen.

Wilson, Bax en Boersma reageren in augustus 2012 niet op mijn verzoeken om hun licht te laten schijnen over de zaak-Poldermans. Het Erasmus MC wil niet reageren op een concepttekst over de zaak en houdt de betrokken promovendus uit de wind. Een door mij ingesteld WOB-verzoek om het volledige rapport-Poldermans te mogen inzien levert me (ondanks toezeggingen) nog steeds geen inzage op, omdat het 'inhoudelijk niet afwijkend' zou zijn van het beknopte rapport.

Is er dan niemand die zich bijna een jaar na de val van Don Poldermans durft uit te spreken over de zaak? Ja toch: emeritus hoogleraar Vaatchirurgie Hero van Urk, indertijd promotor van Poldermans en jarenlang collega in het Erasmus MC. 'De commissie heeft kennelijk een aantal verontrustende zaken gevonden, maar geeft een wel heel eenzijdig beeld van Poldermans. Het feit dat hij meer dan menig ander werd beoordeeld door internationale experts op zijn gebied en door hen voortdurend werd "gewogen en goedgekeurd" wordt door de commissie niet eens genoemd. Poldermans is een topwetenschapper die samen met zijn onderzoeksgroep jarenlang voor een topproductie aan wetenschappelijke publicaties heeft gezorgd. Zijn circa zeshonderd publicaties zijn beoordeeld door talloze strenge reviewboards van wetenschappelijke toptijdschriften zonder dat hij ooit in opspraak is gekomen.'

Van Urk vindt dat in de rapportage veel te weinig aandacht wordt geschonken aan het feit dat Poldermans door zijn promovendi op handen werd gedragen. 'Dat gold ook voor de verpleging en al evenzeer voor patiënten en assistenten; die liepen met hem weg en konden te allen tijde een beroep op hem doen omdat hij er altijd voor hen was. Hij was de enige internist die regelmatig op de O.K. kwam kijken, niet alleen naar zijn eigen patiënten maar ook naar alle patiënten die dat nodig hadden. Het is mij volkomen onduidelijk waarom het nodig was om zo eenzijdig en zo negatief te oordelen over een zo kundig en beminnelijk mens als Don Poldermans. Een mens die zonder twijfel zijn tekortkomingen heeft. Wie zonder tekortkomingen is, werpe de eerste steen.'

Het aanvullende onderzoek naar de andere studies van Poldermans waarover 'ongerustheid' bestond is in september 2012 nog niet gepubliceerd. Poldermans laat mij daarom weten nog steeds geen mededelingen te kunnen doen. Hij kan bovendien nog beroep aantekenen tegen de oordelen van de commissie bij het LOWI. Databaseonderzoek maakt duidelijk dat er nog geen enkel artikel van Poldermans is teruggetrokken.

De kleuren van Dirk Smeesters

De ontmaskering van sociaal-psycholoog Diederik Stapel was achter de schermen nog in volle gang toen hoogleraar Consumentengedrag Dirk Smeesters van de Rotterdam School of Management (RSM) van de EUR op 29 augustus 2011 een e-mail binnenkreeg van zijn Amerikaanse collega Uri Simonsohn van de University of Pennsylvania. De Amerikaan vroeg enkele gemiddelden en standaarddeviaties op die ontbraken in een studie over de effecten van kleuren op menselijk gedrag, die Smeesters – Belg van geboorte – eerder dat jaar met coauteur dr. Jia Liu had gepubliceerd in *Journal of Experimental Social Psychology*. Hij was bij toeval attent gemaakt op Smeesters' artikel en had de resultaten 'too good to be true' gevonden, maar had dat in zijn eerste e-mail nog niet uitgesproken. Smeesters stuurde de gevraagde cijfers vrijwel onmiddellijk op. Op 19 september 2011 vroeg Simonsohn ook de ruwe data op die de basis vormden van het artikel. Een deel van deze ruwe data stuurde Smeesters een dag later, het andere deel (het papierwerk) zei hij kort daarvoor te zijn kwijtgeraakt bij een verhuizing van de RSM, met (ruwe) data van zijn andere papers. Smeesters meldde dat tot overmaat van ramp de harde schijf van zijn laptop, die ook veel (ruwe) data bevatte, het had begeven en dat redden van de inhoud onmogelijk was gebleken.

De toegezonden data versterkten Simonsohns twijfels. Hij liet Smeesters weten dat de data vreemde patronen hadden en te weinig variatie hadden in de gemiddelden van de verschillende geteste onderdelen. Dat verklaarde Smeesters door foutjes bij de verwerking van de data. Ook die verklaring slikte Simonsohn niet, want tikfouten zouden juist meer variatie hebben moeten veroorzaken.

Nadat bevredigende antwoorden uitbleven, besloot Simonsohn eind oktober 2011 klare taal te spreken en schreef aan Smeesters: 'Ik denk dat er helaas iets ergers moet zijn gebeurd. Ergens tijdens het onderzoek heeft iemand (...) met de hand veranderd. (...) Hoe dan ook, dit zijn geen echte gegevens,' zo citeerde de Volkskrant uit de correspondentie. Dit was voor Smeesters aanleiding om op 26 oktober 2011 een brief te sturen aan de editor van *Journal of Experimental Social Psychology*, met het verzoek het artikel terug te trekken vanwege mogelijke coderingsfouten. Intussen had Simonsohn ook prof.dr. Stijn van Osselaer, hoofd van de afdeling Marketing van de RSM, gemeld dat er iets mis was met Smeesters' artikel. Van Osselaer twijfelde aanvankelijk aan Simonsohns methode om Smeesters' data te beoordelen en dacht (zoals hij later aan de onderzoekscommissie uitlegde) dat het duo nog samen aan het ophelderen was wat er mis kon zijn gegaan.

Op 30 november 2011 vroeg Smeesters aan vertrouwenspersoon wetenschappelijke integriteit prof.mr. Hans de Doelder om een gesprek. Twee dagen later stapte ook Van Osselaer naar deze vertrouwenspersoon, om de twijfels van Simonsohn te melden. De Doelder vroeg nadere informatie aan Van Osselaer, die er in de loop van december 2011 door aanvullende analyses van Simonsohn van overtuigd raakte dat er iets mankeerde aan *meerdere* artikelen van Smeesters.

Uiteindelijk zette het College van Bestuur op 12 januari 2012 een onderzoekscommissie aan het werk, bestaande uit psycholoog prof. dr. Rolf Zwaan (voorzitter), statisticus prof.dr. Patrick Groenen en kinderarts prof.dr. Bert van der Heijden. Deze commissie liet zich eerst nader informeren door Simonsohn en liet diens methode beoordelen door twee statistische experts, die de validiteit ervan bevestigden. De commissie liet de methode daarna los op alle Rotterdamse publicaties van Smeesters waarbij hij toegang had gehad tot de data (Tilburgse publicaties uit de periode 2001-2007 bleven buiten beschouwing). Ook voerde de commissie gesprekken met Smeesters, Van Osselaer, Liu en enkele promovendi. Bovendien probeerde de commissie zo veel mogelijk ruwe data en statistische bestanden te achterhalen. Smeesters liet weten volledig te zullen meewerken aan het onderzoek, maar kampte op dat moment met gezondheidsproblemen door een burn-out, waardoor afspraken steeds verzet moesten worden.

In het laatste gesprek, bij hem thuis in Turnhout, gaf Smeesters toe dat hij bij drie artikelen data had gemasseerd. Het ging behalve om het kleurenonderzoek om een artikel dat hij in 2012 had gepubliceerd in *Journal of Personality and Social Psychology*, met als co-auteurs de Amerikanen Camille Johnson en Christian Wheeler, en om een artikel dat alleen nog maar was ingestuurd voor publicatie. Smeesters zei dat hij eerst had gekeken of de hypotheses van zijn onderzoek werden bevestigd door alle resultaten van proefpersonen in beschouwing te nemen; toen dat niet zo bleek te zijn had hij de resultaten weggelaten van proefpersonen die de instructie niet goed hadden gelezen zoals af te leiden viel uit een controlemiddel in de vragenlijst. Volgens Smeesters was dit soort massage heel gebruikelijk in zijn vakgebied. Maar hij was het met de commissie eens dat hij wel in zijn artikelen had moeten melden dat hij deze massage had losgelaten op de data.

De commissie trof in diverse samengestelde databestanden patronen aan variërend van 'opmerkelijk tot uiterst onwaarschijnlijk'. Daarom had de commissie 'geen vertrouwen in de wetenschappelijke integriteit van de resultaten' die waren opgenomen in de twee bovengenoemde gepubliceerde artikelen en in het nog ongepubliceerde artikel. De commissie kon door het ontbreken van de ruwe data echter niet vaststellen of Smeesters had gefraudeerd of dat er fouten waren gemaakt bij de samenstelling van de bestanden. Zwaan c.s. zeiden te twijfelen aan de 'geloofwaardigheid' van de redenen die Smeesters had gegeven voor het verdwijnen van de papieren en elektronische ruwe data: een gecrashte harde schijf en een verdwenen verhuisdoos. Omdat Smeesters data meestal zelf had verzameld, bewerkt en geanalyseerd, kon de commissie het bestaan ervan ook niet bevestigd krijgen bij coauteurs; binnen de afdeling was er bijna geen controle op hem geweest via peer review.

De commissie deed op 1 juni 2012 de volgende aanbevelingen aan het College van Bestuur van de EUR: Smeesters laten weten 'dat het verdwijnen van ruwe data en selectie van data in drie papers hem persoonlijk wordt aangerekend'; de coauteurs inlichten; de tijdschriften verzoeken de drie artikelen terug te trekken omdat de universiteit 'niet kan instaan voor de correctheid van de gebruikte data. Smeesters heeft immers toegegeven dat de gerapporteerde effecten alleen significant werden nadat er strategisch data waren verwijderd.'

Ook deed de commissie een algemene aanbeveling voor de komst van onderzoek/regelgeving voor 'het bewust weglaten van data om significantie te bereiken', vanwege Smeesters' herhaalde opmerkingen dat 'de cultuur binnen zijn werkveld en afdeling zodanig is dat hij zich als persoon niet schuldig voelt en ervan overtuigd is dat velen in publicaties op het gebied van de marketing en (in mindere mate) de sociale psychologie' hetzelfde doen. Smeesters verwees daarbij naar de ook in dit boek genoemde studies van John en Simmons.

De commissie deed ook de aanbeveling om binnen de EUR een vast protocol, voor iedere wetenschapper verplicht, in te voeren voor dataverzameling en -opslag. Dat protocol zou ook moeten beschrijven hoe de data in de publicatie te herleiden zijn tot de ruwe data.

Smeesters nam na het verschijnen van het rapport op 21 juni 2012 ontslag.

De EUR maakte het nieuws op 25 juni 2012 bekend en bracht een geanonimiseerd rapport naar buiten. Dat leidde tot speculaties over de identiteit van de klokkenluider, tot Simonsohns naam enkele dagen later alsnog bekend werd na publicatie van de Engelstalige, niet-geanonimiseerde versie van het rapport.

Er volgden retracties van de kleurenstudie met Jia Liu, van het artikel met de Amerikanen Johnson/Wheeler in *Journal of Personality and Social Psychology* en van een publicatie uit 2012 in *Journal of Consumer Research* met Jia Liu en Debra Trampe. Van de retractie van het laatste artikel blijkt Smeesters in september 2012 niet op de hoogte te zijn.

Opmerkelijk was dat Trampe en Johnson ook hadden gepubliceerd met Diederik Stapel. Drie artikelen van Trampe en Stapel waren frauduleus gebleken; Johnson was bij zes artikelen door Stapel bedrogen. Zowel Trampe als Johnson willen desgevraagd niet met mij praten over hun dubbele slachtofferschap. Jia Liu, die in 2008 bij Smeesters was gepromoveerd bij de afdeling Marketing van de faculteit Economie van de Universiteit van Tilburg, reageert niet op mijn e-mail.

Smeesters ontkende in een interview met *De Standaard* op 30 juni 2012 dat hij fraude had gepleegd. 'Ik ben geen tweede Diederik Stapel: die heeft data uit zijn duim gezogen. Ik heb niets verzonnen. Maar ik ga wel akkoord met de conclusie van het rapport: ja, ik heb een wetenschappelijke fout gemaakt. (...) Wat ik heb gedaan, was een studie die al bijna heel mooi was, nog een beetje in de goede richting geduwd. (...) Daar heb ik gefaald, ik had dat moeten rapporteren. Maar dan krijg je studies met meer ruis, meer variatie.'

Smeesters zei nog 'een storm' te verwachten in zijn vakgebied. 'Verschillende onderzoeken tonen namelijk aan dat papers in de psychologie opvallend veel vals-positieve bevindingen bevatten. Sommigen beweren zelfs dat het om zestig procent van de papers gaat. Dat lijkt me overdreven, maar ik pleit er wel voor dat er duidelijkere regels komen, om klaarheid te scheppen in de grijze zone.'

Over zijn toekomst zei Smeesters tegen de krant: 'Ik weet niet of ik nog terug wil naar de academische wereld. Het is ook nog onduidelijk hoe dit mijn beroepsleven zal beïnvloeden, dat maakt me wat angstig. Maar ik was sowieso van plan een *sabbatical* te nemen. Vorig jaar werd ik overvallen door een burn-out, na tien jaar zeer intensief academisch werk. Geregeld dagen aan een stuk tot twee uur 's nachts. Ik kreeg hartkloppingen, en dan zwijg ik nog over de invloed op mijn sociale leven. Nu ga ik een jaar herbronnen en wachten tot het stof gaat liggen. Het eerste wat ik gedaan heb, is mijn elektrische gitaar bovenhalen. Voor het eerst in vijftien jaar.'

Simonsohn liet *de Volkskrant* de week daarna weten dat hij niet geloofde dat de Belg alleen data had gemasseerd; er waren 'vele redenen om aan te nemen dat Smeesters cijfers verzon'. De Amerikaan legde zijn methode uit in gewone mensentaal. Het was hem opgevallen dat in een van Smeesters' studies zes verschillende groepen proefpersonen bij een kennistest allemaal uitkwamen op een gemiddelde score van negen. Dat was al heel onwaarschijnlijk, maar toen ontdekte hij datzelfde patroon van vrijwel identieke gemiddelden ook nog eens bij zes andere groepen. En hij trof dat ook aan in nog eens drie andere papers. Dat vergeleek Simonsohn met een dobbelsteen die 49 keer achter elkaar op 5 uitkomt. 'Op een gegeven moment stel je vast dat de dobbelsteen verzwaard is,' zei hij in *de Volkskrant*.

Diezelfde maand publiceerde Simonsohn op internet alvast een concept van de paper waarin hij de zaak-Smeesters beschreef, om duidelijk te maken dat hij geen 'middeleeuws martelinstrument' had ontwikkeld, zoals de Nederlands/Engelse statisticus Richard Gill op zijn blog had geschreven. Gill maakte zich zorgen over een onterechte heksenjacht op wetenschappers.

Simonsohn legde in 'Just post it: the lesson from two cases of fabricated data detected by statistics alone' uit dat elk instrument kan worden misbruikt om mensen schade te berokkenen, niet alleen statistische analyses om fraude op te sporen. Uitbannen van fraude in tijdschriften is belangrijk, maar dat mag volgens Simonsohn niet leiden tot onterechte openbare beschuldigingen. Daarom gaf hij een recept voor een zorgvuldige aanpak in dit soort zaken, die hij zelf ook had gevolgd. 'Voer dezelfde analyses uit bij meerdere papers [van dezelfde auteur, FvK] alvorens een auteur te verdenken van fraude; vergelijk verdachte studies met vergelijkbare studies van andere auteurs; breid de analyses uit naar de ruwe data; neem privé contact op met de auteurs, transparant, en geef ze ruim de tijd om je zorgen te overwegen; bied aan om de zaak te bespreken met een vertrouwenspersoon met verstand van statistiek; geef de auteurs meer tijd; als de verdenkingen uiteindelijk toch blijven bestaan, deel deze dan alleen met organen met de taak om zulke zaken te onderzoeken, en doe dat zo discreet mogelijk.'

Simonsohn toonde in 'Just post it' ook aan dat er verdachte patronen waren in een artikel dat Smeesters in 2009 met de Amerikanen Wheeler en Kay had gepubliceerd in *Journal of Personality and Social Psychology*, hetzelfde tijdschrift waarin in 2012 het (inmiddels teruggetrokken) artikel met Johnson en Wheeler was verschenen. Ik informeer ernaar bij hoofdredacteur Eliot Smith, die niet op de hoogte blijkt te zijn van Simonsohns twijfels over dit artikel.

Ik vraag Smeesters in september 2012 per e-mail naar een reactie op Simonsohns artikel en op diens bewering dat hij wel degelijk data heeft verzonnen. Dat artikel heeft Smeesters op dat moment nog niet gelezen, maar hij houdt vol dat hij in *De Standaard* de waarheid heeft verteld. Hij wil wel kwijt dat zijn ervaringen van het afgelopen jaar zijn kijk op zijn vakgebied enorm hebben gewijzigd. 'Ik ben ook altijd meegegaan in de maalstroom van wat anderen doen en de editors willen zien in tijdschriften, maar ik heb nu pas in de gaten dat we echt nog te veel onderzoekers zijn in de ivoren toren met te weinig voeling met maatschappelijke problemen. Ik verwacht nog een grote correctie in dit vakgebied.'

Smeesters verwees opnieuw naar papers die aantonen dat veel sociaal-psychologische studies vals-positieve bevindingen bevatten en dat veel psychologen laakbare onderzoeksmethoden gebruiken: niet vermelden van niet-significante studies, het weglaten van een aantal condities, het weglaten van variabelen waar geen effect op werd gevonden, het verzamelen van extra gegevens wanneer studies niet mooi uitkomen, het post-hoc weglaten van data. 'Voor tijdschriften is het belangrijker dat je een mooi verhaal met significante resultaten kunt voortbrengen in plaats van de echte waarheid. Tot nu toe was het publiceren van replicaties van onderzoek van anderen not done, omdat dat zogezegd de literatuur niet verder helpt, terwijl dat juist heel belangrijk is. Men moet immers eerst weten hoe robuust een fenomeen is (door replicatie) voor je het verder kan onderzoeken. Ik heb in het verleden zelf een aantal maal ander onderzoek gerepliceerd zonder succes. Wat je dan typisch doet is dat onderzoek in een van de laden van je bureau leggen omdat je het toch niet kwijt kon. Hopelijk verandert dat.'

Simonsohn pleitte in 'Just post it' voor het beschikbaar stellen van de ruwe data mét de gepubliceerde resultaten bij het insturen van een publicatie naar een tijdschrift. Bij de twee door hem bestudeerde zaken hadden de ruwe data 'belangrijke bevestiging opgeleverd voor zijn aanvankelijke verdenkingen, die goedaardige verklaringen uitsloten'. Via de ruwe data had hij ook aanvullende aanwijzingen gevonden voor fabricage, en verklaringen van Smeesters voor de eigenaardige resultaten kunnen weerleggen. 'Als we fraude willen terugdringen, moeten we eisen dat auteurs hun ruwe data opsturen.' Daar zal volgens Simonsohn ook een preventieve werking van uitgaan.

De zaak-Smeesters leidde ertoe dat de EUR begin juli 2012 aankondigde centrale opslag van data verplicht te gaan stellen voor alle vakgebieden waar dat relevant is, zodat oncontroleerbaar rommelen met gegevens op een eigen computer niet meer mogelijk was. Ook zeven andere universiteiten lieten die maand weten dit verplicht te gaan stellen. Daarmee liepen zij vooruit op het advies *Zorgvuldig en integer omgaan met wetenschappelijke onderzoeksgegevens* van de KNAW-commissie-Schuyt. Deze commissie deed in september 2012 diverse aanbevelingen voor de verbetering van het datamanagement bij universiteiten, UMC's en onderzoeksinstellingen. Schuyt c.s. pleitten (in het kielzog van Simonsohn) voor het meesturen of toegankelijk maken van onderliggende onderzoeksdata bij publicaties in tijdschriften in wetenschapsgebieden waar dat van belang is.

Het verschijnen van het rapport-Schuyt was de voorlopige afsluiting van een woelige periode in de Nederlandse wetenschapsgeschiedenis.* (zie verder hoofdstuk vier)

---

* Een artikel in *NRC Handelsblad* van 15 september 2012 over een studie van EUR-psychologe dr. Elke Geraerts kondigde mogelijk nieuw onheil aan voor het al zo geteisterde vakgebied.

4. Twintig jaar na *Valse vooruitgang*; een evaluatie

In 1993 pleitte ik in *Valse vooruitgang* voor het instellen van vaste fraudeonderzoekscommissies, zoals de Deense medische faculteiten dat hadden gedaan in oktober 1992. Dat was gebeurd op aanbeveling van het rapport *Scientific dishonesty and good scientific practice* van de Deense Medische Researchraad. De Deense medici wisten niet hoe vaak bedrog voorkwam in hun land, maar ze wilden niet worden verrast door fraudezaken zoals in de Verenigde Staten was gebeurd in de jaren daarvoor. Bovendien vonden de Denen dat wetenschappers een publieke verplichting hebben om fraudezaken zorgvuldig aan te pakken. De Denen meenden dat alleen al de beschrijving van vormen van 'wetenschappelijke oneerlijkheid' een opvoedende en preventieve waarde kon hebben.

Ik sprak de verwachting uit dat de Nederlandse universiteiten zich weinig zouden aantrekken van mijn oproep, gezien hun geringe bereidheid om mee te werken aan het onderzoek voor *Valse vooruitgang*. Die verwachting bleek juist. Mijn oproep werd aanvankelijk alleen opgepikt door de redactie van het *Nederlands Tijdschrift voor Geneeskunde*, dat in maart 1994 rondom mijn boek een conferentie organiseerde over de problematiek. Daaraan namen prominente wetenschappers deel, onder wie prof.dr. Piet Borst, prof.dr. Ad Dunning, dr. Leo Offerhaus en prof.dr. Paul Schnabel. Uitvoerend hoofdredacteur prof. dr. John Overbeke vatte hun conclusies aldus samen: 'Universiteiten, faculteiten en andere onderzoeksafdelingen dienen zorgvuldig goede en eenduidige regels op te stellen betreffende onderwijs, opzet en uitvoering van wetenschappelijk onderzoek ten einde fraude te voorkómen, en dienen maatregelen vast te stellen die genomen kunnen worden indien de regels niet worden gevolgd. In Nederland lijkt er op centraler niveau, behalve wellicht bij organisaties zoals de KNAW en NWO, op dit moment geen plaats (noodzaak?) te zijn voor een orgaan dat regelgeving en eventuele strafmaat bepaalt.'

Er moest een nieuw schandaal volgen voordat er wél stappen werden gezet. Dat werd de fraudezaak bij het Centraal Diergeneeskundig

Instituut in Lelystad (zie 'De hormonen van H.' in hoofdstuk drie), die ertoe leidde dat NWO, KNAW en VSNU in oktober 1995 de *Notitie inzake wetenschappelijk wangedrag* publiceerden. Daarin stonden globale procedures om de beroering rond fraude- en plagiaatgevallen in goede banen te leiden. Verder gaf de notitie aanbevelingen om dit soort zaken te voorkomen: normbesef bijbrengen in het onderwijs, jonge onderzoekers beschermen en protocollen opstellen voor het uitvoeren van en publiceren over experimenten. De notitie werd door de meeste universiteiten voor kennisgeving aangenomen en kreeg geen officiële status.

Ook niet aan de RU Leiden, dat het document in 1996 wel ter beschikking stelde aan de commissie-Hofstee/Drupsteen als handvat bij de beoordeling van de beschuldigingen tegen René Diekstra (zie 'De lange adem van René Diekstra' in hoofdstuk een). In een interview liet Drupsteen in 1997 weten dat zijn commissie de notitie alleen ter orientering had gebruikt, maar dat hij er in de praktijk weinig aan had gehad omdat deze te algemeen was. Hij trok het nut van een uitvoerige code in twijfel, gezien het geringe aantal gevallen van wetenschappelijk wangedrag. 'Een code houdt mensen niet op het goede pad.' Wel zag hij heil in een betere begeleiding van studenten en promovendi.

De faculteit Sociale Wetenschappen van de Universiteit Leiden stelde na de Diekstra-affaire een protocol op, met aandacht voor de ethiek van wetenschappelijk onderzoek en richtlijnen voor het handelen bij (vermeend) wetenschappelijk wangedrag.

De *Notitie inzake wetenschappelijk wangedrag* speelde eind 1996 ook een rol bij het onderzoek naar neuroloog Gelmers (zie 'De verzonnen data van Herman Gelmers' in hoofdstuk drie), waarbij ook initiatiefnemer voor de notitie dr. Eduard Klasen betrokken was. Klasen zei in 1997 in een interview dat de notitie nooit was bedoeld als leidraad voor de behandeling van fraudezaken, maar meer een organisatorisch document was. Klasen pleitte voor publicatie van een boekje naar Amerikaans voorbeeld: *On being a scientist. Responsible Conduct in Research*, waarin ethische dilemma's uiteen werden gezet aan de hand van vele voorbeelden uit de wetenschapsgeschiedenis.

De KNAW pikte dit idee op, maar was niet tevreden met een simpele vertaling van *On being a scientist*. Er werd een speciale werkgroep aan het werk gezet met kopstukken als oud-KNAW-president prof.dr. Piet

Drenth, wetenschapshistoricus prof.dr. Klaas van Berkel en socioloog prof.dr. Johan Goudsblom; de leden van de Akademie Commissie Wetenschap en Ethiek en de besturen van de universiteitenvereniging VSNU en van subsidiegever NWO bogen zich erover en er werd een extern tekstbureau ingeschakeld. Het resultaat was de gratis brochure *Wetenschappelijk onderzoek: dilemma's en verleidingen*, die in 2000 verscheen. De opstellers lieten hierin aan de hand van echte en verzonnen voorbeelden zien hoe wetenschappers bij hun onderzoek kunnen ontsporen. Deze voorbeelden moesten studenten en onderzoekers helpen bij het ontwikkelen van een eigen normbesef. De Akademie hoopte dat het boekje op grote schaal gebruikt ging worden als lesmateriaal in colleges en discussiegroepen.

De brochure bevatte een aantal onvolkomenheden, zo liet ik in 2000 zien in een recensie in weekblad *Intermediair*. Al bij het eerste historische voorbeeld ging de KNAW in de fout. Dat ging over een (vermeend) geval van wetenschappelijke fraude, bekend als de Baltimore/Imanishi-Kari-affaire. De KNAW vertelde maar een deel van het verhaal en meldde niet dat de National Institutes of Health in 1996 alle beschuldigingen tegen Baltimore en Imanishi-Kari van de hand had gewezen, een afloop die wel werd gemeld in het boek van de Amerikaanse historicus Daniel Kevles over de affaire en dat in de literatuurlijst van de KNAW-brochure stond, maar kennelijk niet was geraadpleegd bij het schrijven.

Ook het tweede voorbeeld van wetenschappelijke fraude in de KNAW-brochure was verouderd en daardoor onvolledig. Dat ging over de Engelse psycholoog Cyril Burt, die in 1979 in de biografie van Leslie Hearnshaw werd ontmaskerd als fraudeur, een oordeel dat kort daarna werd onderschreven door de British Psychological Society. Het was de KNAW ontgaan dat de discussie over Burts (vermeende) fraude met gegevens van tweelingen nadien intensief was voortgezet, wat er onder meer toe had geleid dat de British Psychological Society niet langer een standpunt innam over het wel of niet plegen van fraude.

Aan Nederlandse voorbeelden had de KNAW blijkbaar haar vingers niet willen branden in de brochure. Deze bevatte alleen een cryptische opmerking over het plagiaat van de overleden Nederlandse psycholoog prof.dr. A.M.J. Chorus; over de affaires rond de nog levende wetenschappers Buck (Akademielid) en Diekstra hield de KNAW zich op de vlakte.

Op mijn recensie in *Intermediair* volgde een ingezonden brief van prof.dr. Pieter Drenth en dr. Maarten van Bottenburg, waarin zij bovengenoemde tekortkomingen bagatelliseerden. 'De KNAW wil studenten en jonge onderzoekers confronteren met de voornaamste dilemma's en verleidingen die zich in onderzoek kunnen voordoen. Daarom kan er ook geen sprake zijn van een omvattende beschrijving en beoordeling van de aantijgingen en het daarop volgend onderzoek. Vandaar dat de zaak-Baltimore of de zaak-Burt slechts zover zijn uitgeschreven als nodig is om een beeld te geven van de dilemma's die een rol speelden.'

In mei 2002 bleek de KNAW de brochure uit de roulatie te hebben genomen. De papieren versie werd niet meer verspreid en het pdf-bestand van de tekst was verwijderd van internet. Verwijzingen naar de brochure waren niet meer geoorloofd, waarschuwde de KNAW op de eigen website. Een woordvoerder van de KNAW ging een antwoord over de reden voor de terugtrekking uit de weg. 'Het bestuur heeft besloten om dat op deze manier te doen,' zo luidde de nietszeggende verklaring aan *Intermediair*. Wel meldde de KNAW dat in de zomer van 2003 een herziene herdruk zou verschijnen.

Die herziene druk verscheen uiteindelijk pas in 2005. In het voorwoord stond dat de eerste druk was ingetrokken 'gelet op gerechtvaardigde kritiek op onderdelen'. In de herziene druk waren bovengenoemde affaires wel correct weergegeven.

De opzet van de brochure was totaal gewijzigd. Veel meer dan in de eerste druk werd gewerkt met aansprekende Nederlandse voorbeelden. De auteurs namen het hele spectrum van mogelijke ontsporingen bij wetenschappelijk onderzoek door, variërend van fraude en plagiaat tot lichtere vergrijpen, zoals het noemen van auteurs bij publicaties die niets aan het onderzoek hebben bijgedragen. Er was ook een hoofdstuk toegevoegd over onderzoek in opdracht, dat aan de hand van verontrustende voorbeelden liet zien dat opdrachtgevers geregeld meer invloed hebben op de uitkomsten dan gewenst.

Toch liep het ook met de herziene druk slecht af, zoals al geschetst in 'De val van Henk Buck' in hoofdstuk drie. Buck beklaagde zich in 2008 bij de KNAW over de weergave van 'zijn' zaak en wilde dat de KNAW haar kijk daarop zou verspreiden onder KNAW-leden. Toen het KNAW-bestuur daar niet op inging stapte Buck naar de Nationale Ombudsman, wat ertoe leidde dat de KNAW in 2010 de casus stilzwijgend schrapte uit de digitale versie en besloot de papieren versie niet meer te verspreiden.

Een belangrijke internationale stap was in 1997 de oprichting van het Committee on Publication Ethics (COPE) door vooraanstaande Europese en Amerikaanse wetenschappelijke uitgevers. COPE stelde onder meer richtlijnen op voor de manier waarop tijdschriftredacties vermeende fraudezaken moeten aanpakken. In Nederland was hoofdredacteur prof.dr. John Overbeke van het *Nederlands Tijdschrift voor Geneeskunde* hierbij betrokken. Hij voerde in 1998 naar aanleiding van de zaak-Gelmers (zie 'De verzonnen data van Herman Gelmers' in hoofdstuk drie) een gesprek met de hoofdinspecteur voor de Volksgezondheid over de vraag hoe dergelijke fraudezaken beter kunnen worden afgewikkeld. Hij zocht ook contact met NWO en de KNAW. Dat leidde in september 1999 tot een conferentie bij de KNAW over de bestrijding en preventie van wetenschappelijke fraude. KNAW en VSNU stelden hierna de *Notitie wetenschappelijke integriteit* (november 2001) op met aanbevelingen om bij universiteiten en onderzoeksorganisaties vertrouwenspersonen in te voeren voor het onderzoeken van verdenkingen van wetenschappelijk wangedrag, met een beroepsmogelijkheid bij het nieuwe Landelijk Orgaan voor Wetenschappelijke Integriteit. Het LOWI ging per 1 mei 2003 van start, de diverse universiteiten voerden in eigen tempo en naar eigen inzicht vertrouwenspersonen en -commissies in.

In januari 2004 bepleitte prof.mr. Paul F. van der Heijden, rector magnificus van de UvA, de invoering van een universitaire gedragscode ter bewaking van de kwaliteit van het onderwijs en onderzoek, die bovendien het publiek vertrouwen in universiteiten zou moeten behouden en vergroten. Het VSNU-bestuur gaf daarna een werkgroep onder leiding van Van der Heijden opdracht voor de ontwikkeling van de Nederlandse gedragscode wetenschapsbeoefening, die in oktober 2004 werd gepresenteerd.

'Er bestond nog geen algemeen aanvaarde code waarin in vrij algemene termen wordt gezegd wat wij nu eigenlijk fatsoenlijk vinden,' zei Van der Heijden tijdens een interview met mij voor *Intermediair*.

'We hadden via de KNAW wel een procedure voor de behandeling van *ongewenst* gedrag, maar geen normen voor *gewenst* gedrag. Als jurist vond ik dat vreemd. Het werd hoog tijd om onze wetenschappelijke normen te expliciteren, net zoals dat in het bedrijfsleven gebeurd is met de Code Tabaksblatt en met de beginselen van behoorlijk bestuur van grote openbare instellingen.'

De code was opgehangen aan de vijf principes zorgvuldigheid, betrouwbaarheid, controleerbaarheid, onpartijdigheid en onafhankelijkheid, die vervolgens naar model van de Code Tabaksblatt globaal werden uitgewerkt. 'En we hebben er ook een lijst met dilemma's in opgenomen, om te laten zien dat met de code niet alles is opgelost, maar dat er altijd casussen zullen zijn waarop niet meteen een antwoord klaarligt.'

In de academische wereld werd de kritiek geuit dat de normen open deuren waren en dat elke wetenschapper ze toch al onderschreef. Van der Heijden: 'Mijn ervaring is dat mensen zaken waarvan je denkt dat ze vanzelfsprekend zijn ineens niet meer weten. De bagage waarmee studenten van de middelbare school komen of van een bachelorsopleiding is niet meer hetzelfde als twintig jaar geleden.' Hij beklemtoonde bovendien dat de VSNU-code op diverse punten concreet zou moeten worden uitgewerkt binnen universiteiten, omdat dit initiatief anders een lege huls zou blijven. 'Aan de UvA zijn we bijvoorbeeld bezig met een regeling voor transparantie van nevenfuncties, met het oog op mogelijke belangenconflicten. Die zouden we op een website kunnen zetten, naar het model van de rechterlijke macht, zodat ze voor iedereen inzichtelijk zijn.'

Of de code het aantal ontsporingen zou verminderen, zei de rector niet te weten. 'Maar dat is geen reden om er maar van af te zien. Mensen blijven ook moorden plegen terwijl er een Wetboek van Strafrecht bestaat.'

In 2005 verscheen ook een rapport van een KNAW-werkgroep over de omgang tussen wetenschappers en hun opdrachtgevers, onder de titel *Wetenschap op bestelling*. Dit rapport wees op het risico van normvervaging ten gevolge van de toenemende financiële afhankelijkheid van universiteiten en onderzoeksinstellingen van externe opdrachten, veroorzaakt door krimpende overheidsfinanciering. Dat zou kunnen ontsporen als instellingen te veel hun oren laten hangen naar een opdrachtgever die baat heeft bij voor hem gunstige uitkomsten. Het boek *De onwelkome boodschap, of hoe de vrijheid van wetenschap bedreigd wordt* van André Köbben en Henk Tromp, aanleiding voor het opstellen van het KNAW-rapport, bevatte daarvan diverse kwalijke voorbeelden, onder meer bij onderzoek in opdracht van de overheid.

Het KNAW-rapport bepleitte de invoering van een 'Verklaring van wetenschappelijke onafhankelijkheid' als keurmerk voor onafhankelijkheid, in combinatie met registratie van opdrachtonderzoek bij het LOWI. Dit orgaan zou erop moeten toezien dat opdrachtonderzoek conform de Verklaring verloopt en zou kunnen bemiddelen bij conflicten. De minister zou bovendien moeten toezien op de implementatie van de VSNU-gedragscode (die een paragraaf over onafhankelijkheid bevat) bij universiteiten en onderzoeksinstellingen.

Het kabinet zag niets in de invoering van zo'n Verklaring en zei voldoende vertrouwen te hebben in de professionaliteit en integriteit van wetenschappelijke onderzoekers. Het probleem was volgens het kabinet niet groot genoeg om de bureaucratische rompslomp te rechtvaardigen die invoering van de Verklaring met zich mee zou brengen. Ook voelde het kabinet niet voor uitbreiding van de taken van het LOWI. Wel beloofde het kabinet in het periodiek bestuurlijk overleg met de universiteiten geregeld de werking van de VSNU-gedragscode aan de orde te zullen stellen.

Het KNAW-rapport mondde in 2010 wel uit in een gedragscode belangenverstrengeling bij NWO, dat als subsidieverstrekker behoefte heeft aan onberispelijke en transparante verdelingsprocedures door beoordelingscommissies. Commissieleden moeten sindsdien een standaardformulier invullen dat hun mogelijk conflicterende belangen duidelijk maakt; ook verklaren de leden zich te houden aan een aantal gedragsregels. In 2012 verscheen bovendien de *Code ter voorkoming van oneigenlijke beïnvloeding*, opgesteld en onderschreven door de Koninklijke Nederlandse Akademie van Wetenschappen (KNAW), de Koninklijke Nederlandsche Maatschappij tot bevordering der Geneeskunst (KNMG), de Gezondheidsraad (GR), het Centraal Begeleidings-Orgaan (CBO) en het Nederlands Huisartsen Genootschap (NHG).

Deze code moet meer inzicht geven in de relaties en belangen van deskundigen die betrokken zijn bij de totstandkoming van wetenschappelijke adviesrapporten en medische richtlijnen. Alle betrokkenen moeten nu vooraf een verklaring invullen waarop ze deze relaties en belangen aangeven. Dat maakt het mogelijk om vast te stellen of bepaalde relaties/belangen een sta-in-de-weg zijn voor het functioneren binnen een commissie. Direct financieel gewin bij een bepaalde uitkomst maakt deelname daaraan onmogelijk. Als de expertise onmisbaar is kan een deskundige alleen deelnemen als hij/zij buiten de besluitvorming wordt gehouden.

KNAW-president prof.dr. Robbert Dijkgraaf concludeerde in 2010 in het voorwoord van *Wetenschappelijke Integriteit* (een bundeling voordrachten van een themamiddag bij de KNAW), dat Nederland de zaken in formele zin goed op orde had met het bestaan van de VSNU- en de NWO-code en het LOWI, het Landelijk Orgaan voor Wetenschappelijke Integriteit. Toch stelde hij ook dat er nog tal van vragen onbeantwoord waren. 'Blijft in Nederland nog veel wangedrag onopgemerkt? Verstaan we allemaal hetzelfde onder wetenschappelijke integriteit? Is er in Nederland voldoende overeenstemming over de vraag hoe wetenschappelijke integriteit dient te worden bevorderd?'

Toen brak de zwarte septembermaand van 2011 aan met de bekendmaking van de affaire-Stapel in Tilburg, gevolgd door een medische fraudezaak in Nijmegen en de zaak-Poldermans in Rotterdam. Vervolgens bleek het aantal door Stapel gepleegde fraudes vele malen groter dan iemand ooit had kunnen denken.

Deze affaires (en de latere zaak-Smeesters) maakten met name duidelijk dat de omgang met en de opslag van alle mogelijke onderzoeksdocumenten en -data op veel plaatsen niet goed geregeld was/ is, hoewel de VSNU-code uit 2004 daar duidelijke bepalingen over bevatte. 'De kwaliteit van dataverzameling, data-invoer, dataopslag en dataverwerking wordt goed bewaakt. Goede verslaglegging van alle stappen en controle op de uitvoering is noodzakelijk (labjournaals, voortgangsrapportages, documentatie van afspraken en beslissingen enz.). De bewaartermijn van ruwe onderzoeksgegevens is minimaal 5 jaar. Deze gegevens worden op aanvraag ter beschikking gesteld aan andere wetenschapsbeoefenaren. Ruwe onderzoeksgegevens worden zodanig gearchiveerd dat deze te allen tijde met een minimum aan tijd en handelen kunnen worden geraadpleegd.' Op het in de praktijk handen en voeten geven aan deze bepaling hadden bestuurders in Tilburg,

Nijmegen en Rotterdam kennelijk niet toegezien, zoals ook bleek uit de aanbevelingen uit de diverse rapporten van onderzoekscommissies.

De KNAW zette de commissie-Schuyt aan het werk om deze problematiek in kaart te brengen, maar diverse instellingen namen nu zelf ook al het voortouw om dit soort zaken beter te regelen, om van de VSNU-code meer te maken dan een papieren tijger.

Omdat de VSNU-code al vol verstandige richtlijnen stond, kon de VSNU deze nauwelijks nog verder optuigen. De code werd in mei 2012 aangevuld met de bepaling 'dat van elke wetenschapsbeoefenaar wordt verwacht dat hij in zijn wetenschappelijke omgeving handhaving van de code zo goed mogelijk zal bevorderen'. Met andere woorden: de code was niet voor de la bestemd.

Ook werd aan de code toegevoegd dat wetenschappers voortaan hun nevenfunctie moeten vermelden op de website van de universiteit (overigens al in 2009 afgesproken in het VSNU-bestuur).

De VSNU lanceerde ook een landelijk model voor de procedurele behandeling van integriteitsklachten door universiteiten, omdat na de zaak-Stapel was gebleken dat dit niet overal op gelijke wijze gebeurde, met allerlei ongewenste gevolgen, die ook duidelijk zijn geworden uit in dit boek beschreven zaken. Dit model bevat ook een lijst met soorten schendingen van wetenschappelijke integriteit, met beschrijvingen die zo helder mogelijk moeten maken waartegen universiteiten in elk geval zullen optreden. Ik citeer deze lijst hieronder integraal:

1. **'fingeren: het invoeren van fictieve gegevens**
   Het fabriceren of verzinnen van gegevens die worden gepresenteerd als werkelijk verkregen bevindingen van onderzoek. Hiermee wordt het hart van de wetenschap – de waarheidsvinding – geraakt.
2. **falsificeren: het vervalsen van gegevens en/of het heimelijk verwerpen van verkregen onderzoeksresultaten**
   Voor de onderzoeker onwelgevallige gegevens mogen nooit worden aangepast aan de verwachtingen of de theoretische uitkomsten. Het weglaten van gegevens mag slechts geschieden op aantoonbaar goede gronden.
3. **plagiëren van (delen van) publicaties en resultaten van anderen**
   Wetenschap functioneert slechts met de eerlijke erkenning van de

intellectuele eigendom van ieders eigen bijdrage aan de kennis. Dat geldt voor de hele range van studentenwerkstukken en scripties tot wetenschappelijke publicaties en dissertaties. Het gaat niet alleen om letterlijk overschrijven, maar ook om parafraseringen, het weglaten van noten of bronvermelding, het heimelijk gebruik van door anderen vergaarde data, ontwerpen of tabellen. Het auteursrecht biedt gedupeerden de mogelijkheid tot genoegdoening via de rechter, maar ook als er geen direct gedupeerde (meer) is, kan een onderzoeker worden aangeklaagd wegens plagiaat.

4. **het opzettelijk negeren en niet erkennen van bijdragen van andere auteurs**

   Dit is een vorm van wangedrag die verwant is aan het plegen van plagiaat. Opzettelijke en grove schendingen die niet binnen de wetenschappelijke gemeenschap zelf opgelost kunnen worden, behoeven een onafhankelijk oordeel van de Commissie Wetenschappelijke Integriteit.

5. **het zich onterecht voordoen als (mede-)auteur**

   Een onderzoeker mag zich slechts (laten) noemen als medeauteur van een publicatie wanneer hij daaraan een aanwijsbare bijdrage heeft geleverd in de vorm van ingebrachte ideeën en expertise, uitgevoerd onderzoek, of theorievorming. Een onderzoeker die zijn naam aan een publicatie verbindt, vergewist zich zo goed mogelijk van de juistheid en integriteit van de inhoud.

6. **het bewust verkeerd gebruiken van (statistische) methoden en/of het bewust verkeerd interpreteren van resultaten**

   De (statistische) interpretatie van onderzoeksgegevens en van empirische resultaten is onderdeel van de wetenschappelijke discours en dat betreft ook de vraag of die interpretatie al dan niet verkeerd is. Het is pas aan te merken als wangedrag indien wordt volhard in een verkeerde voorstelling van zaken en het presenteren van ongewettigde conclusies, wanneer in de wetenschappelijke gemeenschap tot een onomstreden oordeel daarover is gekomen. Zo nodig kan een cwi met externe peers tot een dergelijk oordeel komen.

7. **het begaan van verwijtbare onzorgvuldigheden bij het verrichten van onderzoek**

   Er is pas sprake van wangedrag wanneer de onderzoeker verder gaat dan fouten en slordigheden en zijn handelwijze niet bijstelt na ernstige en gefundeerde kritiek. Een cwi kan laten onderzoeken of daarvan sprake is.

8. **wangedrag van collega's toelaten en verheimelijken**
Een onderzoeker of bestuurder heeft een zorgplicht ten aanzien van de wetenschap als geheel en in het bijzonder ten aanzien van de onderzoekers in zijn directe omgeving. Erkend moet worden dat gezagsverhoudingen in de wetenschap, bijvoorbeeld tussen promotor en promovendus, het aanklagen van collega's niet altijd gemakkelijk zal maken.'

Na de introductie noemde oud-KNAW-president Drenth deze beschrijvingen te 'mager' en een 'gemiste kans'. Hij had onder meer kritiek op de beschrijving van plagiaat als 'juridische inbreuk op intellectueel eigendom'. 'Het gaat ook om het pikken van ideeën, designs, projectvoorstellen van medewerkers, studenten en anderen,' zei hij in *NRC Handelsblad*. Hij miste ook een heldere afbakening van fraude en gedragsregels voor universiteitsbestuurders. Waarop Drenth met dat laatste doelde werd uit het bericht niet duidelijk. Mogelijk had hij het oog op affaires zoals die aan de TU Delft hadden gespeeld met dubieus declareergedrag. Of had Drenth het over bestuurders die niet hun verantwoordelijkheid hadden genomen bij het implementeren van onderdelen van de VSNU-code binnen de eigen instelling?

De VSNU benadrukte ook nog maar eens dat integere wetenschapsbeoefening begint bij de opleiding van studenten, promovendi en onderzoekers. Daarin moet volgens de VSNU systematisch aandacht worden besteed aan 'de correcte manier van onderzoek doen'. De VSNU introduceerde ook nog een soort hippocratische eed voor wetenschappers: 'Bij hun aanstelling aan de universiteit moeten onderzoekers verklaren de code wetenschapsbeoefening te kennen en daarnaar te zullen handelen.'

Bovendien besloot de VSNU als 'preventieve maatregel en voorbeeld' voortaan de overtredingen van de diverse universiteiten geanonimiseerd te publiceren op de VSNU-website. Daar is in de zomer van 2012 een begin mee gemaakt. De samenvattingen zijn soms echter zó summier dat ze net zo goed niet gepubliceerd hadden kunnen worden. De VSNU kan beter een voorbeeld nemen aan de verslaglegging van het beroepsorgaan LOWI, dat zijn adviezen sinds de oprichting in

2003 publiceert op de website van de KNAW. Deze adviezen waren een van de belangrijke bronnen voor dit boek.

Het functioneren van het LOWI kwam niet aan de orde in de discussie over procedures bij vertrouwenspersonen en integriteitscommissies. Een oordeel vellen over het werk van het LOWI is lastig. Zeker is dat het LOWI goed werk heeft verricht in het aanwijzen van procedurele tekortkomingen in de afhandeling van integriteitszaken. Het LOWI tikte bestuurders geregeld op de vingers, bijvoorbeeld ook als die verantwoordelijkheden dreigden af te schuiven. Van grote waarde is ook dat er nu een soort jurisprudentie ligt over plagiaatzaken. Toch bereikte mij ook gesputter van klagers en beklaagden over de manier waarop het LOWI zich een oordeel vormt. Er zouden administratieve bokken geschoten worden, de verslaglegging van hoorzittingen zou te wensen overlaten, de leden zouden zelf te weinig expertise hebben voor ingewikkelde fraudezaken en niet altijd gelukkige keuzes maken bij het inschakelen van aanvullende deskundigheid. Samengevat: het LOWI behoeft meer professionalisering. De gerechtvaardigdheid van deze kritiek is moeilijk te beoordelen omdat deze uit de mond komt van niet bepaald objectieve klagers en beklaagden. Dat neemt niet weg dat het geen kwaad kan om het werk van het LOWI te laten evalueren, via gesprekken met commissieleden, klagers, beklaagden en betrokken bestuurders van universiteiten en UMC's, om in kaart te brengen waar mogelijke behoeften en zwaktes zitten.

Het laatste wapenfeit was eind september 2012 het rapport *Zorgvuldig en integer omgaan met wetenschappelijke onderzoeksgegevens* van de KNAW-commissie onder voorzitterschap van LOWI-voorzitter prof. dr.mr. Kees Schuyt.

Deze commissie zou oorspronkelijk onderzoeken welke mogelijkheden de digitalisering en internationalisering van het onderzoek biedt voor het toegankelijker maken van data voor andere onderzoekers, maar de KNAW breidde die opdracht na de zaak-Stapel uit. De belangrijkste taak van de commissie werd het geven van een overzicht van omgang met data in diverse wetenschapsgebieden en hoe die omgang, indien noodzakelijk, kan worden verbeterd. De commissie moest ook adviseren welke routines op de werkvloer een integere omgang met data zouden kunnen bevorderen. Verder moest de commissie kijken hoe de verspreiding en naleving van normen van wetenschappelijke integriteit het best konden worden ingebed in het onderwijs en in de begeleiding van jonge onderzoekers.

Om een beeld te krijgen van de problematiek voerde de commissie vijftien gesprekken met vertegenwoordigers uit verschillende wetenschapsterreinen (promovendi, postdocs, onderzoekers, hoogleraren) en stuurde vragenlijsten rond. De commissie tekende daarbij aan dat de representativiteit van deze inventarisatie beperkt was.

Globaal bleken er niet of nauwelijks zorgen te bestaan over de omgang met data (verzamelen, verwerken, beheer en analyse) in de natuurwetenschappen, wiskunde, logica, wijsbegeerte, geesteswetenschappen, geschiedwetenschappen, landbouwwetenschappen, economie, econometrie, sociale geografie en sociologie. Wel bestonden er soms zorgen over omgang met data bij disciplines binnen (bio) medisch en psychologisch onderzoek en een vakgebied met een individualistische onderzoekscultuur als de antropologie.

De commissie stuitte op zó'n grote variëteit tussen wetenschapsgebieden en de disciplines daarbinnen dat het doen van algemene uitspraken over zorgvuldige omgang met data onmogelijk was. Elk wetenschapsgebied zal zelf mogelijke problemen met omgang met data moeten inventariseren en oplossen, concludeerde de commissie.

De commissie deed wel de algemene aanbeveling om meer aandacht te besteden aan een kwetsbare fase in het onderzoek: die na aanvang van het onderzoek en vóór peer review. Dit geldt vooral bij individueel onderzoek, waarbij wetenschappers zelf hun data verzamelen, analyseren, presenteren en beheren. Deze eenlingen moeten door een 'slimme organisatie van de onderzoekpraktijk' meer contact hebben met directe collega's, onderzoekleiders of promotoren, bijvoorbeeld via geregelde discussies over hun werk, zonder dat deze *peer pressure* tot bureaucratisering leidt die creativiteit kan doden.

Wetenschapsgebieden en de subdisciplines kunnen op dit punt leren van elkaars *good practices* voor collegiale controle. Bij het creëren van een klimaat van zorgvuldige en verantwoordelijke omgang met data ligt ook een taak voor onderzoeksinstituten en hun bestuurders, al blijven wetenschappers zelf verantwoordelijk voor de zorgvuldigheid van hun onderzoek en de omgang met onderzoeksgegevens.

Schuyt c.s. adviseerden grootschalig onderzoek te doen naar de frequentie van 'onoorbare en minder gewenste praktijken'. Dat onderzoek zou zich ook kunnen richten op de invloed van publicatiedruk op het gedrag van wetenschappers. Leidt dat inderdaad tot 'salamipublicaties' en tot de in dit boek gesignaleerde *questionable practices*? De commissie zag hierin een taak voor VSNU, KNAW, NWO en TNO.

In nieuwe toezichthoudende organen zag de commissie geen heil. Wel stelden Schuyt c.s. tevreden vast dat knelpunten in de procedures bij fraudezaken zijn rechtgetrokken in het Landelijk Model Klachtenregeling 2012 van de VSNU, zodat decanen en bestuurders niet langer betrokken zijn bij het onafhankelijke onderzoek naar fraudegevallen en geen besluit hoeven te nemen over hun eigen advies. Diverse zaken in *Ontspoorde wetenschap* toonden het onwenselijke van zo'n dubbelrol aan.

Ook zagen Schuyt c.s. geen reden om de formuleringen van de VSNU-code aan te passen. Zij wezen erop dat de basisregels 'even helder als eenvoudig zijn': 'Gij zult geen plagiaat plegen, gij zult geen valse gegevens produceren en publiceren.' Cruciaal daarbij is dat de onderzoekers goed doordrongen blijven van de regels en dan met name van het grijze gebied. Ze deden de aanbeveling om in navolging van de EUR en de Universiteit Leiden de gedragscode uit te reiken aan nieuwe medewerkers en promovendi. Ook omarmde de commissie het initiatief van de VSNU voor de invoering van een ambtseed of ambtsbelofte: een onderzoeker zou voortaan officieel moeten verklaren de *Nederlandse Code Wetenschapsbeoefening* te zullen naleven.

De commissie pleitte voor diverse activiteiten binnen universiteiten en onderzoeksinstituten om deze regels tot een 'vitaal element van wetenschapsbeoefening' te maken. Met name door er veel aandacht aan te besteden in het onderwijs, te beginnen bij de bacheloropleiding. De commissie signaleerde dat van veel buitenlandse onderzoekers die naar Nederland komen niet bekend is of in hun opleiding wel voldoende aandacht is besteed aan omgang met data. Deze buitenlandse onderzoekers (meestal promovendi) zouden bij de start van hun werk cursussen moeten volgen om op dit punt de juiste kennis en houding te verwerven.

Uiteindelijk gaat het er volgens Schuyt c.s. om de regels voor integer onderzoek te verankeren in het bewustzijn van *alle* (dus niet alleen jonge) onderzoekers, en dat begint met brede bekendmaking van die regels. Verinnerlijking van de normen, en die vervolgens 'als een tweede natuur' in de praktijk brengen, lukt volgens de commissie alleen als ze geregeld onderwerp van gesprek zijn op de werkvloer. Elk vakgebied moet daarvoor specifieke cursussen gaan ontwikkelen, direct gekoppeld aan de eigen onderzoekspraktijk.

De commissie-Schuyt zag ook een belangrijke taak weggelegd voor de lokale, nationale en internationale netwerken waarbinnen wetenschapsbeoefenaren met elkaar communiceren. Onderzoekers kunnen in allerlei rollen betrokken raken bij het werk van andere onderzoekers: als reviewer van tijdschriftartikelen voorafgaand aan publicatie; als editor van wetenschappelijke tijdschriften; als organisator van wetenschappelijke bijeenkomsten; als lid van promotie- en visitatiecommissies. In die rollen moeten ze volgens de commissie de normen en waarden voor de omgang met onderzoeksgegevens kritisch blijven bewaken.

De wetenschappelijke beroepsverenigingen en tijdschriften dienen daar ook een belangrijke bijdrage aan te leveren. Tijdschriftredacties moeten er, scherper dan nu vaak gebeurt, op toezien dat onderzoeksresultaten kunnen worden verantwoord, bijvoorbeeld door de verplichting in te voeren om onderliggende data toegankelijk te maken voor andere onderzoekers. Ook zouden per wetenschapsgebied de regels voor coauteurs zo nodig moeten worden aangescherpt, zodat volstrekt helder is in hoeverre een coauteur verantwoordelijk is voor de onderzoeksgegevens en -methodes in de publicatie.

Geen bureaucratische maatregelen, maar meer aandacht en bewustwording op alle fronten, dat was samenvattend het recept van de commissie-Schuyt om de rust na de Stapel-crisis te doen weerkeren.

Valse vooruitgang eindigde in 1993 met een oproep om het onderwerp 'wetenschappelijke integriteit' serieus te nemen. Herhaling van die oproep is twintig jaar later overbodig, zo blijkt uit bovenstaande schets. Academisch Nederland is sinds de zaak-Stapel klaarwakker. Hoe de wetenschappelijke gemeenschap de diverse aanbevelingen in de praktijk gaat brengen, zal moeten blijken. Een goede graadmeter voor het succes ervan is wellicht of er over twintig jaar nog voldoende zaken overblijven voor een opvolger van *Ontspoorde wetenschap*.

Verantwoording en dank

Om de beschuldiging van 'zelfplagiaat' voor te zijn: dit boek is geschreven op het fundament van mijn boek *Valse vooruitgang. Bedrog in de Nederlandse wetenschap* uit 1993. Diverse zaken uit dat boek, kortweg de mijlpalen in de geschiedenis van de hier beschreven fenomenen, keren in *Ontspoorde wetenschap* terug met het oog op de naslagfunctie. Wel zijn al deze teksten bewerkt en waar nodig aangevuld. *Ontspoorde wetenschap* is geen herziene versie van *Valse vooruitgang* maar een nieuw boek vol nieuwe verhalen, resultaat van – wederom – diepgravend onderzoek.

Veel wetenschappelijke tijdschriften vragen auteurs tegenwoordig om potentiële belangenconflicten aan te geven bij hun publicaties. Bij een boek als het mijne zou ook de vraag kunnen rijzen hoe onafhankelijk ik zelf eigenlijk ben. Ik heb een eigen journalistieke praktijk, ben ZZP'er en sta dus bij niemand op de loonlijst. Als wetenschapsjournalist heb ik de afgelopen decennia diverse opdrachtgevers/werkgevers gehad die ook voorkomen in dit boek, en niet allemaal positief: het Academisch Medisch Centrum in Amsterdam, de Koninklijke Nederlandse Akademie van Wetenschappen, de Nederlandse Organisatie voor Wetenschappelijk Onderzoek, de Vrije Universiteit en Sanquin. Laat dat een afdoende bewijs van mijn onafhankelijkheid zijn.

Voor het schrijven van dit boek heb ik subsidies gekregen van het Fonds Bijzondere Journalistieke Projecten en van Stichting Democratie en Media, die ik in dankbaarheid heb aanvaard. Daarnaast dank ik de honderden respondenten van mijn onderzoek, de vele deep throats en tipgevers, de vele kritische meelezers. Zonder hen was het schrijven van dit boek niet mogelijk geweest.

Tot slot dank ik met name Hélène van Beek, Martin Enserink, Jan Keunen, Hans van Maanen en Peter Vermij voor hun hulp en/of advies.

Bronnen

Inleiding

AMC, *Jaarverslag Ombudsman 2005*

Bell, Robert, *Impure science. Fraud, compromise and political influence in scientific research*, 1992

British Medical Journal, 21 januari 2012, 'Scientific misconduct is worryingly prevalent across the UK, shows BMJ survey'

Broad, William en Nicholas Wade, *Betrayers of the Truth. Fraud and Deceit in the Halls of Science*, 1982

Danish Medical Research Council, *Scientific Dishonesty and Good Scientific Practice*, 1992

Fanelli, Daniele, 'How Many Scientists Fabricate and Falsify Research? A Systematic Review and Meta-Analysis of Survey Data', *PLoS* ONE 4 (5), mei 2009

Garfield, Eugene, *Current Contents*, 6 april 1987

Goodstein, David, *On fact and fraud. Cautionary tales from the front lines of science*, 2010

John, L. K., G. Loewenstein en D. Prelec, 'Measuring the prevalence of questionable research practices with incentives for truth–telling', *Psychological Science* 23, 2012, p. 524–532

Kohn, Alexander, *False prophets. Fraud and Error in Science and Medicine*, 1986

Kolfschooten, Frank van, *Valse vooruitgang. Bedrog in de Nederlandse wetenschap*, 1993

Koshland, Daniel, *Science*, 9 januari 1987

Kuipers, Theo, 'The gray areas for incorruptible scientific research', in: M. Suarez et al., EPSA *Epistemology and methodology of science*, 2010

LaFollette, Marcel, *Stealing into print. Fraud, plagiarism and misconduct in scientific publishing*, 1992

Mare, 21 mei en 4 juni 1992

Merton, R.K., *The normative structure of science*, 1942

Merton, R.K., *The sociology of science*, 1973, p. 267-278

New Scientist, 2 september 1976, p. 481-483; 25 november 1976, p. 466-469

NRC Handelsblad, 2 april 1992; 14 januari 2012; 15 september 2012

Raad voor de Journalistiek, Uitspraak 2012/42

Simmons, J.P., L.D. Nelson en U. Simonsohn, 'False–positive psychology: Undisclosed flexibility in data collection and analysis allows presenting anything as significant', *Psychological Science* 22, 2011, p. 1359–1366

Stroebe, Wolfgang, Tom Postmes en Russell Spears, 'Scientific misconduct and the myth of self-correction in science', *Perspectives on Psychological Science*, (in press, september 2012)

Tromp, Henk en Michel Korzec, *Intermediair* 8 april en 11 november 1977

Universiteiten en Onderzoeksinstellingen in Nederland 2011

VSNU, 'Overzicht integriteitszaken Nederlandse universiteiten', december 2011

Wagenmakers, Eric-Jan, Ruud Wetzels, Denny Borsboom, Han L. J. van der Maas en Rogier A. Kievit, 'An Agenda for Purely Confirmatory Research', *Perspectives on Psychological Science* (in press, september 2012)

1. Andermans veren

Inleiding

Deze inleiding is deels eerder gepubliceerd in: Kolfschooten, Frank van, *Valse vooruitgang. Bedrog in de Nederlandse wetenschap*, 1993.

Dihlmann, W., 'Das Plagiat: Abschriftstellerei für Fortgeschrittene', *Radiologe* 1991, p. 394-397

Drenth, Pieter, 'Plagiarism in the context of ensuring responsible conduct in research and innovation', ALLEA-KNAW-symposium *Plagiarism – legal, moral and educational aspects*, december 2011

Hugenholtz, Bernt, 'The concept of plagiarism: historical and legal aspects', ALLEA-KNAW-symposium *Plagiarism – legal, moral and educational aspects*, december 2011

LaFollette, Marcel, *Stealing into print. Fraud, plagiarism and misconduct in scientific publishing*, 1992

LOWI-advies, 2008.1, te vinden op www.knaw.nl

Maris, A.G., ongepubliceerde] pleitnota opgesteld voor de strafzaak tegen prof.dr. P. Vinken

Martialis, *Epigrammata selecta*, F.A. Paley en W.H. Stone (ed.), 1868, p. 18-19

Metschies, Michael, *Zitat und Zitierkunst in Montaignes 'Essais'*, 1966, p. 42

Oppenoorth, Frits, *Proost Prikkels*, april 1983

Proost Prikkels, 1976, p. 6

Schuyt, Kees e.a., *Zorgvuldig en integer omgaan met wetenschappelijke onderzoeksgegevens*, rapport KNAW 2012

Verkade, D.W.F., 'Literatuur en plagiaat', *Ars Aequi*, december 1984, p. 672-682

De *Adagia* van Desiderius Erasmus

Wesseling, Ari, 'Erasmus en plagiaat', in: *Limae labor et mora. Opstellen voor Fokke Akkerman ter gelegenheid van zijn zeventigste verjaardag*, 2000, p. 66-70

Erasmus' vervalsing werd onthuld door de Italiaanse wetenschapster Silvana Seidel Menchi in: *Rivista Storica Italiana* 90, 1978, p. 709-743

Correspondentie over Erasmus met J. den Boeft, Miekske van Poll en Lucy Schlüter.

De gast van Gerrit Blasius

Deze paragraaf verscheen eerder in andere vorm in: Kolfschooten, Frank van, *Valse vooruitgang. Bedrog in de Nederlandse wetenschap*, 1993.

AMC Magazine, mei 1992

Banga, J., *Geschiedenis van de geneeskunde en van hare beoefenaren in Nederland*, 1868

Bierbaum, *Max en Adolf Faller, Niels Stensen, Anatom, Geologe und Bischof 1638-1686*, Münster z.j.

Kooijmans, Luuc, *Gevaarlijke kennis. Inzicht en angst in de dagen van Jan Swammerdam*, 2007

Lindeboom, G.A., 'Een 17de-eeuws geleerd genootschap', *Ons Amsterdam*, 1978, p. 142-146

Lindeboom, G.A., *Dutch medical biography. A biographical dictionary of Dutch physicians and surgeons 1475-1975*, 1984

Moe, Harald in: J.E. Poulsen en E. Snorrason, *Nicolaus Steno 1638-1686. A reconsideration by Danish scientists*, 1986

Vugs, J.G., *Leven en werk van Niels Stensen*, 1968

Het selectieve geheugen van Franciscus Donders – soorten plagiaat

Deze paragraaf verscheen eerder in andere vorm in: Kolfschooten, Frank van, *Valse vooruitgang. Bedrog in de Nederlandse wetenschap*, 1993.

Beek, L., *Pioniers der natuurwetenschappen II*, Assen/Maastricht 1989, p. 55

Frentrop, Paul, *Tegen het idealisme. Een biografie van Pierre Vinken*, 2007, p. 528

Kappers, J., *Nederlands Tijdschrift voor Geneeskunde*, 1982 (9), p. 398-399

Koning, Paula, *Erasmus op de markt*, 2009

Koning, Paula, website: http://home.kpn.nl/harms060/Paulawerk.html

Merton, Robert K., *The sociology of science*, p. 402-412

Schlüter, Lucy, *Standbeelden van Erasmus in Rotterdam 1549-2008*

Vinken, Pierre, 'Donders en Lamarck', *Proceedings* van de Koninklijke Nederlandse Akademie van Wetenschappen, Series C, Vol. 56, 1963, p. 296-330

Vinken, Pierre, 'Onjuiste toeschrijvingen in de wetenschappelijke literatuur: plagiaat, cryptomnesie, palimpsestie en hyperloyaliteit', *Nederlands Tijdschrift voor Geneeskunde*, 1982 (1), p. 16

Wiesner, J., *Jan IngenHousz. Sein Leben und sein Wirken als Naturforscher und Artzt*, 1905, p. 76 e.v.

De anekdote over Lindeboom hoorde ik in 1992 van VU-hoogleraar C. van der Meer; brief van dr. O.A. de Bruin, 1992; gesprek met P.W. Klein in 1992; correspondentie tussen Koning en Schlüter, juli 2008; correspondentie met Koning en Schlüter in 2012; correspondentie met Jan Keunen in 2012.

De 'onverklaarbare fout' van Herman Colenbrander

Het verhaal over Colenbrander verscheen eerder in andere vorm in: Kolfschooten, Frank van, *Valse vooruitgang. Bedrog in de Nederlandse wetenschap*, 1993, en is aangevuld met een tweede voorbeeld van bedenkelijke omgang met bronnen.

Briefwisseling Gerretson-Geyl, deel II, 1980

Colenbrander, Herman, 'Willen van Oranje, De Gids 97 (1933) I, p. 3-130

Geyl, P., *Pennestrijd over staat en historie*, 1971

Grever, Maria, *Strijd tegen de stilte*, 1994

Huizinga, Johan, *Briefwisseling*, deel II en deel III, 1990/91

Idenburg, P.J. in: *De Leidse universiteit, 1928-1946. Vernieuwing en verzet*, 1978

Corrrespondentie met Maria Grever in 2012.

De eer en goede naam van Frederik Buytendijk

Dit is een aangepaste versie van het verhaal dat eerder verscheen in: Kolfschooten, Frank van, *Valse vooruitgang. Bedrog in de Nederlandse wetenschap*, 1993. Het is aangevuld met behulp van: Frentrop, Paul, *Tegen het idealisme. Een biografie van Pierre Vinken*, 2007.

Dekker, W., *Nederlands Tijdschrift voor Geneeskunde*, 1982, p. 495

Everdingen, J.J.E. van e.a., *De wet tot behoud van waarheid*, 1991, p. 95-104

Filosofie Magazine, mei 1994

Flas, A.A., *Vrij Nederland*, 6 juni 1953

Fransen, Ad, 'Parasol, een korte voorzomer in de ontstaansgeschiedenis van Tirade', *Tirade* 1985, p. 517-546

Reil, E., *Parasol*, maart 1953, 'De vrouw. Een confrontatie'

Reil, E., 'Man en paard, *Parasol*, oktober 1953

Vinken, Pierre, *Nederlands Tijdschrift voor Geneeskunde*, 1982 (1), p. 14-19

Archief Pierre Vinken, die mij in 1992 inzage gaf.

De advocaten van Herman van Praag

Mijn eerdere verhaal over deze zaak is te vinden in: Kolfschooten, Frank van, *Valse vooruitgang. Bedrog in de Nederlandse wetenschap*, 1993, met een aanvulling in de herziene herdruk van 1996.

Kolfschooten, Frank van, *Het Parool*, 13 september 1993

Meijler, Frits, *Het Parool*, 2 september 1993

Praag, Herman van, *Over de wetenschappelijke fundaties van de antipsychiatrie*, 1978

Praag, Herman van, 'Over wetenschappelijke discussie gesproken', *Maandblad geestelijke volksgezondheid*, juni 1978, p. 442-445

Schnabel, Paul 'Een antiwetenschappelijke aanval op de antipsychiatrie', *Maandblad geestelijke volksgezondheid*, juni 1978, p. 429-441

Vinken, Pierre, 'Onjuiste toeschrijvingen in de wetenschappelijke literatuur: plagiaat, cryptomnesie, palimpsestie en hyperloyaliteit', *Nederlands Tijdschrift voor Geneeskunde*, 1982 (1)

Vinken, Pierre, brief aan Paul Schnabel, 14 juni 1982 (kopie uit archief-Vinken, in mijn bezit)

Vrij Nederland, 1 juli 1978 (passages uit dit interview zijn ook gepubliceerd in *Maandblad geestelijke volksgezondheid*, 1978, p. 546-547

Gesprekken met Chris Moen, september 1993, en voorjaar 2012; correspondentie met advocaat mr. D. den Hartog in 1993/1994; correspondentie en gesprekken met advocaat mr. A. Groen in 2012; dossier met KNAW-documenten uit 1993/1994 over zaak–Van Praag, in 2012 ter beschikking gesteld door de KNAW; correspondentie met Jan van Bemmel, Douwe Breimer, Pieter Drenth, KNAW, Tessel Pollmann, Paul Schnabel en Guido Tytgat in 2012.

De lange adem van René Diekstra

Ik heb eerder over de zaak-Diekstra geschreven in: *Valse vooruitgang* (1996), in *Ad Valvas*, 27 november 1997, en in *Intermediair* (1997, recensie Dijkhuis e.a., *Leiden in last*; 1998, recensie Diekstra, *O Nederland*).

Diekstra, René, *O Nederland, vernederland! Psychologie van val en opstand*, 1998

Dijkhuis, J., W. Heuves, M. Hofstede, M. Janssen, A. Rörsch, *Leiden in last. De zaak-Diekstra nader bekeken*, 1997

Hofstee, W. en T. Drupsteen, *Rapport van de onderzoekscommissie inzake beschuldigingen Diekstra*, 1996

Persoonlijk archief over de zaak-Diekstra, waaruit ik onder meer heb gebruikt: *Vrij Nederland*, 17, 24 en 31 augustus 1996, *HP/De Tijd*, 6 september 1996, *De Groene Amsterdammer*, 26 november 1997, *Ad Valvas*, 27 november 1997, *de Volkskrant*, 6 juni 1998; *De Telegraaf*, 19 december 2000 en 20 januari 2001, *Rotterdams Dagblad*, 19 december 2000, *Mare*, 8 mei 2003; *DUB*, 7 april 2011; transcript interview met Thijs Drupsteen, 1997

E-mailuitwisselingen met Bruna, René Diekstra (en advocaat), Elmar, Chris de Graaf/ Karakter, Willem Koops, Lammert Leertouwer, Gary McEnery, Barbara Oomen, Andries Postma, en de afdeling Voorlichting van de Universiteit Utrecht en de Universiteit Leiden.

Indiaas-Duits recyclen

Hond, Frank den, *In search of a useful theory of environmental strategy: A case study on the recycling of end-of-life vehicles from the capabilities perspective*, 1996

Bellmann, Klaus en Anshuman Khare, 'A systems dynamic perspective on the development of recycling strategy for end-of-life vehicles', *Technovation*, 2001 (8), p. 489-500

Gesprek en correspondentie met Frank den Hond.

Een Britse primeur

Gunter, Barrie, Adrian Furnham en Sarah Griffiths, 'Children's Memory for News: A Comparison of Three Presentation Media'. *Media Psychology*, 2, 2000, p. 93-118

Furnham, A., De Siena, S., Gunter, B., 'Children's and Adult's recall of children's news stories in both print and audio-visual presentation modalities', *Applied Cognitive Psychology* 16, 2002, p. 191-210

Walma van der Molen, J.H., 'Children's and adults' recall of television versus print news: Is print really better?' *Communications* 23, 1998, p. 453-468.

Walma van der Molen, J.H., & van der Voort, T.H.A., 'Children's recall of the news: TV news stories compared with three print versions,' *Educational Technology Research and Development* 46 (1), 1998, p. 39-52

Walma van der Molen, J. H., & Van der Voort, T. H. A., 'Children's and adults' recall of television and print news in children's and adult news formats'. *Communication Research* 27, 2000a, p. 132-160

Walma van der Molen, J.H. van der Voort, T.H.A., 'Children's recall of television and print news: A media comparison study', *Journal of Educational Psychology* 89, 1997, p. 82-91

Correspondentie met Graham Davies, Adrian Furnham en Juliette Walma van der Molen in 2012.

De Egyptische serieplagiator

Applied Mathematics and Computation 130, 2002, 1-4; *Indian Journal of Pure & Applied Mathematics* 34, 2003, p. 367-370; *Czechoslovak Mathematical Journal* 53, 2003, p. 77-81; www.scientificvalues.org

Correspondentie met Peter de Paepe in 2012.

De lastercampagne tegen Arthur Pleijsier

FEM, 25 januari 2003

Raad voor de Journalistiek, uitspraak 2005/29

U-blad, 16 januari, 13 maart, 3 april en 4 september 2003

Correspondentie met Pleijsier in 2012.

Het dubbelplagiaat van Piet Vandenbossche

Vandenbossche, Piet, *Accounting information for changing business needs*, 2005

Verdaasdonk, Peter, *Accounting information for operations management decisions*, 1999

LOWI-advies 2007.2

Uitspraak CWI Groningen en besluiten College van Bestuur RUG

Vertrouwelijke correspondentie over stoppen promotietraject aan TU Eindhoven in 2000; correspondentie met Jacques Theeuwes, Piet Vandenbossche, Peter Verdaasdonk, Hans Wortmann, en Voorlichting RUG in 2012.

Fouten van een groentje

Vertrouwelijke brief College van Bestuur Erasmus Universiteit aan CWI ad hoc, 4 november 2005 (verkregen via WOB-procedure); e-mailuitwisselingen met Claudia Loebbecke, Mary S. Logan en Dennis F. Galletta.

De geheimzinnige Maleisiër

Smets, Arno, 'Direct optical absorption measurements on the sub gap of hydrogenated amorphous silicon thin films by means of the cavity ring down absorption
technique', hoofdstuk in het proefschrift van A.H.M. Smets uit 2002

Yusoff, Abdull, *Journal of Non-Crystalline Solids*, 2006

Yusoff, Abdull, 'High resolution transmission electron microscope studies of a-Si:
solar cells', *Pramana. Journal of Physics*, juni 2007

Yusoff, Abdull, 'Hydrogenated nanocrystalline silicon germanium thin films', *Pramana. Journal of Physics*, augustus 2007

Yusoff, Abdull, 'Film adhesion in amorphous silicon solar cells', *Bulletin of Materials
Science*, augustus 2007

Correspondentie met Erwin Kessels en Arno Smets in 2012.

De Pakistaanse connectie

Khan, M.I., Musa Kaleem Baloch, Muhammad Ashfaq en G. J. Peters, 'In vivo toxi-
cological effects and spectral studies of organotin(IV) N-maleoylglycinates', *Applied Organometallic Chemistry*, 2005 (19), p. 132

Khan, M.I., Musa Kaleem Baloch, Muhammad Ashfaq, G. J. Peters, 'In vitro and in
vivo biological potential and structural aspects of new diorganotin (IV) esters
of N-maleoyl-beta-alanine', *European Journal of Medicinal Chemistry*', 2006 (11)

Khan, M.I., Musa Kaleem Baloch, Muhammad Ashfaq, Gerrit Stoter, 'In vivo toxico-
logical effects and spectral studies of new triorganotin (IV)–N-maleoyltranexa-
mates', *Journal of Organometallic Chemistry*, mei 2006

Gesprek en correspondentie met Frits Peters; correspondentie met Ashfaq, Khan,
Gielen, De Vos en Stoter.

Het Ierse proefschrift van Geert-Jan Knoops

Knoops, G.J., *The Prosecution and Defense of Peacekeepers under International Criminal
Law*, 2006

Sari, Aurel, *European Journal of International Law*, september 2006

NRC Handelsblad, 30 november 2006

U-blad, 30 november en 20 december 2006

Trouw, 20 december 2006

Advies CWI Universiteit Utrecht, december 2006

Correspondentie met Wencke Boerrigter, Geert-Jan Knoops (via assistent), Aurel
Sari, William Schabas en J.D. Schoone.

De Indiase herkauwer

'Real-time Face Recognition Using SIMD and VLIW Architecture', *Journal of Computing and Information Technology* - CIT 15, 2007 (2), p. 143–149

Hamed Fatemi, Hammed Ebrahim Malek, Richard Kleihorst, Henk Corporaal, and Pieter Jonker, 'Real-Time Face Recognition on a Mixed SIMD VLIW Architecture', *Proceedings of PROGRESS 2003, 4th seminar on embedded systems*, oktober 2003

Srinivasa Kumar Devireddy, Nageswara Rao Thota, Iyyanki V. Murali Krishna, Tiruveedhula V. Rao, 'A Novel Approach for Fingerprint Verification Using SIKP, IJCSNS', *International Journal of Computer Science and Network Security*, VOL.8 No.7, July 2008, p. 307

Dass, Sarat e.a., *Technometrics*, 2007

Correspondentie met Srinivasa Kumar Devireddy, Iyyanki V. Murali Krishna and Venkateswara Rao Tiruveedhula, Pieter Jonker en Richard Kleihorst.

De 'overschrijfkunsten' van Margriet Sitskoorn

Neuropraxis, 2004, Volume 8, nummer 5, p. 63-68 en p. 114-117

Vrij Nederland, 25 augustus 2007

Advies CWI 2007 Universiteit Utrecht

Advies LOWI 2008.1

Correspondentie met Universiteit van Tilburg/Sitskoorn 2012.

Tussen de Russen

Advies CWI TU Delft, 11 december 2008

Delta, 21 februari 2008

NRC Handelsblad, 11 februari 2012

Correspondentie met Tatyana Budantseva.

De man uit Dubai

Thiel, S. van en F.L. Leeuw, 'The performance paradox in the public sector', *Public Performance & Management Review* 25 (3), 2002, p. 267-281

Behery, Mohamed, 'Leadership behaviors that really count in an organization's performance in the Middle East: The case of Dubaï', *Journal for Leadership Studies*, 2008

Correspondentie met Beherey, Leeuw, Van Thiel en de redactie van *Journal for Leadership Studies*.

Groninger plagiatoren

Postma, Dirkje, Huib Kerstjens en Nick ten Hacken, 'Inhaled corticosteroids and long-acting beta-agonists in adult asthma: a winning combination in all?', *Naunyn-Schmiedeberg's Archives of Pharmacology*, 2008

Geanonimiseerd advies CWI op website VSNU

Correspondentie met Dirkje Postma en Huib Kerstjens; correspondentie en gesprek met Martin Michel.

Nugteren, Helena, Willebrord Weijmar Schultz en Mels van Driel, 'Physical therapy for premature ejaculation, erectile dysfunction and chronic pelvic pain syndrome', *British Journal of Urology International*, december 2009

Correspondentie met Willebrord Weijmar Schultz, Mels van Driel en UMC Groningen (inclusief brieven aan diverse betrokkenen); correspondentie met Talli Rosenbaum, die inzage gaf in haar dossier.

De Indiase downloader

Dhirendra K., S. Lewis, N. Udupa en K. Atin, 'Solid dispersions: A Review', *Pak. J. Pharm. Sci.*, Vol.22, No.2, April 2009, p. 234-246

Drooge, Dirk Jan van, *Combining the Incompatible. Inulin glass dispersions for fast dissolution, stabilization and formulation of lipophilic drugs*, 2006

Correspondentie met S. Lewis en N. Udupa.

De Koreaanse beginner

Jung KH en J. Roh, 'Circulating Endothelial Progenitor Cells in Cerebrovascular Disease', *J Clin Neurol.* 4 (4), 2008, p. 139-147

Rouhl R.P., R.J. van Oostenbrugge RJ, e.a., 'Endothelial progenitor cell research in stroke: a potential shift in pathophysiological and therapeutical concepts', *Stroke* 39(7), 2008, p. 2158-65

http://www.ncbi.nlm.nih.gov/pmc/articles/PMC2686850/?tool=pubmed]

Correspondentie met Sang-Ahm Lee, Keun-Hwa Jung en Rob Rouhl .

De verkeerde reviewer

resource.wur.nl, maart 2012

retractionwatch.wordpress.com, 8 maart 2012

Science, 9 maart 2012

Correspondentie met Patrick Jansen in 2012.

Plagiaat onder de PubMed-radar

Website van *International Journal of Digital Content Technology and its Applications* (JDCTA)

Correspondentie met Mike X. Cohen, 2012.

Carmichael, Neil, Gerard Swaen en John Doe, 'Strengthening the reliability and credibility of observational epidemiology studies by creating an Observational Studies Register', *Journal of clinical epidemiology* 05/2011

International Journal of Academic Research (IJAR), november 2011

Correspondentie met Knottnerus en correspondentie van Knottnerus met *IJAR* en Amirkhani.

2. In de publicatiezeepbel

CBS, Tabel wetenschappelijk onderwijs: gepromoveerden aan universiteiten dd 30 januari 2012

Medisch Contact, 'Hoogleraren ervaren publicatiedruk', 4 januari 2012

Rijksuniversiteit Groningen, 'Tenure Track voor Faculteit Gedrags- en Maatschappijwetenschappen: Procedures en criteria', 7 juni 2010

Tijdink, J, A.M.C. Vergouwen, Y. Smulders, Publication culture and burn out among Dutch medical professors (2012, submitted)

VSNU, *Prestaties in Perspectief: trendrapportage universiteiten 2000-2020*, 2012

Zwaan kleef aan: co-auteurs

Eindrapport Commissie Publicaties, (over de publicaties van Jeroen Bax), 2012

'The ATLAS Experiment at the CERN Large Hadron Collider', *Journal of Instrumentation* 3 (2008)

'An International Randomized Trial Comparing Four Thrombolytic Strategies for Acute Myocardial Infarction'. *The New England Journal of Medicine* 329 (10), p. 673

NRC, Jeroen Bax, 6 april 2012

Sommige uitspraken, ontleend aan de reacties op mijn enquête onder 8200 wetenschappers, zijn op verzoek van betrokkenen geanonimiseerd. De bijdrage van Reinout Wiers is ook verschenen als ingezonden brief in *NRC Handelsblad*.

Salami-wetenschap / Van der Heijden

Heijden, Geert van der e.a., Meta-analyis on the effect of off-pump coronary bypass surgery, *European Journal of Cardiothorac Surgery*, 2004

'The effect of off-pump compared to on-pump coronary artery bypass surgery', in 2003 afgewezen artikel van Van der Heijden voor *The Annals of Thoracic Surgery*

Parolari A. e.a., 'Off-pump versus on-pump coronary artery bypass: meta-analysis of currently available randomized trials', *The Annals of Thoracic Surgery*, 2003

Gesprek en e-mailuitwisseling met Geert van der Heijden in 2012; e-mail van Henry Edmunds aan Geert van der Heijden, november 2003; rapporten van twee anonieme reviewers van *The Annals of Thoracic Surgery*.

De citatiefixatie

Hirsch, J. E., 'An index to quantify an individual's scientific research output', *Proceedings of the National Academy of Sciences of the United States of America* 102 (46), 2005, p. 16569–16572 (ook te vinden op: http://arxiv.org/abs/physics/0508025)

Laloë, Frank and Remy Mosseri, 'Bibliometric evaluation of individual researchers: not even right... not even wrong!', Europhysics News Vol. 40, No. 5, 2009, p. 26-29

Noorden, Richard van, 'Researchers feel pressure to cite superfluous papers', *Nature*, 2 februari 2012

NRC Handelsblad, 'Noem jij mij, dan noem ik jou', 17 maart 2012

Reedijk, Jan en Henk F. Moed, 'Is the impact of journal impact factors decreasing?', *Journal of Documentation*, Vol. 64, Iss. 2, 2008, p.183-192

Wilhite, Allen en Eric A. Fong, 'Coercive Citation in Academic Publishing', *Science*, 3 februari 2012

Correspondentie met Frank Huysmans, 2012; correspondentie met J.C. Kluyn-Nelemans, 2012; gesprek met Ton van Raan, 2012; gesprek met Edmond Rings, 2012; correspondentie met Bart Rottier, 2012; correspondentie met Erik van Schooten, 2012.

De wereld achter retracties

Malagon I. e.a, 'Dexamethasone reduces gut permeability in pediatric cardiac surgery', *The Journal of Thoracic and Cardiovascular Surgery*; volume 130, p. 265 e.v.

Correspondentie met CCMO, Voorlichting LUMC en Eduard Klasen in 2012.

Vuijk, P., P. A. C. van Lier, A. C. Huizink, F. C. Verhulst and A. A. M. Crijnen, 'Pre-natal smoking predicts non-responsiveness to an intervention targeting attention-deficit/hyperactivity symptoms in elementary schoolchildren', *Journal of Child Psychology and Psychiatry* 47 (9), 2006, p. 891-901

LOWI-advies 2008.3

Correspondentie met Alfons Crijnen en Frank Verhulst.

Azab, S.R. El, R. Vrakking, G. Verhage, P. M. J. Rosseel, 'Safety of cardiac surgery without blood transfusion: a retrospective study in Jehovah's Witness patients', *Anaesthesia*, maart 2010

Correspondentie met Rosseel en El Azab, 2012. Deze bevatte ook de mailuitwisseling van beiden met hoofdredacteur Steve Yentis van *Anaesthesia*.

Nazer, Dima W., Amaury Tilmant, Ziad Mimi, Maarten A. Siebel, Pieter Van der Zaag and Huub J. Gijzen, 'Optimizing irrigation water use in the West Bank, Palestine', *Agricultural Water Management*, 2010 (2), p. 339-345

retractionwatch.wordpress.com, 22 september en 29 november 2010

Correspondentie en gesprek met Pieter van der Zaag in 2012.

3. Valse kennis

Inleiding

Deze inleiding verscheen deels eerder in: Kolfschooten, Frank van, *Valse vooruitgang. Bedrog in de Nederlandse wetenschap*, 1993

Babbage, Charles, *Reflections on the decline of science in England and on some of its causes*, 1972, p. 174-183

Broad, William en Wade, Nicholas, *Betrayers of the truth. Fraud and Deceit in the Halls of Science*, 1982

Danish Medical Research Council, *Scientific dishonesty and good scientific practice*, 1992

Goodstein, David, 'What do we mean when we use the term "science fraud"?', *The Scientist*, 2 maart 1992, p. 11 en 13.

Goodstein, David, *On fact and fraud. Cautionary tales from the front lines of science*, 2010

Kohn, Alexander, *False prophets. Fraud and Error in Science and Medicine*, 1986

Merton, R.K., *The normative structure of science*, 1942; *The sociology of science*, 1973, p. 267-278

Rip, Arie, *de Volkskrant*, 28 november 1981

Schuyt, Kees e.a., *Zorgvuldig en integer omgaan met wetenschappelijke onderzoeksgegevens*, rapport KNAW, 2012

Sindermann, Carl, *Winning the games scientists play*, 1982, p. 193-194

Stroebe, Wolfgang, Tom Postmes en Russell Spears, 'Scientific misconduct and the myth of self-correction in science', *Perspectives on Psychological Science*, (in press, september 2012)

Wagenmakers, Eric-Jan, Ruud Wetzels, Denny Borsboom, Han L. J. van der Maas, and Rogier A. Kievit, 'An Agenda for Purely Confirmatory Research', Submitted to *Perspectives on Psychological Science*

Wagenmakers, Eric-Jan, 'A year of horrors, *De Psychonoom* 27, 2012, p. 12-13

De assistente van Fritz Kögl

Bloch, K., 'Frauds in Science', *Interdisciplinary Science Reviews*, december 1988, p. 306-309

Buffel, K., 'The molecular structure of Kögl's auxins a and b. An attempt at constructive criticism', *Mededelingen van de Koninklijke Academie van Wetenschappen, Letteren en Schone Kunsten van België, Klasse der Wetenschappen* 47 (2), 1985, p. 446

Burken, F.J. van, *Honderd jaar organische chemie in Utrecht*, 1983

Chemistry in wartime in The Netherlands, 1947

Havinga, E., Levensbericht van Fritz Kögl, *Jaarboek KNAW* 1960, p. 311-316

'In memoriam prof.dr. F. Kögl', *Chemisch weekblad* 1959, p. 493-494

Karlson, P., 'Wie und warum entstehen wissenschaftliche Irrtümer?' *Naturwissenschaftlicher Rundschau* 9, 1986, p. 380-389

Kögl, Fritz en H. Erxleben, *Zur Aetiologie der malignen Tumoren*, 1939

Matsui, M. en Y. Hwang, *Proceedings of the Japan Academy*, vol. 42, no. 5, 1966, p. 488-490; Matsui, M., M.A. Akimichi Furuhata, T. Nakamura, *Proceedings of the Japan Academy*, vol. 64, p. 64-67

Vliegenthart J.F.G. en J.A.C, *Recueil de Travaux Chimiques des Pays Bas*, 1966, p. 1266-1272

Walden, P., *Geschichte der organischen Chemie seit 1880*, 1941

Wildman, S.G., The auxin-A, B enigma: scientific fraud or scientific ineptitude?, *Plant Growth Regulation* 22, 1997, p. 37–68

Voor het verhaal over Fritz Kögl en Hanni Erxleben heb ik gesproken en/of gecorrespondeerd met diverse (oud-)medewerkers van de Utrechtse vakgroep scheikunde, onder wie prof.dr. G.J.M. van der Kerk, dr. W. Hekkens, dr. J.A. Vliegenthart, dr. L.C. Post, prof.dr. D.H.W. den Boer, dr. J. Krediet, dr. J.A. Bos, prof.dr. J. de Gier, prof.dr. J.J. Boldingh, dr. O.A. de Bruin. Verder heb ik gecorrespondeerd met prof. dr. K. Bloch, gesproken met prof.dr. K. Buffel, en gesproken/gecorrespondeerd met mevrouw C. Kögl en mevrouw S. van Lommel-Kögl.

De avonturen van Anthonie Stolk

Booij, Joh, brief in archief Vrije Universiteit, 28 februari 1963

Brubaker, Carol, *Aktaion in de wildernis, 1961*

Brubaker, Carol, *De visser van de geest, 1963*

Brubaker, Carol, *Tamtams van leven en dood, z.j.*

Brubaker, Carol, *Trawanten van de luipaard, z.j.*

De Telegraaf, 20 februari 1964

De Telegraaf, 10 oktober 1964

De Telegraaf, 2 juli 1965

De Telegraaf, 9 april 1992

Geraci, J.C., N.C. Palmer en D.J. St. Aubin, *Canadian Journal of Fisheries and Aquatic Sciences,* juli 1987, p. 1289-1300

Helmonds Dagblad, 13 oktober 1966

Het Vrije Volk, 16 december 1965

Het Vrije Volk, 28 juni 1966

Jaarboeken van de Vrije Universiteit

Nieuws van de Dag, 16 december 1965

Notulen van de vergaderingen van curatoren der Vrije Universiteit, gehouden op 5 januari 1963, 8 januari 1963, 12 januari 1963, 2 februari 1963, 2 maart 1963, 9 maart 1963 en 4 mei 1963

Pharmaceutisch Weekblad, jaargang 1963, p. 221-222, p. 259, p. 298-299 en p. 338-339

Proceedings, Series C, 1962, p. 313-321 en p. 322-354

Stolk, Anthonie, ontslagbrief in archief Vrije Universiteit, 27 april 1963

Stolk, Anthonie, *Primitief gedrag,* 1964

Stolk, Anthonie, *Nacht van de gier,* 1965

Stolk, Anthonie, *Amazonas: archeologisch en ethnologisch onderzoek in Zuid-Amerika: expedities 1964 en 1965,* 1966

Stolk, Anthonie, *Wegen door de wildernis; mijn ervaringen met de Zuidamerikaanse Jivaro- en Cayapa-indianen,* 1968

Utrechts Nieuwsblad, 7 juni 1950

Gesprekken met prof.mr. W.F. de Gaay Fortman, C. van der Hout, drs. J. Kloosterman, prof.dr. W. Leene, dr. J.E. van Lennep, prof.dr. C. van der Meer, prof. dr. H.K. Oosterhuis, prof.dr. R.F. Rekker, prof.dr. Chr.L. Rümke, prof.dr. P.G. Smelik en prof.dr. F.C. Stam.

De stille promotie van Wolf Bleek

Dit verhaal is gebaseerd op een interview dat ik hield met Sjaak van der Geest voor *Arts&Auto*, maart 2006

Geest, Sjaak van der, 'Confidentiality and pseudonyms. A fieldwork dilemma from Ghana', *Anthropology Today*, februari 2003

De val van Henk Buck

Het verhaal over Henk Buck stond eerder in langere vorm in *Valse vooruitgang* en is aangevuld met ontwikkelingen na 1993.

De affaire draaide om het artikel: 'Buck, H.M., L.H. Koole, M.H.P. van Genderen, L. Smit, J.L.M.C. Geelen, S. Jurriaans en J. Goudsmit', *Science*, 13 april 1990

De belangrijkste artikelen verschenen in: *De Telegraaf*, 14 april 1990; *Algemeen Dagblad*, 14 april 1990; *Het Parool*, 14 en 19 april 1990, *Cursor*, 27 april 1990; *Het Parool*, 31 augustus en 15 september 1990; *Trouw*, 23 september 1992; *NRC Handelsblad* van 25 september 1990; *de Volkskrant*, 8 december 1990; *Trouw*, 15 december 1990; *Folia*, 20 maart 1992; *de Volkskrant*, 8 september 1992; *Chemisch Weekblad*, 22 en 29 oktober 1992; *Elsevier*, 24 oktober 1992; *Cursor* 14, 15 en 16, 2011.

Buck stelde in de volgende drie artikelen dat de conclusies van de commissie-Lemstra over de NMR-spectra discutabel waren: Buck, Henk, *Nucleosides Nucleotides Nucleic Acids* Volume 23, p.1833-1844, 2004. Voor NMR-spectrum zie p.1841; Ibid., Volume 26, 205-222, 2007; Ibid., Volume 30, 918-944, 2011

Zie ook: website *Andere Tijden*. Het rapport over de brochure van de KNAW van 2005 staat op de website van de Nationale Ombudsman.

De verbleekte inkt van Ronald Grossarth-Maticek

Buchanan, Roderick D., *Playing with fire: the controversial career of Hans. J. Eysenck*, 2010

Kolfschooten, Frank van, 'VU-hoogleraar Van der Ploeg jaagt op fraudeur', *Ad Valvas*, 29 april 1993

Nakaya, Naoki e.a., 'Personality traits and Cancer Risk', *American Journal of Epidemiology* 172 (4), 2010

Ploeg, Hans van der, 'Fraude bij onderzoek in Heidelberg naar relatie tussen psyche en kanker', *Tijdschrift Kanker*, april 1992

Ploeg, Hans van der e.a., *Psychological Inquiry*, Vol 4, 1, 1993

Ranchor, Adelita e.a., *American Journal of Epidemiology* 173 (6), 2010

De hormonen van H.

Dit verhaal verscheen eerder in de herziene versie van *Valse vooruitgang* (1996) en is geactualiseerd.

Kolfschooten, Frank van, *de Volkskrant*, 12 februari 1994
Rapport onderzoekscommissie
Gesprek met Rob Meloen en andere betrokkenen in 1994.

De verzonnen data van Herman Gelmers

Enserink, Martin, *Science*, 20 december 1996, p. 2004-2005
Hoeksema, H.L., *Nederlands Tijdschrift voor Geneeskunde*, 12 juli 2003
Kolfschooten, Frank van, artikel over zaak-Gelmers in *Intermediair*, mei 1999
The Lancet, 18 november 2000
Uitspraak Rechtbank Almelo, 17 september 2002

De argwaan van Edmond Rings

Lorentz, Olivier, Eun Ran Suh, Jennifer K. Taylor, Francois Boudreau and Peter G. Traber, *The Journal of Biological Chemistry*, 12 maart 1999, p. 7196-7199
Gesprek met Edmond Rings in 2012. Correspondentie met Olivier Lorentz en Peter Traber in 2012.

De pseudoniemen van Mart Bax

Bax, Mart, *Religieuze regimes in ontwikkeling*, 1988
Bax. Mart, *De vernedering van een heilige. Religieuze machtspolitiek in een Zuid-Neder-landse dorpsgemeenschap*, 1989
Bax, Mart, *Medjugorje: Religion, Politics, and Violence in Rural Bosnia*, 1995
Catholic Light, website, 2010
Frankfurter Rundschau/Der Standard, 27 augustus 2008
Hanken, Caroline e.a., *Het regime van Mart Bax. Opstellen voor de meester-antropoloog*, 2002
Jutarnji list, 10 augustus 2008
Margry, Peter Jan & Charles Caspers, *Bedevaartplaatsen in Nederland Deel 4: Addenda-Index-Bijlagen*, 2004, p. 372.
NRC Handelsblad, 27 mei 1995
Rooijakkers, Gerard, *Rituele repertoires. Volkscultuur in oostelijk Noord-Brabant 1559-1853*, 1994, p. 140-141

Wingens, Marc, *Over de grens. De bedevaart van katholieke Nederlanders in de zeventiende en achttiende eeuw,* 1994

Brief van Peijnenburg aan Margry, 12 augustus 2003

Brief van Bijsterveld aan Margry, 18 augustus 2003

Brief van Bax aan Margry, 14 november 2003

Brief van Margry aan Bijsterveld, 23 december 2003

Brief van Verrips aan Bax, 9 juni 2005

Brief van Bax aan Verrips, 19 juni 2005

E-mailcorrespondentie van Margry met Lucic en Ancic, november 2008.

Gesprekken en e-mail- en briefuitwisselingen met Margry, Verrips, Peijnenburg, Salemink, pater Landeka, Lucic, Ancic en Boissevain in 2012.

De kankerpatiënten van Jan Vranken

Dit is een uitgebreide versie van mijn artikel in *Medisch Contact,* 23 maart 2007.

NRC Handelsblad, 26 april 2003

NRC Handelsblad, 15 mei 2006

NRC Handelsblad, 8 maart 2007

Correspondentie met Jan Vranken in 2012.

De slepende affaire rond Jose Moreno

Arrest Hof Amsterdam over zaak Moreno, 22 december 2009

Brief van prof.dr. Juan Bernal, 29 december 2003

Brief van dr. W. Simonides, 28 januari 2004

Brief van prof. T. Visser, 5 februari 2004

Jaarverslagen Ombudsman AMC

LOWI, advies 2007.1

Vermeulen, M., 'Researchcode in het Academisch Medisch Centrum te Amsterdam: nuttig', *Nederlands Tijdschrift voor Geneeskunde,* 2002, p. 1620-1622

Vonnis Rechtbank Amsterdam, 23 januari 2008

Correspondentie en gesprekken met Levi, Moreno, NWO, Pannekoek, Ris-Stalpers, Versteeg, Vulsma, De Vijlder.

De ratten van Yigal Pinto

Boer, R.A. de e.a., *Current Heart Failure Reports,* maart 2010

Jaarverslag 2009/2010 Ombudsman AMC

LOWI, advies 2011.4

Schroen, B. e.a., *Circulation Research*, juli 2004

Gesprekken met Wouter van Gilst, Hanneke de Haes, Marcel Levi, Hans Pannekoek en Yigal Pinto. Correspondentie met UMC Groningen, AMC, Maastricht UMC.

De opmerkzame lezer bij Sanquin

retractionwatch.wordpress.com, 26 april 2011

cardiobrief.org, 27 april 2011

Zuo, Lian e.a., *Arteriosclerosis, Thrombosis and Vascular Biology* (ATVB), 2004 (24), p. 1223-1228

Zuo, Lian e.a., *Arteriosclerosis, Thrombosis and Vascular Biology* (ATVB), 2005 (25), p. 1824-1830

Zuo, Lian e.a., *Circulation Research*, 2005 (97), p. 829–836

Correspondentie met Hans Pannekoek en René van Lier in 2012.

Psoriasisfraude bij TNO

Deze paragraaf is gebaseerd op antwoorden van TNO op schriftelijke vragen over de zaak.

De chips van Adrian Maxim

IEEE Journal of Solid-State Circuits, juni 2008

Gesprek met Bram Nauta in 2012.

De kristallen van Ton Spek

DUB, 1 februari 2012

Nature 12 januari 2010

retractionwatch.wordpress.com, 28 februari 2011

Editorial in *Acta Crystallographica Section E*, 19 december 2009

Hao, Xin 'Fraud takes the shine off rising star', physicsworld.com, september 2011

Correspondentie met Spek in 2012.

De onthutsende ervaring van Ed Roos

NKI, persbericht op www.nki.nl, 30 augustus 2010

retractionwatch.wordpress.com, 25 januari 2011

E-mailcorrespondentie met Joost Meijer en Ed Roos in 2012.

De datasets van Diederik Stapel

Deze chronologie van de gebeurtenissen ontleen ik aan een artikel in *de Volkskrant*, 21 januari 2012. Wie de klokkenluiders waren heb ik niet kunnen achterhalen. Hun namen staan op een lijst met alle gesprekspartners in het interim-rapport van de commissie-Levelt. Zij reageerden geen van allen op mijn vragen per e-mail.

Baar, Marco de, activescience.wordpress.com/2012/01/21/status-ijdelheid-en-autonomie/

De Stem, 5 november 2011

Calmthout, Martijn van, *de Volkskrant*, 2 november 2011

Foliaweb, 31 oktober en 10 november 2011

Interim-rapportage inzake door prof.dr. D.A. Stapel gemaakte inbreuk op wetenschappelijke integriteit, 31 oktober 2011

NRC, 11, 23 en 25 november 2011, 4 februari 2012

Vrij Nederland, 22 december 2011

Wagenmakers, Eric-Jan, Ruud Wetzels, Denny Borsboom, Han L. J. van der Maas, and Rogier A. Kievit, 'An Agenda for Purely Confirmatory Research', Submitted to *Perspectives on Psychological Science*

Wagenmakers, Eric-Jan, 'A year of horrors', *De Psychonoom*, 2012 (27), p. 12-13

Zwagerman, Joost, *de Volkskrant*, 9 november 2011

Correspondentie/gesprekken met Ad Vingerhoets, Roos Vonk en Carel van Wijk.

De pijnpatiënten van dr. Y

Ik heb deze casus geanonimiseerd omdat het ongepubliceerd werk betreft en omdat de naam van de senior-onderzoeker en van de promovendus niet in de publiciteit zijn gekomen. De namen van betrokken bestuurders waren al bekend.

Eindrapportage onderzoekscommissie casus inbreuk wetenschappelijke integriteit UMC St Radboud, 21 april 2012

Correspondentie met decaan prof.dr. Paul Smits, oud-decaan prof.dr. F. Corstens, Commissie Mensgebonden Onderzoek van UMC St. Radboud en dr. Y.

De hartzorgstudies van Don Poldermans

AD, 25 april 2012

De Telegraaf, 18 november 2011

Maas, P.J. van der e.a., *Onderzoek naar mogelijke schending van de wetenschappelijke integriteit. Beknopte versie*, 16 november 2011

Medisch Contact, 13 april 2012

NRC, 17 november 2011 en 6 april 2012

Correspondentie met Hero van Urk en afdeling Voorlichting Erasmus MC.

De kleuren van Dirk Smeesters

De Standaard, 30 juni 2012

De Volkskrant, 26, 27 en 30 juni 2012, 2, 6 en 7 juli 2012

John, L. K., G. Loewenstein en D. Prelec, 'Measuring the prevalence of questionable research practices with incentives for truth–telling', Psychological Science, 2012 (23), p. 524–532

Johnson, Camille, Dirk Smeesters en Christian Wheeler, 'Visual perspective influences the use of metacognitive information in temporal comparisons', Journal of Personality and Social Psychology, Vol 102 (1), 2012, p. 32-50

KNAW, commissie-Schuyt, Zorgvuldig en integer omgaan met wetenschappelijke onderzoeksgegevens, 2012

Liu, Jia, Dirk Smeesters en Debra Trampe, 'Effects of Messiness on Preferences for Simplicity', Journal of Consumer Research, Vol. 39 (1), 2012, p. 199-214

NRC, 26, 27 en 30 juni 2012, 2 juli 2012, 15 september 2012

Retractionwatch.wordpress.org, 26 juni 2012

Science, 25 juni 2012 en 6 juli 2012

Simmons, J.P., L.D. Nelson en U. Simonsohn, 'False–positive psychology: Undisclosed flexibility in data collection and analysis allows presenting anything as significant', Psychological Science, 2011 (22), p. 1359–1366

Simonsohn, Uri, Just Post It, 'The Lesson from Two Cases of Fabricated Data Detected by Statistics Alone', 2012, concept op http://ssrn.com/abstract=2114571

Smeesters, Dirk, Christian Wheeler en Aaron Kay, 'The role of interpersonal perceptions in the prime-to-behavior pathway', Journal of Personality and Social Psychology, Vol 96 (2), 2009, p. 395-414

Smeesters Dirk en Jia Liu, 'The effect of color (red versus blue) on assimilation versus contrast in prime-to-behavior effects', Journal of Experimental Social Psychology, Vol. 47 (3), 2011, p. 653-656

Correspondentie met Uri Simonsohn, Dirk Smeesters en afdeling Voorlichting Erasmus Universiteit.

4. Twintig jaar na *Valse vooruitgang*; een evaluatie

Comittee on Science, Engineering and Public Policy, *On being a scientist. Responsible Conduct in Research*, 1988, herzien in 1995 en in 2009

Drenth, Pieter e.a., ingezonden brief in *Intermediair*, 30 maart 2000

KNAW, *Wetenschappelijk onderzoek: dilemma's en verleidingen*, 2000, herziene versie 2005

KNAW, VSNU, NWO, *Notitie wetenschappelijke integriteit*, 2001

KNAW, *Wetenschap op bestelling*, 2005

KNAW, *Wetenschappelijke Integriteit*, 2010

KNAW e.a., *Code ter voorkoming van oneigenlijke beïnvloeding*, 2012

KNAW, *commissie-Schuyt, Zorgvuldig en integer omgaan met wetenschappelijke onderzoeksgegevens*, 2012

Köbben, André en Henk Tromp, *De onwelkome boodschap, of hoe de vrijheid van wetenschap bedreigd wordt*, 1999

Kolfschooten, Frank van, transcript van interview met Thijs Drupsteen en Eduard Klasen 1997

Kolfschooten, Frank van, recensie van 'Wetenschappelijk onderzoek: dilemma's en verleidingen', *Intermediair*, 16 maart 2000

Kolfschooten, Frank van, bericht over KNAW-brochure, *Intermediair*, mei 2002

Kolfschooten, Frank van, interview met Paul van der Heijden, *Intermediair*, oktober 2004

NRC, citaat Pieter Drenth in bericht over aanscherping VSNU-code, 15 juni 2012

NWO, KNAW en VSNU, *Notitie inzake wetenschappelijk wangedrag*, 1995

NWO, *Gedragscode belangenverstrengeling*, 2010

Overbeke, John, *Nederlands Tijdschrift voor Geneeskunde*, 1994, p. 1822-1826

Publicationethics.org/resources/guidelines

VSNU, *Nederlandse gedragscode wetenschapsbeoefening*, 2004, aangepast in 2012

VSNU, *Landelijk Model Klachtenregeling*, 2012

Register

319